DAS GROSSE
LEXIKON DER SYMBOLE

Christoph Wetzel

DAS GROSSE LEXIKON DER SYMBOLE

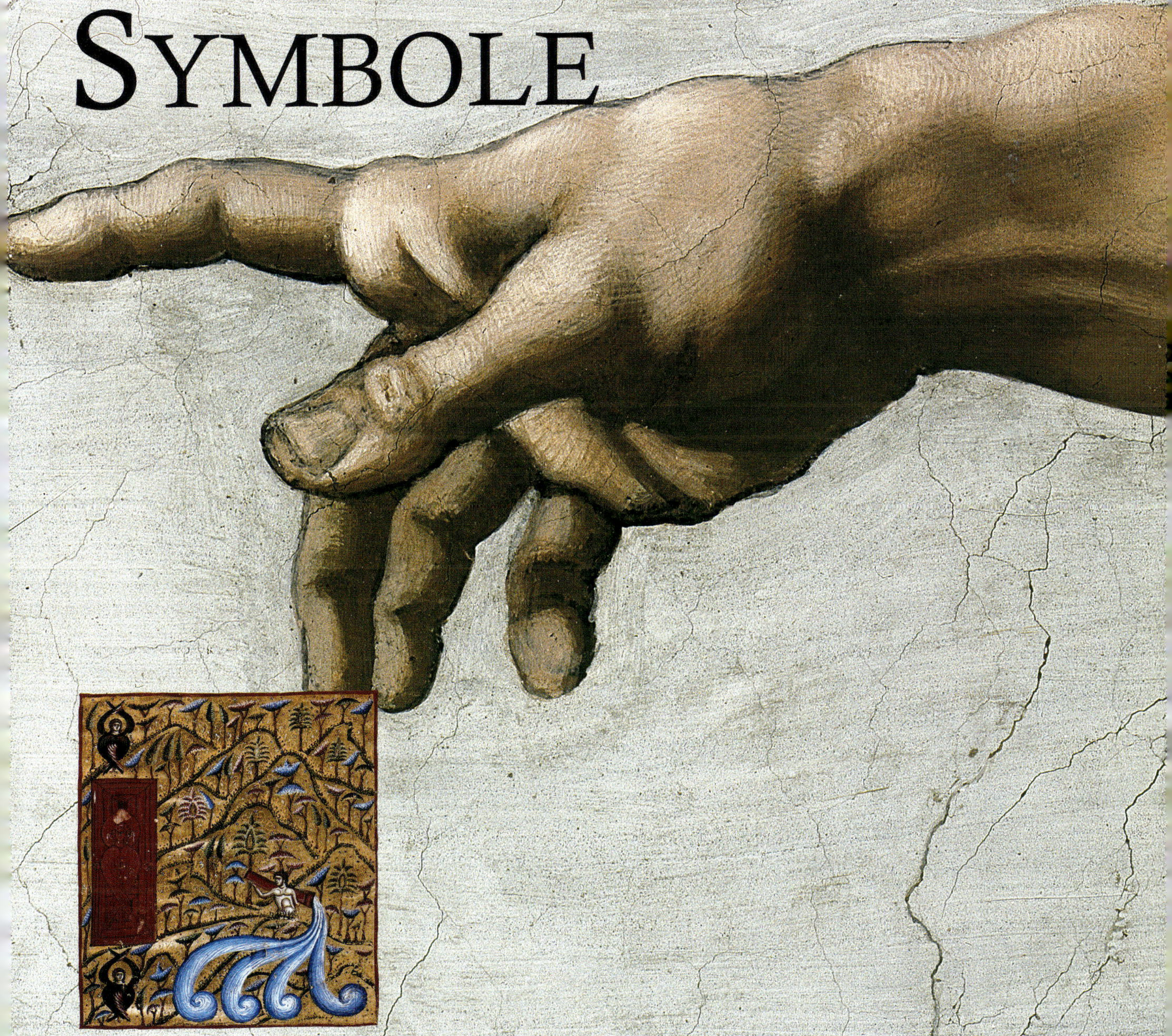

Eine Produktion von EMB-Service für Verleger, Adligenswil/Luzern

www.embservice.ch

www.primusverlag.de

Die Herausgabe des Werkes wurde durch die Vereinsmitglieder der WBG ermöglicht.

Die Deutsche Nationalbibliothek verzeichnet diese Publikation in der Deutschen Nationalbibliografie; detaillierte bibliografische Daten sind im Internet über http://dnb.d-nb.de abrufbar.

Umschlaggestaltung: Jutta Schneider, Frankfurt
Titelmotiv: Ausschnitt aus „Eva" (um 1528) von Lucas Cranach dem Älteren (1472–1553).
Öl auf Holz, 167 x 61 cm. Inv. Nr. 1458 Florenz, Galleria degli Uffizi.
Foto: picture-alliance / akg-images

Textverarbeitung: EMB-Service für Verleger, Adligenswil/Luzern
Photolithos: Cover Communication, Mailand
Druck: MKT Print, Ljubljana

Printed in Slovenia

ISBN 978-3-89678-384-4

Vorwort

In der 1816/17 erschienenen autobiographischen Schrift „Italienische Reise“ berichtet Goethe unter dem Datum des 10. Januar 1787 über die Vorlesung der soeben vollendeten Neufassung seines Schauspiels „Iphigenie auf Tauris“. Die meist jungen Zuhörer „erwarteten etwas Berlichingisches und konnten sich in den ruhigen Gang nicht gleich finden; doch verfehlten die edlen und reinen Stellen nicht ihre Wirkung. Tischbein, dem auch diese fast gänzliche Entäußerung der Leidenschaft kaum zu Sinne wollte, brachte ein artiges Gleichnis oder Symbol zum Vorschein. Er verglich es einem Opfer, dessen Rauch, von einem sanften Luftdruck niedergehalten, an der Erde hinzieht, indessen die Flamme freier nach der Höhe zu gewinnen sucht.“ Der befreundete Maler Johann Heinrich Wilhelm Tischbein zeichnete „dies sehr hübsch und bedeutend“ als Sinnbild.

Spätestens in dieser Zeit haben die Begriffe Gleichnis, Symbol, Sinnbild ihre Trennschärfe eingebüßt und können synonym verwendet werden. Diese sprachgeschichtliche Entwicklung setzte sich fort, sodass heute auch ein als Piktogramm gestaltetes Hinweisschild etwas „symbolisiert“, etwa den Fluchtweg, und eine „Symbolpolitik“ ersetzt Entscheidungen durch Absichten mit fließenden Grenzen zur Irreführung.

Ursprünglich bezeichnet SYMBOL (griech. *symbolon)* ein „Kennzeichen“. Zugrunde liegt das Zusammenpassen der beiden Teile eines Gegenstandes; sie wurden „zusammengeworfen“ (griech. *symbollein).* Indem etwa ein zerteilter Ring seine Geschlossenheit wieder erlangte, bezeugte er etwas Unvergängliches, sei es die Freundschaft zwischen den lange getrennten Besitzern jener beiden Teile, sei es ein nun eingelöstes Gelübde.

Als unvergänglich galten insbesondere die religiösen Wahrheiten. Ihre Symbolik besaß daher weltweit den höchsten Rang und aufgrund ihrer mythischen Ursprünge und essentiellen Bedeutung auch magische Kräfte: die Strahlen der vergöttlichten Sonne, das Rad der buddhistischen Lehre, die hebräischen Buchstaben des Gottesnamens, das christliche Kreuz; Brot und Wein antiker Mysterienkulte symbolisierten die erlösende, heilsame Eucharistie.

Religiöse und somit metaphysische Weltbilder legten und legen es nahe, sämtliche physisch wahrnehmbaren Erscheinungen als Ausdruck einer in zahllosen Teilen manifestierten höheren Wirklichkeit aufzufassen. Diese physischen „Signaturen“ sind allerdings meist rätselhaft und bedürfen einer spirituell geleiteten Entschlüsselung, deren Versuche zu den unterschiedlichsten Resultaten geführt haben – in jüngster Zeit in Form der tiefenpsychologischen Deutung von Träumen und der Lehre von den Archetypen der Bilderwelt in den Tiefen des menschlichen Bewusstseins. Vorläufer sind die Geheimwissenschaften der Alchemie, des Okkultismus und des Tarot sowie Geheimbünde wie die Freimaurer mit jeweils eigener Deutung und Instrumentalisierung der in Jahrtausenden entwickelten und zunehmend profanierten Symbolik.

Beim Versuch einer Enträtselung der als Symbole aufgefassten physikalischen Erscheinungen wie der Elemente sowie der Symbolik der Flora und Fauna, der Gerätschaften, der Farben, Formen und Zahlen erweist sich die AMBIVALENZ als ein nahezu ausschließliches Kennzeichen der Symbole. Ihre Mehrdeutigkeit bewegt sich zwischen den Polen Gut und Böse. Heilsames besitzt die Kehrseite des Unheilvollen; was rettet, kann ins Verderben führen – so das Element Wasser oder das sowohl leuchtende, wärmende oder vernichtende Feuer. Solche Ambivalenz besteht innerhalb der einzelnen Kulturkreise und erst recht im Vergleich zwischen diesen: Das fernöstliche Glückssymbol Drache hat nichts mit dem Gift und Feuer speienden Untier europäischer Mythen und Sagen gemein. Der kulturgeschichtliche Universalismus, der als Forschungsrichtung nach anthropologischen Gemeinsamkeiten fahndet, begnügt sich im Hinblick auf die weltweit verbreitete Symbolik mit einigen wenigen Konstanten, zu denen das Symbol Regenbogen gehört.

Vor diesem Hintergrund widmet sich das vorliegende Lexikon der Symbole den vielfältigen Bedeutungsebenen der im engeren und weiteren Sinne als symbolisch gedeuteten, also stets über sich hinausweisenden Gegenstände und Phänomene. Dies verbindet die Symbolik mit der Metaphorik (griech. *metaphorein* „übertragen“) und der Allegorie (griech. *allegorein* „anders sagen“). Beide Formen des „uneigentlichen“ und somit symbolischen Sprechens liegen der Bildhaftigkeit sprichwörtlicher Redewendungen zugrunde.

Die eingangs genannte Nähe zwischen Gleichnis, Symbol, Sinnbild, Bildzeichen (Piktogramm), zwischen Symbolik, Metaphorik und Allegorie, etwa in Form der Personifikation, kennzeichnet in besonderer Weise die Attribute. So kann die Gerätschaft Waage die Gerechtigkeit symbolisieren, aber in demselben Sinne auch attributiv dem göttlichen Richter oder der Iustitia zugeordnet sein; in der Astrologie dient die Waage als eines der zwölf Tierkreiszeichen. Ein Schlüssel gehört zu den Attributen des Liebesgottes Amor, der Herzen aufschließt und zuschließt, aber auch des Apostels und Himmelspförtners Petrus, dem Jesus „die Schlüssel des Himmelreichs" geben wird (Matthäus 16,19), schließlich zeigen in der Heraldik – um einen weiteren Anwendungsbereich der Symbolik zu nennen – die päpstlichen Wappen zwei gekreuzte Schlüssel.

„Das große Lexikon der Symbole" bietet drei Zugänge zum vielgestaltigen Gesamtbereich der Symbolik.

Den ersten Zugang bilden die alphabetisierten Artikel über rund 500 Symbole und deren verwandte Bildzeichen, insbesondere die Attribute der Gottheiten, Heroen, Heiligen und Allegorien; sie sind heute unverzichtbare Hilfen, um bestimmte Gestalten zu identifizieren. In der Regel werden die Artikel von Abbildungen begleitet, die insgesamt von der Frühgeschichte bis zur Gegenwart reichen. Entwicklungsgeschichtlich gehört zum Bildprogramm die Emblematik, benannt nach der 1531 in Augsburg erschienenen und von Jörg Breu d.Ä. illustrierten Sammlung von Symbolen des Andrea Alciati. Er gab seinem vielfach nachgeahmten Werk den Titel *Emblemata*. In seiner strengen Form gliedert sich das Emblem im 17. Jh. in drei Teile: Über einem Bild (griech. *imago*, lat. *pictura*) nennt ein Titel (lat. *inscriptio*) ein Motto; unter dem Bild löst ein Epigramm oder Sinngedicht als *subscriptio* das Rätsel auf, das Motto und Bild zunächst aufgeben (vgl. das Emblem zum Symbol Bett). Im heutigen Sprachgebrauch ist der Begriff Emblem austauschbar mit Abzeichen, Signet und Kennzeichen aller Art in Politik und Wirtschaft. Auch hier finden sich Spuren von Symbolik. Zu den Artikeln gehören ferner Zitate der Kategorie *Quellentext(e)*; auch sie geben Hinweise auf den Ursprung und die Entwicklung der Symbole. Die Zitate stammen insbesondere aus den Büchern der Weisheitslehre im Alten Testament, etwa aus dem „Buch der Sprichwörter (Salomos)". Die Bibel wird überwiegend nach der so genannten katholischen Einheitsübersetzung mit dem ökumenischen Text der Psalmen und des Neuen Testaments zitiert. Diese Ausgabe ist 1980 erschienen. Im Einzelfall dient die revidierte Lutherbibel (1985) als Quelle.

Ein zweiter Zugang sind acht eingefügte Kapitel, die als reich bebilderte Farbteile mit ausführlichen Bilderläuterungen gestaltet sind. Diese acht Kapitel handeln von den Lebens- und Erfahrungsbereichen, aus denen die einzelnen Symbole stammen. Hier wird die lexikalische Vereinzelung von A bis Z ergänzt durch die Einsicht in Gemeinsamkeiten und Zusammenhänge.

Den dritten Zugang eröffnet ein Verzeichnis der Bedeutungen, die mit den von A bis Z erläuterten Symbolen verbunden sind. Hier steht die Nutzanwendung des „Lexikons der Symbole" im Vordergrund. Doch ergänzen sich alle drei Zugänge, indem sie Antworten auf die drei Fragen geben:
Was ist z. B. das Symbol Einhorn?
Aus welchem Zusammenhang stammt es?
Was bedeutet es?

Zur Gestaltung der Texte:

1. Abkürzungen: Generell ist das Stichwort der Artikel A bis Z durch den Anfangsbuchstaben vertreten und gegebenenfalls durch die Endung des Plurals und der Deklination ergänzt. Ein Punkt ersetzt die Endung -isch. Verwendet werden gebräuchliche Kurzwörter wie Jh., usw. oder Sprachbezeichnungen wie dt., frz., hebr., lat.
2. Kursivierung: Schrägsatz kennzeichnet fremdsprachliche Wörter und Werktitel.
3. Verweise: Im alphabetisierten Teil und im Register „Verzeichnis der Bedeutungen" beziehen sich Verweispfeile auf die Artikel A bis Z. Am Ende dieser Artikel führt die Bemerkung „Siehe auch Abb. auf S. XY." zu einem Bild in einem der acht Farbteile; es ergänzt die Bebilderung, die dem Artikel unmittelbar zugeordnet ist.

Mein Dank für vielfältige Unterstützung gilt Anna und Franz Gisler sowie meiner Frau Heidi und unserem Sohn Valentin.

Christoph Wetzel

A

A und O, latinisierte Form der beiden Buchstaben Alpha und Omega, mit denen das griech. Alphabet beginnt und endet. Seit frühchristlicher Zeit dienten die beiden Buchstaben in ihrer griech. Schreibweise als Symbol der Allmacht Christi und seiner göttlichen Wesenheit seit Beginn der Schöpfung. Sie reicht bis an das Ende der Welt und bleibt bestehen auf der neu erschaffenen Erde unter einem neu erschaffenen Himmel. Dieses Symbol Christi findet sich in der Katakombenmalerei und auf Medaillen sowie als Anhänger am Querbalken von →Kreuzen. In profanierter Form ist das A und O in Redewendungen verbreitet, vielfach in der Form „von A bis Z".

Quellentext: Selbstzeugnis dessen, der „wie ein Mensch aussah": „Fürchte dich nicht! Ich bin der Erste und der Letzte und der Lebendige" (Offenbarung 1,17–18 und 22,13).

Abrahams Schoß, im Gleichnis vom reichen Mann und dem armen Lazarus ein Symbol des himml. Paradieses; ein unüberwindlicher Abgrund trennt ihn von der Unterwelt, in der qualvolle Schmerzen erlitten werden. Heute das sprichwörtliche Sinnbild eines Lebens in Frieden und Geborgenheit.

Quellentext: „Als nun der Arme starb, wurde er von Engeln in A. Sch. getragen" (Lukas 16,22).

Adam (zu hebr. *adama* „Erde"), im zweiten (älteren) Schöpfungsbericht der Mensch als Geschöpf Gottes schlechthin, als Eigenname des ersten Menschen erst nach der Geschlechtertrennung durch die Erschaffung der Frau (→Eva). Das 1. Buch der Chronik beginnt mit A. als dem Stammvater einer Geschlechterfolge. In der „Legende vom Hl. Kreuz" besteht das →Kreuz Jesu aus dem Holz eines Baumes auf A.s Grab, und auf Darstellungen der Kreuzigung erhebt sich mitunter dieses Kreuz über A.s →Totenkopf. Diese Ikonographie beruht auf der Lehre von Christus als „neuer A." analog zu Maria als „neue Eva".

Quellentexte: „Da formte Gott, der Herr, Menschen aus Erde vom Ackerboden und blies in seine →Nase den Lebensatem" (Genesis 2,7). Siehe auch Abb. S. 64.

„Der Tod herrschte auch über die, „welche nicht wie A. durch Übertretung der Gebote gesündigt hatten; A. aber ist die Gestalt, die auf den Kommenden hinweist" (Brief an die Römer 5,14).

Adamsapfel, der beim Mann stark ausgeprägte Knorpel am Hals. Hier ist laut volkstümlicher Exegese beim Sündenfall der →Apfel steckengeblieben.

Quellentext: „Viel Obst ist ungesund; wir kauen alle dran, / Was eines Apfels Kost für Leid uns angetan." (Friedrich von Logau, 1654)

Adler, bereits im Alten Orient verehrter „König der Lüfte": Er ist der stärkste und schnellste →Vogel, hat die schärfsten →Augen, fliegt am höchsten und wird von den Strahlen der →Sonne nicht geblendet. Der A. symbolisiert daher von jeher das Göttliche und ihm vergleichbare königliche Hoheit. Das Symboltier und Attribut des Zeus bzw. Jupiters, der in Gestalt eines A.s den schönen Hirtenknaben Ganymed auf den →Olymp entführte und zu seinem Mundschenk machte, schmückte die Standarten der röm. Legionen und entwickelte sich in der Heraldik zum Wappentier (vgl. →Doppeladler). Jene Entführung überliefert Ovid im 10. Buch der „Metamorphosen" auf folgende Weise: „Einst für den Phrygiersohn Ganymedes erglühte der Götter / König in Lieb, und es war nun eins, was Jupiter lieber / wünschte zu sein als das, was er war. Doch keinen der Vögel / würdigt er, ihm Gestalt zu leihn, als der ihm den Blitz trägt. / Sonder Verzug durchschießend die Luft mit erborgtem Gefieder, / raubt er den ilischen Sproß, der jetzt noch immer die Becher / mischet und Nektar reichet dem Jupiter, Juno zum Trotze" (X, 155). In der christlichen Symbolik verkörpert der A., auf antiken Tierfabeln aufbauend, die Verjüngung, vergleichbar dem Fabeltier →Phönix. Im Physiologus, benannt nach dem anonymen Erzähler, heißt es: „Der selige Psalmist David singt: dass du wieder jung wirst wie ein A. Der Physiologus aber sagt von diesem, er habe eine solche Eigenart: Wenn er alt wird, werden seine Schwingen schwer und seine →Augen werden müde. Was also tut er? Er suchet eine →Quelle reinen Wassers, und fliegt empor in den Strahlenkranz der → Sonne und verbrennt seine alten Fittiche und wirft ab die Düsternis seiner Augen, und lässt sich hernieder zur Quelle und taucht hinein dreimal, und so erneuert er sich und wird wieder jung." Als eines der vier Wesen des →Tetramorph in der Himmelsvision des Ezechiel und des Johannes in der Offenbarung entwickelte sich der A. zum inspirierenden Evangelistensymbol und Attribut des Johannes. Der hl. Hieronymus begründet diese Zuordnung mit der Legende von der leiblichen Entrückung, also Himmelfahrt, des als einer der Evangelisten und Apokalyptiker verehrten Lieblingsjüngers Jesu.

Quellentexte: „Ihr habt gesehen, was ich den Ägyptern angetan habe, wie ich euch auf Adlerflügeln getragen und hierher zu mir gebracht habe" (Exodus 19,4).

„Ja, wer ein A. ist, / der kann sich wohl erschwingen / Und über →Serafim durch tausend Himmel dringen" (Angelus Silesius, 1655).

A und O. Zum Schmuck am Sarkophag des Erzbischofs Theodoros von Ravenna in Sant'Apollinare in Classe gehört zwischen zwei →Pfauen, den Symbolen der leiblichen Auferstehung, das →Christogramm XP, verbunden mit Alpha und Omega.

Abrahams Schoß. Frühgot. Bauplastik des „Fürstentors“ am nördlichen Seitenschiff des Bamberger Doms, um 1230.

Adam. Thema des im 4. Jh. geschaffenen Reliefs aus Elfenbein ist die *vocatio animalium:* Adam gibt den Tieren ihre Namen: „Gott, der Herr, formte aus dem Ackerboden alle Tiere des Feldes und alle Vögel des Himmels und führte sie dem Menschen zu, um zu sehen, wie er sie benennen würde. Und wie der Mensch jedes lebendige Wesen benannte, so sollte es heißen. Der Mensch gab Namen allem Vieh, den Vögeln des Himmels und allen Tieren des Feldes. Aber eine Hilfe, die dem Menschen entsprach, fand er nicht“ (Genesis 2,19–20).
(Florenz, Museo Nazionale)

Adler. Bildseite aus einem Evangeliar, das im 9. Jh. vermutlich in Northumbrien entstanden ist und damit zur irisch-angelsächsischen Kunst gehört. Sie befindet sich am Beginn des Johannesevangeliums. Der Adler ist hier somit das Evangelistensymbol des Johannes. Die Kreuze weisen in die vier Weltgegenden (diagonal) und vier Himmelsrichtungen (senkrecht und waagerecht) und symbolisieren den Auftrag, die Gute Botschaft des Christentums in der ganzen Welt zu verbreiten.
(Cambridge, Corpus Christi College)

Affe, im Orient (Ägypten, Indien) heiliges, in Palästina und Europa überwiegend mit negativer Symbolik verbundenes Tier, das bestenfalls die exot. Menagerie prunksüchtiger Herrscher bevölkert oder gemeinsam mit →Akrobaten und Gauklern auftritt. Er verkörpert im Mittelalter List, Lüsternheit und den Verlust von Menschenwürde, indem jemand die Gestalt eines A.n annimmt. Umgekehrt verkürzte die Agitation gegen Darwin dessen Lehre von der Evolution der Lebewesen auf die Formel „Der Mensch stammt vom A. ab", um sie als Erniedrigung des als Ebenbild Gottes erschaffenen Menschen anzuprangern.

Quellentext: Zu Salomos aus Übersee beschafftem Reichtum, mit dem er selbst die Königin von Saba übertraf, gehörten „Gold, Silber, Elfenbein, A.n und Perlhühner" (1. Buch der Könige 10,22).

Ahorn, in jüngster Zeit Beispiel für die Überwindung polit. Kontroversen: Als gemeinsames nationales Symbol, das den Flaggenstreit zwischen der anglo- und frankophilen Bevölkerung Kanadas beendete, dient seit 1965 das rote Ahornblatt auf weißem Grund.

Ähre, bereits frühgeschichtliches Symbol der pflanzlichen Fruchtbarkeit, insbesondere des Getreides. Dieses verdanken die Menschen in der griech. Mythologie der Göttin Demeter (röm. Ceres); zu ihren Attributen gehören Ä.n. Auch ihre in die Unterwelt entführte Tochter Persephone (röm. Proserpina) besitzt dieses Attribut als Symbol der jährlich erneuerten Fruchtbarkeit.Als Ausgangspunkt für die Herstellung von →Brot dienten Ä.n als Symbol der Eucharistie. Siehe auch Abb. S.19.

Quellentext: „Die Erde bringt von selbst ihre Frucht, zuerst den Halm, dann die Ä., dann das volle Korn in der Ä." (Markus 4,28).

Ährenkleid, Gewand Mariens auf mittelalterlichen Altar- und Andachtsbildern, geschmückt mit →Ähren.

Quellentext: Dein Leib ist ein Weizenhügel, mit →Lilien umstellt" (Hoheslied 7,3b).

Akelei *(Aquilegia vulgaris),* in der german. Mythologie der Göttermutter Frigg(a) geweihtes Hahnenfußgewächs; in der christlichen Kunst Maria als Gottesmutter zugeordnet. Die sieben Blütenblätter ergeben im Sinne der →Zahlensymbolik den Zusammenhang mit den Gaben des Hl. Geistes (nach Jesaja 11,2–3); darauf weist auch der Name „Taubenblume". Die ital. Bezeichnung *Amor nascosto* („Geheime Liebe") entspricht der Darstellung der A. auf erot. Gemälden des 16. Jh.

Akrobat, seit jeher Repräsentant verblüffender Geschicklichkeit und Körperbeherrschung (griech. *akros* „zuoberst" und *bainein* „gehen"). In der Kunst des Mittelalters die Figur in ungewöhnlicher Körperhaltung als Abbild eines Vertreters aus dem „fahrenden Volk", das auf Märkten und an Wallfahrtsorten durch akrobat. Kunststücke in Staunen versetzte. Indem der A. seine Körperlichkeit zur Schau stellte, symbolisierte er lasterhafte „Zügellosigkeit", und seine Darstellung an Kirchenportalen und Kapitellen schien geeignet zu sein, ihn auszugrenzen.

Aloë, ein Liliengewächs mit nur einem Blütenstengel und somit Symbol der einzigartigen Jungfräulichkeit Mariens. Die Bitterkeit der medizin. genutzten A.-Extrakte empfahl die (vielfach mit der Agave gleichgesetzte) Pflanze als Symbol der Buße.

Quellentext: „Zuwider ist dem mund und thut der gurgel weh, / jedoch gesund erhielt die bitter Aloë. / So, obschon der Creuzkelch uns widerwertig scheinet, / jedoch das ende zeigt, dasz es sey gut gemeinet." (W. H. Freiherr von Hohberg, 1675)

Alpha und Omega siehe A und O

Altar, allgemein die erhöhte Stätte, auf welcher der Gottheit ein Opfer dargebracht wird (lat. *altus* „hoch"; *altare* „Aufsatz auf dem Opfertisch"). Somit symbolisiert der A. die Erhebung zum Göttlichen und steht unter göttlichem Schutz. In nahezu sämtlichen Religionen war und ist der A. der zentrale, vielfach der Priesterschaft vorbehaltene Ort des Kultes, ausgenommen der Islam und das Judentum nach der Zerstörung des →Tempels in →Jerusalem im Jahr 70 n. Chr. Im Christentum bildet der A. als „Tisch des Herrn" (Paulus, 1. Brief an die Korinther 10,21) das Kernstück einer Kirche. Hier befinden sich die Opfergaben →Brot und →Wein der Eucharistie bzw. des Abendmahls, das Jesus beim letzten →Mahl mit seinen Jüngern gestiftet hat (Matthäus 26,20–29; Markus 14,17–25; Lukas 22,14–23; 1 Korinther 11,23–25). In diesem Zusammenhang steht die Deutung des mit dem →Kruzifix verbundenen A.s als Symbol Christi, mit dem Altartuch als Symbol des Leichentuchs, in das Jesus bei seiner Beisetzung gehüllt wurde. Diese Symbolik gilt für den Hochaltar und den Tragaltar (Portatile, lat. *portare* „tragen") im Unterschied zu den Nebenaltären, die bestimmten Heiligen geweiht sind, und den Hausaltären, den „Herrgottswinkeln". Eine Bedeutungsverengung ist die Bezeichnung der auf dem →Tisch als Retabel (Aufsatz) angebrachten Altarbilder und Schreine, z. B. das Triptychon als Flügel- und Wandelaltar mit Predella (Altarstaffel bzw. Unterbau) und Gesprenge, als A.

Quellentext: „Dann baute Noach dem Herrn einen A., nahm von allen reinen Tieren und von allen reinen Vögeln und brachte auf dem A. Brandopfer dar" (Genesis 8,20).

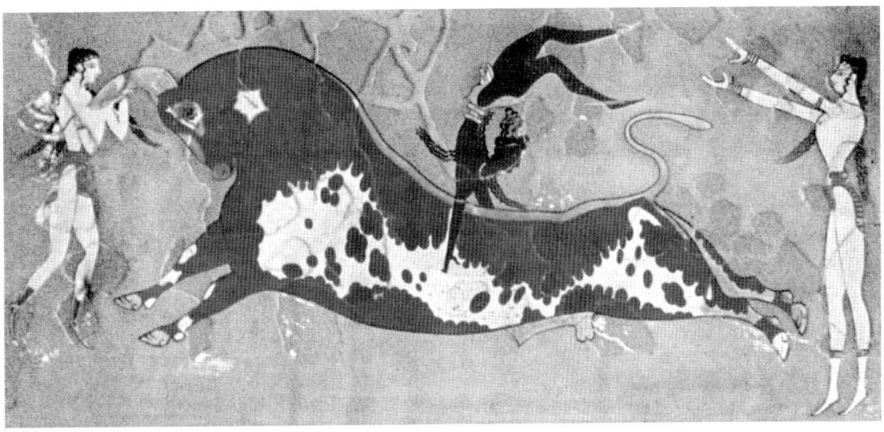

Affe. Mit seinem Gemälde „Der malende Affe" (um 1845) griff Alexandre-Gabriel Decamps offensichtlich die Redewendung vom „Nachäffen" auf. Eine tiefere Bedeutung ergibt sich aufgrund der Tradition. die bis zum bibl. Bilderverbot zurückreicht: Der bildende Künstler als Schöpfer von Kunstwerken ahmt Gott nach, er wird zum „Affen Gottes". (Paris, Musée du Louvre)

Ähre. Demeter übergibt Triptolemos, der den Menschen die Kunst des Ackerbaus bringen wird, die Körner aus einer Ähre; rechts Demeters Tochter Persephone. Detail eines Kultreliefs aus dem Heiligtum der Fruchtbarkeitsgöttin in Eleusis, um 430 v. Chr. (Athen, Nationalmuseum)

Akelei. Diese Vase mit einem Strauß Akelei ist ein Detail des Triptychons „Die Anbetung der Hirten und die Stifterfamilie Portinari mit Schutzheiligen" von Hugo van der Goes (um 1476–78). Das Blumenstück befindet sich auf der Mitteltafel unter Maria, das meint: vor Maria. (Florenz, Uffizien)

Akrobat. Auf Kreta ahmte der akrobat. Sprung über den →Stier vermutlich den Fang der Opfertiere nach und befriedigte damit zugleich die Schaulust. Feld eines Frieses aus einem Hof des Palastes von Knossos, um 1500 v. Chr. (Heraklion, Archäologisches Museum)

Altar. Auf dem tischförmigen Altar vor dem assyrischen Sonnengott Schamasch erscheint die Scheibe seines Gestirns, die von oben durch einen Helfer emporgehoben wird. Die Gottheit selber hält ein Zeichen der Ewigkeit in der rechten Hand und wird von den Menschen verehrt, 9. Jh. v. Chr. (London, British Museum)

Amboss, ein Symbol der Tugend, Tapferkeit, Stärke sowie Attribut mytholog. oder legendärer Schmiede wie Hephaistos (röm. Vulcanus) und Wieland im „Nibelungenlied“, schließlich Otto von Bismarck als „Schmied des Reichs“. Als kleiner Goldschmiede-A. ist er ein Attribut von kunsthandwerklich tätigen Heiligen wie Eligius (Schutzpatron der Schmiede) und Bischof Bernward von Hildesheim.

Ameise, Symbol unermüdlichen Fleißes und geordneter, planmäßiger Tätigkeit; in Rom als Sammlerin von Getreide der Fruchtbarkeitsgöttin Ceres zugeordnet. Zu den frühchristlichen, im *Physiologus* überlieferten Deutungen von Tierfabeln gehört die Fähigkeit der A., das nahrhafte Getreide Roggen vom Viehfutter Gerste zu unterscheiden. Letzteres gleicht „der Lehre der Ketzer, das Getreide aber dem Glauben an Christus“. In diesem Sinne lobten auch Kirchenväter wie der hl. Augustinus die Ameise. Als auf Vorräte bedachte Haushälterin erscheint die A. bei La Fontaine im Gegensatz zum „Leichtfuß“ Grille, die „fiedelte und sang / den ganzen Sommer lang“; im Winter bedrängt sie die A. mit der Bitte um Nahrung: „Hungernd kam sie [die Grille] zur Ameise, / bettelnd um ein wenig Speise, / quälte sie mit Wehgeschrei, / dass sie etwas Korn ihr leih, / nur soviel, wie nötig wäre, / bis der Sommer wiederkehre.“ (Jean de la La Fontaine, Fabel „Die Grille und die Ameise“, 1668)

Quellentext: „Geh zur Ameise, du Fauler, betrachte ihr Verhalten und werde weise! Sie hat keinen Meister, keinen Aufseher und Gebieter, und doch sorgt sie im Sommer für Futter, sammelt sich zur Erntezeit Vorrat“ (Buch der Sprichwörter [Salomos] 6,6–7).

Amethyst, ein blassbläulich-violetter Quarz und zwölfter Grundstein des neuen →Jerusalem, benannt nach griech. *amethysios* „unberauscht“. Denn der Schmuckstein schützte vor Trunkenheit.

Quellentext: Darum den A. „auch weltliche und geistliche Herren sonst häufig pflegten am Finger zu tragen.“ (Eduard Mörike, „Historie von der schönen Lau“, 1853)

Anatomie siehe Farbteil 1: Anatomie, Astrologie, Astronomie

Anch *(Ankh),* im alten Ägypten ein Bildzeichen in Form eines T mit Schleife mit der Bedeutung „Leben“. Es dient als Attribut der Götter, und im Sonnenkult des Reformers Echnaton münden die lebenspendenden Strahlen des als Scheibe symbolisierten Sonnengottes Aton jeweils in einem A. Die Kopten entwickelten aus dem A. ihr →Kreuz als „Henkelkreuz“.

Andreaskreuz, X-förmiges →Kreuz als Attribut des hl. Andreas.

Angel, ambivalentes Symbol des rettenden (z. B. Bekehrung, Taufe), oder vernichtenden Herausziehens mittels des an einer Schnur befestigten, mit Ködern versehenen Angelhakens. In diesem Zusammenhang symbolisieren →Fische die Menschen.

Quellentexte: „Mit der A. holt er [der feindliche Chaldäer] sie alle herauf, er schleppt sie weg in seinem →Netz“ (Habakuk 1,15a).
„Du warfst nach mir die A. aus, um mich aus den bitteren Wogen der Welt herauszuziehen.“ (Paulinus von Nola an Bischof Delphinus, der ihn getauft hat.)

Anker, bereits im Altertum ein Sinnbild der Sicherheit inmitten der gefahrvollen Fluss- und Seefahrt und in diesem Sinne Attribut von Hafenstädten. Im Christentum das Symbol der Hoffnung, die im Glauben an Christus verankert ist; auch Symbol der Beständigkeit und Treue. Als Attribut kennzeichnet ein A. den hl. Nikolaus als Schutzpatron der Seeleute, den 1377 in Prag in die Moldau gestoßenen hl. Nepomuk als Schutzpatron der Ertrunkenen und den hl. Papst Klemens Romanus; ihn ließ einer Legende zufolge Kaiser Trajan mit einem A. um den Hals ins Meer stürzen.

Quellentext: „In ihr [der Hoffnung] haben wir einen sicheren und festen A. der Seele, der hineinreicht in das Innere hinter dem →Vorhang“ (Paulus, Brief an die Hebräer 6,19).

Ankerkreuz, im frühen Christentum ein geheimes Kennzeichen als →Anker mit Querbalken.

Antoniuskreuz, T-förmiges →Kreuz als Attribut des hl. Antonius d. Gr. mit dem Beinamen Eremita.

Apfel, als schmackhafte →Kugel mit leuchtenden Farben ein ambivalentes Symbol. Seine Bedeutungen reichen von der sinnlichen Liebe mit den weiblichen →Brüsten als Äpfel und dem Kerngehäuse als →Vulva bis zu Verführung, von der Erdkugel →Reichsapfel bis zur Ewigkeit und Unsterblichkeit. Letztere verliehen die goldenen Äpfel im Hain der Hesperiden. Der goldene A. symbolisierte Vollkommenheit, wurde aber auch zum Erisapfel, →Zankapfel und hatte schließlich den Trojan. Krieg zur Folge. Den Sündenfall im Paradies symbolisiert der A. im Maul der →Schlange und in der Hand →Evas (vgl. →Adamsapfel); die Überwindung der Erbsünde symbolisiert der A. als Attribut Christi als „neuer Adam“. Hier haben die mit Vorliebe roten Äpfel am →Christbaum ihren Ursprung. Siehe auch Abb. S. 86, 113, 127, 148, 190.

Quellentext: „Wie goldene Äpfel auf silbernen Schalen ist ein Wort, gesprochen zur rechten Zeit“ (Buch der Sprichwörter [Salomos] 25,11).

Aquarius, lat. für das Tierkreiszeichen →Wassermann.

Amboss. Die Miniatur in einer Handschrift des *Speculum humanae salvationis* („Heilsspiegel") zeigt den ersten Schmied. Es ist Tubal-Kajin, „der die Geräte aller Erz- und Eisenhandwerker schmiedete" (Genesis 4,22). (Darmstadt, Hessische Landes- und Universitätsbibliothek)

Anker. Symbolfigur →Spes. Sie gehört mit der →Caritas und der →Fides zu den drei „theologischen Tugenden" Liebe, Glaube, Hoffnung (1. Brief des Paulus an die Korinther 13,13). Die Figur befindet sich an der →Kanzel der Michaelskirche von Forchtenberg am Kocher, die der Bildhauer Michael Kern um 1620 schuf.

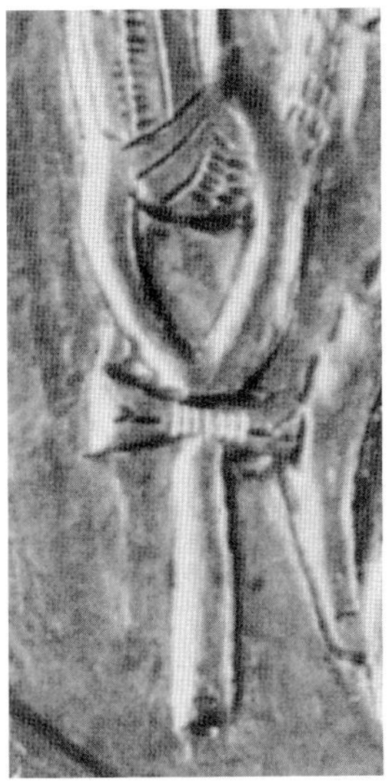

Ameise. Grandville (Jean Ignace Isidore Gérard), „Grille und Ameise" in einer Pariser Ausgabe der Fabeln von Jean de La Fontaine, 1838.

Anch. Detail einer goldenen Sonnenscheibe mit der Figur des →Skarabäus, um 1350 v. Chr. (Kairo, Ägyptisches Nationalmuseum)

Apfel. Mit →Rosen bekränzter Fürst der Welt am rechten Westportal des Straßburger Münsters, um 1230. Der Apfel der Sünde symbolisiert zugleich die Verführbarkeit weltlicher Macht. Die Gewändefigur gehört zur Gruppe der törichten Jungfrauen (vgl. Matthäus 25, 1–13).

Arche, der „Kasten“ (lat. *arca),* in dem Noach, seine Familie und ein Paar von allen Landtieren und Vögeln das →Wasser überstehen, das als Sintflut die Erde verwüstet und alles Leben zerstört (Genesis 7). Bereits in frühchristlicher Zeit symbolisierten Darstellungen der A. die →Taufe, die Wiedergeburt, die Kirche als Institution; schließlich wird die Kirche als ein in →Schiffe gegliedertes Bauwerk als A. aufgefasst. Zu den Symbolen im Zusammenhang mit der Sintflut-Erzählung (ein Thema der Bibel-Archäologie mit Parallelen in der altoriental. Dichtung) gehört der →Regenbogen. Ihre Bedeutung hat sich ebenso verselbständigt (wie die Darstellungen der vom Aussterben bedrohten Pflanzen und Tiere in einer A., Bezeichnung von Hilfsorganisationen als A.) wie die →Taube mit dem Olivenzweig im Schnabel als Friedenstaube. Siehe auch Abb. S. 53, 92.

Quellentext: „Die A. ist die Kirche, Noach ist Christus, die Taube ist der Heilige Geist, der Olivenzweig die Güte Gottes.“ (Johannes Chrysostomos)

Aries, lat. für das Tierkreiszeichen →Widder.

Arm, vielfach ein Symbol der Stärke, bei Gottheiten des Hinduismus in Form mehrerer A.e ein Symbol der Allmacht; in der christlichen Ikonographie gehört der A. zur →Hand Gottes, die aus einem Himmelssegment ragt. Die Symbolik der erhobenen A.e reicht vom Gebet (→Orans) und dem Gestus des Segnens bis zur Ergebung („Hände hoch!“). Eine aus Hand und A. gebildete Form des Reliquienbehälters ist der Armreliquiar. Siehe auch Abb. S. 81, 217, 242.

Quellentexte: „Ich erlöse euch mit hoch erhobenem Arm und durch ein gewaltiges Strafgericht über sie“ (Exodus 6,6b).

„Arm in Arm mit dir, / So fordr' ich mein Jahrhundert in die Schranken.“ (Friedrich Schiller, „Don Carlos“, I,9)

Arma Christi, die Leidenswerkzeuge und somit vielteiliges Symbol der Passion und der Erlösung durch Jesus Christus, wobei die Doppelbedeutung von lat. *arma* („Waffen“ und „Wappen“) vereint ist. Darstellungen umfassen die Gegenstände und Ereignisse, in den Berichten der Evangelisten über Jesu Gefangennahme (→Kuss des Judas), Verhöre (→Hahn der Verleugnung durch Petrus, Pilatus wäscht seine →Hände in Unschuld), Folterung (Geiselsäule, →Dornenkrone) und Hinrichtung (→Hammer, →Nägel, →Kreuz). →Würfel beziehen sich auf die Verlosung von Jesu nahtlosem Untergewand (Johannes 19,24).

Aronstab, Name der Pflanze *Arum maculatum;* er leitet sich vom Stab Aarons, des älteren Bruders von Mose, her. Dieser wundertätige →Stab (Exodus 7,9 ff) repräsentiert den Stamm Levi und ist der einzige der zwölf im Offenbarungszelt niedergelegten Stäbe, der grünt. In der Typologie (Personen und Ereignisse im Alten Testament als Präfigurationen des Neuen Testaments) symbolisiert er die Jungfräulichkeit der Gottesmutter Maria. Wie Aarons Stab die Bestimmung des Stammes Levi zum Priesteramt bedeutet, so offenbart im apokryphen Protoevangelium des Jakobus der grünende Stab Josefs, dass dieser der auserwählte Bräutigam Marias ist.

Asche, in vielen Kulturen ein Symbol der Nichtigkeit und Vergänglichkeit. So stand und steht die A. im Zusammenhang von Riten der Buße und der Trauer (z. B. in der Liturgie am Aschermittwoch). A. kann aber aufgrund ihrer Reinigung durch →Feuer bei Reinigungsriten vorkommen. Ein Behälter für A. ist bei der Feuerbestattung die →Urne. Die sprichwörtliche Redewendung „in Sack und A.“ hat bibl. Ursprünge, ausgehend vom Buch Ester: Haman, ein Feind der Juden, überzeugt König Artaxerxes von der Notwendigkeit, dieses Volk im ganzen Perserreich auszurotten, das sich „von anderen Völkern absondert. Seine Gesetze sind von denen aller anderen Völker verschieden; auch die Gesetze des Königs befolgen sie nicht“ (Ester 3,8). Tatsächlich ergeht im Namen des Artaxerxes dieser Erlass: „Als Mordechai [der Onkel Esters, der jüd. Gemahlin des Königs] von allem, was geschehen war, erfuhr, zerriss er seine Kleider, hüllte sich in Sack und A., ging in die Stadt und erhob ein lautes Klagegeschrei. So kam er vor das Tor des Königspalastes; aber es war nicht erlaubt, im Trauergewand durch das Tor des Palastes zu gehen“ (Ester 4,1). An die Abwendung der Gefahr erinnert das Purimfest. Vgl. auch Ijob 2,8, und Jesaja 58,5. Eine Stadt „in Schutt und A.“ zu legen gehört zu den Stereotypen der Kriegsberichterstattung. Zur A. auf der Haut als ein Wahrzeichen der Askese im Hinduismus (Beispiel Shiwa als Asket) siehe Abb. S. 153.

Quellentext: „Abraham antwortete und sprach: Ich habe es nun einmal unternommen, mit meinem Herrn zu reden, obwohl ich Staub und A. bin“ (Beginn der Fürbitte für die Stadt Sodom, Genesis 18,27).

Astrolabium, ein ursprünglich arab. Gerät mit den Kreisen der Himmelskugel, um Bewegungen der Gestirne zu beobachten; im Mittelalter ein Symbol der Astronomie als eine der sieben „freien Künste“ (lat. *artes liberales).*

Astrologie, siehe Farbteil 1: Anatomie, Astrologie, Astronomie

Astronomie, siehe Farbteil 1: Anatomie, Astrologie, Astronomie

Arche. Miniatur in der um 1390–1400 in Prag für König Wenzel entstandenen Wenzelsbibel zum Bericht über das Ende der Sintflut: Noach entsendet zuerst einen (rechts unten dargestellten) →Raben als Kundschafter, dann eine →Taube (Genesis 8,6–12). Der Berg, auf dem die Arche laut Genesis 8,4 aufsetzte, ist der Ararat. (Wien, Österreichische Nationalbibliothek, Cod. 2759, fol. 8 verso)

Arm. Drei Regengöttinnen oder Frauen mit dem Gestus des Gebets mit erhobenen Armen. Detail einer Prachtpforte aus Mali. (Paris, Musée de l'homme)

Arma Christi. Bildteil eines Ablassbriefes mit den Leidenswerkzeugen Jesu aus dem späten 15. Jh.

Astrolabium. Die Himmelsscheibe mit Aratos von Soloi (um 315–um 245 v. Chr.), Verfasser der Schrift „Himmelserscheinungen" (griech. *Phainomena).* Die Allegorie der Astronomie aus dem späten 12. Jh. stammt aus St. Emmeram in Regensburg und befindet sich hier im Stadtmuseum.

Auge, als Organ der sinnlichen Wahrnehmung auch Symbol der geistigen Erkenntnis und der Erleuchtung, die ihrerseits im Leuchten der A.n ihren Ausdruck finden – im Gegensatz zum „stechenden" bösen Blick oder dem „kalten", empfindungslosen A. des →Fischs. In die A.n geträufelter Saft täuscht die Sinne, was z. B. der Feenkönigin Titania widerfährt und sie in Liebe zu einem Eselsköpfigen verfallen lässt. Die Symbolik des →Lichts in Verbindung mit dem A. gipfelt in der Verehrung der →Sonne als A. des Himmels; ihm entspricht das allsehende, allwissende A. Gottes, das im →Dreieck die Weisheit der Dreifaltigkeit symbolisiert. In der Himmelsvision des Ezechiel werden die →Kerubim als vollkommen mit A.n bedeckt beschrieben; sie ähneln insofern einer Gestalt der griech. Mythologie: Der Körper des Wächters *Argus Panoptes* („Allesseher"), von dem sich der Begriff der argwöhn., untrüglichen Argusaugen herleitet, ist mit A.n bedeckt, die sich abwechselnd öffnen und schließen. Während die einfältigen Kyklopen wie der von Osysseus geblendete Polyphem nur über ein einziges, auf der Stirn geöffnetes A. verfügen, symbolisiert ein drittes A. Weisheit in der Tradition der Mystik; das Weisheitsauge bedeutet verinnerlichtes Schauen. A.n auf einer Schale sind Attribut der hl. Lucia (sie hat sich selbst aus Treue und Liebe zu Christus die A.n herausgerissen, worauf ihr die Madonna noch schönere A.n verlieh); A.n auf einem Buch kennzeichnen die Heiligen Erhard und Odilia (der Wanderbischof taufte die blinde Odilia, die dadurch sehend wurde). Die Beschränkung des Menschen auf ein Augenpaar, dessen leicht variierte Duplizität selbst räumliches Sehen als Perspektive gewährleistet, ist eine Bedingung seiner Existenz, schützt sie ihn doch vor einer Überflutung mit opt. Reizen, wäre er mit ein, zwei oder drei weiteren Augenpaaren rings um den Kopf ausgestattet. Bleibt die Frage, in welchem Ausmaß sich dieses Augenpaar, dessen Sehkraft bereits im Altertum mit Vorläufern der →Brille unterstützt wurde, inzwischen bereits einem Zwang zur Multivision angepasst hat. Zumindest das staatliche Bedürfnis nach profaner Allwissenheit hat sich der techn. Möglichkeiten vergewissert. Die negative Utopie *Great brother watches you* aus dem Roman „1984" von George Orwell (1949) ist längst Bestandteil der Wirklichkeit. Eine Analogie zur ambivalenten Symbolik des A.s besteht bei der →Blindheit. Siehe auch →Spiegel.

Quellentexte: „Seine Augen schauen herab, seine Blicke prüfen die Menschen" (Psalm 11,4).

„Dein A. gibt dem ganzen Körper Licht" (Lukas 11,34).

„Augen, meine lieben Fensterlein, / Gebt mir schon so lange hellen Schein, / Lasset freundlich Bild um Bild herein: / Einmal werdet ihr verdunkelt sein." (Gottfried Keller, „Abendlied", 1979, 1. Strophe)

Augenbinde, ein Symbol der geistigen bzw. spirituellen →Blindheit. In der Plastik und Malerei des christlichen Mittelalters trägt die Figur der →Synagoge als Personifikation des Judentums eine A., was bedeuten soll, dass die Juden nicht in Jesus Christus den erwarteten Messias und Erlöser erkannt haben. Den „blinden Zufall" symbolisiert die A. der Fortuna, während sie das →Rad des Glückes bzw. Schicksals dreht. Positive Bedeutung hat die A. als Attribut der →Iustitia als Personifikation der Gerechtigkeit (mit den weiteren Attributen →Schwert und →Waage). Sie richtet „ohne Ansehen der Person". Dass zahlreiche Gesellschaftsspiele bei den Beteiligten eine A. verlangen, leitet sich von „blindem Eifer", „blinder Liebe" oder „blindem Vertrauen" her, die belohnt oder bestraft werden.

Avaritia, Symbolfigur der Todsünde Geiz. Sie reitet auf einem →Dachs oder →Wolf.

Axt, das im Vergleich zum Beil größere Werkzeug zur Bearbeitung von Holz, als Streitaxt auch eine Waffe. Die Funken, die beim Axthieb entstehen können, liegen wohl der Verbindung mit dem →Blitz zugrunde; wie dieser symbolisiert die A. Zerstörung, indem sie „an die Wurzel der Bäume" gelegt ist als ein Zeichen für das göttliche Gericht. Prunkäxte dienten bei Riten wie dem Menschen- und Tieropfer als Statussymbol, ebenso die →Doppelaxt. Zu den antiken Göttern, die eine A. verwenden, gehört der Schmiedegott Hephaistos (röm. Vulcanus). Als Attribut ist die A. dem hl. Josef in seiner Eigenschaft als Zimmermann zugeordnet sowie dem hl. Wolfgang (eine ins Tal geschleuderte A. offenbarte ihm den Bauplatz für eine Kirche) und dem hl. Bonifatius, der in Geismar (Hessen) eine dem Donar geweihte →Eiche gefällt hat. Das „Kriegsbeil" der nordamerikan. Indianer war ursprünglich eine Keule; sie erhielt die Klinge einer A. Siehe auch Abb. 256.

Quellentexte: „Wie einer die A. schwingt im Dickicht des Waldes, so zerschlugen sie all das Schnitzwerk mit Beil und Hammer" (Psalm 74,5 über die Verwüstung des Heiligtums).

„Schon ist die A. an die Wurzel der →Bäume gelegt; jeder Baum, der keine gute Frucht hervorbringt, wird umgehauen und ins →Feuer geworfen" (Gerichtsdrohung durch Johannes den Täufer; Matthäus 3,10).

Abb. zu dieser Seite siehe Seite 33

ANATOMIE • ASTROLOGIE • ASTRONOMIE

Der Mensch inmitten des Kosmos, den hier die konzentrischen Kreise der Elemente symbolisieren. Die formale Analogie zwischen den umfassenden Kreisen und dem zentralen Kreis lässt sich als Beziehung vom Makrokosmos zum Mikrokosmos deuten, mit denen der Mensch in unmittelbarer Verbindung steht. Dies entspricht den naturkundlichen und anatomischen Erkenntnissen der auch als Ärztin tätigen Nonne Hildegard von Bingen (geb. 1098 bei Alzey). Sie starb 1179 im Kloster Rupertberg bei Bingen und wurde 1233 heilig gesprochen. Etwa sieben Jahre danach entstand die Abschrift eines ihrer visionären Werke, zu deren Ausstattung die abgebildete Miniatur gehört. Es handelt sich um die Schrift *Liber divinorum operum* („Buch der Werke Gottes") über den von Gott für den Menschen geschaffenen Kosmos. Dieser besitzt Heilkräfte für den aus dem Paradies vertriebenen Menschen. Seine Einbindung in die Heilsgeschichte kennzeichnet auch Hildegards medizinische Schriften, in denen der Mensch als physische und psychische Einheit erfasst ist, etwa in der Beschreibung psychosomatischer Methoden bei der Behandlung von Krankheiten. Das um 1240 entstandene Werk befindet sich als Ms. 1942 in der Biblioteca Statale in Lucca. Von der Verbindung zwischen dem Makrokosmos und dem Menschen als Mikrokosmos handelt im Folgenden die Abbildung auf S. 26, von den Elementen der Farbteil 2, S. 49–64.

Das Auge Gottes (gegenüber)
Caspar David Friedrich, „Das Kreuz im Gebirge", 1808; Galerie Neue Meister, Dresden
Das nach Schloss Tetschen (heute in Děčín) an der Elbe als Tetschener Altar benannte Landschaftsgemälde war als Altargemälde gedacht. Dies verdeutlichen die Symbole des nach Friedrichs Entwurf geschnitzten Rahmens. Er zeigt Friedrich zufolge „fünf Engelsköpfe, die anbetend niederschauen zum Kreuz", also den transzendenten Himmel symbolisieren. Ihm gehört unten das bedeutendste Symbol an: „Unten ist in länglicher Füllung das Auge Gottes im heiligen Dreieck eingeschlossen, mit Strahlen umgeben. Kornähren und Weinranken neigen sich zu beiden Seiten gegen das allsehende Auge. Das ist zu deuten auf Leib und Blut dessen, der ans Kreuz geheftet ist" (Brief an den Dresdner Professor Schulz, 1809).

Das Ohr
Themen der Bildseite in einem Stundenbuch aus England (um 1320–50) sind der Sündenfall und Vertreibung aus dem irdischen Paradies sowie die Verheißung der Geburt Jesu. Wie sollten die Worte Gabriels über die Empfängnis Marias, nämlich dass der Heilige Geist über sie kommen wird (Lukas 1,35), „illustriert" werden? Eine Lösung war – wie hier – die Empfängnis in Gestalt der Taube des Heiligen Geistes durch das Ohr.
(Vatikanstadt, Biblioteca Apostolica Vaticana, Pal. lat. 537, fol. 37 recto)

Von allen Erfahrungs- und Tätigkeitsbereichen ist der Mensch selbst in seiner Körperlichkeit, seiner anatomischen Beschaffenheit die reichhaltigste Quelle der Symbolik. Es gibt kaum einen Körperteil oder ein Organ, das nicht symbolische Bedeutung gewonnen hat. Dies gehört zu den Gemeinsamkeiten der Kulturen.

Ein Indiz sind die vielfältigen Redewendungen, die sich eines Vergleichs abstrakter Phänomene mit der Anatomie bedienen: Etwas gelingt oder überzeugt, da es Hand und Fuß hat, jemand ist der Kopf der Bewegung; Missmut wird durch eine Laus verursacht, die über die Leber gelaufen ist, und schlechte Nachrichten gehen an die Nieren. Das Auge des Gesetzes wacht über die Einhaltung vereinbarter Regeln des gesellschaftlichen Zusammenlebens. Auch Landschaften werden anthropomorph beschrieben: Zwischen den Armen eines Flusses verläuft der Rücken eines Berges. Kosmische Dimensionen erreicht der Vergleich des Kopfes bzw. der Schädeldecke (Kalotte) mit der Kuppel, die ihrerseits das Himmelsgewölbe symbolisiert.

Letzteres ist ein Hinweis auf die Auffassung des anatomischen Menschen als Mikrokosmos im Makrokosmos verbunden; beide sind durch Analogien und Einflüsse des Makro- auf den Mikrokosmos verbunden, mit denen sich bereits die frühen Hochkulturen in Mesopotamien und am Nil beschäftigt haben. In dieser Periode der Menschheitsgeschichte entstand auch die Vorstellung vom Menschen als *Imago Dei* als Bild Gottes. War dies in den frühen Religionen auf die Herrscher als Spitze der Gesellschaftspyramide beschränkt, so enthält die jüdisch-christliche Tradition die Lehre von der Gottebenbildlichkeit des Menschen als Ausdruck der uneingeschränkten Menschenwürde. Ihre Anerkennung bildet heute die Grundlage jener vom Auge des Gesetzes – als Profanierung des Auges Gottes – verfassungsgemäß gewährleistete Humanität: „Die Würde des Menschen ist unantastbar."

Die Gottebenbildlichkeit des Menschen scheint auch in den antiken Religionen enthalten zu sein, indem die Götter in menschlicher Gestalt dargestellt wurden. Doch ist dies weit entfernt von der christlichen Lehre der Inkarnation Gottes im Menschen Jesus Christus bis zum Tod am Kreuz. Caspar David Friedrich erläutert die religiöse Symbolik seines als Altarbild gedachten Landschaftsgemäldes „Kreuz im Gebirge": „Auf einem Felsen steht aufgerichtet das Kreuz, unerschütterlich fest, wie unser Glaube an Jesum Christum. Immer grün durch alle Zeiten während, stehen die Tannen ums Kreuz gleich unserer Hoffnung auf ihn, den Gekreuzigten." Friedrich deutet in diesem Brief aus dem Jahr 1809, also im Jahr nach der Entstehung des Gemäldes, die von ihm gewählte vierte Tageszeit als ein religionsgeschichtliches Symbol: „Es ist beabsichtigt, dass Jesus Christus, ans Kreuz geheftet, der sinkenden Sonne zugekehrt ist. [...] Es starb mit ihm eine alte Welt, wo Gott der Vater unmittelbar wandelte auf Erden."

Die theomorphe, also gottgestaltige Modellhaftigkeit der anthropomorphen, menschgestaltigen Symbolik besitzt auf Grund dieser Herleitung einen Gehalt, der weit über die eingangs genannten allegorischen oder metaphorischen Redewendungen hinausreicht. Zu ihren Voraussetzungen gehört das vor allem biblische Menschenbild als seelisch-körperliche Ganzheit. Die gegensätzliche und an der Entwicklung des Christentums maßgeblich beteiligte Auffassung des Körpers

ISIO

Die Lippen (gegenüber)
Die Miniatur in einer kommentierten Handschrift des Buches Jesaja (um 1000) widmet sich im Zusammenhang mit der Berufung des Propheten dem Symbol der Lippen und ihrer Reinigung: „Weh mir, ich bin verloren. Denn ich bin ein Mensch mit unreinen Lippen", wehrt Jesaja den ihm von Gott erteilten Auftrag ab. „Da flog einer der Serafim zu mir; er trug in seiner Hand eine glühende Kohle, die er mit einer Zange vom Altar genommen hatte. Er berührte damit meinen Mund" (Jesaja 6,6).
(Bamberger Staatsbibliothek, Bibl. 76, fol. 11 recto)

Der Mund (unten)
Die Darstellung des Propheten Ezechiel verwendet textgetreu das Symbol Mund als Organ, um Nahrung aufzunehmen: „Öffne deinen Mund und iss, was ich dir gebe (...). Iss diese Rolle! Dann geh hin zum Hause Israel" (Ezechiel 3,1–3). Mit dieser Szene ist in der Lambeth-Bibel (um 1140–50) eine Initiale E(t) geschmückt, wobei die Hand Gottes erscheint. Unten rechts wird das Verstummen des Propheten symbolisiert.
(London, Lambeth Palace Library, Ms. 3, fol. 258 verso)

als Gefängnis der Seele wurzelt im Platonismus, der seinerseits mehrere Entwicklungsstufen erlebt hat, generell jedoch einer Leibfeindlichkeit zu Hilfe kam.

Ein außerbiblisches, aber für das Christentum nicht allein des Mittelalters charakteristisches Zeugnis ist das Gebet des bereits ans Kreuz gehefteten Apostels Andreas in der „Legenda aurea" des Dominikaners Jacobus de Voragine, die ab dem späten 13. Jh. weite Verbreitung fand:

„Herr, ich bitte dich, dass du mich nicht lassest lebend von diesem Kreuze kommen. Es ist Zeit, dass du der Erde wiedergebest meinen Leib: ich hab ihn so lange getragen und hab ihn so lange gehütet mit großen Sorgen und Arbeit, dass ich nun begehre, erlöst zu werden von diesem Gehorsam, und bitte, dass mir abgenommen wird dieses schwere Kleid; denn ich betrachte, wie schwer dieser Leib mir ist gewesen zu tragen, wie widerspenstig zu zähmen; wie sehr zu pflegen in seiner Schwachheit, wie oft zu zügeln in seiner Üppigkeit. Herr, du weißt, wie oft mich der Leib begehrte zu ziehen von der Reinheit göttlicher Anschauung, wie oft er mich zog von der Süßigkeit göttlicher Ruhe, und wie oft er mir große Schmerzen hat angetan [...]."

Das entgegengesetzte, aus der Antike überlieferte und bis heute in unzähligen Varianten propagierte Verständnis des „gesunden Körpers" als Voraussetzung für den „gesunden Geist" geht auf den römischen Dichter Juvenal zurück und wird als Formel zitiert: „Mens sana in corpore sana." Der Vers in Juvenals „Satirae" (10,336) lautet im Original: „Orandum est, ut sit mens sana in corpore sana"; gemeint sind aber die Gladiatoren (und ihre Nachfolger bis zur Gegenwart), die neben dem gestählten Körper auch geistige Fähigkeiten besitzen sollen. Darum möge man die Götter bitten.

Solche Polarisierung, die auch in den fernöstlichen Religionen (Askese einerseits, Yoga andererseits) zu finden ist, bietet eine Erklärung für die Ambivalenz gerade der anatomischen Symbolik. Auch hier ist das Auge ein offenkundiges Beispiel. Vorrang vor allen anderen Organen, abgesehen vom Herz, fand es in Ägypten als apotropäisches, göttlichen Schutz gewährendes Heiliges Auge. Paarweise dargestellt, bildet das rechte Auge das Sonnenauge, das linke das Mondauge des Sonnengottes Horus, der in Gestalt der Pharaonen inkarniert, also menschliche Gestalt annimmt. Das genaue Gegenteil bildet der „böse Blick", den Augen entsenden und dadurch Verderben bringen können. Als „Fenster" vermitteln die Augen zwischen Außen- und Innenwelt, sie empfangen und versenden – im Guten wie im Bösen. Ebenso ambivalent ist die Symbolik der verschlossenen Augen: Blindheit kennzeichnet die Unfähigkeit zur Erkenntnis und bedarf der Wunderheilung, aber auch die innere Schau der Seher und eines Dichters wie Homer.

Von „Kopf bis Fuß" reichen die Symbole der menschlichen Gestalt. Den Anfang machen die bedeckten, entfernten oder offen getragenen Haare und ihre Farbe, vor allem das Rot. Auf der Stirn erscheint das dritte, das geistige Auge. Am unteren Rand der Stirn wurzelt die Nase,

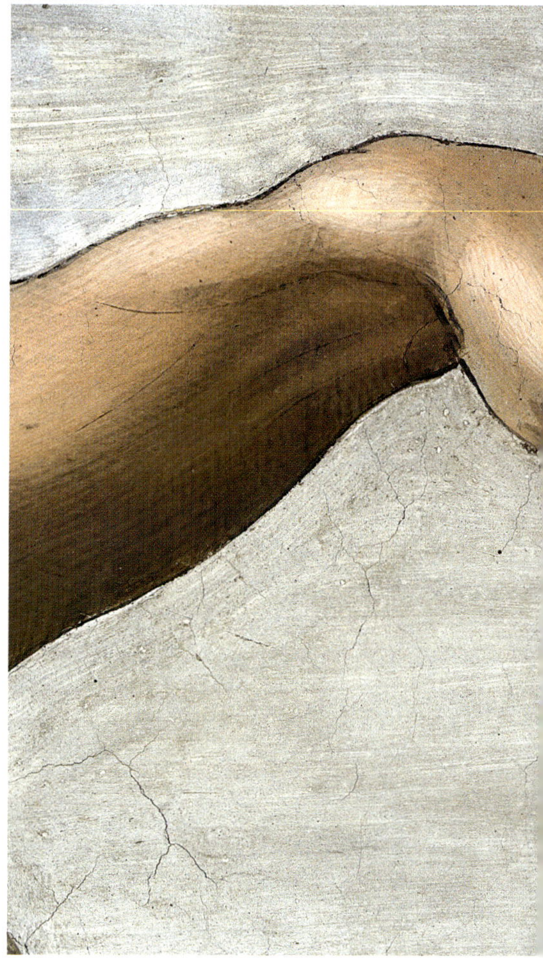

Hand Gottes
Die Darstellung der Aufnahme Mariens in den Himmel (Reichenauer Kollektar, um 1020) besitzt eine Aufwärtsbewegung. Sie führt zu dem Symbol, das der figürlichen Darstellung Gottes lange Zeit vorausgeht: die Hand Gottes; sie ragt aus einem Himmelssegment. Das Zentrum bildet ein Medaillon mit dem Brustbild Mariens in der Gebetshaltung mit erhobenen Armen. Dieses *imago clipeata,* benannt nach dem meist bemalten römischen Rundschild *clipeus,* symbolisiert die Seele der Gottesmutter, im Gegensatz zu Darstellungen einer leiblichen Himmelfahrt Mariens, die schließlich 1950 durch Papst Pius XII. zum Dogma erhoben wurde; katholisches Kirchenfest am 15. August. (Hildesheim, Dombibliothek, Cod. 688, fol. 77 recto)

das Organ des Riechens als einer der fünf Sinne und in der Physiognomik vielfach missbraucht als Kennzeichen von charakterlichen und ethnischen Eigenschaften. Weitere Sinne sind neben dem Riechen und dem Gesichtssinn des Sehens das Hören und Schmecken: das Ohr und der Mund. Während das erstere Organ ausschließlich empfängt, wobei das Spektrum von allem Akustischen ikonographisch bis zur Aufnahme des Heiligen Geistes reicht (Empfängnis Mariens), entspricht der Mund in seiner vielfältigen Symbolik des Verspeisens und Verlautens den Augen, die ebenfalls etwas „verschlingen" und „versprechen" können. Die Symbolik des Mundes gliedert sich in die Lippen und deren Reinigung, die Zähne, die Zunge und reicht bis zum Schlund des Höllenrachens. Von den Wangen führt die symbolische Betrachtung der menschlichen Anatomie über den Hals – mit dem männlichen Adamsapfel – zu den Schultern. Von ihnen zweigen die Arme ab, die jeweils in eine Hand mit fünf Fingern münden und reich an symbolischer Gestik sind. Zum Rumpf gehört die Symbolik der Brust, des Brustkorbs mit seinen Rippen, des Bauchs mit dem Nabel, der Hüfte und der Geschlechtsorgane Phallus mit den Hoden und Vulva. Die Rückseite enthält das Rückrat. Dies alles stützt sich auf die säulenhaft aufgerichteten oder gebeugten Beine, und indem Christus seine irdische Existenz verlässt, hinterlässt er in der Ikonographie der Himmelfahrt mitunter seinen Fußabdruck.

Zwei Hände
Das Detail aus Michelangelos Darstellung der Erschaffung Adams an der Decke der Sixtinischen Kapelle zeigt die beiden wohl berühmtesten Hände der abendländischen Kunst. Zwischen den beiden Zeigefingern wird, sobald sie sich berühren, Energie von Gottes energischer Hand in Adams noch schlaffe Hand übergeleitet werden. Denn nicht die bereits vollzogene Erschaffung des ersten Menschen ist Michelangelos Thema, sondern dessen Beseelung. Die Bibel verwendet dafür das Bild der Nase: „Da formte Gott, der Herr, den Menschen aus Erde und Ackerboden und blies in seine Nase den Lebensatem. So wurde der Mensch zu einem lebendigen Wesen“ (Genesis 2,7). Michelangelos Deckenmalerei entstand in den Jahren 1508–12.

Greifen wir zwei der körperlich bedingten, kulturell ganz unterschiedlich bewerteten Symbole heraus, zunächst das Kopfhaar. Es hat heute speziell bei der Frau in hohem Maße politische Bedeutung gewonnen, die allerdings als „Kopftuchstreit“ lediglich eine pseudoreligiöse Variante des traditionellen Konfliktfeldes bildet. Erinnert sei an das Gedicht „Am Turme“ der Dichterin Annette von Droste-Hülshoff aus der 1. Hälfte des 19. Jahrhunderts. Es kontrastiert das Wunschbild der antiken Mänade mit dem Zwang gesellschaftlicher Konventionen: „Nun muss ich sitzen hier so fein und klar, / Gleich einem artigen Kinde, Und darf nur heimlich lösen mein Haar / Und lassen es flattern im Winde.“

Dass offen getragenes, „flatterndes“ Haar der Frau als verführerisch empfunden wurde, verpönt war und mit Hexen assoziiert wurde, schloss das gegenteilige Motiv nicht aus, etwa in der Legende der hl. Agnes:

„Da gebot der Richter, dass man sie sollte bloß ausziehen und also nackt in der gemeinen Frauen Haus führen. Aber der Herr ließ ihr Haar so dicht wachsen, dass ihr Leib davon besser gedeckt war denn mit Gewand. Und da sie in das Haus der Schande kam, stund dort ein Engel, der gab ihr ein lichtes Gewand, und erfüllte mit seinem Glanz das ganze Haus“ *(Legenda aurea,* um 1270). Solch ein „Gewand“ schützt auch die heiligen Eremitinnen Maria Magdalena und Maria Aegyptica.

firmiter tenere & credere me faciat
Et a septem peccatis criminalibus
me liberet & defendat usq; in fine
& in nouissimis diebus meis oste
de michi faciem tuam & annun
cies michi diem & horam obitus
& mortis mee. Et hanc orationem
supplicem suscipias: audias & exau
dias & uitam eternam michi tri
buas. Audi & exaudi me dulcissi
ma uirgo maria mater dei & mi
sericordie. Amen.
De sācta maria magdaleā.
IN diebus illis mulier que

Haare (oben)
Engel erheben die Eremitin Maria Magdalena. Langes Haar ist ihr als Hülle geblieben. Um 1510–20. (Vatikanstadt, Biblioteca Apostolica Vaticana, Ross.60, fol. 143 verso)

Haare (rechts)
Simson und Delila in der Wenzelbibel, um 1390–1400. (Wien, Österreichische Nationalbibliothek, Cod. 2760, fol. 21 recto)

Ein biblischer Inbegriff übernatürlicher männlicher Kraft, die das ungeschorene Haupthaar verleiht, ist Simson, dem allerdings seine Geliebte Delila zum Verhängnis wird: „Als sie ihm mit ihrem Gerede jeden Tag zusetzte und ihn (immer mehr) bedrängte, wurde er es zum Sterben leid: er offenbarte ihr alles und sagte zu ihr: Ein Schermesser ist mir noch nicht an die Haare gekommen; denn ich bin von Geburt an Gott als Nasiräer geweiht. Würden mir die Haare geschoren, dann würde meine Kraft mich verlassen; ich würde schwach und wäre wie jeder andere Mensch. Nun merkte Delila, dass er ihr alles offenbart hatte“ (Richter 16,16–18).

Eine alttestamentliche Gestalt, die langes Haar als bloßen Schmuck trägt und daran zugrunde geht, ist König Davids rebellischer Sohn Abschalom. Nach seiner militärischen Niederlage bleibt er bei der Flucht auf einem Maultier mit

Brüste (links)
Zum Herakles-Mythos gehört folgende Anekdote: Während Hera schlief, legte ihr Zeus das mit Alkmene in der Gestalt ihres Gemahls Amphitryon gezeugte Kind an die Brust. Doch statt seinen Durst sanft zu stillen, biss der Säugling dermaßen heftig zu, dass ein Milchstrahl in den Weltraum spritzte. Diese Version verwendete der venezianische Manierist Tintoretto 1578 für sein mythologisches Historienbild „Die Entstehung der Milchstraße“. Rechts unten im Bild erscheinen zwei Pfauen als Heras Symboltiere. Öl auf Leinwand, 147 x 166 cm.
(London, National Gallery)

Brüste (rechts)
Mit mehr als 100 vergleichbaren Statuetten von Südfrankreich bis Sibirien hat die im niederösterreichischen Willendorf entdeckte „Venus von Willendorf“ (um 23 000 v. Chr.) zwei Merkmale gemeinsam: die Betonung der sekundären weiblichen Geschlechtsmerkmale und die Vernachlässigung der Gliedmaßen. Diese Idole gehören daher wohl zu Fruchtbarkeitskulten. (Wien, Naturhistorisches Museum)

seinem Haar an einem Ast hilflos hängen und wird erstochen (2 Samuel 18,6–32). Von fern mag das in den 1970er Jahren erlassene Haarnetz-Gebot für langhaarige Bundeswehrsoldaten an Abschalom erinnern.

Ein weiteres Beispiel divergierender Deutungen sind die entblößten Brüste der Frau, speziell in der christlichen Ikonographie. Ab dem Spätmittelalter entwikkelte sich einerseits das Bild der mütterlich nährenden Gottesmutter, indem sie ihrem Kind die Brust reicht: im griechischen Osten als Galaktotrophusa *(galax* = Milch; *trephein* = nähren), im lateinischen Westen als *Maria lactans* (milchnährende Maria). Eine neutestamentliche Quelle ist im Evangelium des Lukas der Vers 11,22: „Selig der Leib“, spricht eine Frau aus dem Volk Jesus an, „der dich getragen hat, und die Brust, die dich ernährt hat.“

Hier liegt eine der Quellen von Bildern Marias als Fürbitterin vor Gottvater, wobei ihre entblößten Brüste ihr rückhaltloses Eintreten für die Erdenpilger symbolisieren. Schließlich kennzeichnen zwei Säuglinge an den Brüsten ihrer Mutter die Personifikation der Caritas als eine der drei Tugenden, von denen Paulus im 1. Brief an die Korinther spricht: „Für jetzt bleiben Glaube, Hoffnung, Liebe, diese drei; doch am größten unter ihnen ist die Liebe“ (13,13).

Doch kehren wir zur anatomischen Gesamtheit zurück: Die Symbolik der menschlichen Gestalt bezieht sich auf die Lebensalter, die sich im Rätsel der Sphinx von Theben durch das Gehen auf vier, dann zwei und schließlich auf drei Beinen unterscheiden. Ödipus findet die Lösung: Es sind das krabbelnde Kind, der aufrechte Mensch und der Greis am Stock. Schließlich gehören das menschliche Skelett oder Teile wie der Totenschädel zu den Symbolen der Vergänglichkeit: der Vanitas.

Das Kind (oben)
Ausschnitt aus Philipp Otto Runges „Großem Morgen“, 1808/09; Öl auf Leinwand, 152 x 113 cm. Unvollendete Neufassung des „Kleinen Morgen“ (1808) aus dem Zyklus der Tageszeiten; Kunsthalle, Hamburg. Die Konzeption des Zyklus steht im Zusammenhang mit der Neubewertung der Allegorie, die in der Emblematik des Barock zu einem intellektuellen Zeichensystem erstarrt war. Für Runge bot die allegorische Darstellung (hier mit der Personifikation des Morgens in Gestalt der Aurora) den Ansatzpunkt, die Vieldeutigkeit aller Erscheinungen zu entfalten. Der „Morgen“ bedeutet: Beginn des Tages, aber auch Beginn des Lebens, symbolisiert durch das Kind. Genien begrüßen es mit roten Rosenblüten, und ebenso knüpfen zwei weiße Schwertlilien an die Blumen- und Farbsymbolik der christlichen Ikonographie an. Das Gemälde wurde 1890 von einem Nachkommen zerschnitten (was Runge 1809 kurz vor seinem Tod bereits angeordnet, sein Bruder Daniel aber verhindert hatte). Die neun Fragmente wurden 1927 zusammengesetzt und die Fehlstellen durch neutrales Grau ergänzt.

Wandlungen der Anatomie (gegenüber)
Hans Baldung, gen. Grien, „Die sieben Lebensalter des Weibes“, 1544; Museum der Bildenden Künste (Bildermuseum) in Leipzig. Die Einteilung des menschlichen Lebens in sieben Altersstufen, denen jeweils einer der sieben Planeten zugeordnet ist, beruht auf der spätantiken Astrologie und wird ab der frühen Neuzeit auf vielfältige Weise (mit bis zu zehn Lebensstufen) bildhaft dargestellt. Verbreitet war folgende, auch mit Tiersymbolen verbundene Zuordnung: Die Kindheit entspricht dem zunehmenden Mond, die Sonne sowie Merkur und Venus drei Stufen der Jugend, Mars speziell dem Mannesalter, Jupiter der Reife und Saturn dem Greisenalter. Während Baldungs Personifikationen mit fünfmal charakteristisch entwickelten Brüsten auf einer Ebene postiert sind, bürgerte sich später eine an- und absteigende Treppe ein.

Aries. leo. sagittarius. sunt
calida et sicca collerica
masculina. Orientalia.
Taurus. uirgo. capricornus.
sunt frigida et sicca melanco
lica feminina. Occidentalia.
Gemini.
aquarius.
libra. sunt calida et
humida masculina
sanguinea. Meridionalia.
Cancer. scor
pius. pisces.
sunt frigida et humi
da flegmatica femini
na. Septentrionalia.

Mikrokosmos Mensch (gegenüber)
Im Stundenbuch *Très Riches Heures de Duc du Berry,* an dem die Brüder Pol, Jan und Herman von Limburg 1410 bis zu ihrem Tod 1416 gearbeitet haben, befindet sich zwischen dem Kalendarium und den Abschnitten aus den vier Evangelien diese Bildseite mit der traditionellen Bezeichnung „Der anatomische Mensch“. Als Rahmen dient eine hier spitzovale Darstellung des Tierkreises mit den zwölf Sternzeichen. Diese erscheinen ein zweites Mal im Bereich der Organe des Menschen, auf die sie Einfluss ausüben. (Chantilly, Musée Condé, Ms. 1284, fol. 14 verso)

Das makrokosmische Weltrad (oben)
Das Schaubild in einer karolingischen Prachthandschrift über die Astronomie und Astrologie zeigt im Mittelpunkt den antiken Sonnengott Phöbus Apollo, an dessen Stelle mitunter Christus tritt. In konzentrischer Anordnung umgeben die zwölf Monate und diesen zugeordnet die zwölf Tierkreiszeichen das kosmische Zentrum des bereits vom ptolemäischen Weltbild, so scheint es, abweichenden Systems: Nicht die Erde, sondern die Sonne bildet den Mittelpunkt. (Biblioteca Apostolica Vaticana, Vatikanstadt, Vat. Gr. 1291, fol. 9 recto)

Beide Darstellungen reihen gegen den Uhrzeigersinn die Stern- bzw. Tierkreiszeichen Steinbock, Wassermann, Fische, Widder, Stier, Zwillinge, Krebs, Löwe, Jungfrau, Waage, Skorpion und den Schützen als Kentaur mit Pfeil und Bogen.

Die Herrschaft der Planeten (gegenüber)
Das Monatsbild April von Francesco del Cossa im Palazzo Schifanoia in Ferrara, 1469/70. In der mythologisch-planetarischen Zone ziehen zwei Schwäne ein Prunkschiff, auf dem Venus triumphiert. Sie hat Mars in Ketten gelegt. Rechts erscheinen die drei Grazien aus dem Gefolge der Venus, die Schönheit verleihen. In der astralen Mittelzone dominiert das Tierkreiszeichen bzw. Sternbild Stier. Die Figuren und Szenen der irdischen Zone widmen sich dem höfischen Leben in Ferrara zur Zeit des Herzogs Borso; dieser tritt rechts in einer Loggia auf.

Wie die Symbolik des anatomischen Menschen mit all seinen Körperteilen und inneren Organen als Mikrokosmos, so wurzelt auch die symbolische Deutung des universellen Makrokosmos in der altorientalischen Mythologie, Astrologie und den Anfängen der wissenschaftlichen Himmelskunde Astronomie im Vorderen Orient. Eine für Jahrtausende nahezu unveränderte Lehre betrifft den Zusammenhang zwischen Irdischem und Himmlischen durch die Macht der Sternzeichen des Tierkreises Zodiakus. Er gliedert sich im Jahresverlauf in die Abfolge von Steinbock, der dem Gehirn zugeordnet ist, Wassermann mit dem Attribut einer Amphore, die er entleert, paarweise Fische, Widder, Stier, Zwillinge, Krebs, Löwe, Jungfrau, Waage, Skorpion und der traditionell als Kentaur mit Pfeil und Bogen dargestellte Schütze. Hinzu kommen Sternbilder wie das Siebengestirn der Plejaden, der Sternennebel der Milchstraße, der Komet, etwa als der „Stern von Betlehem“, sowie die Planeten: im geozentrischen und von der katholischen Kirche bis ins 17. Jh. verteidigten Weltbild mit der Erde als Mittelpunkt die sieben Planeten Mond, Merkur, Venus, Sonne, Mars, Jupiter, Saturn (Reihenfolge in Dantes *Paradiso,* dem 3. Teil der *Divina Commedia);* im heliozentrischen, ab der „kopernikanischen Wende“ entwickelten Weltbild die fünf „großen“, mit bloßem Auge erkennbaren Planeten) in der Reihenfolge ihrer zunehmenden Entfernung von der Sonne) Merkur, Venus, Mars, Jupiter, Saturn sowie die Erde, die unter dem Gesichtspunkt der Entfernung zur Sonne zwischen Venus und Mars einzuordnen ist. Nur mit dem Fernrohr erkennbar sind Uranos, Neptun und Pluto.

Von den Himmelskörpern besitzt die Sonne in allen Religionen die höchste symbolische Bedeutung, gefolgt vom Mond mit seinen Phasen des Zu- und Abnehmens. Die Aureole von Sonne und Mond ist als Nimbus ein Symbol für Heiligkeit. Im 1. Schöpfungsbericht werden die Himmelskörper am 4. Tag erschaffen: „Gott machte die beiden großen Lichter, das größere, das über den Tag herrscht, das kleinere, das über die Nacht herrscht, auch die Sterne“ (Genesis 1,16). Sie sollen Tag und Nacht unterscheiden und zur „Bestimmung von Festzeiten, Tagen und Jahren dienen“ (1,14). Diesen Auftrag erfüllen Sonne und Mond kalendarisch in Form eines Mondjahres oder des allgemein verbreiteten Sonnenjahres.

Personifikation und Tierkreiszeichen
Das Monatsbild April in einer illuminierten Handschrift eines in Versen verfassten Kalendars der Heiligenfeste zeigt die Personifikation des Frühlingsmonats mit einem Blütenzweig in seiner Linken. Zugleich wird der April durch sein Tierkreiszeichen Stier charakterisiert. Diese Ausgabe des „Martyrologiums des Wandalbert“, eines Dichter-Mönchs in Prüm, entstand 870 und befindet sich in der Biblioteca Apostolica Vaticana, Vatikanstadt, Reg. lat. 438, Monatsbild April auf fol. 8 recto.

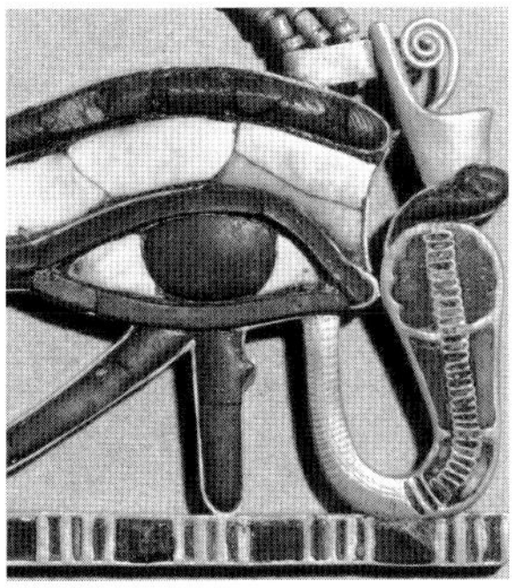

Auge. Das meist paarweise dargestellte „Heilige Auge“ symbolisierte im Alten Ägypten göttlichen Schutz.

Auge. Holzschnitt im Format einer Spielkarte als eine von 20 Anlagen zu Goethes „Beiträgen zur Optik“ (1791). Dargestellt sind ein Glasprisma, eine Lupe und ein Regenbogen über einer Flusslandschaft. Er überwölbt ein Auge, das nach Goethes Auffassung wunderbare Organ, in dem sich von außen die Welt und von innen der Mensch spiegelt.

Auge. Die Lithographie „Der Augenballon“ (1882) des Symbolisten Odilon Redon handelt von der grenzenlosen Erweiterung des Blickfelds seit Beginn der Ballonfahrt.

Axt. Das griech. Vasenbild im schwarzfigurigen Stil des 7./6. Jh. zeigt die Geburt der Athena aus dem Haupt des Zeus, das Hephaistos mit seiner Axt gespalten hat. (London, British Museum)

Augenbinde. Das Haupt der →Synagoge als Personifikation des Judentums und Gegenstück der christlichen →Ekklesia, um 1230. Kopie am südlichen Doppelportal des Straßburger Münsters; die Originale befinden sich im benachbarten Frauenhaus-Museum.

Astronomie (gegenüber)
Die Pinacoteca Vaticana besitzt einen achtteiligen Zyklus „Astronomische Beobachtungen“ von Donato Creti aus dem Jahr 1711 mit den Themen Sonne, Mond, Jupiter, Saturn, Venus, Mars, Merkur sowie Komet. Dieses Gemälde (Öl auf Leinwand, 51,5 x 35 cm) ist hier abgebildet. Es bezieht sich wohl auf den Kometen von 1702; die weibliche Staffagefigur scheint die astronomische Erscheinung nicht zu bemerken. Cretis Auftraggeber, Herzog Luigi Fernando Marsili, wollte mit diesem Zyklus Papst Klemens XI. dazu bewegen, die Errichtung eines Observatoriums in Bologna zu unterstützen, denn Bologna gehörte zum päpstlichen Herrschaftsbereich. Cretis Aufgabe konzentriert sich darauf, den Eindruck zu fingieren, den der Blick durch ein Teleskop hervorruft, wobei die landschaftlichen Motive dem Größenvergleich dienen. Am größten erscheint die Sonne, am kleinsten der Komet. Rund 100 Jahre zuvor hatte Galileo Galilei sein Fernrohr auf den Himmel gerichtet, dessen machtgestützte, esoterische und weiterhin volkstümliche Symbolik mit wissenschaftlichen Erkenntnissen zu konkurrieren begann.

B

Babylon (Babel), in der Bibel aufgrund des babylon. →Turms der Ausgangspunkt der Sprachverwirrung, dann namengebend für das erzwungene Exil der Juden, schließlich in der Offenbarung des Johannes Hüllwort für →Rom als Zentrum der Christenverfolgung und mit Personifikationen des Lasters wie der „Hure von B.". Die Humanisten griffen den antiken Ruhm der Stadt am Euphrat auf.

Quellentexte: „An den Strömen von Babel, da saßen wir und weinten, wenn wir an Zion dachten" (Psalm 137,1).

Der Engel „rief mit gewaltiger Stimme: Gefallen, gefallen ist Babylon, die Große! Zur Wohnung von Dämonen ist sie geworden, zur Behausung aller unreinen und abscheulichen Vögel" (Offenbarung 18,2).

Bad, sowohl der Ort der Reinigung als auch die hier vollzogene Handlung. Beides symbolisiert seit jeher eine körperliche und seel. Erneuerung, sei es als B. in den heiligen Fluten des Ganges oder als Wiedergeburt durch die →Taufe nach dem Vorbild der Taufe Jesu im Jordan; in der griech.-kath. Kirche als B. der Täuflinge im Taufbecken. Die Ambivalenz des mit →Nacktheit verbundenen Badens verdeutlicht das von David beobachtete B. der Batseba (2. Buch Samuel 11,2). Von der Sehnsucht nach Verjüngung handelt der Mythos vom B. im Jungbrunnen. Ein Beispiel für die völlige Profanisierung des Symbols in übertragener Bedeutung ist das sprichwörtliche „B. in der Menge".

Quellentext: „Gott hat „uns gerettet [...] aufgrund seines Erbarmens – durch das B. der Wiedergeburt und der Erneuerung im Heiligen Geist" (Brief an Titus 3,5).

Baldachin, ursprünglich ein tragbares →Dach, benannt nach kostbarem Stoff aus Bagdad (ital. *Baldacco*). Er zeichnet Würdenträger aus und symbolisiert die ihnen zugedachte Ehrerbietung, etwa bei einer Prozession. Der Name wurde vom mobilen auf den immobilen B. übertragen.

Bambus, als Gewächs mit immergrünen Blättern ein fernöstliches Symbol der Beständigkeit und gemeinsam mit der →Chrysantheme, den Pflaumenblüten und einem Zweig der →Kiefer ein Attribut der chines. Göttin der Barmherzigkeit Kuan-yin. Die „leeren" Stengel symbolisieren Bescheidenheit, ihre Knoten die Stufen zu höherer Erkenntnis.

Bär, ein Symboltier, dessen frühe kult. Verehrung Höhlenmalerei und Bestattungsriten bezeugen. Der Winterschlaf setzte ihn zum Altern, aber auch zu Zyklen wie denen des Mondes in Beziehung. Das Sternbild „Großer B." beruht in der griech. Mythologie auf der Verwandlung der Nymphe Kallisto aus dem Gefolge der Jagdgöttin Artemis in eine Bärin, nachdem sie von Zeus (in Gestalt ihrer Herrin) geschwängert worden war. In der Vision des Daniel von den vier Weltreichen verkörpert ein B. das Reich der Meder und Perser (Daniel 7,2–8). Der B. in der jüngeren polit. Symbolik reicht vom dt. Tanzbären Atta Troll als Titelfigur von Heinrich Heines satir. Versepos (Erstdruck 1843) über den gewaltigen und gewaltsamen B., der allerdings nur im Ausland als Sinnbild Russlands und zuletzt der Sowjetunion verwendet wurde, bis zum „Berliner B.", der 1950 in der Verfassung verankert wurde.

Quellentext: „Kuh und Bärin freunden sich an, ihre Jungen liegen nebeneinander" (Jesaja 11,7a).

Bart, in vielen Kulturen ein Symbol von Macht und Männlichkeit, ausgedrückt in der bärtigen Darstellung von Göttern, Heroen und Herrschern. Letztere trugen einen künstlichen Kinnbart als Kultbart, der selbst die ägypt. Königin Hatschepsut auszeichnet. Das Stutzen des B.es war ein Akt der Demütigung (2. Buch Samuel 10). Vergleichbar ist in neuerer Zeit die Abschaffung der Barttracht durch Peter I.: Um 1700 beschnitt der Zar die Macht der Bojaren, indem er ihnen „den B. abschnitt". Widersprüchlich ist die bärtige Erscheinung des östlichen Mönchtums und Klerus (Rasur als Zeichen von Eitelkeit) und des bartlosen westlichen Pendants. Ein Attribut ist der B. der hl. Kümmernis: Um sich der Ehe zu entziehen, ließ sie sich mit Gottes Hilfe einen B. wachsen. Die aus oriental. Märchen übernommene Beteuerung „beim B. des Propheten" bezieht sich nicht auf Muhammad, sondern auf Mose.

Basilisk, seit der Spätantike ein euphem. benanntes Mischwesen aus →Hahn und →Schlange (griech. *basilikos* „kleiner König"), von →Kröten aus Hühner- oder Schlangeneiern ausgebrütet. B. diente als Inbegriff des Bösen und der Sünde, z. B. der Wollust (die Syphilis galt als Basiliskengift). In der Ikonographie des Mittelalters gehörte der B. mitunter zu den durch Christus zu Boden getretenen Verkörperungen des Teufels. Der B. beschäftigt die Phantasie der Menschen weiterhin bis zur jüngsten Fantasy-Literatur.

Quellentext: Der B. „geht stolz und halb aufgerichtet einher. Er lässt die Sträucher absterben [...], versengt die Kräuter und sprengt Steine: eine solche Stärke hat dieses Untier." (Plinius d. Ä. im VIII. Buch der *Naturalis historia*, Kp. 33 § 78)

Babylon. Darstellung der „berühmten Stadt in Chaldäa“ mit einem Standbild der Königin Semiramis auf einer Triumphsäule. Holzschnitt in der nach ihrem Verfasser Hartmann Schedel benannten und 1493 in Nürnberg erschienenen „Schedelschen Weltchronik“.

Bad. Die Miniatur am unteren Ende einer Seite (Bas-de-page) zeigt den böhm. König Wenzel mit zwei Bademägden bei der Körperpflege. Detail des Buches Josua der nach ihrem Auftraggeber benannten Wenzelsbibel; Prag, um 1390–1400.
(Wien, Österreich. Nationalbibliothek, Cod. 2759, fol. 21 recto)

Baldachin. In der Peterskirche in Rom erhebt sich unter der Kuppel der 1633 vollendete bronzene Baldachin von Giovanni Lorenzo Bernini über dem Grab des hl. Petrus.

Bär. Artio, die Wald- und Erdgöttin der Kelten, mit ihrem Attribut Bär. Die Kleinplastik aus Bronze stammt aus dem 2. Jh. n. Chr. und wurde 1932 in Muri (Kt. Aargau) gefunden. (Bern, Bernisches Museum)

Bart. Beterstatuette aus Uruk im Reich der Sumerer, 3. Jt. v. Chr. Die Kopfbedeckung und der umgehängte quergeriefelte Kultbart weisen darauf hin, dass es sich um einen Fürsten handelt. Höhe des Fragments: 18 cm. (Bagdad, Irak-Museum)

Basilisk. Das Fabelwesen aus →Hahn und →Schlange; Holzschnitt von 1510 aus Nürnberg. Namengebend wurde der B. für eine Gattung der Leguane: den Stirnlappenbasilisk.

Bauch, ambivalentes Symbol einerseits der Fruchtbarkeit und der (in Wunschvorstellungen erneut erlangten) Geborgenheit im Mutterleib, andererseits der Gefräßigkeit und Völlerei. In der Ikonographie des Buddhismus symbolisiert der nackte, dicke B. männlicher Gottheiten Freundlichkeit und Glück. Zur Ikonographie dämon. Wesen gehört ein Gesicht auf dem B. Diese kopflosen oder mit einem zweiten Gesicht ausgestatteten Bauchgesichtler finden sich in Indien, auf spätantiken Gemmen und mittelalterlichen Naturbüchern als Darstellung exot. Wesen; in einem Stundenbuch von 1510 wird Ijob von einem Bauchgesichtler als Gehilfe Satans gepeinigt.

Quellentext: „Ihr Ende ist das Verderben, ihr Gott der B." (Brief des Paulus an die Philipper 3,19a).

Baum, das Modell einer weltweit entwickelten vielfältigen Symbolik. Ihren Kern repräsentieren zwei Bäume im →Garten von Eden: der B. des Lebens und der B. der Erkenntnis von Gut und Böse (Genesis 2,9). Beides bezieht sich auf das himmelwärts strebende Wachstum des tief im Erdreich verwurzelten Gewächses. Es verbindet das Unterirdisch-Chthonische mit dem Überirdischen. Sein aufrechter Wuchs erweist den B. als anthropomorph mit Eigenschaften, die Tugenden des Menschen symbolisieren, etwa Standhaftigkeit: „Stemme dich gegen Widriges", resümiert ein B.-Emblem, „nicht mit einem Streich wird der B. gefällt, der lange in harter Erde gewachsen ist." Ein Sinnbild weltweiter Herrschaft ist der Weltenbaum im Traum Nebukadnezars: „Unter ihm fanden die wilden Tiere des Feldes →Schatten; die →Vögel nisteten in seinen Zweigen; alle Lebewesen ernährten sich von ihm" (Daniel 4,96). Unterschiede der Baumsymbolik, etwa zwischen →Palme und →Eiche, →Kiefer und →Esche, →Zeder und →Zypresse entsprechen den regionalen Besonderheiten der Botanik. Siehe auch Abb. S. 19, 86, 87, 113, 118–124.

Quellentexte: „Wer nach ihr [der Weisheit] greift, dem ist sie ein Lebensbaum, wer sie festhält, ist glücklich zu preisen" (Buch der Sprichwörter [Salomos] 3,18).

„Der Mann blickte auf und sagte: Ich sehe Menschen; denn ich sehe etwas, das wie Bäume aussieht und umhergeht" (Markus 8,24).

Becher, dem →Kelch verwandtes, doch nicht gestieltes Trinkgefäß. Beim gemeinsamen →Mahl symbolisiert der B., zumal wenn er reihum gereicht wird, Freundschaft und Verbundenheit. Er kann aber als „B. voll Zornwein" (Jeremia 25,15) ein Strafgericht ankünden.

Quellentext: „Du blinder Pharisäer! Mach den B. zuerst innen, dann ist er auch außen rein" (Matthäus 23,26).

Berg, seit jeher Symbol der Erhebung zum Transzendenten bis hin zur Profanierung etwa in Thomas Manns Roman „Der Zauberberg" (1924). Hier erfährt der aus dem „Flachland" stammende Hans Castorp eine „Steigerung, die ihn zu moral., geistigen und sinnlichen Abenteuern fähig macht". Die meisten Religionen verehren heilige B.e als Sitz von Gottheiten wie etwa in der griech. Mythologie den →Olymp. Von Kultstätten gesäumte Wallfahrtswege führen zum Gipfel. Im Christentum sind die Kreuzwege und Gipfelkreuze Überreste einer Auffassung, die B.e seien Orte der Begegnung von Himmel und Erde, Gott und Mensch. Dabei bestehen religionsgeschichtliche Unterschiede bei der Dämonisierung von Bergen, etwa im Zuge der Christianisierung von german. Kultstätten wie auf dem Brocken im Harz; er wurde als Blocksberg v. a. in der Walpurgisnacht zum Versammlungsort von Hexen. Verbreitet ist die Darstellung eines B.s als Modell des Kosmos. Ihm entsprechen in der sakralen Architektur der Tempelturm Zikkurat im frühgeschichtlichen Mesopotamien und die Stufenpyramide mit einem Heiligtum auf dem „Gipfel" im präkolumb. Mittelamerika. Siehe auch Abb. S. 19, 60, 178, 179.

Quellentexte: „Ich hebe meine Augen auf zu den B.en: Woher kommt mir Hilfe? / Meine Hilfe kommt vom Herrn, der Himmel und Erde gemacht hat" (Wallfahrtslied Psalm 121,1).

„Es gibt vier Tore des Himmels: der B. Zion, der B. des Ostens [Zayt], der B. Sinai und der B. Tabor" („Buch der Geheimnisse", 8.Jh.).

Besen, ambivalentes Symbol sowohl der Reinigung. z. B. durch eine Vertreibung unreiner Geister, als auch dieser Geister selbst. In letzterem Sinne reiten Hexen auf B., die sie in ihre Gewalt bekommen und somit ihrer reinigenden Kraft beraubt haben. Ein B. als Attribut der hl. Petronilla kennzeichnet diese Verwalterin des Hauses ihres Vaters Petrus in Rom. Unverheiratete, die wie Eheleute zusammenleben, sind „unter dem B. getraut", also überhaupt nicht.

Quellentext: „Ein verruchter B., / Der nicht hören will. / Stock, der du gewesen, / Steh doch wieder still!" (Goethe, „Der Zauberlehrling", 1797, Ballade nach einer Erzählung des Lukian von Samosata, 2. Jh.).

Bett, Symbol für Schlaf, Bequemlichkeit und ehelichen Verkehr, Geburt, Krankheit und Sterben. Mitunter enthält das B. sinnbildlich ein Gestrüpp mit →Dornen. Im Altertum wurde auf Liegen ruhend gespeist.

Quellentext: „Die Tür dreht sich in ihrer Angel und der Faule in seinem B." (Buch der Sprichwörter [Salomos] 26,14).

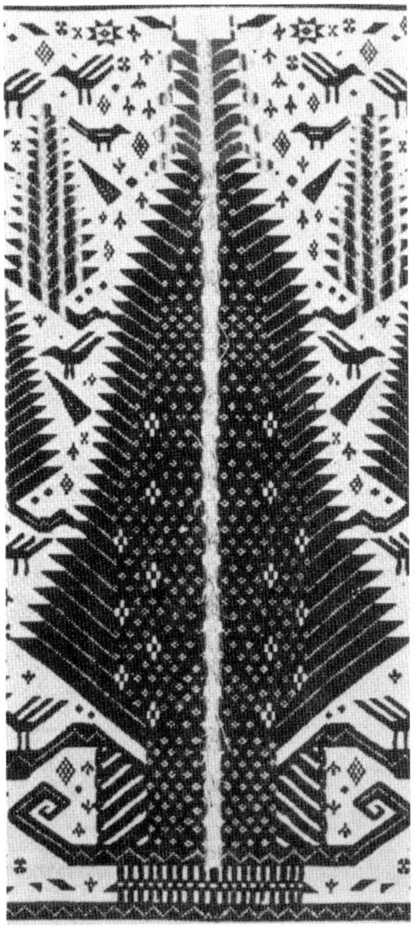

Baum. Ein Weltenbaum, dargestellt auf einem Zeremonialgewand aus Sumatra.

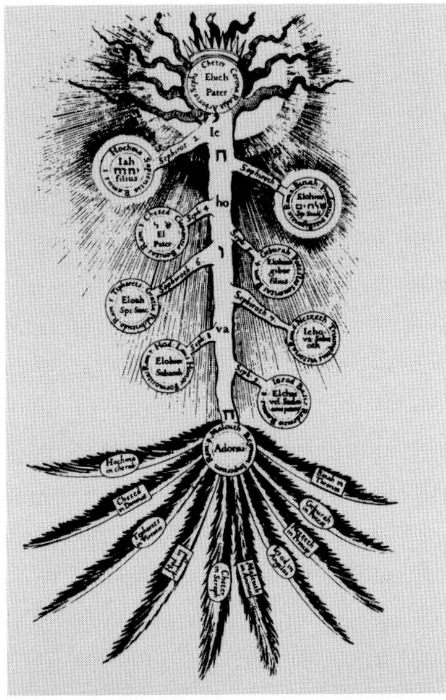

Baum. Die jüdische Mystik kennt den Baum, der im Himmel wurzelt, als Symbol des Kosmos und der göttlichen Abstufungen. Stich in der *Philosophia sacra* (1626) des britischen Philosophen Robert Fludd.

Becher. Ein Paar, über deren Bechern die Taube als Symboltier der Liebesgöttin Anat(h) schwebt. Abrollung eines assyr. Zylinders, um 1750 v. Chr.

Berg. Siegesstele des Königs Naramsin aus Akkad, um 2300 v. Chr. Der Berg wird von →Sonne, →Mond und →Venus, drei dem Sieger wohlwollenden Gottheiten, bestrahlt. (Paris, Musée du Louvre)

Besen. „Unter dem Besen getraut"; Detail links oben des Gemäldes „Die niederländischen Sprichwörter" von Pieter Bruegel d. Ä., 1559. (Berlin, Gemäldegalerie)

Bett. Das Emblem mit dem Motto *Patientia vincit omnia* („Geduld überwindet alles") zeigt ein mit →Dornen gefülltes Bett: „Wann Ehebett mit Zank und Haß / Beladen wird, ist gleicher maß, / Als wenn einer von Dornen hett / Gemacht zu schlaffen jhm sein Bett." Aus dem *Monumenta emblamata* von Georgia Montanea, 1619.

Biene, ähnlich wie die →Ameise ein Symbol des Fleißes und der Organisation einer Gemeinschaft. Auch gilt sie als fähig, das Gute von Unnützem zu unterscheiden, indem sie aus den →Blumen den süßen →Honig saugt. Dies konnte den Vergleich von an Mädchenblüten naschenden Verliebten mit einer B. motivieren, die in Märchen bei der Brautschau behilflich ist. Die als Tod missdeutete Winterruhe liegt der Deutung der B. als dem Körper entweichende Seele, aber auch als Symbol der Auferstehung zugrunde. Als Inbegriff der Reinheit, Jungfräulichkeit und somit als Mariensymbol eignete sich die B., indem ihr nachgesagt wurde, ihre Brut stamme aus den Blüten, die sie aufsuche und deren Duft ihr als Nahrung diene. Die Bezeichnung als „Vögel der Musen" gründet sich auf die Kunstfertigkeit bei der Herstellung der sechseckigen Waben. Die Geschichte der polit. Symbolik der B., deren Königin als männlich angenommen wurde, reicht vom Königtum in Unterägypten im Unterschied zur oberägypt. Binse über die Familie Barberini, aus der Papst Urban VIII. stammt, bis zum frz. Kaisertum. Hier liegt das Wappen der Familie Bonaparte zugrunde mit der B. als traditionelles Symbol von Fleiß und Ordnungsliebe.

Quellentext: „Die Bienlein emsig sind der blumen safft zu finden / daher voll honig wird ihr wächsern königreich. / Also wo einigkeit die herzen kann verbinden, / da blühet süsse frucht und nutzbarkeit zugleich." (Epigrammbuch des W. H. Freiherrn von Hohberg, 1675)

Bienenkorb, im Christentum ein Symbol der Kirche als Gemeinschaft der Gläubigen, die unermüdlich für ihr Seelenheil sorgen. Als Behälter der Waben mit →Honig ist der B. ein Attribut der Heiligen mit „honigsüßer Rede". Dies gilt zunächst für den hl. Ambrosius, von dem die *Legenda aurea* des Jacobus de Voragine berichtet, ein Schwarm Bienen habe sich auf dem Gesicht des Wiegenkindes niedergelassen, „also dass sie zu seinem Mündlein ein- und ausgingen, als wäre es ihr B." Daran anschließend kennzeichnet ein B. den hl. Johannes Chrysostomos („Goldmund") und den hl. Bernhard von Clairvaux. Auch symbolisiert ein B. Maria, birgt sie doch als Gottesmutter „alle Süße".

Blatt, allgemein ein Symbol des Pflanzenreichs und wie die →Blume eng mit der →Zahlensymbolik verbunden (z. B. das →Kleeblatt). Ein Zweig mit Blättern symbolisiert ein Zusammenwirken der einzelnen am Gemeinsamen. Den ersten Schurz aus Blättern trugen →Adam und →Eva nach dem Sündenfall, als sie „erkannten, dass sie nackt waren" (Genesis 3,7).

Blau, eine der drei Grundfarben. Als Farbe des Himmels ein Symbol des Göttlichen, Spirituellen, der von aller Erdenschwere losgelösten, ahnungsvollen Phantasie (die „blaue Blume" der Romantik), aber auch die Farbe der Treue. Daneben symbolisiert B. andererseits die Täuschung („das B.e vom Himmel lügen"). In der christlichen Ikonographie trägt Maria meist einen blauen Mantel, mit Vorliebe in Ultramarin mit Pigmenten aus Lapislazuli aus Übersee (lat. *ultra marinus* „jenseits des Meeres"). Im Hinduismus kennzeichnet die blaue Körperfarbe den Gott Vishnu und dessen Inkarnation Krishna. Auf bestimmten Beobachtungen und Auffälligkeiten beruhen Missdeutung wie das „blaue Blut" des Adels (bläulich erscheinende Venen unter heller Haut) oder die Verspottung von Frauen mit geistigen und polit. Interessen als „Blaustrümpfe" (engl. *Bluestocking*, um 1750, im dt. Sprachbereich ab 1830). Siehe auch Abb. S. 150, 151).

Quellentext: „B. ist das männliche Prinzip, herb und geistig." (Franz Marc, Mitbegründer der Künstlergruppe „Der blaue Reiter", an August Macke, 1910)

Blei, als Metall mit hohem spezif. Gewicht überwiegend Symbol der Schwere, der Belastung, sei es durch Sünde, Sorge oder eine „wie B. auf dem Magen liegende" Mahlzeit. Im Altertum besaß B. Zauberkraft (Bleitäfelchen mit Inschriften), zu deren neuzeitlichen Anwendungen das Gießen von Gewehrkugeln gehört (z. B. im „Freischütz") sowie das Bleigießen v. a. in der Silvesternacht: Geschmolzenes B. wird in Wasser gegossen, um aus den entstehenden Formen (= Orakel) die Zukunft zu deuten.

Quellentext: Der Pharao und seine Streitmacht „sanken wie B. ins tosende Wasser" (Exodus 15,10).

Blindheit, sowohl Symbol der Befangenheit in geistiger und seel. →Dunkelheit als auch der inneren Erleuchtung. In diesem Sinne kennzeichnet B. im Altertum den Dichter Homer und Seher wie den Teiresias (in der „Antigone" des Sophokles). Die Blindenheilung im Buch Tobit (Tobis heilt seinen Vater Tobit mit der Galle eines →Fisches) ist typolog. eine Präfiguration der Heilungswunder Jesu (Heilung von zwei Blinden und eines blind Geborenen, Markus 10, Matthäus 20). Hierbei erweist sich Jesus, etwa in der Deutung durch Isidor von Sevilla, als →Licht der verfinsterten Menschheit.

Quellentexte: „Der Herr öffnet den Blinden die →Augen, er richtet die Gebeugten auf" (Psalm 146,8).

„Lasst sie, es sind blinde Blindenführer. Und wenn ein Blinder einen Blinden führt, werden beide in eine Grube fallen" (Matthäus 15,14).

Blindheit. Pieter Bruegel d. Ä.: „Der Sturz der Blinden" (nach Jesu Gleichnis über die Pharisäer als blinde Blindenführer (Matthäus 15,14),1568. (Neapel, Museo Nazionale)

Biene. Detail des reliefierten Pfeilers des Königs Sesostris I., um 1950 v. Chr. (Kairo, Ägyptisches Nationalmuseum)

Bienenkorb. Der Putto „Honigschlecker" (1749) von Josef Anton Feuchtmayr am →Altar des hl. Bernhard von Clairvaux, zu dessen Attributen ein Bienenkorb gehört. Der Seitenaltar befindet sich in der Kirche von Birnau am Bodensee.

Blatt. Ein im Mittelalter verbreitetes Motiv der Bauplastik ist die „Blattmaske": ein aus Blättern gebildetes Gesicht.

Blitz, wie das →Feuer sowohl Symbol der Vernichtung als auch der Erleuchtung, beides als Ausdruck der mächtigsten Gottheit, sei es Zeus/Jupiter, Indra oder Jahwe. Der B. ist Teil der Erscheinung eines Gottes (lat. *theophania),* begleitet vom →Donner, ebenso der göttlichen Strafe: Vom Blitz tödlich Getroffene galten als Gezeichnete und mussten an Ort und Stelle begraben werden. Darstellungen von B.en bedienen sich der Zickzack-Linie, die im präkolumb. Mittelamerika als →Schlange gedeutet wurde. Allgemein wird der B. mit männlicher Vitalität in Zusammenhang gebracht, einschließlich der Auffassung als Symbol des →Phallus. Der B. entzündet das „Feuer der Leidenschaft" mit seinen destruktiven und kreativen Eigenschaften (Inspiration). Die Abbildung einer vom B. getroffenen und in Flammen stehenden Festung kommentiert W. H. Freiherr von Hohberg 1675: „Was hilfft der vesstung bau, umschanzung, wall und graben / wann Gott von obenher mit strahlen zündet an: / Der wächter sorg und fleiß geringen nachtruck haben / nur Gottes allein verhüten unglück kann." Siehe Abb. S. 59.

Quellentexte: „Da sagte er zu ihnen: Ich sah den Satan wie einen B. vom Himmel fallen" (Lukas 10,18).

„Von dem →Thron gingen B.e, Stimmen und Donner aus" (Offenbarung 4,5a).

Blume, aufgrund ihrer Blüten ein Symbol weiblicher Schönheit. Somit verbindet sich die Symbolik der B. unabdingbar mit dem Verblühen. Ihre vielfältige und in nahezu allen Kulturen entwickelte religiöse Deutung gründet sich auf die Beziehung zwischen der B. und der →Biene und dem →Schmetterling, auf die Formsymbolik ihrer vielfach radial und somit sonnenhaft angeordneten Blüten, auf ihren Duft, ferner auf ihre Farb- und Zahlensymbolik: Rot kennzeichnet die →Rose, das Gelb die →Sonnenblume und das Weiß die →Lilie; auf die sieben Blütenblätter bezieht sich die Symbolik der →Akelei. Siehe auch →Aronstab, →Chrysantheme, →Veilchen.

Quellentexte: Der Mensch „geht wie eine B. auf und welkt, flieht wie ein →Schatten und bleibt nicht bestehen" (Ijob 14,2).

„Kleine B.n, kleine Blätter / Streuen mir mit leichter Hand / Gute, junge Frühlingsgötter / Tändelnd auf ein luftig Band." (Goethe, „Mit einem gemalten Band", 1775, 1. Strophe)

Blut, der Inbegriff des Lebens und mit der Magie verbunden. Dies gilt für die Rituale von Tier- und Menschenopfern, die mit dem Verzehr von Blut verbunden waren und in den Mythen des Vampirismus fortlebten, sowie für die antike Lehre der Temperamente, die durch die Körpersäfte geprägt sind: B. beherrscht den „blutvollen" Sanguiniker (lat. *sanguis* „Blut"). Mit der Zauberkraft des B.es erhielten Runen ihre Wirkungsmacht; das B. des Paschalamms an Türsturz und -pfosten schützte die Israeliten vor dem Vernichter, der die Ägypter heimsucht (Exodus 12,23); mit B. unterzeichnete Verträge wie der Pakt des Dr. Faust mit Mephistopheles sind (zunächst) unauflösbar, und der wechselseitige Austausch von B. besiegelt die Blutsbrüderschaft. Der Mythos des B.es erfuhr seine Perversion in der Rassenlehre, einschließlich des B.-und-Boden-Fanatismus. Die Ambivalenz der Verherrlichung des B.es zeigt sich im Zwang zur Absonderung von Frauen während der Menstruation und nach der Entbindung, ihr B. ist unrein und verlangt Riten der Reinigung (vgl. Levitikus 12 und Lukas 2,22). Während im Judentum das B. ein Symbol für Leben und Tod und dem Schöpfer vorbehalten ist, besiegt und besiegelt im Christentum der Opfertod Jesu am →Kreuz den Neuen Bund Gottes mit den Menschen; nach kath. Lehre ist das Realsymbol der Erlösung das Mysterium der Wandlung von →Brot und →Wein in das geopferte Fleisch und B. Christi in der Messe (Eucharistie). Die Blutzeugen dieses Neuen Bundes sind die christlichen Märtyrerinnen und Märtyrer.

Quellentexte: „Da nahm Mose das B., besprengte damit das Volk und sagte: Das ist das B. des Bundes, den der Herr aufgrund all dieser Worte mit euch geschlossen hat" (Exodus 24,8).

„Sie haben ihn [den Drachen] besiegt durch das B. des →Lammes" (Offenbarung 12,11a).

Mephistopheles: „Du unterzeichnest dich mit einem Tröpfchen B." Faust: „Wenn dies dir völlig Genüge tut, / So mag es bei der Fratze bleiben." Mephistopheles: „B. ist ein ganz besonderer Saft." (Goethe, „Faust. Der Tragödie erster Teil", 1808)

Bogen (lat. *arcus, arcatura* „Arkade, Bogenstellung"), in der Architektur eine Errungenschaft der Römer. Der B. symbolisiert das →Gewölbe bzw. die →Kuppel des Himmels. Der aus leicht angeschrägten Steinen gefügte B. entwickelte sich für Heinrich von Kleist zum Sinnbild einer „positiven Katastrophe" (Günter Blöcker): Das „gewölbte Tor" der Festung Marienberg oberhalb von Würzburg regte Kleist zu seinem „Bogengleichnis" an. 1800 schreibt er an seine Braut Wilhelmine von Zenge: „Warum, dachte ich, sinkt wohl das Gewölbe nicht ein, da es doch keine Stütze hat? Es steht, antwortete ich, weil alle Teile auf einmal einstürzen wollen", und Kleist hofft, „dass auch ich mich halten würde, wenn alles mich sinken lässt". Kleist verwendete das Symbol im Drama „Pentesilea" (1808; 9. Auftritt). Siehe auch →Pfeil und B.

Blitz. Zeus als Blitzschleuderer, um 465 v. Chr. Votivstatuette aus dem Hain von Dodona in Epirus. (Berlin, Antikensammlung)

Blume. Blumenstrauß-Signet eines Pariser Verlags aus dem 17. Jh. Die Umschrift lautet *Ex dolore gaudium* („Aus Kummer wird Vergnügen"), nämlich durch Bücher; sie gleichen einem Strauß aus Blumen.

Blut. Obere Hälfte des Gemäldes „Kreuzigung mit Heiligen" von Raffael, 1503. Links empfängt ein Engel das Blut aus Jesu Seitenwunde in einem →Kelch. (London, National Gallery)

Bogen. Eingang der *Scala Regia* mit päpstlichem Wappen am Scheitel des Bogens. Diese „königliche Treppe" verbindet die Peterskirche mit dem Papstpalast und wurde 1663 nach den Plänen von Giovanni Lorenzo Bernini erbaut.

Braun, die Farbe der Erde, ein Symbol der Demut (lat. *humilitas* zu *humus* „Erde"), daher – und in der Bedeutung Armut – die Farbe der Kutte der Bettelorden, allen voran der Franziskaner. In der polit. Symbolik gehört B. zum Nationalsozialismus.

Brezel, in Süddeutschland beheimatete Backware, auf der Synode von Leptinae (Hennegau) 743 erstmals schriftlich erwähnt. Entstanden aus dem frühchristlichen Ringbrot zum Abendmahl, bilden die beiden lang gezogenen Enden eines Bogens ihrerseits zwei dünnere Bögen, die sich schließlich überkreuzen. Die B. (von lat. *bracellus* „Ärmchen" oder *bracic(c)hium* „Unterarm, Arm", ahd. *brezitella)* symbolisierte wohl ursprünglich zum Beten überkreuzte Unterarme oder auch Kinderarme und ist bis heute das Emblem des Bäckerhandwerks; das erste Brezelwappen ist für das Jahr 1111 nachweisbar.

Brille, ambivalentes Symbol des geschärften und des durch Vorurteile verfälschten Wahrnehmens, benannt nach dem Halbedelstein Beryll, der ab dem frühen 13. Jh. zu Vergrößerungsgläsern verarbeitet wurde. Die sprichwörtlichen Redensarten vom Sehen durch eine rosarote oder schwarze B. besitzen ihren philosoph. Ausdruck in der Erschütterung, die Heinrich von Kleist durch Immanuel Kants „Kritik der Urteilskraft" (1790) erlitten hat: „Wenn alle Menschen statt der →Augen grüne →Gläser hätten, so würden sie urteilen müssen, die Gegenstände, welche sie dadurch erblicken, *sind* grün. [...] So ist es mit dem Verstande" (an die Braut Wilhelmine von Zenge, 22. März 1801). Das „Brillen" in der Bedeutung „betrügen" und die Beurteilung des Brillenverkäufers als Betrüger findet sich literar. in E. T. A. Hoffmanns Erzählung „Der Sandmann" (in der Sammlung „Nachtstücke", 1816). Hier ist es Coppola, durch dessen B. Nathanael den Automaten Olimpia als bezaubernde Schönheit wahrnimmt.

Brot, in zahlreichen Kulturen (ausgenommen etwa China und die Inuit) ein Inbegriff der Lebensmittel, gewonnen aus gemahlenen Körnern der →Ähren und daraus hergestelltem, geknetetem, backfähigem Teig. Diese Arbeitsschritte sind Themen der altägypt. Kleinplastik. Bereits im Alten Orient bedeutete das Brechen des B.es ein gemeinsames Essen. Ein frühes Beispiel für die spirituelle Symbolik des Nahrungsmittels sind die zwölf Schaubrote im Offenbarungszelt der Israeliten (Exodus 25,13). In dieser Tradition steht im Neuen Testament das „B. des Lebens" und schließlich das B. der Eucharistie, das sich in das Fleisch Christi wandelt (Transsubstantiation, u. a. Beschluss des 4. Laterankonzils 1215). Drei B.e kennzeichnen die hl. Maria Aegyptica; sie kauft diese, bevor sich die ehemalige Dirne zur Buße in die Einöde jenseits des Jordan begibt.

Quellentexte: „Jesus antwortete ihnen: Ich bin das B. des Lebens; wer zu mir kommt, wird nie mehr hungern" (Johannes 6,35).

„Während des →Mahls nahm Jesus das B. und sprach den Lobpreis; dann brach er das B., reichte es den Jüngern und sagte: Nehmt und esst, das ist mein Leib" (Matthäus 26,26).

Brücke, ein Verbindungsglied, das wie der →Bogen einen Zwischenraum „überbrückt". Die religiöse Symbolik deutet den →Regenbogen als B. zwischen Himmel und Erde. Den mit B.en verbundenen Kult verdeutlicht die Bezeichnung des röm. Priesters als *pontifex,* d.h. „Brückenbauer" (von lat. *pons* „Brücke" und *facere* „machen"): Er vermittelt zwischen dem Alltäglichen und dem Besonderen, zwischen Diesseits und Jenseits. Dass dieser Übergang eine Prüfung bildet, bringt in mehreren Kulturen das Bild der schmalen B. zum Ausdruck: Nur die Auserwählten gelangen ans rettende Ufer, z. B. ins Paradies, die Verdammten stürzen in den Abgrund der Hölle.

Quellentext: „Ich dachte, vielleicht gewinne ich die Herren, wenn ich ihnen die B. baue" (Otto von Bismarck).

Brunnen, ein ambivalentes Symbol, das eine Verbindung zur Tiefe herstellt: Aus ihr steigt das Lebenselement →Wasser (vgl. →Quelle), doch auch dämon. Wesen gelangen durch den B. ans Tageslicht (Offenbarung 9,2). Umgekehrt bildet der B. ein Gefängnis und einen Abgrund. Zur Ikonographie des Gartens Eden gehört ein Lebensbrunnen, aus dem die vier Flüsse des Paradieses entspringen (Genesis 2,10 bis 14). Von hier reicht die Symbolik bis zum Taufstein als B. und zu den Reinigungsbrunnen in den Vorhöfen der frühchristlichen Basiliken und der Moscheen sowie in den Brunnenkapellen der Klöster. Erneuerung bewirkt auch das →Bad im Jungbrunnen, und aus dem B. der Gelehrsamkeit gilt es fortwährend zu schöpfen. Dem apokryphen Protoevangelium des Jakobus zufolge erschien der Verkündigungsengel Maria an einem B., der insgesamt als *fons signatus* („versiegelter B.") und *puteus aquarum viventium* („Lebensbrunnen") zu den Mariensymbolen gehört. Aus Sicht der Tiefenpsychologie symbolisiert der B. im Traum ein Vordringen ins Unterbewusste, Verborgene.

Quellentext: „Zu ihnen aber sagte er: Wer von euch wird seinen Sohn oder seinen Ochsen, der in den B. fällt, nicht sofort herausziehen, auch am Sabbat?" (Heilung eines Wassersüchtigen am Sabbat, Lukas 14,5).

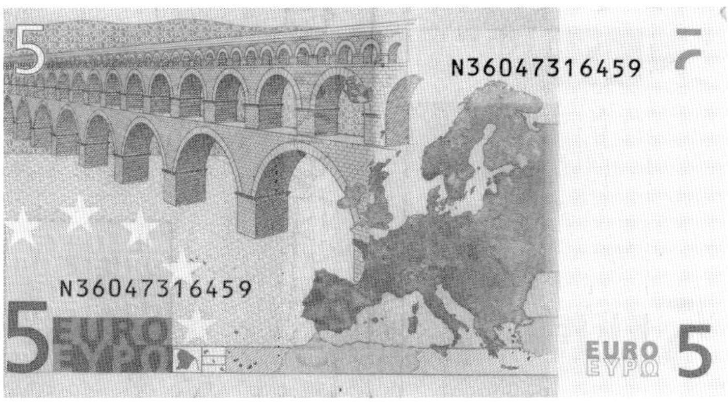

Brezel. „Die schwäb. Metamorphose" von der Brezel zum Mercedes-Stern, 1990. Siebdruck von Roger Roitenstern

Brille. „Durch die Brille der Kirche"; Karikatur, Anfang der 1970er Jahre.

Brücke. Die ab 1. Januar 2002 in der Eurozone verwendeten Scheine zeigen Brücken als Symbol der Verbindung zwischen den Mitgliedstaaten. Auf der 5-Euro-Banknote ist es der römische Aquädukt *Pont du Gard* (um 119 v. Chr. bei Nîmes über das Tal des Gardon.

Brunnen. Emblem mit dem Motto *Ingenium si intenderis valet* („Wenn man eine Begabung übt, wird sie gestärkt"): „Klarer und heller wird eine Quelle, aus der man oft schöpft […]." *Emblemata liber* von Nicolas Reusner, 1591.

Brot. Jünger Jesu verteilen Brot: „Speisung der Fünftausend" (Matthäus 14,13–21) im Evangeliar Heinrichs III. aus Echternach, um 1043–46. (Escorial, Biblioteca Real, Cod. Vitr. 17, fol. 38 recto)

Brust, als Busen Sitz der Empfindung und des Gefühls, anatom. die Vertiefung zwischen den beiden Brüsten der Frau. Diese kennzeichnen die Idole frühgeschichtlicher Fruchtbarkeitskulte. Als Ernährerin der Welt wurde die vielbrüstige „Diana von Ephesus“ (Artemis *polymastos)* verehrt. Diesen Typus repräsentiert eine röm. Statue aus Alabaster und Bronze (2. Jh. n. Chr.; Neapel, Museo Nazionale). Die entblößte B. gehört zur Ikonographie antiker Göttinnen, insbesondere der griech. Liebesgöttin Aphrodite (röm. →Venus), ferner →Evas, der Batseba im →Bad (2. Buch Samuel 11,2) und Susannas im Bad (Daniel 13,15–27). Als *Galaktotrophusa* (griech. *galax* „Milch“ und *trephein* „nähren“) bzw. als *Maria lactans* (lat. „milchnährende Maria“) stillt die Gottesmutter mit entblößter B. ihr Kind, an dessen Stelle der hl. Bernhard von Clairvaux treten kann *(Lactatio Bernardi,* siehe auch →Kind). Bereits in der ägypt. Kunst entstanden Darstellungen der Göttin Isis, die den Horusknaben stillt. Möglicherweise adaptierten zunächst die Kopten dieses Motiv der Mütterlichkeit und ersetzten Isis durch die christliche Gottesmutter und den Horusknaben durch das Jesuskind. Verwandt ist die Gestalt der →Caritas als eine der drei „theolog. Tugenden“ (1 Brief an die Korinther 13,13). Bereits im *Speculum humanae salvationis* („Spiegel des menschlichen Heils“, 14. Jh.) zeigt Maria ihre entblößte B. dem Weltenrichter Christus, um ihn gnädig zu stimmen (3. Bild des Kapitels 33). Zwei Brüste auf einer Schale sind ein Attribut der hl. Agatha: Der Legende nach wurden ihr die Brüste abgeschnitten. Siehe auch Abb. S. 25.

Quellentexte: „Da er [Jesus] das sagte, rief eine Frau aus der Menge ihm zu: Selig die Frau, deren Leib dich getragen und deren B. dich genährt hat“ Lukas 11,27).

„Freude trinken alle Wesen / An den Brüsten der Natur.“ (Schiller „An die Freude“, 1786)

Buch, allgemein Symbol der Gelehrsamkeit, der Lehre und Sendung, aber auch göttlicher Allwissenheit. In der christlichen Ikonographie hält Christus als „Allherrscher“ (griech. *pantokrator)* ein aufgeschlagenes „B. des Lebens“ in der Linken, während die Rechte segnend erhoben ist. Bücher, auch als Schriftrolle (lat. *rotulus),* gehören zu den Autorenbildern einschließlich der Evangelistenbilder. Ein B. mit der Ordensregel ist ein Attribut der Ordensgründer Benedikt von Nursia, Franz von Assisi, Dominikus und Ignatius von Loyola; Ketzer wurden dargestellt, wie sie ein B. (die Hl. Schrift) zerreißen. Während Bücher ein Merkmal der „Buchreligionen“ Judentum, Christentum und Islam bilden, können sie auch das „tote Buchwissen“ symbolisieren.

Quellentexte: „Wer nicht im B. des Lebens verzeichnet war, wurde in den Feuersee geworfen“ (Offenbarung 20,15).

„Unser Schuldbuch sei vernichtet, / Ausgesöhnt die ganze Welt! / Brüder – überm Sternenzelt / Richtet Gott, wie wir gerichtet.“ (Schiller „An die Freude“, 1786)

„Im übrigen, mein Sohn, lass dich warnen! Es nimmt kein Ende mit dem vielen Bücherschreiben, und viel studieren ermüdet den Leib“ (Buch Kohelet 12,12).

Buchstabe, in mehreren Kulturen hinsichtlich ihrer jeweiligen Formen und Zahlenwerte (Reihenfolge) symbolisch gedeutete Schriftzeichen (lat. *litterae).* Ein Beispiel aus der Antike ist die Deutung der griech. Vokale als Symbole des Geistes und der Konsonanten als Symbole der Materie. Eine ausgeprägte Buchstabenmystik kennzeichnet die jüd. Kabbala, findet sich aber auch im Islam. Siehe auch →A und O, →Christogramm, →IHS.

Buchsbaum *(Buxus sempervirens),* in der Antike dem Hades und der Kybele heilig, der phryg. Göttermutter sowie Patronin der Tiere und der Erneuerungskraft der Natur; noch heute Totenpflanze und Symbol der Unsterblichkeit, da er immergrün ist. Aufgrund seiner Winterhärte, seiner ledrigen Blätter und seines harten Holzes wurde er auch ein Symbol für Standhaftigkeit. Sein Holz diente als Material für den symbolischen →Hammer der Freimaurer.

Büchse siehe →Dose

Buckel, neben der umgangssprachlichen Bezeichnung für den Rücken die einem Höcker vergleichbare Verunstaltung. Sie galt bereits im Altertum als unheilvoll und wurde – wie im Heilungswunder Jesu – auf Dämonen zurückgeführt. Buckligen ging man aus dem Weg, da ihnen Bosheit und Zauberkraft zugeschrieben wurden. Schließlich war der B. ein Kennzeichen der Hexe. Ein boshafter Kobold ist das „bucklig Männlein“.

Burg, im Mittelalter befestigter Zufluchtsort und Wohnsitz eines Herrschers, z. B. eines →Ritters oder Landgrafen samt Gefolge, Schauplatz des höf. Lebens des Rittertums, somit ein Symbol der Wehrhaftigkeit und Autonomie (siehe auch →Mauer und →Turm). Bereits im Alten Testament ein Symbol des Schutzes durch Gott: „Der Herr der Heerscharen ist mit uns, der Gott Jakobs ist unsere B.“ (Psalm 46,4b). Auf diesen Gesang gründet sich Martin Luthers Kirchenlied „Ein feste B. ist unser Gott“ (1528). Es spiegelt auch das Verständnis der Kirche als Institution und als Bauwerk als Ort der Zuflucht.

Busch siehe → Dornbusch

Brust. Der Holzschnitt „Trinitas“ (Ausschnitt) von Urs Graf aus dem Jahr 1514 zeigt neben Christus und zu Füßen Gottvaters Maria. Ihre entblößten Brüste symbolisieren ihren rückhaltlosen Einsatz als Fürsprecherin der Menschen. (Basel, Kupferstichkabinett)

Buch. Ikone „Erlöser inmitten der Engelmächte“ (18 x 16 cm), von Andrej Rublëv, 1410–14. In seiner Linken hält Christus das Buch des Lebens. (Moskau, Tret'jakov Galerie)

Buckel. Jesus heilt eine Frau mit „verkrümmtem“ Rücken, die „von einem Dämon geplagt wurde“ (Lukas 13,10–17). Miniatur im Evangeliar Ottos III., um 988–1001. (München, Bayerische Staatsbibliothek, [Clm] 1453, fol. 175 verso)

Burg. Hoch über der Lahn repräsentiert in Limburg St. Georg den romanischen Typus der Kirche als turmreiche Burg, um 1215–47.

C

Caduceus, lat. für →Kerykeion

Cancer, lat. für das Tierkreiszeichen →Krebs.

Capricornus, lat. für das Tierkreiszeichen →Steinbock.

Caritas, Symbolfigur der theolog. Tugend Liebe (1. Brief an die Korinther 13,13) mit den Attributen →Fakkel, →Herz, →Kinder und →Lamm. Siehe auch →Fides und →Spes.

Chamäleon, eine Eidechsenart mit der Fähigkeit, bei Erregung seine Färbung der Umgebung anzupassen; bei Ruhestellung kann das Tier von seinen Feinden nur schwer oder gar nicht wahrgenommen werden. Auf den Menschen übertragen, symbolisiert das Ch. den Mangel eines eigenen Standpunkts, Unzuverlässigkeit und eigennützige oder unehrsame Anpassung an jeweils herrschende Ansichten und Verhaltensweisen. Auch Spottbezeichnung für Künstler, die sich unterschiedliche Stilrichtungen aneignen. In Afrika gilt das Ch. als heiliges Tier.

Chaos, in der bibl. und griech. Kosmologie (Lehre von der Entstehung der Welt) ein formloser Zustand ohne Ordnung. Die Übertragung auf das Politische vollzieht das Epigramm zum Emblem Ch. von Barthélemy Aneau aus dem Jahr 1552 (Übersetzung aus dem Lat.): „Wenn der Himmel sich mit der Erde vermischte und das Meer mit dem Himmel, die Sonne mit der Unterwelt, das Licht mit der Finsternis, die Erde mit dem Himmelsgewölbe und die vier Urelemente der Welt gemischt miteinander kämpften, Trockenes mit Feuchtem, Kaltes mit Warmem, dann würde schließlich alles in das alte Ch. gestürzt, wie damals, als der göttliche Geist der Welt sich noch nicht erkennen ließ. Solche Verwirrung der Dinge der Welt gibt es dann, wenn die Königin verschwunden ist."

Quellentexte: „[…] die Erde aber war wüst und wirr, Finsternis lag über der Urflut, und Gottes Geist schwebte über dem Wasser" (Gen. 1,2). „Vor dem Meer und der Erde und dem alles bedeckenden Himmel / gab es im ganzen Bereich der Natur ein einziges Aussehn, / das man Ch. genannt, ein verworrenes, rohes Gemenge […]." (Ovid im 1. Buch der „Metamorphosen", Verse 5–7)

Cherub siehe →Kerub

Chimäre (griech. *Chimaira),* ein antikes feuerspeiendes Fabelwesen aus →Löwe, →Ziege und →Schlange, Schwester des ebenfalls dreiköpfigen Höllenhundes →Kerberos. Indem Bellerophon, auf dem Flügelross →Pegasus reitend, die Ch. tötete, löste er eine der Aufgaben, die ihn vernichten sollten. Im übertragenen Sinne ist eine Ch. ein Phantasiegebilde.

Quellentext: Bellerophon soll zuerst „die ungeheure Chimära /töten, die göttlicher Art, nicht menschlicher, dort emporwuchs: / Vorn ein Löw' und hinten eine Drach' und Geiß in der Mitte, / schrecklich umher aushauchend die Macht des lodernden Feuers. / Doch er tötete sie, der Unsterblichen Zeichen vertrauend." (6. Gesang der „Ilias", Verse 179–183)

Christbaum (Weihnachtsbaum), der in der christlichen Welt zur Weihnachtszeit geschmückte und mit Lichtern versehene Nadelbaum, der ab dem 19. Jh. als Festschmuck allgemeine Verbreitung fand. Er geht wohl auf heidn. Bräuche während der sog. Rauhnächte (25.12. – 6.1.) zurück, während denen aus Angst vor Umtrieben böser Geister grüne Zweige in den Häusern als Abwehrmittel aufgehängt und →Kerzen angezündet wurden. Der Ch. ist ein Symbol Christi als wahrem Lebensbaum (→Baum). Seine →Lichter symbolisieren das in Betlehem geborene „Licht der Welt"; die vielfach als Schmuck verwendeten Äpfel beziehen sich symbol. auf den paradies. →Apfel der Erkenntnis und so auf die Erbsünde, die durch Christus aufgehoben wurde, sodass die Rückkehr ins Paradies – symbolisiert durch den Ch. – wieder möglich ist.

Christogramm, das frühchristliche Monogramm Christi und somit dessen Symbol aus den beiden griech. Buchstaben Chi (X = CH) und Rho (P = R), oft in Verbindung mit Alpha und Omega (→A und O). Die byzantin. Kunst erweiterte und modifizierte das nun zweiteilige Ch. Es bestand aus den Initialen Iota und Sigma für Jesus sowie Chi und Sigma für Christus. Durch diese *nomina sacra* („heilige Namen") wurden Ikonen geweiht. Hier kommt eine für die Orthodoxie charakterist. Mystik der göttlichen Namen zum Ausdruck. Sie wird als Hesychasmus bezeichnet (nach Johannes Hesychastes aus dem 6. Jh., Verfasser eines myst. Jesusgebetes).

Chrysantheme (griech. *chrysos* „Gold" und *themion* „Blume"), in China und Japan ein Symbol für Glück und langes Leben und in diesem Sinne häufig in der Lyrik verwendet sowie in der Textilkunst als Schmuck von Prunkgewändern. Die Zierpflanze, die aus einer auch in Europa verbreiteten Wildpflanze (dt. „Rainfarn") gezüchtet wurde, ist ein Sinnbild des Herbstes und aufgrund der strahlenförmigen →gelben Blütenblätter ein Symbol der →Sonne. Das japan. Kaiserhaus verwendet die Ch. als Emblem. Die weiße Ch. ist an Allerheiligen eine „Totenblume" auf den Gräbern.

Quellentext: „Im Schein meiner →Lampe seid ihr ganz bleich geworden, ihr gelben Ch.n" (chines. Lyrik).

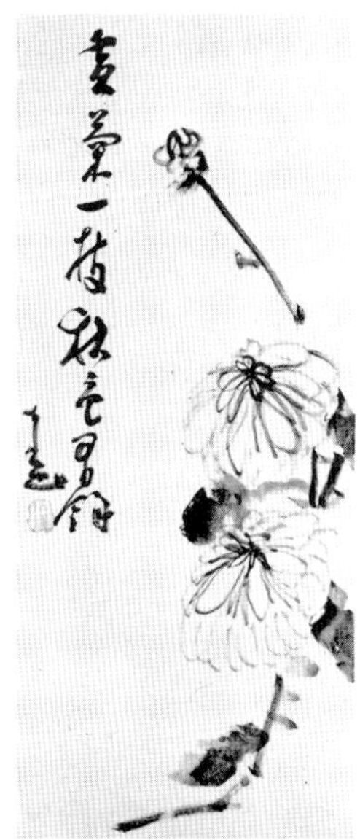

Chamäleon. Grandville (Jean Ignace Isidore Gérard) in *Scènes de la Vie privée et publique des Animaux,* Paris 1842. Der Redner erklärt, er sei „stolz darauf, wie immer die Meinung der Welt zu teilen".

Chaos. Emblem in der *Pietà Poesis* von Barthélemy Aneau, 1552. Das Motto lautet *Sine Iustitia Confusio* („Ohne Gerechtigkeit Verwirrung"). Die Inschrift Chaos ist aus den griechischen Buchstaben Chi, Alpha, Omikron und Sigma gebildet.

Chimäre. Um 500 v. Chr. als Weihegabe entstandene etruskische Bronzeplastik (Hohlguss, Länge 129 cm), genannt „Chimäre von Arezzo". Der Schwanz in Gestalt einer →Schlange beißt in das rechte Horn der →Ziege auf dem Rücken der Chimäre. (Florenz, Museo Archaeologico)

Christogramm. Rückseite einer Münze Kaiser Konstantins, um 315. Das unten zugespitzte Feldzeichen →Labarum, eine Kreuzfahne, durchbohrt eine →Schlange als Symbol der besiegten Feinde. Darauf gründet sich die „Allgemeine Hoffnung" (Inschrift *Spes publica).* Das Christogramm aus Chi und Rho dient als Bekrönung. (München, Staatliche Münzsammlung)

Chrysantheme. Tuschmalerei des japanischen Zenmeisters Sengai Gibon, um 1800: „Ein Zweig gelber Chrysanthemen – genug um zu zeigen, was die Farben des Herbstes sind."

D

Dach, wie das →Zelt ein Symbol der Geborgenheit. Im Mittelalter gehörte es daher zu den geringeren Strafen, statt des ganzen Hauses das D. abzureißen, und wer beschimpft wird, dem „steigt man aufs D.". Die Redensart, dass allgemein Bekanntes „die Spatzen von den Dächern pfeifen", hat seinen Ursprung in Jesu Aufforderung an die Jünger zu furchtlosem öffentlichem Bekenntnis „von den Dächern", wobei die Form des begehbaren Flachdachs vorausgesetzt wird.

Quellentext: „Was ich euch im Dunkeln sage, davon redet am hellen Tag, und was man euch ins Ohr flüstert, das verkündet von den Dächern" (Matthäus 10,27).

Dachs, in Eurasien verbreitetes Tier der Gattung Marder. Der relativ kurzbeinige, plumpe und langschnäuzige D. mit schwarzweiß gestreiftem Kopf gräbt Erdhöhlen mit mehreren Ausgängen. Während des Winterschlafs zehrt der Allesfresser vom angesammelten Fett. Beides trug dazu bei, dass der D. die Laster der Gefräßigkeit und des Geizes symbolisiert, daher reitet die →Avaritia auf einem D. Volkskundlich kommt der D. besser weg, indem er Schlauheit repräsentiert, und der spitzbübische „Frechdachs" kann in der Regel mit Nachsicht rechnen.

Daumen, der →Finger, durch den die →Hand ihre sichere Fähigkeit zu greifen gewinnt, als männlich gedeutet und daher auch ein Symbol des →Phallus (vgl. →Fica). Redensartlich auch Sinnbild der gewaltsamen Sicherung und Besitznahme („auf etwas den D. halten") und des Glückwünschens („jemand die D. drücken").

Davidstern siehe →Hexagramm

Delphin, Meeressäuger aus der Familie der Zahnwale. Ein Kennzeichen ist je nach Zugehörigkeit zu einer der etwa 30 Arten eine mehr oder weniger ausgebildete schnabelartige Verlängerung des Mauls. Die Beobachtung der ungewöhnlichen Intelligenz und Zutraulichkeit der in Gruppen auftretenden, sich akustisch verständigenden D.e spiegelt sich auf vielfältige Weise in der antiken Mythologie. Sie spricht dem D. eine Ähnlichkeit mit den Göttern zu. Die D.e gehören zu den Begleitern des Meeresgottes Poseidon (röm. Neptunus) und dessen Gemahlin Amphritite sowie der im Meer geborenen Liebesgöttin Aphrodite (röm. Venus). Sie und Anchises sind die Eltern des Äneas, und dessen göttlichen Ursprung symbolisiert der D. als ein Wappentier der julischen Kaiserfamilie, zu der Augustus gehört. Auch die frz. Thronfolger führten D.e in ihren persönlichen Wappen und wurden daher als *dauphins* bezeichnet. Der Mythos vom D., der die Seelen der Verstorbenen auf seinem Rücken zur →Insel der Seligen bringt, lebte im Christentum weiter, nun bezogen auf den Retter Christus, den ein D. symbolisiert. Beispiele finden sich in der Katakombenmalerei als →Anker und D. Siehe auch Abb. S. 162.

Diadem, aus einem Band entwickelter, hinten offener Kopfreif, meist aus Edelmetall und mit →Diamanten, sonstigen →Edelsteinen und →Perlen besetzt. Dieser heute von Frauen getragene Kopfschmuck symbolisierte im Altertum Sieg und – wie die →Krone – Herrschaft. Den Ursprung repräsentiert die als rom. Kopie überlieferte Statue des *Diadoumenos* von Polyklet, um 420 v. Chr.: Ein Athlet ist im Begriff, mit erhobenen Armen sein Siegerband zu befestigen.

Diamant, das härteste Mineral und seit der Antike ein zunächst aus Indien nach Griechenland gelangter, transparenter →Edelstein, der aufgrund der Lichtbrechung seiner Kristalle funkelt. Beides betont die Herleitung der Bezeichnung von griech. *adamas* („unbezwinglich") und *diaphanein* („durchscheinen"). Der D. symbolisiert Reinheit, Geistigkeit sowie die Tugenden der Beständigkeit, Treue und Zuverlässigkeit. In diesem Sinne folgt der silbernen und goldenen Hochzeit die diamantene als Feier des 60., in manchen Gegenden des 75. Hochzeitstages. Im Buddhismus bilden D.en den Thron Buddhas. Es entspricht der positiven Symbolik, dass „der Teufel diesem unzerbrechlichen Stein feindlich gesinnt ist" (Hildegard von Bingen).

Quellentext: „Der D. weist die ihm zugefügten Schläge ab, mit welcher Wildheit du auch zustößt", Motto: *Nec multo frangitur ictu* („Er zerbricht nicht durch den stärksten Schlag"). (Epigramm des Nicolaus Tourellus in seinen „Emblamata" von 1602)

Distel, als stachliges Unkraut ein Symbol des Nutzlosen, aber auch des Leides und der Schmerzen, die beim Martyrium zu einem guten Ende führen. Doch kann die Distel, indem sie als Trockenpflanze ihre Form behält, auch ein langes Leben symbolisieren.

Quellentext: „An ihren Früchten werdet ihr sie [die falschen Propheten] erkennen. Erntet man etwa von →Dornen Trauben oder von D.n →Feigen?" (Matthäus 7,16).

Distelfink, Name für den Stieglitz, da ihm nachgesagt wurde, er ernähre sich von →Disteln. Sein dennoch schöner Gesang machte den D. zum Symbol Christi, vor allem des Christkindes, auch der Seele, die durch Leiden geläutert ist, schließlich zum Sinnbild der Fähigkeit, Schicksalsschläge zu bewältigen.

Abb. zu dieser Seite siehe Seite 65

II DIE ELEMENTE

Neben der uns geläufigen Vierzahl der Elemente Wasser und Feuer, Luft und Erde besteht eine große Anzahl anderer Weltmodelle. Abgebildet ist eine Seite aus dem *Codex Fejervary-Meyer*, ein Spiegel der präkolumbischen Weltanschauung der Azteken. Den Mittelpunkt bildet der vorwiegend zerstörerische Feuergott Xiutecuhtli. Aus vier Weltrichtungen nimmt er Opfer entgegen. Zu seinen Eigenschaften gehört allerdings auch, dass von ihm alle Energien ausgehen. (Liverpool, Meyerside County Museum)
In China entsprach den Weltrichtungen mit der Mitte („Reich der Mitte") als fünftem Ort die Fünfzahl der Elemente Wasser, Holz, Feuer, Erde und Metall; die Luft zählt hier nicht zu den sowohl schöpferischen als auch zerstörerischen Elementen. Ebenfalls in der altchinesischen Kultur wurzelt das Paar der Elemente Yin und Yang (siehe S. 150); ihm entsprechen in der Antike die elementaren Qualitäten des Aktiven und des Passiven. Jene Erweiterung der nicht zuletzt zahlensymbolischen Vierzahl (das quadratische Viereck als Symbol der Erde) fand auf naturphilosophische Weise auch in Europa statt, bis schließlich die Naturwissenschaften zur Definition chemischer und physikalischer Elemente führten.

Erde und Wasser
Betrachten wir den Schöpfungsbericht im 1. Kapitel des Buches Genesis unter dem Gesichtspunkt der Elemente, so ergibt sich nach der Trennung von Licht und Finsternis am 3. Tag der Schöpfung die Trennung zwischen Wasser und fruchtbarem Erdreich. Die Miniatur gehört zu einem Schöpfungszyklus in der Planisio-Bibel aus Neapel. (um 1360; Biblioteca Apostolica Vaticana, Vat. lat. 3550, fol. 5 verso)

Wasser und Luft
Die Miniatur aus demselben Schöpfungszyklus bezieht sich auf den 5. Tag: die Erschaffung der Bewohner des Wassers und der gefiederten Bewohner der Luft. Genuin biblisch ist die „Entgöttlichung" der Elemente. Der gleichsam janusköpfige Schöpfer mit Taube verbildlicht symbolisch den trinitarischen Gottesbegriff Vater, Sohn und Heiliger Geist.

Trotz aller weltanschaulich bedingten Unterschiede besitzen die weltweit überlieferten Mythen über die Entstehung der Welt eine Gemeinsamkeit: die Erklärung der Naturelemente und ihre vieldeutige Symbolik. Zwei Beispiele für die Gestaltwerdung der Welt durch die Überwindung der Wirrnis und Finsternis über der Urflut bzw. des Chaos mögen genügen:

„Ein Gewölbe entstehe mitten im Wasser und scheide Wasser von Wasser. Gott machte also das Gewölbe und schied das Wasser unter dem Gewölbe vom Wasser oberhalb des Gewölbes. So geschah es, und Gott nannte das Gewölbe Himmel. Es wurde Abend und es wurde Morgen. Dann sprach Gott: Das Wasser unterhalb des Himmels sammle sich an einem Ort, damit das Trockne sichtbar werde. So geschah es. Das Trockne nannte Gott Land, und das angesammelte Wasser nannte er Meer."

„Aber dem Zwist gab Schlichtung ein Gott und die bessre Naturkraft;
Denn er schied von dem Himmel das Land und vom Lande die Wogen,
und von der dunstigen Luft lostrennt' er den lauteren Himmel.
Als er so sie entwirrt und dem finsteren Haufen entnommen,
schloss er gesondert im Raum sie in friedlicher Eintracht zusammen.
Ohne Gewicht stieg auf voll Glanz des gewölbten Himmels
Feurige Kraft und ersah sich die Statt in der obersten Höhe.
Ihr ist die Luft am nächsten im Raum und in Mangel der Schwere.
Dichter als diese verband die Erde die gröberen Teile,
niedergedrückt durch eignes Gewicht. Das umströmende Wasser
wählte den äußersten Sitz und umschloss den gefestigten Erdkreis."

Der erste Text gehört zum Beginn des Buches Genesis (Verse 6–10) und somit der Bibel insgesamt. Der zweite, frappant ähnliche Text über das Schöpfungswerk von „einem Gott und der besseren Naturkraft" gehört zur römischen Adaption der griechischen Überlieferung, etwa durch Hesiod, und findet sich am Beginn von Ovids Epos „Metamorphosen" (Verse 21–31). Hier wie dort sind ordnende Kräfte am Werk, die ein Himmelsgewölbe über den voneinander getrennten Elementen Wasser und Erde als Festland errichten. Mythologiegeschichtlich sind es (außer in der Bibel) Gottheiten, die alle Elemente verkörpern, etwa in der ägyptischen Kosmologie von Heliopolis: Der Urgott Atum schuf das Götterpaar Schu (Luft) und Tefnut (Feuchtigkeit). Schu und Tefnut brachten den Erdgott Geb und die Himmelsgöttin Nut hervor sowie die Paare Isis und Osiris, Seth und Nephthys. In einem Liebes- und Schöpfungsakt schufen Geb und Nut die Erde und den Himmelsbogen, über den der Urgott Chephre bei Tag die Sonnenkugel rollt, bis Nut sie am Abend verschlingt, um sie am Morgen wieder von sich zu geben.

Vor allem aber ist Ägyptens Geschichte von den Wohltaten des Elements Wasser bestimmt. Herodot, der sich in diesem Zusammenhang als Begründer der Kulturgeographie ausweist, nannte diese frühe Hochkultur ein „Geschenk des Nils". Er berichtet in seinen „Historien" von einer Entscheidung des Amon-Orakels, das eine Anfrage der um Unabhängigkeit bemühten Bewohner der Städte Marea und Apis an der libyschen Grenze (sie „fanden die religiösen Pflichten und Gebräuche lästig") beantwortete: „Alles Land, das der Nil überschwemme, gehöre

Ströme aus dem Garten Eden
Das in einem Ausschnitt wiedergegebene Werk der byzantinischen Buchmalerei im 12. Jh. bezieht sich auf die Beschreibung des irdischen Paradieses (Garten Eden) im 2. Kapitel des Buches Genesis. Es enthält den zweiten, älteren Schöpfungsbericht, der u. a. vom Ursprung der vier Ströme Pischon, Gihon, Tigris und Euphrat handelt. Die Miniatur gehört zur Ausstattung einer der beiden überlieferten illuminierten Handschriften der Marienhomilien (Predigten) des Mönches Jakobus von Kokkinobaphos. (Paris, Bibliothèque Nationale, Ms. grec. 1208; das andere Exemplar besitzt die Biblioteca Apostolica Vaticana, Vat. gr. 1162)

zu Ägypten, und alle Menschen, die von Elephantine abwärts aus diesem Fluss tränken, seien Ägypter" (II, 18).

Ähnliches gilt für die frühgeschichtlichen Hochkulturen am Indus und im Zweistromland Mesopotamien zwischen Eufrat und Tigris, die im Garten Eden, dem irdischen Paradies, ihren gemeinsamen Ausgangspunkt haben. Die ikonographische Tradition verbindet die Wertschätzung des Elements Wasser mit dem Bild des Brunnens, das mehrere Motive vereinigt. Zu den Rettungstaten Gottes während der Wüstenwanderung der Israeliten gehört das Quellwunder (Exodus 17,6; vgl. Weisheit 11,5–14). Gott selbst wird mit dem „frischen Wasser" verglichen („Wie ein Hirsch lechzt nach frischem Wasser, lechzt meine Seele, Gott, nach dir"; Psalm 42,2), und die Braut im Hohelied ist „ein Brunnen lebendigen Wassers" (4,15). In diesen Bedeutungszusammenhang fügt sich die Weisheit als Quelle des wahren Lebens ein: „Ein unerschöpflicher Schatz ist sie für die Menschen; / alle, die ihn erwerben, erlangen die Freundschaft Gottes" (Weisheit 7,14). Aus der Deutung der Gaben der Weisheit als Gaben des Heiligen Geistes entwickelte sich die Verbindung zwischen dem Brunnen und dem Pfingstwunder, vor allem aber die Bedeutung des Brunnens als Symbol der Wiedergeburt durch die Taufe: Nicht zufällig erinnern frühmittelalterliche Bilder des Lebensbrunnens an die Taufbecken der Baptisterien.

Sintflut (gegenüber)
Die vernichtende Gewalt des Wassers als Sintflut gehört sowohl zur biblischen (alttestamentlich-jüdischen) als auch zur griechischen Mythologie. Eine epische Schilderung dieser „Großen Flut" enthält das 1. Buch der 15 *Metamorphoses libri* („Bücher der Verwandlungen") des römischen Dichters Ovid aus der Zeit des Augustus: „Zeus beschließt, das Menschengeschlecht soll versinken / unter der Flut. Und so schüttet er Regen vom Himmel" (Verse I,260 f.). Überlebende sind Deukalion und Pyrrha. Sie fragen Zeus um Rat, wie nach der Sintflut die Erde wieder zu bevölkern sei. Aus Steinen, die sie hinter sich werfen, entstehen Menschen. Dies ist das Thema der Bildseite etwa am Anfang einer Handschrift des Metamorphosen-Kommentars von Thomas de Anglia; Ende 14. Jh. (Gotha, Forschungsbibliothek, Ms. I 98, fol. 9 recto)

Überleben (links)
Die Arche Noah am Ende der Sintflut auf dem Berg Ararat. Miniatur in einer hebräischen Bibel aus Nordfrankreich, um 1300. (London, British Museum, Add. Ms. 1639; vgl. Abb. S. 127)

Wiedergeburt (oben links)
Die Taufe Jesu im Jordan, in dem sich „badende" Allegorien des Flusses tummeln (vgl. S. 55). Die Miniatur gehört zur Ausstattung des griechischen „Tetraevangeliar der Komnenen" aus Konstantinopel, um 1122. (Biblioteca Apostolica Vaticana, Urb. gr. 2, fol. 109 verso)

Untergang (oben rechts)
Symbolisiert der Jordan die reinigende, erlösende Kraft des Taufwassers (die Taufe als spirituelle Wiedergeburt), so symbolisiert das (biblische) Rote Meer die Vernichtung am Beispiel des Pharaos und seines Heeres bei der Verfolgung der Israeliten, die Mose trockenen Fußes durch dieses Meer geführt hat. Diesen Gegensatz verbildlichen die Reliefs an Taufbecken, z. B. in San Frediano in Lucca, um 1160. Die Bildseite mit dem Untergang des Pharaos leitet in der griechischen „Bibel des Leon Patricus" aus dem 9. Jh. (Biblioteca Apostolica Vaticana, Reg. gr. 1; vgl. S. 179) das Buch Exodus ein. Zum Bildprogramm dieser Seite auf Folio 46 verso gehört oben die Berufung des Mose am brennenden Dornbusch, Mitte links Mose vor dem Pharao, der schließlich den Exodus der versklavten Israeliten billigt und gleich darauf zur Verfolgung ansetzt.

Wasser und Erde
Das allegorische Gemälde des flämischen Barockmeisters Peter Paul Rubens entstand 1612–15 und trägt den Titel „Die Verbindung des Wassers mit der Erde“ (Öl auf Leinwand, 222,5 x 180,5 cm; St. Petersburg, Eremitage). Es verherrlicht die vegetabile Fruchtbarkeit auf Grund der Vereinigung der beiden Elemente. Dies verdeutlicht das mit Früchten gefüllte Füllhorn der weiblichen Personifikation des Erdreichs. Das Wasser verkörpern der Meeresgott Poseidon/Neptun, gekennzeichnet durch sein Attribut Dreizack und ein Gefäß, aus dem Wasser strömt (ursprünglich ein Attribut des Tierkreiszeichens Wassermann, siehe Abb. S. 28 und 29) sowie ein Triton mit Muschelhorn. Im 19. Jh. verkörperte mit Vorliebe eine weibliche Aktfigur das Element Wasser, sei es beim Klassizisten Ingres oder beim Realisten Courbet.

Die Symbolik des Wassers als vernichtendes Element veranschaulichen zwei Texte im Buch Genesis und in Ovids „Metamorphosen“.

In Genesis 6 besteht die Vorgeschichte der Sintflut darin, „dass auf der Erde die Schlechtigkeit des Menschen zunahm und dass alles Sinnen und Trachten seines Herzens immer nur böse war. Da reute es den Herrn, auf der Erde den Menschen gemacht zu haben“, nämlich am 6. Tag der Schöpfung (Genesis 1,27), „und es tat seinem Herzen weh. Der Herr sagte: Ich will den Menschen, den ich erschaffen habe, vom Erdboden vertilgen, mit ihm auch das Vieh, die Kriechtiere und die Vögel des Himmels, denn es reut mich, sie gemacht zu haben. Nur Noach fand Gnade in den Augen des Herrn“ (Genesis 6,5–8). Und die vernichtende Flut dauerte 40 Tage: „Das Wasser war auf der Erde gewaltig angeschwollen und bedeckte alle hohen Berge, die es unter dem ganzen Himmel gibt. [...] Gott vertilgte also alle Wesen auf dem Erdboden, Menschen, Vieh, Kriechtiere und die Vögel des Himmels; sie alle wurden vom Erdboden vertilgt (Genesis 7,17–19.23; zur Friedenstaube vgl. Abb. S. 92, zum Regenbogen als dem neuen Zeichen des Bundes mit den Lebewesen auf Erden Abb. S. 145).

Bei Ovid beschließt Jupiter:

„[...] das Menschengeschlecht soll versinken
unter der Flut. Und so schüttet er Regen vom Himmel hernieder.
Schleunig verschließt er als erstes den Nordwind in Aeolus’ Höhle,
alle die Winde dazu, die Regen und Wolken vertreiben,
lässt dann dem Süd freien Lauf. Und dieser mit triefenden Schwingen
stürmet hinaus, pechschwarz umschattet das schreckende Antlitz.
Schwer ist vom Regen der Bart; Flut strömt vom weißgrauen Haupthaar,
Nebel benetzen die Stirn, voll Nässe sind Brust und Gefieder.
[...]
Niedergestreckt ist die Saat, und des Landmanns sehnliche Hoffnung
ohne Erfüllung, die endlose Mühe des Jahrs ist verloren.
Nicht kann von sich aus besänftigen Jupiters Zürnen der Himmel,
Beistand gewährt ihm sein bläulicher Bruder [Neptun] mit all seinen Fluten.
[...]
Aber den Dreizack stach er selbst in den Grund, und die Erde
bebte vom Stoß, und Sturzbäche stürmten aus klaffenden Rissen.
Über die Ufer hinweg überschwemmten die Flüsse die Felder;
Saaten und Bäume und Reben und Herden und Männer und Häuser
raffen sie mit, ja sogar die den Göttern geweihten Gemächer.
Wo noch stehet ein Bau, der solches Verderben vermochte
unverrückt zu bestehn, da geht doch höher die Woge
über den First, und vom Strudel bedrängt, verschwinden die Türme.
Schon war zwischen der See und dem Land kein sichtlicher Abstand;
alles umher war Meer, und das Meer war ohne Gestade.
Dieser erklimmt einen Hügel; den schwankenden Nachen besteigend,
rudert der andere dort, wo er unlängst noch mühevoll pflügte;
der schifft über die Saat und die des untergegangenen Landguts
Firsten, und jener ergreift den Fisch im Wipfel der Ulme.
Zufall fügt, dass der Anker sich senkt auf grünende Wiese

Wasserwesen
Eine antik inspirierte Naturmythologie ist ein Themenbereich im Schaffen des schweizerischen „Deutschrömers“ Arnold Böcklin. Populär wurden Gemälde wie „Das Spiel der Najaden“ als Ausdruck überschäumender Lebensfreude – und utopischer Verklärung des zeitgenössischen Badelebens (1886; Tempera auf Leinwand, 151 x 176 cm; Basel, Kunstmuseum). Den Anfang einer langen Reihe solcher Meeres-Dichtungen bildete 1873 „Triton und Nereide“ in der Münchner Schackgalerie.

oder der bauchige Kiel an Reben im Wasser entlangstreift.
Wo die schmächtigen Ziegen noch eben mit Leichtigkeit grasten,
strecken sich plötzlich nun, unförmig anzusehn, dickwänst'ge Robben.
Nereus' Töchter, erstaunt, sehn Haine und Häuser und Städte
unter der Flut. Delphine durchziehen die Wälder und rennen
wider das hohe Gezweig und schlagen die schwankenden Stämme“
(Metamorphosen I, 260–267, 272–275, 283–303).

Diese Schilderung einer Flutkatastrophe unter mythologisch-symbolischem Vorzeichen und verfasst an der Zeitenwende hat im Verlauf von 2000 Jahren und im Gegensatz zu allen Huldigungen an das belebte und lebenserhaltende Element – um dessen Verfügbarkeit Kriege geführt wurden und für die nahe Zukunft prophezeit werden – im Grunde nichts an Aktualität verloren. Dies verdeutlicht etwa ein Vergleich mit Berichten über das Seebeben und die von ihm ausgelösten, sich schnell fortpflanzenden Meereswogen des Tsunami am Ende des Jahres 2004.

Himmlisches Feuer
Die Miniatur vom Ende des 15. Jh. in einer Handschrift der „Metamorphosen" Ovids in der Sammlung des Earl of Leicester in Norfolk widmet sich zwei Aspekten des Prometheus-Mythos: Zum einen durchquert der rot gewandete und inschriftlich benannte Titan die Sphären der Planeten, um das hier durch die Sonne symbolisierte Feuer zur Erde zu bringen (in der griechischen Mythologie ein Frevel gegen die Götter). Das Feuer erweitert nun die beiden konzentrisch dargestellten Elemente Wasser und Luft sowie die Erde als Flammenkreis zur Vielzahl. Zum anderen erscheint Prometheus, Sohn des Iapetus, als Schöpfer der Menschen, in den Worten Ovids: Die Keime des Himmels „vermengte des Japetus Sohn mit der Nässe des Regens, / formte sie nach der Gestalt dann der alles beherrschenden Götter" (Metamorphosen I, Verse 83 f.).

Geraubtes Feuer (gegenüber links)
Um 1650 malte der Flame Jan Cossier den als Kulturbringer verehrten Titanen Prometheus mit seinem hohlen Stab, in dem er das den Göttern geraubte Feuer verbarg, um es den Menschen zu geben (Madrid, Prado). Cossier befasste sich wie die meisten Künstler des Barock mit christlichen und antiken mythologischen Themen.

Bevor sich bei Ovid der oberste Olympier dazu entschließt, alles Leben auf der Erde durch Wassermassen zu vernichten, erwägt er den Einsatz seiner Waffe Blitz und somit des den Göttern vorbehaltenen Elements Feuer:
„Und schon wollt er den Blitz auf alle die Länder versenden,
doch er besorgt, dass Feuer vielleicht der heilige Äther
fange von so viel Glut und brenne die Achse des Weltalls,
und er bedenkt auch die uralte Sage, dass einst eine Zeit kommt,
wo mit der Erde das Meer und die Feste des Himmels ergriffen
stehen in Brand und wanke der Welt mühvolles Gefüge"
(Metamorphosen I, 253–258).

Doch wie beim Wasser, so ist den Menschen auch die Ambivalenz des Elements Feuer von jeher bewusst. Es ist ein in höchstem Maße schützenswertes, in der antiken Mythologie mit dem Titan Prometheus verbundenes Kulturgut, das beim Brandopfer die Verbindung mit dem Göttlichen herstellt; ein „feuriger

Läuterung

Die auch in anderen Religionen gefürchtete ewige Qual des Höllenfeuers ergänzte die christliche Kirche im Mittelalter durch das Fegefeuer als Ort zeitlich begrenzter Strafe und der Läuterung. An Letzteres erinnert die Miniatur einer Prachtausgabe der „Göttlichen Komödie“ (um 1480; Biblioteca Apostolica Vaticana, Urb. lat. 365, fol. 175 recto). Um zum irdischen Paradies auf dem Gipfel des Läuterungsbergs zu gelangen, muss Dante mit seinen Begleitern Vergil und Statius einen Feuerkreis überwinden. Dante zögert („mich klar entsinnend, / Was ich an Menschenleibern schon sah brennen“), doch Vergil erklärt: „Hier kann nur Marter sein, doch nicht der Tod!“ Die Miniatur bezieht sich unmittelbar auf die folgenden Verse: „Dann ging er mir voran, hinein ins Feuer; / Indem er Statius bat, nach mir zu kommen, / Der bisher auf so langem Weg uns trennte. // Als ich darinnen war, hätt' ich in siedend / Glas mich geworfen, um mich zu erfrischen, / So war daselbst die Glut über die Maßen. // Der süße Vater mein, um mich zu stärken, / Schritt, stets von Beatrice redend, vorwärts; / Rufend: ‚Ihr Augenpaar schon, deucht mich, seh' ich!‘“ *(Purgatorio* XXVII, 46–54).

Wagen mit feurigen Pferden“ nimmt den Propheten Elija auf und entrückt ihn (2 Könige 2,11). Bis heute hat das ewige Feuer einen Platz in Kirchen, auf Friedhöfen oder bei Mahnmalen.

Andererseits ist das Feuer eine vernichtende Gewalt, der die sprichwörtlichen Städte Sodom und Gomorra zum Opfer fallen, indem Schwefel und Feuer auf sie regnen. Gott „vernichtete von Grund auf jene Städte und die ganze Gegend, auch alle Einwohner der Städte und alles, was auf den Feldern wuchs“ (Genesis 19,25). Schließlich lodert am Ende der Zeiten der Feuersee: „Feuer fiel vom Himmel und verzehrte sie. Und der Teufel, ihr Verführer, wurde in den See von brennendem Schwefel geworfen, wo auch das Tier und der falsche Prophet sind. Tag und Nacht werden sie gequält, in alle Ewigkeit. [...] Wer nicht im Buch des Lebens verzeichnet war, wurde in den Feuersee geworfen“ (Offenbarung 20,9–10.15).

Das Bild eines kosmischen Feuerbrandes, um den sich Jupiter bei Ovid sorgt, besitzt eine Parallele im Hinduismus in Verbindung mit dem Zerstörer Shiva. Sein

IOÁNES
STRATENSIS
FLANDRVS
1570

Donner und Blitz
Das Bild eines nächtlichen Gewitters erweckt den Eindruck, als entsende ein himmlisches Feuer den im Zickzack zur Erde rasenden Blitz. Das Gemälde (Ausschnitt) ist betitelt „Gewitter und Blitzschlag am Unteren Grindelwaldgletscher" (Öl auf Leinwand, 54 x 82 cm; Aarau, Aargauer Kunsthaus). Es gehört zu einem Zyklus von Landschaften, den Caspar Wolf 1774–78 auf der Grundlage von Naturstudien in den Berner Alpen im Atelier geschaffen hat. Sein künstlerisches Interesse richtete sich sowohl auf die Topographie als auch auf eine naturnahe, hier furiose und dem Naturerlebnis angemessene Wiedergabe von Wetterlagen.

Feuer in der Alchemie (gegenüber)
Ab 1570 entstand im Palazzo Vecchio von Florenz das Studiolo Francescos I.; die Gesamtleitung der vollständigen Ausstattung dieses „Schmuckkästchens" mit Gemälden und Skulpturen lag bei Giorgio Vasari, der die besten Künstler der Stadt heranzog. Das Bildprogramm ist den vier Elementen gewidmet: mit Erde und Luft an den beiden Schmalseiten, Wasser und Feuer an den beiden Längsseiten. Zu den Gemälden der Feuer-Seite gehört „Das Laboratorium der Alchemisten" von Giovanni Stradano; diese Darstellung entsprach dem Interesse Francescos I. an dem Geheimwissen und der Praxis der Alchemisten, Substanzen und generell die Materie durch Verwandlungen in ihren Eigenschaften zu steigern, um z. B. Gold herzustellen. Ein unerlässliches Hilfsmittel war, wie Stradano zeigt, das Feuer, um die sieben Stufen der „Transmutation" zu erreichen, etwa das Glühen fester Körper im offenen Feuer und die Destillation als ständigem Wechsel von Verdampfen und Kondensierung. Das höchste Ziel ist die *prima materia* mit der Chiffre „Stein des Weisen", der in einem Schöpfungsakt das ursprüngliche Chaos überwindet und Geist und Materie durch Verwandlung in einen höheren Einklang bringt. Insofern besitzt die Alchemie einen religiösen Kern.

Kultbild als Weltentänzer zeigt ihn inmitten des Universums, das in Flammen steht (Abb. S. 217).

Zwischen Wohltat und Vernichtung besitzt das Feuer allerdings eine dritte Eigenschaft: die Läuterung, verbunden mit der Härtung und Veredelung. Ersteres ist das zentrale Thema in Dante Alighieris *Purgatorio,* dem mittleren Teil seiner *Divina Commedia* aus dem späten 13. Jh. und nur wenig jünger als die *Legenda aurea* mit der Schilderung des Feuertodes von Märtyrerinnen wie der hl. Agnes. Dantes „Läuterungsberg" gipfelt dagegen in einem Feuerkreis, den Dante mit seinen Begleitern Statius und Vergil unbeschadet durchschreitet, um zum irdischen Paradies auf dem Gipfel des Kegels zu gelangen. Insofern besteht eine Analogie zum läuternden Fegefeuer im Vorhof des himmlischen Paradieses. Härtung und Veredelung durch Feuer gehört zum Handwerk des Kunstschmieds, dessen antike Ahnen der griechische Gott Hephaistos und dessen römisches Pendant Vulcanus bilden. Übergänge bestehen zur Esoterik, die in den Lehren und Techniken der Alchemie enthalten ist. Ein esoterisches Symbol ist der im Feuer lebende Salamander. Er symbolisiert die Seele, die unversehrt aus den Flammen der Versuchung hervorgeht.

Luftfahrt (unten)
Giambologna, „Fliegender Merkur“, 1580 (Bronze, Höhe 187 cm; Florenz, Museo Nazionale). Der Götterbote sowie Gott des Handels und der Diebe berührt mit dem rechten Fuß den als Feder wiedergegebenen „Hauch“ des Windes. Der ausgestreckte Zeigefinger der rechten Hand bezeichnet die Mittelachse der Komposition, um die sich der Körper windet. Als Attribute dienen der Flügelhut und der geflügelte Heroldsstab Kerykeion, um den sich – gleichsam als Vorbild der skulpturalen Gestaltungsweise – zwei Schlangen winden (siehe auch Abb. S. 253).

Luftige Höhe
Giovanni Battista Tiepolo, „Der Olymp“ (Madrid, Prado). Die Ölskizze (88 x 62 cm) zu einem 1762 im Schloss von Madrid begonnenen mythologischen Deckengemälde lässt sich auch als Bild des Elementes Luft betrachten. Die illusionistisch aus der Froschperspektive gestaltete Himmelsregion erscheint als Luftraum, den der fliegende Götterbote Hermes/Merkur federleicht durchmisst. Zwei Tauben sind vor das Luftschiff der Venus gespannt, das noch oder wieder auf einer Wolke ruht.

Sturm
Nachdem Ihn die verängstigten Jünger geweckt haben, gebietet Jesus den personifizierten Winden Einhalt. Miniatur im Evangeliar Ottos III. (München, Bayerische Staatsbibliothek, Clm 4453, fol. 103 verso)

Nach den Naturelementen Wasser und Feuer wenden wir uns den ihrerseits korrespondierenden Elementen Luftraum und Erdreich zu.

Lange bevor Leonardo da Vinci den fliegenden Menschen nicht nur erträumte, sondern im späten 15. Jh. aufgrund seiner Studien des Vogelflugs auch Fluggeräte konstruierte, handelten die Mythen von der Erhebung der Menschen in die Lüfte, ganz zu schweigen von den zwischen Himmel und Erde mühelos wechselnden Gottheiten, Luftwesen wie den hinduistischen Apsaras. Schließlich bevölkern Engel den Luftraum. Es ihnen und den Vögeln gleichzutun, entwikkelte sich zum Inbegriff strafwürdiger Vermessenheit. Als Beispiel diente bis ins Spätmittelalter der ursprünglich hellenistische „Alexanderroman" mit der Sage vom Himmelsflug Alexanders des Großen: Von zwei Greifen, die er mit Fleischstücken köderte, in einem Korb himmelwärts getragen, zwang ihn göttliche Gewalt zur Rückkehr auf die Erde als dem Boden, für den der Mensch geschaffen war.

Was den Menschen blieb, war die Nutzung der Luft in Gestalt der Winde, um sich vom Festland auf das Meer zu wagen. „Segel entfalteten die Schiffer nun den wenig bekannten Winden", so berichtet Ovid über eine der zwiespältigen Errungenschaften des Eisernen Zeitalters (Metamorphosen I, 132), und zur Luft gehören die Winde und Wolken bis zum Wüten der Stürme.

Mutter Erde
Solange der Gigant Antaios seine Mutter Ge, die Erde, berührt, ist er unbesiegbar. Erst Herakles vermag ihn emporzuheben und ihm, indem er ihn an sich presst, die Knochen zu brechen. Gemälde von Hans Baldung, gen. Grien, 1591. Öl auf Holz, 153,6 x 66,5 cm. (Kassel, Staatliche Gemäldegalerie)

Sie zu entfesseln oder zu bändigen bedurfte es göttlicher Kräfte, in der griechischen Mythologie die des Aiolos auf der Insel Aiola. Hier verbarg er die Winde der vier Himmelsrichtungen in einer Höhle. In Homers „Odyssee" packt Aiolos den Nord-, Ost- und Südwind in einen Schlauch und lässt nur den Westwind Zephyros frei, der das Schiff des Gastes nach Ithaka blasen soll. Doch die Gefährten öffnen den Schlauch, in dem sie Wein vermuten, und Odysseus muss seine Irrfahrten fortsetzen. Eine Besänftigung des Sturmes auf dem Wasser vermag auch Jesus Christus, und Gleiches gilt für den hl. Nikolaus, wie die *Legenda aurea* des Jacobus de Voragine berichtet.

Eine Verbindung und Kontrastierung der Elemente Wasser und Feuer (der Sonne), Luft und Erde enthält das rechts wiedergegebene Gemälde Pieter Bruegels d. Ä. aus dem Jahr 1555; den Vorrang hat aber das Erdreich, das der Bauer pflügt. Er bezieht sich auf das niederländische Sprichwort „Es bleibt kein Pflug still stehen wegen des Todes eines Menschen", und tatsächlich liegt links im Gebüsch ein Leichnam. Doch der Pflüger sowie die Figuren des Hirten und des Anglers auf Bruegels „Landschaft mit dem Sturz des Ikarus" gehören auch zum alltäglichen Personal in Ovids Schilderung der tödlichen Torheit des Ikarus bei der Flucht mit den vom Vater Dädalus konstruierten Flügeln aus Federn und dem Bindemittel Wachs:

„Mancher, indem er mit schwankendem Rohr nachtrachtet den Fischen,
oder ein Hirt auf den Stab, ein Pflüger gestützt auf die Sterze,
sieht sie und staunt und vermeint, die im Äther vermöchten zu schweben,
müssten Unsterbliche sein. Schon lag die junonische Samos
links für das fliegende Paar, das Delos verlassen und Paros,
rechts war Lebinthos vom Weg und die honigreiche Calymne:
Als am verwegenen Flug sich der Knabe begann zu ergötzen,
keck den Führer verließ und von Lust nach dem Himmel verleitet
höheren Weg einschlug. Weich wird von der Nähe der heißen
Sonne das duftende Wachs, die bindende Fessel der Federn.
Aber des Ruders beraubt, kann Luft nicht fürder er fassen,
und es empfängt den Mund, der schreiend den Namen des Vaters
nannte, die bläuliche Flut, die drauf nach dem Knaben genannt ward"
(Metamorphosen VIII, 217–230).

Erdreich (oben und unten)
Die beiden Gemälde widmen sich, obwohl durch mehr als 300 Jahre getrennt, auf vergleichbare Weise dem Landbau. Unbeirrt zieht der Pflüger mit seinem Pferd die regelmäßigen Furchen und schreitet der Sämann über den Acker. Es handelt sich um die „Landschaft mit dem Sturz des Ikarus“ von Pieter Bruegel d. Ä. mit dem Beinamen Bauernbruegel; um 1555; 73,5 x 112 cm; (Brüssel, Musées Royaux des Beaux-Arte) und Vincent van Goghs „Sämann“ von 1888; 73,5 x 93 cm. (Zürich, Stiftung Sammlung Bührle)

Erde und Mensch (Seite 64)
Rudolf Hausner, ein Mitbegründer der „Wiener Schule des Phantastischen Realismus“, erinnert 1968/69 mit diesem Gemälde unverkennbar an einen Vers im zweiten (älteren) Schöpfungsbericht: Gott „formte den Menschen aus Erde vom Ackerboden und blies in seine Nase den Lebensodem“ (Genesis 2,7). Hausner betitelte sein Werk im Format 102 x 72 cm (Mischtechnik auf Leinwand auf Kunststoffplatte, Privatsammlung) als „Adam-Massiv“ und kommentierte: „Die Welt gleicht Adam und Adam gleicht der Welt. Beide sind aus einem Stoff gemacht. [...] Adam formt diesen Planeten nach seinem Angesicht. Offen bleibt die Frage, ob Adam diese Welt, auf der als Individuum zu verweilen allein der Tod ihn hindert, aus Engstirnigkeit zerstören will.“ Heute stellt sich mehr denn je die Frage: Haben die als Abbild Gottes erschaffenen Menschen die Aufforderung, sich die Erde zu „unterwerfen“ (Genesis 1,28), im Lauf ihrer Geschichte gründlich missverstanden? Versündigen sie sich – mythologisch gesprochen – an ihrer „Mutter Erde“?

Dach. Der Holzschnitt aus dem 16. Jh. bezieht sich auf die Bilderstürme dieser Zeit. Während zwei als Esels- und Narrenkopf verunstaltete Reliquiare aus der Kirche getragen werden, steigt eine Gestalt mit Kopf eines →Affen dem Gotteshaus „auf das Dach" mit der Absicht, es zu beschädigen.

Dachs. In seiner Darstellung des Sündenfalls ordnet Albrecht Dürer den Dachs als Symbol des Lasters der Gefräßigkeit dem ersten Menschenpaar zu, das bereit ist, sich den →Apfel im Maul der →Schlange schmecken zu lassen. „Kleine Holzschnittpassion", Blatt 1, 1511.

Delphin. Das Vierdrachenstück aus Syrakus zeigt ein von vier Delphinen umgebenes Bildnis der Arethusa. Sie ist die Nymphe einer →Quelle, die auf einer Insel beim Hafen von Syrakus entspringt. Um 450 v. Chr. (Berlin, Antikensammlung)

Distelfink. Emblem des Humanisten Joachim Camerarius aus dem Jahr 1546 mit einem Distelfink, der Disteln frisst,; Motto: *His ego sustentor* („Von ihm lerne ich"). Dazu das Epigramm (Übersetzung aus dem Lat.): „Der Tapfere hält schwere Schicksalsschläge für seine Nahrung, die ihn stärkt, so wie der sanfte Distelfink Disteln als Nahrung nutzt."

Donner, in vielen Religionen in Verbindung mit dem →Blitz ein Symbol der höchsten göttlichen Macht; andere Verbindungen bestanden bei den Germanen (hier löste Donars →Hammer den D. aus), in China (ein himml. →Drache ruft den D. hervor) sowie bei Naturvölkern, bei denen Donnervögel mit ihrem Flügelschlag die schreckensvolle Naturerscheinung hervorrufen. In der Bibel kommt mehrfach die Brontologie (griech. *bronte* „Donner") zum Ausdruck, d.h. die Auffassung des D.s als auditives Orakel und somit vom Himmel ertönende Stimme Gottes, etwa bei der Taufe Jesu im Jordan. Texte aus den Höhlen von Qumran enthalten die Anweisung, die „Donnerstimme" Gottes zu deuten. Indem Jesus in Markus 3,17 Johannes und Jakobus „Donnersöhne" nennt, unterstreicht er die Berufung der beiden Jünger.

Quellentext: „Am dritten Tag, im Morgengrauen, begann es zu donnern und zu blitzen. Schwere →Wolken lagen über dem →Berg, und ein gewaltiger Hörnerschall erklang. Das ganze Volk im Lager begann zu zittern" (Exodus 19,16).

Doppeladler, als →Adler mit zwei gekrönten Köpfen ein imperiales, meist kaiserliches Symbol und Wappentier. In diesem Sinne kennzeichnete der D. das Heilige Römische Reich (bis 1806), bereits 1804 das Kaiserreich Österreich im Wappen (bis 1918), das russische Zarenreich (bis 1917), wobei der D. des Byzantin. Reichs adaptiert wurde, ferner mehrere Staaten auf dem Balkan, allerdings ohne den umfassenden Herrschaftsanspruch: 1882 übernahm das Königreich Serbien den D., den auch das als Vielvölkerstaat übergeordnete Königreich Jugoslawien bis 1941 besaß. An dieser byzantin.-russ. Tradition hatten zeitweise auch Albanien und Montenegro Anteil.

Doppelaxt, eine →Axt mit zwei spiegelbildlich am Schaft befestigten Schneiden. Die ursprünglich wohl im Kampf verwendete, gewaltigen Göttern attributiv zugeordnete Waffe wurde von den Griechen als *labrys* bezeichnet; von hier leitet sich der Begriff →Labyrinth her. Denn Darstellungen der D. an den Mauern des Palastes von Knossos auf Kreta, die hier vermutlich als königliche Insignie diente, symbolisierten aus Sicht der Griechen jenes labyrinth. Bauwerk des Dädalos, in dem der Minotauros gefangen war.

Doppelgesicht, Symbol eines Beginns, der vom Früheren zum Zukünftigen führte. Diesen Anfang schützte der röm. Gott Janus, der doppelgesichtig dargestellt wurde: nach rückwärts und vorwärts blickend. Ihm waren die Tore als Durchgänge vom Jetzt zum Dann geweiht, und der erste Monat ist als Januarius nach Janus benannt.

Dornbusch, Gebüsch aus Sträuchern mit →Dornen. Aus Sicht der Typologie (Präfiguration des Neuen im Alten Testament) symbolisiert der „brennende D." bei der Berufung Moses (Exodus 3,2) die Jungfrau Maria: Wie dieser D. in →Flammen steht, ohne zu verbrennen, bringt Maria Jesus zur Welt, ohne ihre Jungfräulichkeit zu verlieren. Der hl. Benedikt warf sich in einen D., um unkeusche Gedanken zu vertreiben.

Dornen, den Stacheln der →Distel vergleichbare, doch kräftigere „Waffen", mit denen sich bestimmte Gewächse schützen (→Rose). Zweige mit D., die der Kasteiung und Peinigung dienten, symbolisieren Leid und Zwietracht (vgl. das Emblem →Bett).

Quellentext: „Wieder ein anderer Teil [der Körner] fiel in die D., und die D. wuchsen und erstickten die Saat" (im Gleichnis vom Sämann; Matthäus 13,7).

Dornenkrone, aus Zweigen mit →Dornen geflochtenes Schandmal in Form einer →Krone. Damit verspotteten die röm. Soldaten den angeblich polit. Herrschaftsanspruch Jesu, der gegenüber Pilatus bekannt hat: „Mein Königtum ist nicht von dieser Welt" (Johannes 18,36). Die D. gehört zu den Leidenswerkzeugen →Arma Christi sowie zu den Darstellungen Jesu als Schmerzensmann, auf dem Schweißtuch der Veronika und als Gekreuzigter. Eine D. in den Händen ist ein Attribut des Josef von Arimathäa, der den Leichnam Jesu vom →Kreuz genommen hat (Johannes 19,38) und des heiliggesprochenen frz. Königs Ludwig IX., der für seine Pariser Sainte-Chapelle Kreuzesreliquien aus Konstantinopel erworben hat.

Quellentext: „Dann flochten sie einen →Kranz aus Dornen; den setzten sie ihm auf und gaben ihm einen Stock in die rechte Hand. Sie fielen vor ihm auf die Knie und verhöhnten ihn, indem sie riefen: Heil dir, König der Juden" (Matthäus 27,29; vgl. Johannes 19,2 und 5).

Dose, Büchse, meist zylindr. Gefäß mit Deckel. Als Salbengefäß ist die kostbar dargestellte D. ein Attribut der drei Marien am (leeren) Grab Jesu, v. a. der Maria Magdalena, aber auch der Maria Kleophas und der Maria Salome, schließlich der Ärzte und Märtyrer Cosmas und Damian. Dient die D. hier als Glaubenszeugnis, so enthält die „Büchse der Pandora" alles Unheil, das Zeus den Menschen zugedacht hat: Krankheiten, Schmerzen, Irrsinn und das Altern sowie Plagen wie das weibliche Geschlecht und die Hoffnung.

Quellentext: „Am ersten Tag der Woche [= Tag nach dem Sabbat, am Samstag] gingen die Frauen mit den wohlriechenden Salben, die sie zubereitet hatten, in aller Frühe zum Grab [Jesu]" (Lukas 24,1).

Doppeladler. Holzschnitt von Hans Burgkmair aus dem Jahr 1510 mit dem kaiserlichen Doppeladler des Heiligen Römischen Reichs. Sein „Gefieder" sind die Stände, symbolisiert durch deren Wappen. Zuoberst reihen sich die Wappen der Kurfürstentümer von Trier bis Brandenburg.

Dornbusch. Die erste Szene einer vierteiligen Bildseite zeigt Mose vor dem brennenden Dornbusch. Goldene Haggada aus Katalonien, um 1320/30. (London, British Library, Add. Ms. 27210, fol. 10 verso)

Dose. Bildnis der hl. Maria Magdalena mit einem kostbaren Salbgefäß als Attribut, um 1529; Öl auf Holz, 67 x 76,5cm. Vornehme Gestalten waren das Hauptthema des zeitweise in Rom tätigen Niederländers Jan van Scorel. (Amsterdam, Rijksmuseum)

Dornenkrone. Das 1942 vollendete Gemälde „Ecce homo" (nach Johannes 19,5: „Seht, das ist der Mensch", Pilatus) von Georges Rouault zeigt den dornengekrönten Jesus als Schmerzensmann. Öl auf Leinwand, 105,5 x 75,5 cm. (Stuttgart, Staatsgalerie)

Drache, seit jeher ein Symbol mächtiger Urgewalten, verkörpert in Fabelwesen, die sich aus verschiedenen Tieren zusammensetzen. Der D. besitzt meist →Flügel, einen als →Schlange gebildeten Schwanz, Schuppen, Klauen, einen Rachen und beherrscht, indem er →Feuer speit, im →Wasser lebt, auf der →Erde sein Unwesen treibt und durch die →Luft geistert, die vier Elemente. Bestimmte Ausprägungen sind die dreiköpfige →Chimäre, die vielköpfige →Hydra und der Lindwurm, schließlich der feuerrote apokalypt. D. mit sieben Köpfen und zehn →Hörnern und mit sieben →Diademen auf seinen Köpfen. Ihnen entsprechen als Drachentöter bzw. -besieger Bellerophon, Herakles, Siegfried (Sigurd), der Erzengel Michael und als Gestalt der christlichen Legende der hl. Georg, der – wie Perseus – eine Prinzessin rettet. Die Beschäftigung mit diesem Inbegriff der Gefahr in Mythen, Sagen, Märchen und Redewendungen (herrschsüchtiger „Hausdrache"; Zwietracht als „Drachensaat") reicht bis zur Tiefenpsychologie: C. G. Jung zufolge symbolisiert der D. die regressiven Kräfte des Unterbewussten, gegen welche das Ich ankämpft. Im Gegensatz zur antiken und westlichen Tradition besitzt Ostasien, insbesondere China, eine Drachensymbolik, die sich auf die Vereinigung elementarer Wesenheiten gründet (→Yin und Yang): Der Drache schützt vor Dämonen und vermag Glück und Fruchtbarkeit zu verleihen. In Verbindung mit der →Zahlensymbolik war die Darstellung von neun D.n den kaiserlichen Gewändern vorbehalten. In der chines. Kosmologie symbolisiert der blaugrüne D. den Osten, den Sonnenaufgang und den Frühling, der weiße D. dagegen den Westen und den Tod. Die D.n, welche während des Winters in der Erde verborgen bleiben, erzeugen bei ihrer Wiederkehr den →Donner und den →Regen. Weder in Afrika noch im präkolumb. Mittel- und Südamerika hat sich eine ausgeprägte Drachenmythologie entwickelt. Hier kommt ihnen das →Krokodil am ehesten nahe. Siehe auch Abb. S. 88, 89, 244.

Quellentext: „Er wurde gestürzt, der große D., die alte Schlange, die Teufel oder Satan heißt und die ganze Welt verführt; der D. wurde auf die Erde gestürzt, und mit ihm wurden seine Engel hinabgeworfen" (Offenbarung 12,9).

Drei siehe →Zahlensymbolik

Dreieck, in der Formsymbolik die im gleichseitigen D. zur Harmonie gelangte Vereinigung von drei Eigenschaften oder der drei Stadien einer Entwicklung bis hin zur Aufhebung des Gegensatzes von These und Antithese in der Synthese. In der christlichen Ikongraphie dient das D., meist in Verbindung mit dem →Auge Gottes, als Symbol der Dreifaltigkeit (Trinität). Bei den Freimaurern bezieht sich das D. auf den Zusammenhang von richtigem Denken, Reden und Handeln. Zum →Yin und Yang gehört der Dualismus aus nach oben (männliches →Feuer) und nach unten (weibliches →Wasser) gerichtetem D. Siehe auch Abb. S. 19, 159.

Dreifuß, antikes Motiv in Form eines dreibeinigen Gestells für eine (Opfer-)Schale oder einen am Rand oft reich verzierten Kessel. Auch Sitz der Apollon-Priesterin Pythia in Delphi. Der im Gegensatz zum vierbeinigen Stuhl oder Tisch stets standfeste D. ist als eine der frühen Innovationen in der Kulturgeschichte zu betrachten.

Dreigesicht, ein Symbol der Dreifaltigkeit. Es wurde im 16. Jh. von den Protestanten als „kath. Zerberus" verspottet: als Variante des dreiköpfigen →Kerberos. Das D. wurde 1628 von Papst Urban VIII. verboten.

Dreigestalt, der in verschiedenen Kulturen entwickelte Symbolgehalt von Triaden. Diese bestehen besonders oft aus drei weiblichen Wesen. In der antiken Mythologie sind es die jeweils drei Gorgonen (mit der Medusa), Grazien, Horen und Parzen. Letzteren entsprechen bei den Germanen die drei Nornen, die den Schicksalsfaden spinnen. Die bekannteste Triade männlicher Gottheiten findet sich im Hinduismus. Hier bilden mitunter Brahma, Shiva und Vishnu trotz ihrer jeweils eigenen Anhängerschaft eine D., die drei Aspekte (Entstehung, Sein, Zerstörung) vereint. Eine der christlichen Lehre der Dreifaltigkeit Gottes (im Gegensatz zum strikten Monotheismus im Judentum und Islam, aber auch zum frühgeschichtlichen und antiken Polytheismus) analoge Friedenslehre findet sich auch im Buddhismus, etwa als Verehrung der „drei →Juwelen". Die Bilderwelt der Freimaurer enthält die D. aus Körper *(corpus),* Seele *(anima)* und Geist *(spiritus).*

Dreiunddreißig siehe →Zahlensymbolik

Dreizack, gabelartiges, langstieliges Gerät in der antiken Fischerei (Jagd auf Thunfisch). Daher in der griech. Mythologie ein Attribut von Meeresgöttern, v. a. des Poseidon (röm. Neptunus). Eine neuzeitliche Variante ist der D. als Attribut der Britannia. Sie personifiziert Großbritannien als Seemacht. Im Hinduismus kennzeichnet ein D. den Gott Shiva; die drei Spitzen symbolisieren hier die dreifache Zeit aus Vergangenheit, Gegenwart und Zukunft (Wandel der Zeiten) sowie das Werden, Sein und Vergehen.

Dreizehn siehe →Zahlensymbolik

Drudenfuß siehe →Pentagramm

Drache. Der Kampf mit dem lebensfeindlichen Drachen. In Persien während der mongolischen Epoche entstandene Buchmalerei; um 1295. (New York, Pierpont Morgan Library)

Dreifuß. Detail einer Orakelszene des Kodros-Malers als Innenbild einer Trinkschale, um 435 v. Chr.: Im Apollontempel von Delphi sitzt die Pythia auf einem Dreifuß über einer Felsspalte, aus der Dämpfe strömen. (Berlin, Antikensammlung)

Dreigesicht. Predella („Altarstaffel") von Fra Filippo Lippi mit dem hl. Augustinus, dem eine Vision der Dreifaltigkeit als Dreigesicht zuteil wird. Die gleichfalls trinitarischen drei →Strahlen sind ein Attribut des hl. Kirchenvaters. (Um 1440; Florenz, Uffizien). Das zugehörige Altarbild der Madonna befindet sich im Pariser Musée du Louvre.

Dreizack. Der um 540 v. Chr. in Paestum geprägte Silberstater zeigt den griech. Meeresgott Poseidon mit dem Dreizack als Attribut.

E

Eber, Keiler, das erwachsene männliche →Schwein mit spitzen, langen Eckzähnen, den Hauern, allgemein Symbol für ungestüme Kampfeslust und Wildheit und somit meist Gottheiten des Krieges verbunden. In der griech. Mythologie fällt Aphrodites Geliebter Adonis, der seinem Vergnügen an der Jagd frönt, einem E. zum Opfer. In der christlichen Ikonographie ist der E. Symbol des Teufels, aber auch Attribut des hl. Kolumban, der als Einsiedler einem E. Schutz vor Jägern bot.

Quellentexte: „Der E. aus dem Wald wühlt ihn [den →Weinberg des Herrn] um, die Tiere des Feldes fressen ihn ab" (Psalm 80,14).

„Das rote Maul voll weiß umschäumter →Zähne / sieht aus wie ein Gemisch von →Milch und →Blut, / Und nochmals zuckt ihr Schreck an jede Sehne, / Sie flieht entsetzt, sie weiß nicht, was sie tut, / Bald will sie fort, bald ihm entgegenrennen / Und diesen E. einen Mörder nennen." (William Shakespeare, Versepos „Venus und Adonis", 1593)

Eckstein, im Bauwesen der eine Mauer begrenzende →Stein, im übertragenen Sinn wie der Eckpfeiler die Hauptstütze einer Lehre. Dies gilt z. B. für den E. als Symbol Christi. So rechtfertigen sich Johannes und Paulus, nachdem sie im Namen Jesu im Tempel einen Gelähmten geheilt haben, vor den Schriftgelehrten und Hohepriestern: „Er [Jesus] ist der Stein, der von euch Bauleuten verworfen wurde, der aber zum E. geworden ist" (Apostelgeschichte 4,11). Sie zitieren damit Matthäus 21,42, wobei sich Jesus auf Psalm 118 bezieht. Als Bildzeichen dient im 50. Kapitel des „Heilsspiegels" ein →Rhombus; er entspricht der Farbe Karo im frz. Kartenspiel.

Quellentexte: „Der Stein, den die Bauleute verwarfen, er ist zum E. geworden. Das hat der Herr vollbracht, vor unseren Augen geschah dieses Wunder" (Psalm 118,22–23).

„Darum – so spricht Gott, der Herr: Seht her, ich lege einen Grundstein in Zion, einen harten und kostbaren E., ein Fundament, das sicher und fest ist: Wer glaubt, der braucht nicht zu fliehen" (Jesaja 28,16).

Edelsteine, durch Seltenheit, Farben, Glanz und Härte (daher polier- und schleifbar) ausgezeichnete Minerale. Sie dienen seit jeher als Schmucksteine bzw. Juwelen mit vielfältigen Bedeutungen. Gemeinsam ist die Symbolik eines himml. →Lichts auf Erden. In diesem Sinne waren und sind →Kronen und andere Insignien mit E.n besetzt. Auch →Kreuze und Prachteinbände wurden im Mittelalter mit E.n geschmückt. Zu den Priestergewändern im Alten Testament gehört eine textile „Lostasche" bzw. ein Brustschild, auf denen zwölf E. die Stämme Israels symbolisieren. Genannt werden: Achat, →Amethyst, der „Goldstein" Chrysolith, Hyazinth, →Jaspis, Karfunkel, Karneol, Onyx, →Rubin, Saphir, →Smaragd und Topas (Exodus 28,17). Die zwölf Grundsteine der Stadtmauer des neuen →Jerusalem sind acht dieser E.; hinzukommen Beryll, Chalzedon, Sardion und Sardonyx (Offenbarung 21,19). Zwölf E. symbolisieren auch die Sternbilder des →Tierkreises. Gleiches gilt für die Planeten; Personen, die mit den Himmelskörpern verbunden sind, tragen Schmuckstücke aus den zugehörigen E.n. Siehe auch Abb. S. 192.

Quellentext: „Die E. entstehen aus →Feuer und →Wasser. Deshalb enthalten sie Hitze, Feuchtigkeit und viele Kräfte. Sie taugen zu vielerlei Gutem, Anständigem und Nützlichem." (Hildegard von Bingen in ihrem Naturkundebuch *Liber subtilitatum,* um 1150)

Efeu, als immergrüne, rankende Pflanze *(hedera helix)* ein ambivalentes Symbol sowohl der Treue, Ewigkeit und Unsterblichkeit als auch der Undankbarkeit. In der antiken Mythologie wird dem E. die Wohltat einer Kühlung der Hitze zugesprochen, die vom →Wein erzeugt wird. Daher ist der →Thyrsos des Dionysos (röm. Bacchus) mit Weinlaub und E. umwunden, und bei Trinkgelagen wurden →Kränze aus E. getragen. Sein Emblem mit dem von E. umrankten →Baum versieht Guillaume de La Perrière 1539 mit den (frz.) Versen: „Der Baum schützt den jungen E., ernährt und stützt ihn ständig. Der großgewordene E. aber erdrückt den Baum und umschlingt ihn so fest, dass er nach kurzer Zeit dürr und tot ist. So handelt auch immer der undankbare Mensch an demjenigen, der ihm Gutes tat. Undank kennt keine Überlegung. Der junge →Löwe tötet am Ende denjenigen, der ihn ernährt und ihm Obdach gewährt."

Eherne Schlange, ältere Bezeichnung der Kupferschlange an einer Fahnenstange, die Mose auf Gottes Geheiß aufrichtet, nachdem dieser den Aufruhr der aus Ägypten befreiten Israeliten durch Giftschlangen bestraft hat (Numeri 21,8). Da die Kupferschlange inzwischen als heidnisches Fruchtbarkeitssymbol verehrt wurde, ließ der gottesfürchtige König Hiskij sie zerstören (2. Buch der Könige 18,4). Die typolog. Deutung der →Schlange an einem T-förmigen →Kreuz als Symbol der Kreuzigung Jesu als „Erhöhung des Menschensohns" beruht auf Johannes 3,14.

Quellentext: „Wenn nun jemand von einer Schlange gebissen wurde und zu der Kupferschlange aufblickte, blieb er am Leben" (Numeri 21,9b).

Eber. Statuette aus Bronze (Länge 7,8 cm, Höhe 4,5 cm) der keltischen La Tène-Kultur, 2./1. Jh. v. Chr., Fundort bei Lindau am Bodensee. Merkmale des Tiers sind das kraftvolle Vorderteil mit langem Rüssel, Hauern und aufrechten Ohren, der Kamm auf dem Rücken repräsentiert die Behaarung mit Borsten. (München, Museum für Vor- und Frühgeschichte)

Eckstein. Miniatur in einer Handschrift des *Speculum humanae salvationis* („Heilsspiegel"), um 1360. (Darmstadt, Hessische Landes- und Hochschulbibliothek, Hs 2505)

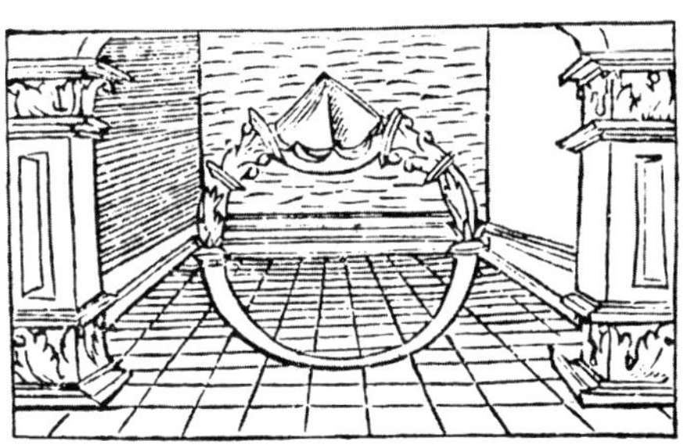

Edelsteine. Emblem von Gilles Corrozet, 1542. Der →Ring mit einem Edelstein besagt: „Wie der kostbare Stein fest in den goldenen Ring gefügt ist, so muss anmutige Schönheit mit Güte verbunden sein."

Eherne Schlange. Fresko von Michelangelo an der Decke der Sixtinischen Kapelle im Vatikan auf einem der Eckfelder, um 1510.

Efeu. Emblem von Guillaume de La Perrière, 1539: Efeu, das einen Baum umschlingt und schließlich erdrückt, symbolisiert Undankbarkeit.

Ei, in mehreren Ursprungsmythen als Urei mit einer Schale im →Weiß der Unschuld und mit dem →Gold als Dotter der Keim alles Lebens. Dies verdeutlicht die von Zeus in Gestalt eines Schwans geschwängerte Leda; aus ihren Eiern entschlüpften die als Dioskuren („Söhne des Gottes") bezeichneten Heroen Kastor und Pollux. Auch der „Stein der Weisen" im Zentrum der Alchemie, die sich die Herstellung von Gold zum Ziel setzte, wurde zunächst durch ein E. symbolisiert. In antiken Frühlingsfeiern symbolisierte das E. Fruchtbarkeit. Daraus entwickelte sich die christliche Symbolik der Auferstehung Christi, der wie ein Küken dem Ei, d. h. seinem Grab, entschlüpft ist. Daran erinnert das Osterei. Als wertvolle Speise ist das E., dessen Form den (als „Eier" bezeichneten) Hoden entspricht, mit der Erwartung einer gesteigerten männlichen Potenz verbunden.

Eiche, ein bei den Griechen dem Zeus, bei den Römern dem Jupiter geweihter →Baum. Dazu trug die Eigenschaft der mächtigen E. bei, Blitze anzuziehen (vgl. den auf Gewitter gemünzten Merkvers „Buchen sollst du suchen, vor E.n sollst du weichen"). Umso schmachvoller ist Abschaloms Tod an einer E. Das harte Holz stand für Beharrlichkeit, Kraft, Männlichkeit und schließlich mit nationaler Konnotation für Heldentum und Volkstum. Aus dem röm. Kranz aus Eichenlaub entwickelte sich der gleichartige Siegeskranz. Die Eicheln, eine Farbe im dt. Kartenspiel, dienten im Herbst der Schweinemast im Eichenwald. Dies schildert häufig das Monatsbild November. Siehe auch Abb. S. 124.

Quellentext: „Als das Maultier unter den Ästen einer großen E. hindurchlief, blieb Abschalom mit dem Kopf fest an der E. hängen, sodass er zwischen Himmel und Erde schwebte und das Maultier unter ihm weglief" (2. Buch Samuel 18,9b).

Eichhörnchen, Eichkätzchen, in zahlreichen Arten weltweit (außer Australien) verbreitetes Nagetier. In seinem dt. Namen, der irrtümlich mit der →Eiche in Verbindung gebracht wird, steckt die Wurzel *aig* in der Bedeutung „sich heftig bewegen". In diesem Sinne hat das E. in der german. Mythologie die Angewohnheit, dem →Adler an der Spitze der Weltenesche →Yggdrasil und dem Lindwurm an ihrer Wurzel die jeweils üble Nachrede zu überbringen. Das auf- und abhuschende E. symbolisierte somit Zwietracht. Aus der Verbindung des rötlich behaarten Tieres mit dem Feuergott Loki entwickelte sich die Deutung als Symbol des Teufels. Dagegen fußt die Symbolik der Selbsthilfe auf dem buschigen Schwanz, der beim Springen von Ast zu Ast hilfreich ist.

Eidechse, ein flinker, wendiger und langschwänziger Läufer aus der Familie der Echsen. Mitunter wurde ihr gehäuftes Auftreten mit dem Beginn von Hitze- und Dürreperioden in Zusammenhang gebracht. Selbst hier ist noch die Lichtsymbolik der E. wirksam, die in der Antike vorherrschte: Der *Apollon sauroktonos* („Apollo als Eidechsentöter") erfüllt den Wunsch der E., durch den Lichtgott zum →Licht im Jenseits zu gelangen (Statue von Praxiteles, überliefert als röm. Kopie in den Vatikan. Museen). In dieser Tradition steht der frühchristliche „Physiologus", dem zufolge die erblindete E. in einer nach Osten gerichteten Mauerritze durch das Licht der aufgehenden →Sonne wieder sehend wird (vgl. →Blindheit). Auf die jährliche Häutung und die Regeneration des Schwanzes bezieht sich die Symbolik der Wiedergeburt.

Quellentext: „In dieser Weise [wie die E.] suche auch du, o Mensch, wenn die →Augen deines →Herzens trübe werden, die aufgehende Sonne der Gerechtigkeit, unseren Herrn Jesus Christus, und er wird die Augen deines Herzens öffnen" („Physiologus").

Einhorn (lat. *unicorus),* ein Fabelwesen mit ambivalenter Symbolik. Sie reicht vom Inbegriff der Wildheit über ein Symbol Mariä bis zum Apothekerzeichen. Den Ausgangspunkt bildete um 400 v. Chr. die *Indika* („Ind. Geschichte") des zeitweise in pers. Kriegsgefangenschaft lebenden griech. Historikers Ktesias von Knidos. Seine Beschreibung eines Vierbeiners mit einem →Horn auf der Stirn (gemeint war wohl das ind. Nashorn), das nur von Jungfrauen gefangen werden könne, wurde von Autoritäten wie dem „Physiologus" und Isidor von Sevilla erweitert, und das E. fand Eingang in die „Bestiarien" des Mittelalters mit ikonograph. Wirkungen bis in die frühe Neuzeit. Dies gilt v. a. für die Jagd auf das wilde E., das aber im Schoß einer Jungfrau zur Ruhe kommt und somit die Reinheit der Gottesmutter symbolisiert, schließlich ihren Sohn und Retter *(salvator)* Christus. Hieraus entwikkelten sich Allegorien der Keuschheit. Von der wundertätigen Heilkraft des Horns, unter dem ein Karneol wächst, spricht bereits Plinius d. Ä. in der *Naturalis historia* (um 50 n. Chr.). Ersatzweise diente z. B. ein Stoßzahn des Narwals. Siehe auch Abb. S. 82 und 83.

Quellentext: „Die, so an der leiblichen Lust der Welt hängen und ihre Seelen lassen Hungers sterben, sind gleich jenem Manne, der mit Eile vor einem E. floh, dass er nicht werde von ihm verschlungen, und in einen tiefen Abgrund fiel". (Legende des „Sanct Barlaam und Josaphat" in der *Legenda aurea* des Jacobus de Voragine, um 1270)

Eins siehe →Zahlensymbolik

Ei. Oberes Drittel des Gemäldes „Federigo da Montefeltro verehrt die Madonna mit Heiligen" von Piero della Francesca, um 1475. Über Maria und dem Jesuskind hängt an einem Faden ein Ei als Symbol der Auferstehung. (Mailand, Brera)

Eiche. Monatsbild November im Kalendarium des „Bedford-Stundenbuchs" zeigt rechts das Tierkreiszeichen →Schütze. Links verzehren →Schweine die Eicheln, die ein →Hirte von den Eichen schlägt, 1423. (London, British Library, Ms. Add. 18850, fol. 11 recto)

Eichhörnchen. Emblem von Gilles Corrozet, 1542. Indem das Tier auf einem Stück Holz einen Fluss überquert und dabei den Schwanz als Segel benutzt, symbolisiert es die Selbsthilfe mit allen Mitteln.

Eidechse. Naturabguss in Bronze von zwei Eidechsen aus der Werkstatt des Antonio Riccio in Padua, Anfang des 16. Jh. Derartige „Realien" bildeten begehrte Sammlerstücke. (München, Bayerisches Nationalmuseum)

Einhorn. Ein am ganzen Körper behaarter →Wilder Mann reitet auf einem Einhorn. Spielkarte „Vogel-Unter" (Bube) der unten rechts angezeigten Farbe Vogel, Kupferstich des „Meister ES", um 1465.

Eis, das Symbol der leblosen Erstarrung, die allerdings nicht ewig sein muss. In diesem Sinne kennt der nördliche Mythos von der Entstehung der Welt eine aus schmelzendem E. hervorgegangene Urkuh, die ein männliches Wesen aus dem E. herausleckt. Jene auf vielfältige Weise in sprichwörtlichen Redewendungen zum Ausdruck gebrachte „Eiseskälte" bestimmter Verhaltensweisen und Beziehungen, sei es zwischen Menschen oder Staaten, kennzeichnet in Dantes Versepos *La divina commedia* die ewige Verdammnis: Im Zentrum des 9. Kreises der Hölle *(Inferno)* steckt Luzifer im Eismeer. Siehe auch Abb. S. 182.

Quellentext: „Schon war ich – und mit Furcht setz ich's ins Maß – / Dort, wo die Schatten ganz vom E. umwoben; / Sie schienen durch, wie Splitter tun im Glas." (Dante im *Inferno* der *Divina Commedia,* XXXIV, 10–12)

Eisen (lat. *ferrum,* Erz), ein Schwermetall, das im Gemenge der Erdkruste vorkommt und durch Erzschmelze als Werkstoff gewonnen wird. Dieses Verfahren entwickelten die Hethiter wohl um 1200 v. Chr. in Ostanatolien. Sie leiteten damit die kulturgeschichtliche Epoche der als Fortschritt bewerteten Eisenzeit ein. Sie folgt im Dreiperiodensystem zur Gliederung der Prähistorie der Stein- und Bronzezeit und erreichte im Zeichen eines Ost-West-Gefälles nach Jahrhunderten auch das westliche Europa. Dagegen symbolisiert der Mythos der drei bzw. vier Zeitalter das eiserne Zeitalter, das dem goldenen, silbernen und ehernen Zeitalter folgt, einen Niedergang. Es wird vom griech. Kriegsgott Ares (röm. Mars) regiert. Vergleichbar ist im Buch Daniel das Standbild, das Nebukadnezzar im Traum erscheint, als Symbol der vier Weltreiche; hier werden „E. und Bronze und Ton,→Silber und →Gold" gleichermaßen zunichte. Die Ambivalenz herrscht auch in der Symbolik dieses Metalls zur Herstellung von Waffen, Geräten und Schmuck. Einerseits wehrt E. die Dämonen ab, und noch im 7. Jh. verbot die Kirche den Aberglauben an den Schutz durch Armreifen aus E. Letztlich steht aber auch das 1813 gestiftete Eiserne Kreuz in der Tradition des Abwehrzaubers: Der preuß. Orden sollte den Befreiungskampf gegen Napoleon unterstützen. Andererseits stand das E. im Ruf unheilvoller Wirkung: Heilkräuter durften nicht mit eisernem Grabwerkzeug in Berührung kommen. Eisen steht für 60, 65 oder 70 Ehejahre. Siehe auch Abb. S. 187.

Quellentext: „Du, König, hattest eine Vision: Du sahst ein gewaltiges Standbild. Es war groß und von außergewöhnlichem Glanz; es stand vor dir und war furchtbar anzusehen. An diesem Standbild war das Haupt aus reinem Gold; Brust und Arme waren aus Silber, der Körper und die Hüften aus Bronze. Die Beine waren aus Eisen, die Füße aber zum Teil aus Eisen, zum Teil aus Ton" (Buch Daniel 2,32–33).

Eisvogel, nach mittelalterlicher Tierkunde ein Vogel, der jährlich sein Federkleid erneuert und somit die Auferstehung symbolisiert. Der paarweise Flug führt in China zur Verehrung als Symbol des Eheglücks.

Quellentext: „Diesem wundersamen Meeresvogel begegnet die Natur mit Wohlwollen. Denn sobald die →Eier am Strand abgelegt sind, ist das Meer plötzlich still. […] E.-Tage, in denen sie vor stürmischem Wetter sicher sind." (Tierbuch des Petrus Candidus, 1460)

Ekklesia, im ursprünglichen griech. Text des Neuen Testaments die (lokale) Gemeinde bzw. die Kirche als Gemeinschaft der Gläubigen. Im Mittelalter die Personifikation des Christentums als Gegenbild der →Synagoge als Personifikation des Judentums.

Elefant, in Fernost wie in Afrika und auch im antiken Europa als Reittier der Götter und Herrscher sowie als Kriegselefant ein Symbol für Intelligenz, Kraft und Mut. Zum Pantheon des Hinduismus gehört der elefantenköpfige, für Süßigkeiten empfängliche und beleibte Ganesha, Sohn des Shiva und der Parvati. Ganesha verkörpert Weisheit und wird vor Unternehmen aller Art angerufen, sei es der Bau eines Hauses oder das Schreiben eines Briefes. Auch im Buddhismus spielt der weiße E. eine Rolle. Ein Beispiel ist eine von vier E.en bekrönte →Säule des Kaisers Aschoka aus dem 3. Jh. v. Chr. Die christliche Auffassung im Mittelalter gründete sich auf die Tierkunde des Aristoteles, der dem männlichen E. Keuschheit nachsagt, da er während der zweijährigen Tragzeit der E.in enthaltsam ist und somit die Tugend der Mäßigung symbolisiert. Der „Physiologus" deutet die Elefantengeburt im →Wasser als Symbol der Taufe. Die Tradition des E.en als Wappentier, Brunnenfigur und Denkmal (auch als Träger eines →Obelisken) reicht bis zu Napoleons Plan (1803), in Paris auf der Place de la Bastille ein derartiges Monument zu errichten. Zustande kam ein 24 m hohes Modell aus Gips, das schließlich von →Ratten bewohnt wurde und über dessen Schicksal Heinrich Heine unter dem Datum 29.7.1842 in „Lutetia" berichtete. Siehe auch Abb. S. 153.

Quellentext: „Und wenn die Tage erfüllt sind, dass sie gebäre, wie macht sie das? Sie geht in einen See und misst das Wasser so ab, dass es bis zum Euter reicht, und so wirft sie. Denn würfe sie auf dem Lande, dann könnte sie nicht mehr aufstehen, weil sie keine Kniegelenke hat" (Physiologus).

Elemente siehe Farbteil 2: Die Elemente

Eisen. Die Schmiede des Hephaistos (röm. Vulcanus). Hier entsteht in Anwesenheit Athenas der →Schild des Achilles. (Rom, Museo Nuovo nel Palazzo dei Conservatori)

Eisvogel. Zum Randschmuck der ersten Seite des Buches Genesis gehört in der „Wenzelsbibel“ ein Liebesknoten mit einem Eisvogel als Bilddevise des Königs Wenzel, in dessen Auftrag um 1390–1400 die (unvollendete) Prachthandschrift in Prag entstanden ist. (Wien, Österreichische Nationalbibliothek, Cod. 2759, fol. 2 verso)

Ekklesia. Personifikation der Kirche mit den Attributen →Kelch, →Kreuz und →Krone, um 1230. Kopie am südlichen Doppelportal des Straßburger Münsters, das Original befindet sich im benachbarten Frauenhaus-Museum.

Elefant. Der hinduistische Liebesgott Kama, der zur Frivolität neigt, reitet auf einem Elefanten. Dieser ist vom Rüssel bis zu den Hinterbeinen zahlensymbolisch aus neun Göttinnen gebildet. (London, Victoria and Albert Museum)

Elfenbein, mit *bein* („Knochen") gebildete Bezeichnung für das Zahnbein der Stoßzähne von →Elefanten, auch der Eck- und Schneidezähne von Flusspferden, Narwalen und Walrossen. Seit der Jungsteinzeit, in der das E. noch vom Mammut stammt, wurde der Werkstoff vor allem geschnitzt und gewann in der Antike und im Mittelalter höchste Wertschätzung. Das matt glänzende Material symbolisierte Reinheit und Keuschheit, somit auch Maria, etwa als Elfenbeinturm (lat. *turris eburna).* Dieses marianische Symbol verkehrte sich in sein negatives Gegenteil: Seine Bewohner, seien es Gelehrte oder Literaten, haben die Verbindung zur Wirklichkeit eingebüßt.

Quellentext: Sulamits „Hals ist ein →Turm aus E." (Hohelied 7,5a).

Elster, ein schwarzweiß gefiederter Rabenvogel mit langem Schnabel und Schwanz, redensartlich weitgehend abgewertet: als geschwätzige Diebin, die glänzende Gegenstände, Hühnereier und sogar Küken an sich bringt. Anfang der 1960er agitierte in der DDR ein Sonderkommando mit der „Aktion E." in den Betrieben gegen Material- und Maschinenklau. In Fernost besteht dagegen die Tradition der Freudenelster, die willkommene Gäste ankündigt.

Quellentext: „Geißeln wollten sie sich; da schwebten sie an den bewegten / Armen empor in die Luft als Elstern, des Hains Schreihälse. / Noch ist den Vögeln die Lust zum Sprechen von alters, / Heisre Geschwätzigkeit und die Sucht zu stetem Geplauder." (Verwandlung der neun im Wettstreit mit den Musen unterlegenen Schwestern in Ovids „Metamorphosen" V, 676–690)

Engel (griech. *angelos* „Bote"), im Alten und Neuen Testament sowie im Koran die Vermittler zwischen Gott und Menschen, zwischen Himmel und ird. Welt. Im (außerbibl.) Mythos vom Sturz des Gefolges des anmaßenden „Lichtträgers" Luzifer symbolisieren die Heerscharen Gottes das von der Finsternis getrennte transzendente →Licht, und Licht bildet die Körper der E. (Astralleib). In ihrer Darstellung überwiegen das lange Gewand in →Weiß und →Flügel. Doch Unterschiede beruhen auf den bereits frühchristlichen Angelologien (Engellehren). So reicht die Hierarchie der himml. Wesen beim Pseudo-Dionysius Areopagita (5. Jh.) von den →Serafim, →Kerubim und →Thronen bis zu den Fürstentümern, Erzengeln (Gabriel, Michael, Rafael) und den E.n; als ein persönlicher E. gilt der eigene Schutzengel, insbesondere der Kinder. Siehe auch Abb. S. 18, 20, 22, 53, 88, 152, 212–214, 220, 250–252.

Ente, der in Ägypten bereits um 1500 v. Chr. domestizierte Wasservogel hat im Altertum allenfalls Anzeichen einer sinnbildlichen Beziehung zur Erotik, etwa als Attribut des Amor. Dagegen galt und gilt in Fernost der paarweise lebende Vogel (wie der →Eisvogel) als Symbol des Eheglücks. So sind in China Entenfigürchen aus Porzellan ein Hochzeitsgeschenk. Ein ebenfalls bereits antikes Motiv, das in der barocken Emblematik aufgegriffen wurde, ist die Sicherheit im →Wasser vor den Feinden am Ufer: „Gewiss wie dieser nach einer E. schnappende Hund, so bildet sich auch ein / Zu haben, der verliebt, was nie doch sein mag sein" (Jacob Cats, 1627). Siehe auch Abb. S. 116.

Erdbeere, in der christlichen Ikonographie des Mittelalters aufgrund des niederen Wuchses und ihrer noch kleinen, nur in der Wildform bekannten Früchte ein Symbol der Bescheidenheit und Demut, doch symbolisierten das dreiteilige →Blatt die Dreifaltigkeit und die fünf Blütenblätter die fünf Wunden des Gekreuzigten. Somit deuten E.n auf Weihnachtsbildern auf die Passion Jesu voraus. Die E. ist wegen ihrer Eigenschaft, gleichzeitig zu blühen und zu fruchten, auch ein Symbol der Jungfräulichkeit Mariens. Große E.n gehören zu den Früchten auf dem vieldeutigen „Garten der Lüste" (Triptychon von Hieronymus Bosch, um 1510; Madrid, Museo Prado).

Erde, in der Kosmologie die vom →Himmel überwölbte Grundlage alles Lebens, in der Lehre von den vier Elementen das gegensätzliche Pendant der →Luft. Mythen von der Entstehung der Welt verbinden die E. mit Erdgöttinnen wie der griech. Gaia und der röm. Tellus, die als Gottheiten der Mütterlichkeit nicht allein die E. als solche symbolisieren, sondern auch und v. a. den fruchtbaren „Schoß der E.". Zu den Ausnahmen gehört der Zeugungsakt zwischen dem männlichen Erdgott Geb und der Himmelsgöttin Nut in der ägypt. Mythologie. Zu den Gemeinsamkeiten der Mythen von der Erschaffung des Menschen gehört dessen Erdhaftigkeit. Sie ist komplementär verbunden mit der Vergänglichkeit als Symbolik der E., in die ein →Leichnam gesenkt wird. Siehe auch Abb. S. 62–64.

Quellentext: „Da formte Gott, der Herr, den Menschen aus E. vom Ackerboden und blies in seine →Nase den Lebensatem. So wurde der Mensch zu einem lebendigen Wesen" (Genesis 2,7).

Erdkugel, ursprünglich die formsymbol. als →Kugel dargestellte Welt (z. B. als Reichsapfel), seit der neuzeitlichen Erkundung der Kugelgestalt der zuvor als Scheibe vorgestellten Erde ein Symbol der ird. Existenz des Menschen. Siehe auch Abb. S. 190.

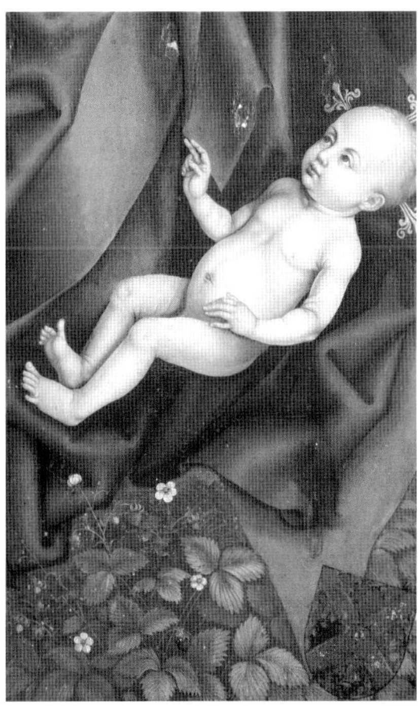

Elster. „Ein Schuhmacher mit zahmer Elster". Illustration in einer erneuten Ausgabe der Werke des frz. Naturforschers G. L. L. de Buffon, 1880.

Ente. Das römische Mosaik eines Entenpaars in fischreichem Gewässer mit→Muschel entstand um 50 v. Chr. und stammt vom Fußboden im „Haus des Fauns" in Pompeji. (Neapel, Museo Archeologico Nazionale)

Engel. Gestalt des Engelpfeilers im Straßburger Münster, um 1235: Christus „wird seine Engel unter lautem Posaunenschall aussenden, und sie werden die von ihm Auserwählten aus allen vier Windrichtungen zusammenführen" (Matthäus 24,31).

Erdbeere. Auf dem linken Flügel des „Orlier-Altars" (um 1472) verband Martin Schongauer das von Maria angebetete Jesuskind mit den Blättern, Blüten und Früchten der Erdbeere. (Colmar, Unterlindenmuseum)

Elfenbein. Dem Meister Tuotilo zugeschriebenes Relief eines Buchdeckels, um 900. In einer →Mandorla thront Christus mit →Kreuznimbus sowie Alpha und Omega (→A und O) zu beiden Seiten seines Hauptes. Die vier Evangelistensymbole →Adler und →Engel, →Löwe und →Stier umgeben die Mandorla. (Sankt Gallen, Stiftsbibliothek, Cod. 23)

Ernte, ein ambivalentes Symbol der Vollendung einerseits der lebensnotwendigen Fruchtbarkeit der →Erde im Jahreszyklus, andererseits des Lebens, indem der „Schnitter Tod“ seine E. einholt. Schließlich schlägt die apokalypt. „Stunde der E.“.

Quellentexte: „Solange die Erde besteht, sollen nicht aufhören Aussaat und E., Kälte und Hitze, Sommer und Winter, Tag und Nacht“ (Genesis 8,22).

„Und der, der auf der Wolke saß, schleuderte seine →Sichel über die Erde, und die Erde wurde abgeerntet“ (Offenbarung 14,16).

Esel, ursprünglich ein Reittier, das im 6. Jh. v. Chr. im Vorderen Orient und im Mittelmeerraum durch das →Pferd verdrängt und meist als Lasttier verwendet wurde. Vor diesem Hintergrund entwickelte sich ein denkbar breites Spektrum an Symbolik, wobei der „dumme, störrische“ E. nur einen Teilaspekt bildet. Frühgeschichtlich bestehen Zusammenhänge mit Dämonen, und seine „Verteufelung“ reicht bis zu den konfessionellen Auseinandersetzungen im 16. Jh., indem eine barbusige E.in das Papsttum personifiziert. Eine alttestamentliche Erzählung handelt vom E. des Sehers Bileam, dessen Reittier den →Engel Gottes erkennt, bevor seinem Herrn die →Augen geöffnet werden (Numeri 22, 22–38). Das Motiv des Reitens auf einem E. reicht vom griech. Dionysos-Mythos bis zum Einzug Jesu in Jerusalem (Matthäus 21,1–9 und die entsprechenden Berichte der drei weiteren Evangelisten), u. a. eine Quelle der volkstümlichen →Palmesel in Prozessionen am Palmsonntag. Zugrunde liegt ein alttestamentliches Prophetenwort: „Sagt der Tochter Zion: Siehe, dein König kommt zu dir. Er ist friedfertig, und er reitet auf einer E.in und auf einem Fohlen, dem Jungen eines Lasttiers“ (zitiert bei Matthäus 21,5 und verkürzt bei Johannes 12,15). Auf außerbibl. Quellen der christlichen Ikonographie beruht der E. als Reittier der schwangeren Maria auf dem Weg von Nazareth zur Volkszählung in Bethlehem und später bei der Flucht nach Ägypten. Hier symbolisiert der E. Armut und Demut. Der E. an der Krippe Jesu im Stall von Bethlehem kommt zwar nicht in der Weihnachtsgeschichte des Lukas vor, doch stammt er aus einer Weissagung des Jesaja, deren frühchristliche Deutung den E. als Symbol des Judentums auffasst, während der →Ochse die Heiden symbolisiert. Der E. als Attribut des hl. Antonius von Padua beruht auf einer Legende von dessen „Eselwunder“: Das ausgehungerte Tier verschmähte das ihm angebotene Futter und sank stattdessen vor dem →Kruzifix in der Hand des Antonius nieder; ein Ungläubiger wurde daraufhin bekehrt.

Quellentexte: „Der →Ochse kennt seinen Besitz und der E. die Krippe des Herrn; Israel aber hat keine Erkenntnis, mein Volk hat keine Einsicht“ (Jesaja 1,3).

„Mein Oberon, was für ein Gesicht' ich sah! / Mir schien, ein E. hielt mein →Herz gefangen.“ Titania in William Shakespeares „Sommernachtstraum“, IV, 1; vor 1598)

Etimasia (griech. „Bereitung“), in der frühchristlichen Ikonographie ein Symbol der bevorstehenden Wiederkehr Christi als Weltenrichter. Ihm ist ein →Thron bereitet. Insofern ging die E. den figürlichen Darstellungen des Jüngsten Gerichts voraus. Wie bei diesen gehören zum Bildprogramm der E. die →Arma Christi sowie das →Buch des Lebens. Die →Taube des Heiligen Geistes erweitert die E. zum Symbol der Dreifaltigkeit.

Eule, Käuzchen, ein Nachtvogel mit überwiegend negativer Symbolik. Sie reicht vom Todesvogel bis zur Ankündigung von Unheil. Auch symbolisiert die E. die Dunkelheit des Nichtwissens. Als Tier, welches das →Licht der Sonne nicht erträgt, steht sie im diametralen Gegensatz zum →Adler. Anders verhält es sich mit der redensartlich noch gegenwärtigen, antiken Symbolik: Wer „E.n nach Athen trägt“, tut etwas Überflüssiges, denn hier ist das Symboltier der Weisheit und Attribut der Göttin Athene (röm. Minerva) längst heimisch. Zugrunde liegt die Fähigkeit der E., das nächtliche und somit geistige Dunkel zu durchdringen. Beide Aspekte ließen sich auf Christus beziehen: auf seinen Tod und sein Licht der religiösen Erleuchtung.

Quellentexte: „Ich bin wie eine Dohle in der →Wüste, wie eine E. in öden Ruinen“ (Psalm 102,7).

„Wer hat die E. nach Athen gebracht?“ (Aristophanes in seiner Komödie „Die Vögel“, 414 v. Chr.)

Eva, im zweiten (älteren) bibl. Mythos von der Erschaffung des Menschen im →Garten Eden die erste Frau, entstanden aus der Rippe des aus →Erde geformten, in Schlaf versenkten →Adam (Trennung der Geschlechter). Somit symbolisiert E. in der jüd.-christlichen Tradition auch in deren Profanierung das Weibliche. Zu den im Mythos vom Sündenfall der beiden ersten Menschen im ird. Paradies wurzelnden Attributen der E. gehört die →Schlange. Siehe auch Abb. S. 18, 113, 119, 127.

Quellentexte: „Adam nannte seine Frau E. (Leben), denn sie wurde die Mutter alles Lebendigen“ (Genesis 3,20).

„Ich fürchte aber, wie die Schlange einst durch ihre Falschheit E. täuschte, könntet auch ihr in euren Gedanken von der aufrichtigen und reinen Hingabe an Christus abkommen“ (Paulus im 1. Brief an die Korinther 11,3).

Erdkugel. Emblem von Gabriel Rollenhagen, 1611. Das Motto *Humana fumus* („Die menschlichen Dinge sind Rauch") erläutert das Epigramm: „Staub und Schatten sind wir, Staub ist nichts anderes als Rauch; / Rauch aber ist nichts, also sind wir ein Nichts."

Ernte. Der Erntemonat Juli in einer Handschrift des „Martyrologiums des Wandalbert von Prüm", um 875. Die Hauptfigur des Schnitters ergänzen rechts unten das Tierkreiszeichen →Krebs, auf dem „Dach" zwei →Füchse und zwei →Pfauen. (Biblioteca Apostolica Vaticana, Reg. lat. 438, fol. 15 verso)

Esel. Dämonen mit Eselsköpfen, Detail eines Freskos aus dem „Tsoutas-Haus" in Mykene, um 1300 v. Chr. (Athen, Nationalmuseum)

Etimasia. Ausschnitt aus der Mitteltafel des Goldaltars Pala d'Oro von San Marco in Venedig, 11. Jh. Gemeinsam symbolisieren →Thron, →Kreuz, →Buch und die →Taube des Hl. Geistes die Dreifaltigkeit.

Eva. Fragment eines Reliefs vom Meister Gislebertus an einem Türsturz der Kathedrale von Autun, um 1100: Die ähnlich wie eine →Schlange sich windende Frau greift rücklings zum verbotenen →Apfel. (Autun, Museum)

Eule. Vorder- und Rückseite einer griech. Münze mit dem Haupt der Athene (röm. Minerva) und dem Symboltier der Weisheit, das der Göttin heilig ist.

F

Fächer (mhd. *focher* „Gerät zum Windmachen"), ursprünglich als Wedel aus Palmblättern, Pfauen- oder Straußenfedern ein Symbol der Herrscherwürde, schließlich als Faltfächer aus Seide, Pergament oder Papier ein luxuriöses, spielerisch gehandhabtes Accessoire der Dame. Im Hinduismus symbolisiert der F., indem er das Opferfeuer anfacht, das rituelle Opfer; beim Tempeltanz unterstützt er die Symbolsprache der Gesten.

Quellentext: „Seht, wie ich einen F. halte, mit dem ich einen Gedanken wegfächle, der mir gekommen ist." (Subscriptio eines Emblems von Gilles Corrozet, 1543)

Fackel, eine Leuchte im Dunkel, die einen geheimnisvollen Lichtschein hervorbringt. Das Attribut der →Caritas trug wohl dazu bei, dass F.n in Mysterienkulten als Symbol des erwachenden Lebens verwendet wurden. Ihre Deutung als Symbol des Neubeginns reicht heute bis zum Stafettenlauf, um das in Olympia entzündete Feuer zum Ort der olymp. Wettkämpfe zu bringen. Eine gesenkte F. symbolisiert, etwa auf Grabstelen, den Tod, und als Attribut frühchristlicher Märtyrer sind F.n eines der Instrumente ihres Martyriums. Dagegen ist die F. im Maul eines →Hundes im Traum der schwangeren Mutter des hl. Dominikus ein Symbol der Erleuchtung, die ihr Sohn in die Welt bringen wird. Der Appell, „nicht lange zu fackeln", hat nichts mit der F. zu tun, sondern bezieht sich auf „fackeln = wackeln, unschlüssig sein".

Quellentexte: „Um Zions willen kann ich nicht schweigen, um →Jerusalems willen nicht still sein, bis das Recht in ihm aufstrahlt wie ein helles →Licht und sein Heil aufleuchtet wie eine brennende F." (Jesaja 6,1).

„Von dem →Thron gingen →Blitze, Stimmen und →Donner aus. Und sieben lodernde F.n brannten vor dem Thron, das sind die sieben Geister Gottes" (Offenbarung 4,5).

Faden, allgemein das Symbol einer Verbindung, z. B. zwischen Geburt und Tod. Diesen Lebensfaden spinnen und zerschneiden am Ende die griech. Moiren und röm. Parzen. Der sprichwörtliche Leitfaden leitet sich vom „F. der Ariadne" her, mit dessen Hilfe Theseus, nachdem er das Ungeheuer Minotauros getötet hat, aus dessen →Labyrinth entkommt. Insbesondere der „rote F.", ursprünglich im Tauwerk der königlichen engl. Marine verwendet, symbolisiert einen inneren Zusammenhang.

Quellentext: „Ebenso zieht sich durch Otiliens Tagebuch ein F. der Neigung und Anhänglichkeit, der alles verbindet und das Ganze bezeichnet." (Goethe im Roman „Die Wahlverwandtschaften", 1809)

Fahne, Flagge, allgemein das im →Wind wehende und weithin sichtbare Zeichen eines Landes oder einer Gruppe, ursprünglich mit rituellem Charakter (Gebetsfahne). Mit der Geschichte der F. (lat. *vexillum)* befasst sich die Vexillologie. Das breite Spektrum ihrer symbol. Verwendung reicht von der Siegesfahne wie der 1969 auf dem Mond gehissten US-amerikan. F. bis zur gesenkten F. bei einer Beerdigung (vgl.→Fackel). In der christlichen Ikongraphie tragen der auferstandene Christus und das →Lamm als Symbol Christi eine F. mit dem Zeichen des →Kreuzes. F.n sind Attribute des siegreichen kämpfenden Erzengels Michael gegen den →Drachen sowie der ritterlichen Heiligen Georg, Mauritius, Gereon von Köln und der Jeanne d'Arc.

Falke, ein weltweit in etwa 60 Arten verbreiteter Raubvogel. Zu ihm gehören die zur Beizjagd verwendeten Jagdfalken, die ihre Beute im Sturzflug greifen. Diese Form der Jagd lässt sich im 8./7. Jh. v. Chr. bereits bei den Assyrern nachweisen. Besonders gepflegt wurde sie bei den Persern und Arabern. Durch die Kreuzzüge gelangte sie im 11./12. Jh. vom Orient nach Europa, und der Staufer-Kaiser Friedrich II. verfasste sogar ein Lehrbuch über die Falknerei. Auf den hohen Flug und das „allsehende" →Auge gründete sich die Symbolik: In Ägypten galt der König als Inkarnation des als F. oder mit dem Kopf eines F.n dargestellten Himmelsgottes Horus; in german. Mythen nehmen Odin und Loki die Gestalt eines Falken an; aus der Wikingerzeit in Russland stammen Amulette und Münzen mit einem stilisierten F.n, der schließlich 1918 in das Staatswappen der Ukraine aufgenommen wurde. Im Mittelalter wurden dem Raubvogel zwar Habgier, die Verfolgung der Wehrlosen (z. B. Küken) und Furcht vor großen Vögeln unterstellt, im Minnesang aber symbolisiert der F. den Geliebten. In der Emblematik dient der F. vielfach als Sinnbild der Freiheit, da der (langwierig abgerichtete) Jagdfalke stets auf die mit einem Handschuh geschützte →Faust des Falkners zurückkehrt. Heute unterscheiden sich in der Politik die Befürworter von militär. Optionen als „Falken" von den pazifist. „Tauben".

Quellentext: „Mein F. ist mir entflogen / so weit in fremde Länder / [...] Ich habe der Liebe Fessel / ihm allzu weit gelassen." (Klage einer Liebenden in Versen des Heinrich von Mügeln im *Codex Manesse)*

Farbsymbolik siehe Farbteil 5: Farben und Formen

Abb. zu dieser Seite siehe Seite 97

FABELTIERE • FAUNA

Im Hinduismus ist der Vogel Garuda das prominenteste Fabelwesen, denn es steht mit Vishnu sowie mit dessen Avataras (Verkörperungen) Rama und Krishna in Verbindung. Zum Beispiel erscheint Garuda, durch die Gedanken seines Meisters gerufen, und kämpft mit ihm gegen Dämonen in Gestalt von Schlangen. Seine Darstellungen reichen von der eines gekrönten Vogels bis zum Mischwesen aus verschiedenen Vogelarten und den menschlichen Gliedmaßen. In dieser Gestalt trägt Garuda hier das göttliche Liebespaar Lakshmi und Vishnu (Vorbilder sind die Paare Sita und Rama, Radha und Krishna) durch Raum und Zeit. Lakshmi und der traditionell blauhäutig und mit vier Armen dargestellte Vishnu sitzen auf einer weit geöffneten Blüte der allgemein symbolisch gedeuteten Lotospflanze (vgl. S. 116 f.), die ebenso wie Kraniche und Wasservögel zu den Randmotiven der Miniatur im Besitz des Londoner Victoria and Albert Museum gehört. Die Reihe der geflügelten Fabeltiere reicht von Garuda über den griechischen Pegasus bis zu Muhammads Wunderpferd Buraq.

Sanftes Einhorn
Zum kostbarsten Besitz des Pariser Musée Cluny gehören sechs Gobelins mit dem gemeinsamen Titel „Die Dame und das Einhorn“ (um 1510). Es handelt sich um Allegorien der Fünf Sinne und ein rätselhaftes Widmungsbild. Alle sechs Bildteppiche zeigen inmitten einer Landschaft mit Blumen, Bäumen und allerlei Getier eine höfisch gekleidete Dame, flankiert von dem Paar Löwe und Einhorn, das in der Heraldik weit verbreitet war und oft das männliche und weibliche Prinzip symbolisierte. Abgebildet ist „Das Gesicht“: Das Einhorn betrachtet sich in einem Spiegel.

Ein ursprünglich orientalischer und somit auch alttestamentlicher Mythos handelt vom Einhorn. So übersetzt Luther den 11. Vers von Psalm 92: „Aber mein Horn wird erhöhet werden wie eines Einhorns / Und werde gesalbet mit frischem Öle“ (Bibelübersetzung letzter Hand 1545; dagegen in der Einheitsübersetzung von 1980: „Du machtest mich stark wie einen Stier, / du salbtest mich mit frischem Öl“). Gemeint ist die Erhöhung des Psalmisten David angesichts der Feinde wie jenes eine Horn auf der Stirn des Fabeltiers. Im Tierbuch des Aelianus aus dem 2./3. Jh. wendet sich die Streitbarkeit des Einhorns gegen das Weibchen, verwandelt sich aber während der Brunft in Sanftmut. Und wie wird das wilde, vom Mann unzähmbare Einhorn gefangen, fragt der „Physiologus“, von dem noch die Rede sein wird? „Man legt ihm eine reine Jungfrau, schön ausstaffiert, in den Weg. Und da springt das Tier in den Schoß der Jungfrau, und sie hat Macht über es, und es folgt ihr, und sie bringt es ins Schloss zum

Aggressives Einhorn

„Rette mich vor dem Rachen des Löwen, / vor den Hörnern der Büffel rette mich Armen!" (Psalm 22,22 in der Einheitsübersetzung von 1980). Der Buchmaler des „Stuttgarter Psalters" aus Saint-Germain des Près, 1. Hälfte des 11. Jh. (Stuttgart, Landesbibliothek, Cod. Bibl. 2°23, vgl. S. 250), hat den „Büffeln" die Gestalt eines Einhorns gegeben – eine Tradition, die zunächst in Luthers Bibelübersetzung fortlebte („… und errette mich von den Einhörnern"); in der revidierten Lutherbibel von 1984 ist von Stieren die Rede. Der Grund für die Illustrierung von Psalm 22 mit einer Darstellung der Kreuzigung Jesu liegt in den zahlreichen indirekten und direkten Parallelen zu den Berichten der Evangelisten. Diese Entsprechungen reichen von der trockenen Kehle des Gepeinigten über die durchbohrten Hände und Füße bis zur Szene der Verteilung der Kleider und zum Los, das über das Gewand geworfen wird (Psalm 22,19). Diesen Vers des Psalmisten zitiert das Matthäus-Evangelium als Prophetenwort (Matthäus 27,35), und das Johannes-Evangelium gibt darüber hinaus die Erklärung dafür, weshalb jenes (in Trier als „Heiliger Rock" aufbewahrte) Gewand verlost wird; es ist „von oben her ganz durchwirkt und ohne Naht" (Johannes 19,23).

Der/die Sphinx

Der ägyptische männliche Sphinx, die Verkörperung des Pharaos, ist lediglich ein Typus des Mischwesens aus Mensch und Löwe, im Unterschied etwa zur weiblichen griechischen Sphinx. Als menschenfressendes Ungeheuer terrorisiert sie Theben, bis Ödipus sie unschädlich macht, indem er ihr Rätsel von den drei Lebensstufen löst. Ihr dämonisches Wesen verlor die Sphinx spätestens im 18. Jahrhundert, etwa als Skulptur in Garten- und Parkanlagen, wie die oben abgebildete mütterliche Sphinx im Park von Schloss Sanssouci bei Potsdam.
Zu den Werken der persischen Kunst im Pariser Musée du Louvre gehören die links wiedergegebenen zwei Sphingen unter dem Symbol des Gottes Ahura Mazda. Relief aus farbiger glasierter Baukeramik vom Palast des Achämeniden Darius I. in Susa, heute eine Ruinenstätte südwestlich von Desful (Iran), um 500 v. Chr.

Anubis und Thot

Ausschnitt aus dem Totenbuch des Schreibers Ani, um 1300 v. Chr. (London, British Museum). Die Malerei auf Papyrus schildert als fortlaufende Bilderzählung die Phasen des Totengerichts. Sie beginnt links mit Ani und seiner Gemahlin. Der schakalköpfige Anubis wiegt das Herz des Ani; als Gegengewicht dient die Wahrheit in Gestalt einer Feder. Im Totenbuch-Text wendet sich Ani an sein Herz: „Übe nicht deine Feindseligkeit gegen mich aus vor meinem Wiegemeister." Nun verzeichnet der ibisköpfige Thot das Ergebnis des Wiegens; Würde es gegen Ani sprechen, verschlänge der Totenfresser, ein Ungeheuer aus Flusspferd, Leopard, Löwe und Krokodil, sein Herz.
Zum Symbol der Waage vgl. S. 250 f.

König." Dieses Motiv blieb vor allem lebendig und lässt sich beispielsweise in Shakespeares „Hamlet" erkennen, indem der auf Rache sinnende Titelheld an Ophelia den Wunsch richtet, seinen Kopf auf ihren Schoß zu legen.

Die Wirkungsgeschichte des Fabelwesens Sphinx mit gleichfalls orientalischem Ursprung reicht sogar bis zur Wende vom 19. zum 20. Jh., vor allem in Werken der Symbolisten wie des Franzosen Gustave Moreau und des Belgiers Fernand Knopff. Als Symbol weiblicher und somit verhängnisvoller Faszination steht sie hier in der Tradition der Sphinx von Theben, im Gegensatz zur Sphinx von Gise als Verkörperung des Pharaos. Als Mischwesen aus Mensch und Löwe ist der ägyptische Sphinx beispielhaft für die Ikonographie der Gottheiten wie der Isis mit Kuhgehörn und Sonnenscheibe, ihres Sohnes Horus in Gestalt eines Falken, der sich in den Pharaonen inkarniert, des Sonnengottes Amun-Re mit Widderkopf oder des schakalköpfigen „Wiegemeisters" Anubis und des ibisköpfigen Thot beim Totengericht. Charakteristisch für die kultische Verehrung von Fabeltieren mit realen Bezügen ist der „heilige Pillendreher" (eigentlich Mistkäfer) Skarabäus; er rollt symbolisch die Sonne auf ihrer Himmelsbahn.

Mitunter erscheinen die vier Evangelistensymbole mit dem Ursprung in den Himmelsvisionen des Propheten Ezechiel und des Apokalyptikers Johannes, nämlich die geflügelten und inspirierenden Wesen Mensch (Matthäus), Löwe (Markus), Stier (Lukas) und Adler (Johannes).

Der Uroboros (ganz oben)
Ausschnitt aus einer griechischen Handschrift (Paris, Bibliothèque National). Das Symbol des ewigen Kreislaufs hat hier vier Beine und den Kopf eines Drachen.

Die Schlange im Paradies (oben)
Der Sündenfall des ersten Menschenpaares im irdischen Paradies, dargestellt im *Codex Vigilianus* des Escorial. Eine Schlange verkörpert die Versuchung, trotz des Verbotes Gottes, eine Frucht vom Baum der Erkenntnis von Gut und Böse zu pflücken. Die Schlange verheißt: „sobald ihr davon esst, gehen euch die Augen auf; ihr werdet wie Gott" (Genesis 3,5). Vgl. S. 113 und 127.

Der Redewendung, etwas „beiße sich in den Schwanz", liegt ein spätantikes Symbol zugrunde, das auf Amuletten und in alchemistischen Traktaten dargestellt wurde: der „Schwanzfresser" Uroboros. Doch während wir damit zum Ausdruck bringen, trotz aller zielgerichteten, weiterführenden, etwas Neues entwickelnden Anstrengung bleibe „alles beim Alten", symbolisierte der Uroboros als kreisrunde Schlange die Einheit des Kosmos, griechisch *hen to pan* („das All ist Eins", Inschrift einer Uroboros-Darstellung in einer Handschrift im Besitz der Biblioteca Marciana in Venedig, Ms. graec. 299).

Dieser Umkehr vom Positiven zum Negativen des Schlangensymbols Uroboros entspricht die generelle Mehrdeutigkeit der Schlange. Als Symbol der Erweckung zum Leben umwindet sie den Äskulabstab, der heute als Zeichen der Apotheker dient. Zugrunde liegt der griechische Mythos von Asklepios (bei den Römern Aesculapius). Der Sohn des Apollon und einer Sterblichen wurde vom Kentaur Chiron in der Heilkunst unterrichtet. Nachdem es ihm sogar gelungen war, den sterblichen Hippolytos vom Tod zu erwecken, machte Zeus diesem Eingreifen in die Weltordnung ein Ende, indem er Asklepios mit seinem Blitz erschlug.

Eigenartig zwiespältig ist das Bild und damit auch die Symbolik der Schlange im „Physiologus" aus der Zeit um 200 n. Chr. Der Titel ist zugleich der Beiname des auf diese Weise als „Naturkundiger" oder „Naturphilosoph" bezeichneten Autors, auf den sich der bereits christliche Verfasser in allen erhaltenen Handschriften am Ende mehrerer Kapitel beruft. Antike Fabel- und Märchenstoffe werden hier mit ethischen und mystischen Inhalten der Heiligen Schrift in sehr lebendiger Bildhaftigkeit symbolisch verbunden. Über das Kriechtier heißt es im „Physiologus":

„Von der Schlange: Mein Herr hat im Evangelium gesagt: ‚Seid klug wie die Schlangen und ohne Falsch wie die Tauben' (Matthäus 10,16). Der Physiologus berichtet: [...] Wenn die Schlange alt wird, werden ihre Augen trübe und sie sieht nicht. Was also tut sie? Wenn sie wieder jung werden will, da lässt sie sich's nicht verdrießen und fastet vierzig Tage und Nächte lang, so lange, bis ihre Haut zu schlottern anfängt. Dann sucht sie einen Felsen mit einer engen Schluft, und da geht sie hinein und wetzt den Leib und wirft das Alter ab und wird jung. Also du auch, Mensch, so du willst von dir abwerfen das alte Kleid der Sünde, bring durch den engen Pfad, durch Fasten und jegliche Kasteiung, dein Fleisch zum Schwinden: ‚Denn die Pforte ist eng und der Weg ist schmal, der zum Leben führt' (nach Matthäus 7,14). So wirst du aus alt jung und wirst gerettet werden." Der „Physiologus" fährt fort: „Die zweite Eigenart der Schlange: Wenn die Schlange, um Wasser zu trinken, zum Fluss geht, trägt sie nicht ihr Gift mit sich, sondern lässt es in ihrer Höhle zurück.

So sollen auch wir, wenn wir eilen zum immerfließenden und unverfälschten Wasser, welches voll ist vom heiligen Schauder göttlichen und himmlischen Geheimnisses, nämlich in die Kirche Gottes, nicht mit uns tragen das Gift arger Gedanken, sondern versöhnt und friedfertig, so mögen wir hinzutreten. Denn wer es nicht so macht, der isst und trinkt sich selber zum Gericht nach dem göttlichen Wort" (Physiologus 11). Letzteres bildet eine Parallele zur Ermahnung des Paulus über das Verhalten beim Abendmahl, die im 1. Brief an die Korinther ent-

Die Midgardschlange

Walhalla und das von Loki mit der Riesin Angboda gezeugte Ungeheuer in einer Handschrift der Älteren Edda aus dem 17. Jh. (Kopenhagen, Det Arnamagnaeanske Institut, AM 738, 4 to).
Die Midgardschlange versucht, den Ochsenkopf an Thors Angel zu verschlingen. Über den Türmen Walhallas ragt die Weltesche Yggdrasill empor. Von ihren Blättern ernährt sich die Ziege Heidrùn (rechts), deren Milch den Bewohnern Walhallas ewiges Leben spendet; links nagt der Hirsch Eicọyrnir an der Esche.

Apokalyptischer Drache
„Ein anderes Zeichen erschien am Himmel: ein Drache, groß und feuerrot, mit sieben Köpfen und zehn Hörnern und mit sieben Diademen auf seinen Köpfen. Sein Schwanz fegte ein Drittel der Sterne vom Himmel und warf sie auf die Erde herab.“ Doppelseitige Verbildlichung des ersten Teils von Kapitel 12 der Offenbarung des Johannes im Kommentar des Beatus von Liébana. Hier handelt es sich um die „Beatus-Apokalypse“ der Kathedrale von Gerona. Sie stammt aus dem Kloster San Salvador de Távara bei Zamora (Léon) und wurde 975 vollendet.

Glücksdrache
Das Brustabzeichen hoher chinesischer Beamter aus dem 17. Jh. (Privatsammlung) zeigt einen frontal dargestellten Drachen, der eine Perle umringt. Zehn Fledermäuse, deren Symbolgehalt hier ebenfalls Glück bedeutet, umflattern den Glücksdrachen, der auch machtvolle, dem Menschen günstige Naturenergien verkörpert.

halten ist, allerdings ohne jegliche tiersymbolische Einkleidung: „Jeder soll sich selbst prüfen; erst dann soll er von dem Brot essen und aus dem Kelch trinken. Denn wer davon isst und trinkt, ohne zu bedenken, dass es der Leib des Herrn ist, der zieht sich das Gericht zu, indem er isst und trinkt“ (1. Brief an die Korinther 11,28).

Doch überwiegt in der antiken, nordischen (Beispiel Midgardschlange) und der jüdisch-christlichen Mythologie das dämonische, todbringende Wesen der Schlange. Um Herakles, den Sohn ihres Gatten Zeus und der Alkmene, zu vernichten, schickt Hera Schlangen in die Wiege des Heros (der sie allerdings erwürgte); Medusa, eine der drei an den Grenzen der Totenwelt hausenden Ungeheuer, den Gorgonen, trägt an Stelle von Haaren Schlangen auf dem Haupt (sie ist im Gegensatz zu ihren Schwestern Euryale und Stheno sterblich und wird von Perseus enthauptet), aber auch die Giganten, Söhne der Erdgöttin Gaia, sind riesenhafte Mischwesen in Menschengestalt und Beinen meist in Form von Schlangen (Darstellung ihres Kampfes gegen die olympischen Götter, genannt Gigantomachie, am Zeusaltar aus Pergamon; Berlin, Pergamonmuseum).

Die Bindung an die Erde ist die Strafe, welche Gott im Buch Genesis über die Schlange verhängt, nachdem sie das erste Menschenpaar zum Ungehorsam verführt hat: „Weil du das getan hast, bist du verflucht unter allem Vieh und allen Tieren des Feldes. Auf dem Bauch sollst du kriechen und Staub fressen alle Tage deines Lebens“ (Genesis 3,14). Im letzten Buch der Bibel verschmelzen die Schlange und der Drache zum Symbol des Teuflischen: „Er wurde gestürzt, der große Drache, die alte Schlange, die Teufel oder Satan heißt“ (Offenbarung 12,9). Sieger ist der Erzengel Michael, gleichsam der Ahnherr des Drachentöters Sankt Georg. Dieser Heilige wurde zum Inbegriff des christlichen Rittertums (siehe auch Abb. S. 181). Sein antikes Pendant ist Bellerophon auf dem Flügelross Pegasus. Er besiegt die Chimäre, ein drachenartiges feuerspeiendes Mischwesen aus Löwe, Ziege und Schlange. In der nordischen Sagenwelt vertritt Siegfried den Typus des Drachentöters (Abb. S. 244); von seinem Kampf mit dem Lindwurm handelt das „Nibelungenlied“.

Drachentöter
Bilder des heiligen Georg als Kämpfer gegen das Böse waren im Mittelalter sehr beliebt. Gotische Lindenholzplastik, Deutschland, um 1390. (München, Bayerisches Nationalmuseum)

Unter den Vögeln gilt das besondere Interesse des „Physiologus" dem Adler. Wird er alt, „fliegt er empor in den Strahlenkranz der Sonne und verbrennt seine alten Fittiche"; dann taucht er in eine Quelle reinen Wassers, und „so erneuert er sich und wird wieder jung". Bereits der Psalmist zieht diesen Vergleich: „Wie dem Adler wird dir die Jugend erneuert" (Psalm 103,5).

Ein zweites Symbol der Erneuerung ist der in Indien beheimatete Vogel Phönix, der alle 500 Jahre zu den „Zedern des Libanon" kommt: „Der Priester, dem dies angezeigt ist, geht hin und schichtet auf dem Altar Holz vom Weinstock hoch auf. Der Vogel aber kommt [...] und stellt sich oben auf den Altar, das Feuer erfasst ihn, und er verbrennt sich selbst. Und der Priester, wenn er am folgenden Tage den Altar durchsucht, findet einen Wurm in der Asche. Und am zweiten Tage wachsen ihm Flügel, und man findet ihn als Vogeljunges. Am dritten Tage aber findet man, dass er wieder so geworden ist wie ehedem. Und er grüßt feierlich den Priester, und fliegt hoch, und ziehet von dannen nach seiner alten Stätte. Wenn nun dieser Vogel Macht hat, sich selbst zu töten und lebendig zu machen – wie nur sind die unverständigen Menschen unwillig darüber, dass unser Herr Jesus Christus spricht: ‚Ich habe Macht, mein Leben niederzulegen, und ich habe Macht, es wieder aufzunehmen?'" (Physiologus 7). Eingeleitet wird der Phönix-Abschnitt durch das im Wortlaut nahezu identische Selbstzeugnis Jesu (Johannes 10,18).

Feuervogel Phönix
Das Symbol der Sonne über dem „Feuervogel" verweist auf die Gemeinsamkeit ewiger „Auferstehung" nach dem „Untergang". Die Alchemie verstand den Phönix als Symbol des Lebens, das sich dank der Himmelskraft ständig selbst erneuert. (Oxford, Bodleian Library, Ms. Ashmole 1511, fol. 68 recto)

Christus als Phönix (gegenüber)
In seinem 1312 vollendeten mittelhochdeutschen Lehrgedicht „Der Renner" (die rund 22 000 Verse „rennen" von Thema zu Thema) geißelt Hugo von Trimberg die sieben Todsünden Hoffahrt, Habsucht, Wollust, Völlerei, Zorn, Neid und Trägheit. Sie herrschen in der Welt nach dem Sündenfall. Die Hoffnung richtet sich auf den als Phönix symbolisierten Christus. Oder allgemein: Das Christentum erlöst die Welt. Diese Erwartung bezeugt die Miniatur in einer Handschrift des „Renner" von 1431. (Heidelberg, Universitätsbibliothek, cpg 471, fol. 50 verso)

Noch einige andere Vögel sind für den „Physiologus" Symbole des Heils: Die Turteltaube und die Schwalbe sind Symbole des Frühlings und des Morgens, also der Erneuerung und der Reinheit, die erstere auch der Arglosigkeit, Einsamkeit und Monogamie. Zum Gegensatz zwischen der weißen Friedenstaube und dem schwarzen Raben in der Sintflut-Ikonographie (Abb. S. 92) ist ein Seitenblick auf Ovid angebracht. Über den Raben berichtet er:

„Folgsam nickten des Meers Gottheiten. Auf lenksamem Wagen
steiget die Tochter Saturns in die Luft mit den farbigen Pfauen,
denen der farbige Glanz jüngst ward nach Argus' Erlegung,
ähnlich wie jüngst auch du dich kleidetest, schwatzender Rabe,
während du weiß erst warst, urplötzlich in schwarzes Gefieder.
Silbern erglänzte zuvor mit schneeigen Federn der Vogel,
dass den Tauben er glich, daran kein Makel zu sehen,
und mit den Gänsen sich maß, die mit wachsamer Stimme bewahrten
Roms Capitol nachmals, und mit wellenbefreundeten Schwänen.
Ihm war die Zunge Verderb. Durch Schuld der geschwätzigen Zunge
hat sich das blendende Weiß in dunkle Farbe gewandelt."
(Metamorphosen II, 531–541)

Genesis ca lo. 1°

.Lvij. In principio creauit deus celu et terra. Terra aut erat inanis et vacua et tenebre erat sup facie
abyssi. et sp̄us dei ferebatur sup aquas. Dixit itaq deus. Fiat lux. et facta e lux. Et vidit deus
luce q esset bona. et diuisit luce a tenebris. Appellauitq luce die et tenebras nocte. Factu e vespe
et mane dies vnus. Dixit q3 deus. Fiat firmamentu i medio aquar et diuidat aquas ab aquis. Et
fecit deus firmamentu. diuisitq aqs q erant sub firmamto ab hijs q erant sup firmamtu. Et factu e ita.
vocauitq deus firmamtu celu. Et factu e vespe t mane. dies scdus. Dixit vo deus. Congregentur
aq q sub celo sut i locu vnu. et appareat arida. Et factu est ita. Et vocauit deus arida terra. congregatoesq
aquar appellauit maria. Et vid deus q esset bon. t ait. Germinet terra herba virente. t facientem
semen. lignuq pomiferu faciens fructu iuxta seme suu. cui seme i semetipso sit. super

terra. Et factu e ita. Et protulit terra herba virente et afferente seme iuxta genus suu. Lignuq faciens
fructu et hns vnu qdq semente scdm speciem sua. et vid deus q esset bonu. Factu e vespe t mane dies
tercius. Dixit aut deus. Fiant luminaria i firmamento celi. ut diuidat die ac nocte et sint in
signa et tempa. et dies t annos ut luceat i firmamento celi. et illuminent terram. Et factu e ita.
Fecitq deus duo luminaria magna. luminare maius. ut pesset diei. luminare minus ut pesset nocti
et stellas. et posuit eas i firmamento celi. ut lucerent sup terra. et pessent diei t nocti. et
diuideret luce ac tenebras. Et vid deus q esset bonu. Factuq e vespe t mane dies quartus. Dixit
itaq deus. Producant aque reptile anime viuentis. et volatile sup terra sub firmamento
celi. Creauitq deus cete grandia. et omnem aiam viuente atq motabilem qua produxerant aque
i species suas. et de volatile scdm genus suu. Et vidit deus q esset bonu. Benedixitq

Die Friedenstaube
Noah „ließ eine Taube hinaus, um zu sehen, ob das Wasser auf der Erde abgenommen habe“ (Genesis 8,8). Erst beim zweiten Ausflug kehrt die Taube mit einem frischen Olivenzweig im Schnabel in die Arche zurück und Noah erkennt daran das Ende der Sintflut. Detail des Kuppelmosaiks „Sintflut“ in der westlichen Vorhalle von San Marco in Venedig. Zur antiken „Großen Flut“ vgl. S. 52.

Der Rabe
Dasselbe Mosaik zeigt einen Raben auf einem im Wasser treibenden Tierkadaver als Bildzeichen für die Vernichtung alles Lebens auf der Erde. Zwar wird lediglich berichtet, dass vor der Taube ein Rabe ergebnislos aus- und zurückgeflogen ist (Genesis 8,6f.), doch in der Sintflut-Ikonographie dient der Rabe als schwarze Gegenfigur zur weißen Taube.

Liebestauben (gegenüber)
Vittore Carpaccios „Venezianische Kurtisanen“ (um 1500; Venedig, Museo Corrèr) beherbergen auf ihrem Altan eine Menagerie, zu der außer Papageien und einem Pfau zwei Tauben, die Attribute der Liebesgöttin Venus, gehören. Vgl. S. 60

Großer Fisch
Die Miniatur der um 1400 entstandenen persischen Handschrift einer Universalgeschichte bezieht sich auf die Geschichte des Jona im Alten Testament, die in knapper Form auch der Koran enthält: „Und erwähne den Mann mit dem Fisch. Als er erzürnt wegging und meinte, wir könnten ihn nicht überwältigen. Und er rief in den Finsternissen: ‚Es gibt keinen Gott außer Dir. Preis sei Dir! Ich war einer von denen, die Unrecht tun.' Da erhörten wir ihn und erretteten ihn aus der Trübsal. So erretten wir die Gläubigen." Die Erwähnung des Jona im Koran (Sure 21,87 f.), ist hier ausgeschmückt: Ein Engel bringt dem nackten, von dem großen Fisch wieder ausgespienen Jona Kleider.
(New York, Metropolitan Museum of Art)

Symbol des Lebens (rechts)
Die skythische Goldplakette (Länge 41 cm) gehört zum Schatzfund von Vettersfelde aus dem Jahr 1882 (Berlin, Antikensammlung im Alten Museum). Im unteren Teil führt ein geschwänzter Meergreis einen Schwarm von fünf Fischen an, im oberen Teil bilden ein Wildschwein, ein Löwe und eine Antilope eine Tierkampfszene. Die Schwanzflosse besteht aus zwei Widderköpfen, die in Form von Voluten nach oben und unten gebogen sind. Dazwischen bildet ein frontal wiedergegebener Adler den Abschluss des waagerechten mittleren Streifens. Offensichtlich repräsentiert der figürliche Schmuck die drei Lebensbereiche Wasser, Erde und Luft bzw. die drei Elemente deren viertes, das Feuer, möglicherweise durch die beiden Spiralen symbolisiert wird, die vom Auge des Fisches nach rückwärts ausstrahlen. Die Einbettung der Lebensbereiche in die Gesamtform eines Fisches deutet auf dessen Symbolgehalt hin, der sich aus dem Wasser als Lebensquell ergibt.

Glücksfisch
Die kobaltblaue Schale aus China (um 1700) zeigt als Dekor einen Schuppenkarpfen, verbunden mit stilisierten Wasserpflanzen, die als Goldlinien ausgeführt sind. Das sprichwörtliche Wohlbefinden „wie ein Fisch im Wasser" liegt der Bedeutung des Fisches als Glücksbringer zugrunde; sein Abbild findet sich daher in China häufig auf Hochzeitsgeschenken. (Dresden, Porzellansammlung der Staatlichen Museen)

Die Symbolik der Fische, die als Paar zu den Tierkreiszeichen gehören, bezieht sich sowohl auf eine mühelose Lebensweise „wie ein Fisch im Wasser" als auch auf ihre Größenverhältnisse. So ist der „große Fisch", der den Propheten Jona verschlingt, doch nach drei Tagen und drei Nächten wieder ausspeit, ein Symbol des Grabes und der Unterwelt (Jona 2,3), das im Neuen Testament auf Jesu Tod und Auferstehung angewandt wird (Matthäus 12,40). Zu den Fischen gehört der Beruf des Fischers, den Simon Petrus und Andreas ausüben. Durch ihre Berufung zur Nachfolge Jesu werden sie zu „Menschenfischern" (Matthäus 4,19).

Die neuzeitlichen Symbolik bezieht sich auf die „Kaltblütigkeit" der Wasserbewohner, die der Fischnatur von Menschen als Vergleich dient, sowie auf die Aggressivität und Rivalität, denn „Große Fische fressen die Kleinen" (Kupferstich von Pieter Bruegel d. Ä., 1563). In Heinrich Heines Pariser Korrespondentenberichten „Französische Zustände" findet sich unter dem Datum des 27. Mai 1832 die Beobachtung, dass in der Börsenhalle ein „Meer des Eigennutzes" wogt, wo „die großen Bankiers gleich Haifischen hervorschnappen, wo ein Ungetüm das andere verschlingt und wo oben auf der Galerie, gleich lauernden Raubvögeln auf einer Meerklippe, sogar spekulierende Damen bemerkbar sind." Schließlich sei an die beiden ersten Strophen des Mackie-Messer-Songs in Bertolt Brechts „Dreigroschenoper" (1928) erinnert:

„Und der Haifisch, der hat Zähne
und die trägt er im Gesicht
und Macheath, der hat ein Messer
doch das Messer sieht man nicht.

Ach, es sind des Haifischs Flossen
rot, wenn dieser Blut vergießt.
Mackie Messer trägt ‘nen Handschuh
drauf man keine Untat liest."

Geisterpferd

Johann Heinrich Füssli schuf um 1780 in mehreren Versionen die Darstellung einer jungen Frau mit Symbolen eines Alptraums; diesen Begriff verkörpert der Alp auf der Magengrube der Schlafenden, deren Kopf und Arme vom Bettrand herabhängen. Der Titel „Die Nachtmahr" bezieht sich auf das Geisterpferd, das seinen Kopf durch die Bettvorhänge schiebt. Vieles spricht dafür, dass die Nachtmahr-Serie Ausdruck einer Obsession mit sadistischen Zügen ist: 1778/79 verliebte sich Füssli in Zürich leidenschaftlich, doch hoffnungslos in die 21jährige Anna Landolt. Deren Vater verweigert die Ehe, und diese Enttäuschung trieb Füssli nach London. Hier steigerte sich die Begierde zu Wunschvorstellungen, die sich in Rachegelüste gegen die inzwischen Verheiratete wandelten. Diese Version kam in den Besitz Goethes, der die künstlerische Entwicklung Füsslis mit Interesse verfolgte, und befindet sich heute im Frankfurter Goethemuseum.

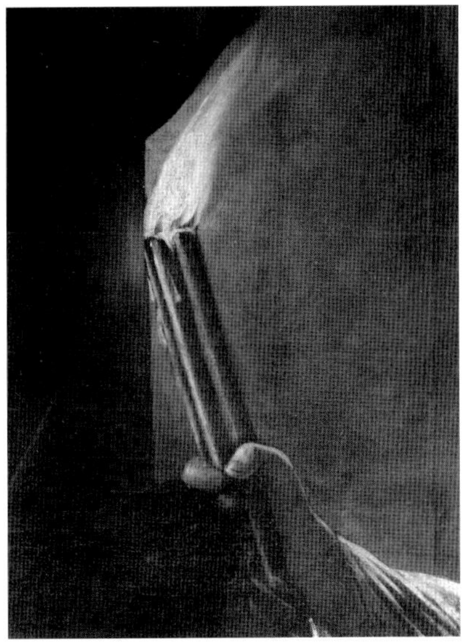

Fächer. Als Attribut symbolisiert solch ein Ehrenfächer hohen Rang. Dieser stammt aus Malaysien und ist ein kunsthandwerkliches Meisterwerk aus der 2. Hälfte des 16. Jh. (Sammlungen Schloss Ambras)

Fackel. Detail aus Caravaggios Gemälde „Die sieben Werke der Barmherzigkeit" mit der Gruppe „Tote bestatten", 1606. (Neapel, Pio Monte della Misericodia)

Faden. Drei Schicksalsgöttinnen, welche den Lebensfaden spinnen und zuletzt abschneiden: „Die drei Parzen"; Holzschnitt von Hans Baldung, gen. Grien, 1513.

Fahne. Eine Kreuzesfahne symbolisiert den Sieg über den Tod. Altargemälde „Auferstehung Christi" von Boltraffio und Marco d'Oggione, um 1491–94; Öl auf Holz, 234,5 x 185,5 cm. (Berlin, Gemäldegalerie)

Falke. Polychrom bemalte Stele mit dem falkenköpfigen Licht- und Himmelsgott Horus. Zu seinen Attributen gehört die runde Scheibe der →Sonne. Er wird von einem Priester verehrt, der →Harfe spielt. Zuoberst flankieren zwei Heilige →Augen das Zeichen für Ewigkeit; um 1050 v. Chr. (Paris, Musée du Louvre)

Fasces, ein Bündel aus kräftigen, durch Lederriemen zusammengehaltenen Ruten, in dem eine →Axt steckt; ihre Träger waren im röm. Königtum die Leibwache (Liktoren), daher ihr Zweitname Liktorenbündel. In der röm. Republik symbolisierten die F. die Amtsgewalt der Konsuln und hohen Magistraten sowie Diktatoren und Statthalter, denen die Liktoren, inzwischen Amtsdiener, die F. vorantrugen oder auch mit ihnen drohend und schlagend den Weg freimachten. Während die Emblematik der frühen Neuzeit die F. als Zeichen der Warnung vor sträflichem Verhalten verwendete, erfuhren sie in der Frz. Revolution eine Wiederbelebung ihrer polit. Symbolik im Sinne einer Erneuerung des röm. Republikanismus. In Italien wurden die F. zum Symbol des totalitären und nach ihnen benannten Faschismus (ital. *fascismo),* ausgehend von den *Fasci di combattimenti* („Kampfbünde"; erste Gründung eines solchen *fascio* 1919 in Mailand). Im Nationalsozialismus trat an die Stelle der F. das Hakenkreuz (→Swastika). Siehe auch Abb. S. 151.

Quellentext: „Wir träumen vom röm. Italien, vom starken und imperialen. Vieles von dem, was den unsterblichen Geist →Roms ausmachte, steht im Faschismus wieder auf: röm. ist das Liktorenbündel, röm. ist unsere Kampforganisation […]." (Mussolini 1922 in Popolo d'Italia).

Fass, ein bauchiger, ursprünglich aus hölzernen Fassdauben gefügter Behälter für Flüssigkeiten, der durch Metallreifen zusammengehalten wird. In der griech. Mythologie erleiden die Danaiden, die ihre Ehemänner ermordet haben, im Hades die Strafe, unentwegt →Wasser in löchrige Fässer zu schöpfen. Wie hier symbolisiert auch das sprichwörtliche F. ohne Boden ein aussichtsloses, endloses Bemühen. In der Emblematik entwickelte sich das durchlöcherte F. zum Symbol der Huren: „Bedenke, dass das unersättliche Gefäß, der stets offene Schoß nie gefüllt werden kann." Weiter heißt es bei Aulus Bartolomeus 1552 in der Subscriptio eines Emblems mit dem Motto „Haltlosigkeit, Lüsternheit und Habsucht der Dirnen": „Sie trägt das Gefäß und ist es zugleich selbst. Deswegen ist es gleichermaßen ein Abbild der unersättlichen Gier der Dirnen und Habsucht." Ein Gegenbild ist das F., dessen Reifen von Amor befestigt werden. Es überwiegt jedoch die negative Symbolik, etwa der Weinseligkeit und Trunksucht in Verbindung mit einem Weinfass.

Fauna siehe Farbteil 3: Fabeltiere und Fauna

Faust, einerseits ein Symbol des gewaltsamen Handelns oder der Kampfbereitschaft. In diesem Sinne reichte in der kommunist. Agitation des Klassenkampfes mit dem Ziel einer Diktatur des Proletariats die F. vom Gruß mit der erhobenen F. bis zur Plakatwerbung mit einer F., die den Kampf bis zum Sieg durch Zerschlagung der Gegner propagiert. Gleiches galt in den 1930er Jahren für die Nazi-Propaganda. Selbst in den sprichwörtlichen Charakterisierungen eines eklatanten Widerspruchs ist die F. der aggressive Gegensatz des wehrlosen →Auges. Als Beispiel nennt die Sammlung „Ungereimt" (1823) die Haut des →Igels, die zum Küssen passt wie die F. aufs Auge. Andererseits enthält die F. Geheimes als Faustpfand verborgen.

Quellentext: „Damit ich mich wegen der einzigartigen Offenbarungen nicht überhebe, ist mir ein Stachel ins Fleisch gestoßen: ein Bote des Satans, der mich mit Fäusten schlagen soll" (Paulus im 2. Brief an die Korinther 12,7).

Feder, wie die →Flügel des →Vogels mit der Symbolik des Elements →Luft und der →Sonne verbunden. Dem entspricht in vielen Kulturen der Kopfschmuck und das Gewand aus Federn als Statussymbol, sei es als Federhaube der Häuptlinge nordamerikan. Prärieindianer, aztek. Krieger oder auch als Helmbusch der →Ritter im Mittelalter. In Mexiko wurde der Gott und Heros Quetzalcóatl als eine →Schlange *(cóatl)* dargestellt, die mit den grünschillernden F.n des Vogels Quetzal bedeckt ist. Vom Frevel, sich mit fremden F.n zu schmücken, handelt die Tierfabel des Phädrus von der →Krähe (an ihre Stelle tritt die „dieb." →Elster oder der →Rabe), die mit ausgefallenen F.n des Pfaus prahlt und sich unter die Vögel der Juno (griech. *Hera)* mischt. In Ephraim Lessings Version dieser Fabel wird die Krähe nicht der „fremden F.n" entkleidet, sondern muss zur Strafe um die eigenen glänzenden Schwingfedern fürchten: „Schweig, armselige Närrin; auch diese können nicht dein eigen sein!" Wer „F.n lassen muss", erleidet Schaden. In der ägypt. Mythologie spielt die F., ein Attribut der Wahrheitsgöttin Maat, eine entscheidende Rolle beim Totengericht: Der Verstorbene ist gerechtfertigt, wenn auf eine →Waage die F. der Maat schwerer ist als das →Herz des Verstorbenen. Die Leichtigkeit der F. spielt im Märchen „Frau Holle" eine Rolle: Die F.n, die aus dem Bettzeug geschüttelt werden und vom Himmel fallen, symbolisieren die „federleichten" Schneeflocken. Als Schreibgerät ist die F. mit zugespitzem Kiel ein Attribut der Heiligen Albertus Magnus, Benedikt, Brigitta von Schweden, Papst Gregor d. Gr., Hildegard von Bingen, Thomas von Aquin und der Evangelisten. Siehe auch Abb. S. 85.

Fasces. Emblem von Juan de Boria, 1581. Die zugehörige Subscriptio in spanischer Prosa warnt vor dem Zorn.

Fass. „Trunkener Bacchus“, Radierung von Jusepe de Ribera, 1628. Ein Zeuge des Gelages vor einem Weinfass ist der →Esel als Reittier des Gottes.

Faust. William Hogarths *The Royal Milling Match* von 1811 bezieht sich auf die Affäre des späteren Königs Georg IV. mit Lady Hertford (rechts). Deren Mann „boxt“ den Regenten.

Feder. Bildnis der Maat als Göttin der Wahrheit mit einer Feder als Attribut. Maat personifiziert die Ordnung in Natur, Staat und den Beziehungen zwischen den Menschen. (Florenz, Museo Archeologico Nazionale)

Feige. Träger mit Opfergaben, zu denen eine Schale mit Feigen gehört. Detail eines Reliefs in der Mastaba des Wesirs Kagemni in Sakkara, um 2300 v. Chr.

Feigenbaum. Holzschnitt um 1582, erschienen im Kräuterbuch des Adamus Lonicerus (Adam Lonitzer). Unter dem →Baum verrichtet ein Mann seine Notdurft und muss sich zugleich übergeben.

Feige (ital. *fica),* eine seit der röm. Kaiserzeit belegte Geste der →Faust, wobei sich der →Daumen zwischen den mittleren →Finger und den Zeigefinger schiebt. Die Bezeichnung als Fica-Geste betont die Herkunft aus Italien, doch ist es auch in Europa insgesamt üblich, die F. zu zeigen. Die Bedeutung reicht von der Beschimpfung bis zur Verspottung. In diesem Sinne gehört die F. wie die Faust zu den →Arma Christi. Ebenso vielseitig ist die sexuelle Symbolik. Sie wurde auf die als Obst geschätzte und als Opfergabe verwendete Frucht des →Feigenbaums aufgrund ihrer Formähnlichkeit mit der →Vulva übertragen. Diese Symbolik der Geste reicht von der Aufforderung zum Geschlechtsakt bis zum Schutzzeichen (Apotropaion) gegen Dämonen und den „bösen Blick", etwa als F.-Amulett. Zugrunde liegt die Überzeugung, die Geister seien geschlechtslos und würden durch Zeichen der Sexualität abgestoßen. Siehe auch Abb. S. 128.

Feigenbaum, ein mediterraner Fruchtbaum, der mehreren Göttern geweiht war, z. B. Dionysos (röm. Bacchus). Zur Tradition in Indien gehört, dass im Buddhismus der →Baum, unter dem Siddharta Gautama zur Erleuchtung *(bodhi)* gelangte, ein F. war, und die außerbibl. Überlieferung identifiziert den Baum der Erkenntnis im →Garten Eden als F. Bibl. sind dagegen die sprichwörtlichen Feigenblätter der (angeblichen) Unschuld, die Adam und Eva zu einem Schurz zusammenbinden, um ihre Blöße zu bedecken (Genesis 3,7). Das Neue Testament unterscheidet zwischen dem fruchtbaren und verdorrten F. Letzterer wurde im Antijudaismus des Mittelalters zum Symbol des Judentums. Siehe auch Abb. S. 113, 118, 127.

Quellentext: „Der Weingärtner erwiderte: Herr lass ihn [den F.] dieses Jahr noch stehen; ich will den Boden um ihn herum aufgraben und düngen. Vielleicht trägt er doch noch Früchte; wenn nicht, dann lass ihn umhauen" (Lukas 13,8–9).

Felsen, allgemein ein Symbol der Stärke, Sicherheit und Zuverlässigkeit. Seine Härte kann aber auch Lebensfeindlichkeit bedeuten, es sei denn, ein Quellwunder entlockt dem F. Wasser: Mose „schlug mit seinem Stab zweimal auf den F. Da kam Wasser heraus, viel Wasser, und die Gemeinde und ihr Vieh konnten trinken" (Numeri 20,11). Der griech. Begriff *petros* („Fels") wurde zum Beinamen des Jüngers Simon als Grundstein der Kirche. Vergeblichkeit symbolisiert der F. im griech. Mythos von Sisyphos: Sobald er den Felsbrocken auf den Gipfel des→Berges gewälzt hat, rollt er wieder hinab. Siehe Abb. S. 177–179.

Quellentexte: „Bei Gott ist mein Heil, meine Ehre; Gott ist ein schützender F., meine Zuflucht" (Psalm 62,8).

„Ich aber sage dir: Du bist Petrus und auf diesen F. werde ich meine Kirche bauen, und die Mächte der Unterwelt werden sie nicht überwältigen" (Matthäus 16,18).

Fenster, als →Auge des Hauses ein Symbol des Ausblicks ins Freie und des Einblicks in das Innere bzw. Innenleben, sei es eines Gebäudes oder eines Menschen. In diesem Zusammenhang steht die Empfänglichkeit für das →Licht der Außenwelt, das die F. einlassen und als farbig verglaste Öffnungen der Licht- und Farbmetaphorik dienen. Dies gilt v. a. für den Kirchenbau der Gotik mit F.n wie dem Rosenfenster. Von hier reicht die Entwicklung der Symbolik bis zum TV-Gerät als das Raum und Zeit überwindende, grenzenlose „Fenster zur Welt".

Feuer, dem →Wasser entgegengesetztes Element mit großer Ambivalenz seiner Symbolik. Sie reicht vom Göttlichen als Ursprung des F.s, das sowohl im →Blitz als auch in Gestalt der →Sonne in Erscheinung tritt, bis zum Teuflischen, das feuerspeiende Fabeltiere wie der →Drache verkörpern. Die in vielen Kulten verehrten Feuergötter reichen von Agni in Indien bis zu Huchueteotl bei den Azteken und der in einem Vulkan auf Hawaii hausenden Feuergöttin Pele. Auf vielfältige Weise ist der bibl. Gott mit dem F. verbunden; so geht er bei Nacht den Israeliten beim Auszug aus Ägypten als Feuersäule voran. In der griech. Mythologie ist das F. den Göttern vorbehalten, bis es Prometheus raubt und den Menschen bringt. Ihnen dient es wie in den meisten Religionen dazu, den Göttern Brandopfer darzubringen. In der Macht der Götter bzw. der Natur sowie der Menschen liegt es aber auch, das Kulturgut als Mittel grauenhafter Zerstörung und Qualen einzusetzen. Ein Beispiel in der griech. Sage ist der Brand von Troja, im Alten Testament der Untergang von Sodom und Gomorra (Genesis 19, 29–25); Schwefel und F., die vom Himmel regnen, dienten aus typolog. Sicht als Vorbild des Höllenfeuers. Ein dritter Symbolbereich ist die Reinigung (Wunden werden ausgebrannt) und Läuterung durch F. Hier reicht das Spektrum vom Fegefeuer bis zu den Praktiken der Alchemie. Siehe auch Abb. S. 36–39, 90, 91, 247.

Quellentexte: „Der ganze Sinai war in →Rauch gehüllt, denn der Herr war im Feuer auf ihn herabgestiegen" (Exodus 19,18a).

„Das F. soll auf dem →Altar brennen bleiben, es darf nicht erlöschen, und der Priester soll jeden Morgen Holz nachlegen" (Levitikus 6,5a).

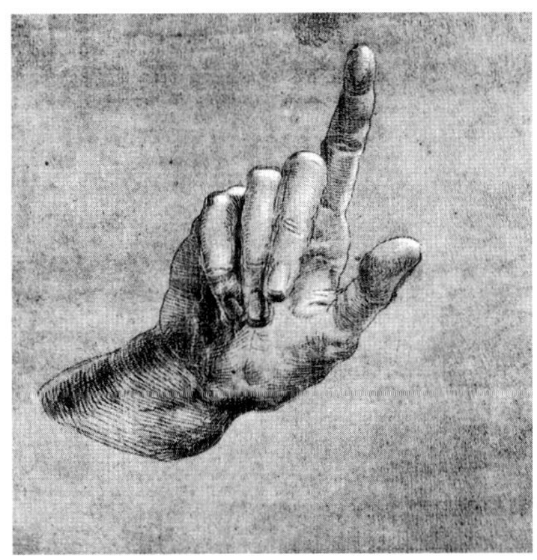

Felsen. Illustration zum Schiffbruch des Robinson Crusoe und seiner Rettung in einer um 1900 erschienenen französischen Ausgabe von Daniel Defoes Roman.

Fenster. Goethe während seiner Italienreise am Fenster im Haus am Corso in Rom, dargestellt in einer aquarellierten Federzeichnung seines Wohngenossen Johann Heinrich Wilhelm Tischbein, 1787. (Frankfurt, Hochstift/Goethemuseum)

Finger. Studie von Albrecht Dürer im Zusammenhang mit der Arbeit am „Heller-Altar", 1508. Hier dominiert der deutende Zeigefinger. (Wien, Graphische Sammlung Albertina)

Feuer. Tonfigur des Feuergottes Huchueteotl der Azteken als Stütze eines Räuchergefäßes. Fundort war die archäologische Stätte Cerro de las Mesas bei Veracruz Llave. (Mexiko-Stadt, Museo Nacional)

Fica-Geste siehe →Feige

Fides, Symbolfigur der theolog. Tugend Glaube (1. Brief an die Korinther 13,13) mit den Attributen →Kelch und →Kreuz. Siehe auch →Caritas und →Spes.

Finger, die zehn Glieder der beiden Hände mit vielfältiger Symbolik der Gesten, die einzelne oder mehrere F. gemeinsam im Sinne einer Zeichensprache bilden. So ergeben vier zur →Faust gekrümmte F. mit dem gestreckten →Daumen die →Feige. Beim Segensgruß der rechten Hand unterscheidet die christliche Ikonographie eine griech. Form, bei der sich Daumen und kleiner F. berühren, von der lat. Form mit angelegtem Ringfinger und kleinem F., während die übrigen drei F. jeweils gestreckt sind. Eine Vielzahl symbol. Gesten (Mudras) enthält die Ikonographie des Buddhismus. Bei der Meditation berühren die beiden kleinen F. die beiden sich berührenden Daumen, die mit gestreckten Fingern aneinander gelegten und aufwärts gerichteten Händen sind ein Gebetsgestus und eine solche Hand allein bedeutet Schutzgewährung; ist sie nach unten gerichtet, bedeutet sie u. a. Wunscherfüllung. Differenziert sind die Gesten der Lehre mit gestreckten und einander berührenden F.n der jeweils einen Hand oder überkreuzt beider Hände. Die Liebes- und Treuesymbolik des Ringfingers beruht auf der Überzeugung, dieser „Herzfinger" v. a. der linken Hand sei auf besondere Weise mit dem links schlagenden →Herz verbunden.

Fisch, in vielen Kulturen ein mit dem Element →Wasser verbundenes Symbol für das Leben sowie des Göttlichen. So ist der F. im Hinduismus eine der Inkarnationen Vishnus. In der jüd.-christlichen Überlieferung reicht der Bogen von den F.en, denen die Sintflut nichts anhaben konnte, über die Galle eines F.s, mit der Tobias die Blindheit seines Vaters Tobit heilt, und die Rettung des Propheten Jona in einem großen F., der ihn verschlang und wieder ausspie, bis zur Wiedergeburt der Menschen als F.e im Taufwasser. In diesem Zusammenhang steht die Deutung von griech. *ichthys* („Fisch") als Zusammensetzung (Akrostychon) aus den Anfangsbuchstaben von (griech.) Jesus Christus Gottes Sohn Retter, siehe auch →Delphin als Christussymbol. Der F. diente im Frühchristentum auch als Gabe der Eucharistie neben dem →Brot: Das Motiv der vom F. verschluckten Kostbarkeit enthalten die Erzählung von der Tempelsteuer (Matthäus 17,24–27) und die griech. Sage von Polykrates. Das Tierkreiszeichen aus zwei F.en (lat. *pisces)* entspricht dem 3. Wintermonat. Die F.e als Attribut des hl. Antonius von Padua beziehen sich auf die Legende seiner Predigt am Ufer von Rimini, als die Einwohner ihn nicht hören wollten, sich die F.e aber versammelten und ihre Köpfe aus dem Wasser hoben. Siehe auch Abb. S. 28, 29, 94, 95.

Quellentext: „Und als der Koch den F. zerteilet, / kommt bestürzt herbeigeeilet / und ruft mit hocherstauntem Blick: / ‚Sieh Herr, den Ring, den du getragen, / ihn fand ich in des F.es Magen, / o, ohne Grenzen ist dein Glück.'" (Friedrich Schiller, „Der Ring des Polykrates", Verse 85–90)

Fischer, mit dem Symbol des →Netzes verbundene, aber auch mit dem →Dreizack ausgerüstete Figur. Genien sammeln als F. die Seelen der Verstorbenen, und die ursprünglich als F. tätigen Jünger verwandeln sich durch ihre Berufung in „Menschenfischer" (Matthäus 4,19).

Fittiche siehe →Flügel

Flamme, als komprimierte Form des →Feuers ein Symbol gesteigerter Empfindung, sei es der Liebe (→Herz in F.n) oder des Hasses und Zorns (→Ira). Darstellungen des Pfingstwunderes zeigen F.n auf den Köpfen der vom Hl. Geist Beseelten, doch gehören F.n auch zu den Attributen von Märtyrerinnen, die den Feuertod erlitten haben wie die hl. Agnes; hier symbolisieren die F.n den Scheiterhaufen.

Quellentext: Gott vertrieb „den Menschen und stellte östlich des Gartens von Eden die →Kerubim auf und das lodernde Flammenschwert, damit sie den Weg zum →Baum des Lebens bewachten" (Genesis 3,24).

Fledermaus, ursprünglich Flattermaus, weltweit in etwa 750 Arten verbreitetes Säugetier mit regional gegensätzlicher Symbolik. In China gründet sich die Assoziation Glück *(fu)* auf den Gleichklang mit der Bezeichnung der F., die als Bewohnerin von →Höhlen, den Eingängen zum Jenseits, auch Unsterblichkeit symbolisiert. In Homers „Odyssee" werden die Bewohner der Unterwelt mit Fledermäusen verglichen. Aufgrund der Fähigkeit, sich in der Dunkelheit (durch Ultraschall) zu orientieren, wird ihr in Teilen Nordafrikas hohe Intelligenz zugesprochen. Dagegen überwiegt in Europa in der Tradition des Mittelalters die Furcht vor dem Nachttier, das die dämon. Gegenwelt zum →Licht symbolisiert und bei seinem hängenden Schlaf die natürliche Ordnung „auf den Kopf stellt". Sie wird mit dem Vampirismus in Zusammenhang gebracht, und Darstellungen des Teufels statten diesen gefallenen →Engel bzw. Lichtträger (Luzifer) häufig mit den federlosen, lediglich aus Haut gebildeten Pseudo-Flügeln der F. aus. Siehe auch Abb. S. 88.

Fisch. Monatsbild März im Kalendarium einer Handschrift des „Martyrologiums des Wandalbert von Prüm“, um 875. Als →Tierkreiszeichen dienen zwei Fische in der echten Hand eines Mannes, der den Monat personifiziert. Die Basen der seitlichen Säulen sind als →Masken gebildet, während der Spitzgiebel mit Köpfen von →Hunden besetzt ist. (Vatikan, Biblioteca Apostolica Vaticana, Reg. lat. 438, fol. 6 recto)

Fischer. Geflügelte Eroten beim Fischfang mit →Angel und →Dreizack. Spätrömisches Fußbodenmosaik in der Villa Romana del Casale auf Sizilien, Ende 3./Anfang 4. Jh.

Flamme. Um 1917 entstandene Plakatwerbung für die Darbietungen der „göttlichen“ Zauberin Wanda. Aus einem →Dreifuß lodern Flammen empor, in denen eine nackte Frau erscheint. Diesem „Mysterium“ entspricht links der Flug von →Tauben, die aus einem Strauß →Rosen zu stammen scheinen.

Fledermaus. Francisco de Goya, „Der Schlaf der Vernunft erzeugt Ungeheuer“, 1797/98. Geplant war die Radierung mit Aquatinta als Blatt 1 der Sammlung *Los Capriccios;* endgültig leitete *El sueño de la razon produce monstruos* als Blatt 33 den 2. Teil ein, in dem Szenen mit Dämonen und Hexen vorherrschen. Jene Ungeheuer werden durch →Eulen und Fledermäuse symbolisiert.

Fliege, weltweit in mehr als 50.000 Arten verbreitetes Insekt mit seit jeher negativer Symbolik. In der bibl. Mythologie verkörpert die F. das Prinzip des teufl. Widersachers Ahriman. Ein ursprünglich in Kanaan bekannter „Götterfürst“ erhielt als Oberteufel den Namen Beelzebub von hebr. *Baal* und *s bul* („Fliege“). Die antike Mythologie kennt den Zeus Myiodes (zu griech. *myia,* lat. *musca* „Fliege“). Er herrscht über die Zweiflügler, und als „Herr der Fliegen“ unterdrückt Jupiter in Jean-Paul Sartres Widerstandsdrama *Les mouches* (1943) die mutlosen Bewohner von Argos. Die Verknüpfung der F. mit Dämonen gründet sich auf die Allgegenwart dieser Quälgeister und die Übertragung von Krankheiten. Sprichwörtlich ist dagegen die Warnung vor Übertreibungen, nämlich aus einer F. bzw. Mücke „keinen →Elefanten zu machen“, und wer mit demselben Mittel gleichzeitig zwei Ziele erreicht, schlägt „zwei F.n mit einer Klappe“: beim tapferen Schneiderlein der Brüder Grimm sind es gar „sieben F.n auf einen Streich“.

Quellentext: „An jenem Tag wird der Herr den F.n an den Mündungen des Nil in Ägypten pfeifen und den →Bienen im Land Assur, und alle kommen und lassen sich nieder in den Schluchten und Felsspalten, in allen Hecken und an allen Wasserstellen“ (Jesaja 7,18–19).

Flora siehe Farbteil 4: Flora und Früchte

Flöte, ein längs- oder quer gespieltes Blasinstrument, im Altertum auch als Doppelflöte (Aulos). Die F. ist traditionell ein Attribut der Hirten und des Pan sowie von Wandermusikanten, zu denen der „Rattenfänger von Hameln“ zählt. Die „süßen Töne“ wurden auch mit den Stimmen der →Engel verglichen oder mit dem sehnsüchtigen Ruf der von Gott getrennten Seele, die in den himml. Bereich zurückkehren will (Spiel der Rohrflöte beim Tanz der Derwische). Die Profanierung der „richtigen Flötentöne“ versteht diese als Ausdruck des Anstands und Wohlverhaltens, das jemandem beigebracht wird. Siehe auch Abb. S. 209, 210.

Quellentext: „Die F. klang, die Trommel scholl! / Es war ein wüstes Wesen! / doch bin ich, Lust und Liebe voll, auch selbst dabei gewesen.“ (Goethe, „West-östlicher Diwan“, 1819, erweitert 1827)

Flügel, aus →Federn gebildete Schwingen, mit deren Hilfe es möglich ist, die Erdenschwere zu überwinden und himmelwärts zu streben. Somit sind die F. das Wesensmerkmal der →Vögel und der →Engel, deren Anzahl der Flügelpaare ihren Rang definiert (siehe →Kerub und Seraf). Auch veranschaulichen F. die „Leiblichkeit des Göttlichen“ (Platon) und symbolisieren dessen Schutz. Daneben sind F. auf vielfältige Weise ein Attribut von Personifikation und Symbolen wie die geflügelte Sonnenscheibe der Ägypter, aus der sich das Emblem des pers. Gottes Ahura Mazda entwickelt hat. Flügelhut und geflügelte Sandalen kennzeichnen Hermes (röm. Merkur). Zu den geflügelten Fabeltieren gehören das Musenross →Pegasus und das Flugross Burak, auf dem Muhammad seine Himmelsreise unternommen hat. Doch auch die Dämonen und Teufel sowie Insekten besitzen F., allerdings nicht aus →Federn, dem Symbol der Leichtigkeit, sondern – wie bei der →Fledermaus – aus Haut oder Leder. Siehe auch Abb. S. 18, 22, 53, 60, 81, 84, 90–92, 152, 212, 213, 241, 252, 254.

Fluss, Strom, mit dem Element →Wasser verbundenes Symbol der Fruchtbarkeit, das als Flussgott namentlich personifiziert wird. Die frühen Hochkulturen entstanden an den heiligen Flüssen Indus, Ganges, Nil sowie Euphrat und Tigris, die im bibl. Schöpfungsmythos mit den Strömen Pischon und Gihon den →Garten Eden bewässern (Genesis 2, 10–14). Mit der Entstehung des Christentums ist der Jordan verbunden, den die Israeliten unter der Führung des Josua überschritten haben (Josua 3,1–17) und in dem Jesus die Taufe empfing, verbunden mit der Offanbarung (Epiphanie) seiner Gottessohnschaft. Siehe auch Abb. S. 51.

Fortitudo, Symbolfigur der Kardinaltugend Tapferkeit mit den Attributen →Fahne, →Löwe, →Schild, →Schwert. Siehe auch →Iustitia, →Sapientia, →Temperantia.

Frosch, aufgrund der Entwicklung vom Ei im Froschlaich über die Kaulquappe zum amphib. Land- und Wassertier ein Symbol der Menschwerdung. In China war die Vorstellung verbreitet, der Laich falle vom Himmel. In Ägypten besaß die Göttin der Geburt den Kopf eines F.s, und der Bewohner des Nilschlamms symbolisierte Fruchtbarkeit; ihre massenhafte Verbreitung war jedoch auch eine der Plagen, die Aaron im Auftrag Gottes über das Land verhängte. Diese Ambivalenz kennzeichnet auch die mittelalterliche Froschsymbolik, wobei der „Physiologus“ zwischen dem Land- und dem Wasserfrosch unterscheidet. Ersterer hält der „Glut der Begierde“ stand und symbolisiert zugleich die Gläubigen, während letzterer bei der geringsten Versuchung und sonnenscheu in das Gewässer der Unzucht taucht und die Ungläubigen versinnbildlicht. Aus Sicht von Kirchenvätern wie des Eucherius von Lyon symbolisierte der F. den „Schlamm“ und das „Geschrei“ der Häresie, hatte doch bereits der Apokalyptiker Johannes ver-

Fliege. Detail einer Seite im Tierbuch des Petrus Candidus von 1460, illuminiert um 1600. Die untere der beiden Fliegen im abschließenden Kapitel über die „niederen Tiere“ ist textgetreu von →Flammen umgeben. Vgl. Abb. S. 243. (Vatikan, Biblioteca Apostolica Vaticana, Urb. lat. 276)

Flöte. Karikatur von Ernst Maria Lang in der Ausgabe der „Süddeutschen Zeitung“ vom 27.10.1965 mit der Bildunterschrift: „Der Hirte bläst die Flöte fein / die Böcke schauen finster drein.“ Offenkundig haben die Parteivorsitzenden Konrad Adenauer (CDU) und Franz Josef Strauß (CSU) als „Böcke“ größte Lust, dem „Hirten“ Ludwig Erhard, seit Ende 1963 Bundeskanzler, die sanften „Flötentöne“ auszutreiben.

Flügel. Symbol des Ahura Mazda aus dem altiranischen Pantheon; in der monotheistischen Lehre des Zarathustra avancierte Ahura Mazda zur höchsten und schließlich alleinigen Gottheit; Flügel gehören zu seinen Attributen. Relief vom Palast des persischen Großkönigs Darius I. in Persepolis, errichtet ab 515 v. Chr. (Chicago, Oriental Institute der Universität)

Fluss. Ein frühchristlicher Sarkophag im Mausoleum der Galla Placidia in Ravenna zeigt ein nimbiertes →Lamm über den vier Flüssen, in die sich der im →Garten Eden entspringende Strom teilt (Genesis 2, 10–14).

kündet: „Dann sah ich aus dem Maul des →Drachen und aus dem Maul des Tieres und aus dem Maul des falschen Propheten drei unreine Geister hervorkommen, die wie Frösche aussahen" (Offenbarung 16, 13). Von der Verwandlung in einen Frosch handelt die griech. Sage über die Bestrafung der lyk. Bauern, die einer Göttin das Trinkwasser trübten, indem sie hineinsprangen. Die Entzauberung ist im Märchen vom Froschkönig die Wohltat der Prinzessin. In diesem Zusammenhang stehen tiefenpsycholog. Deutungen des F.s als Symbol der männlichen Sexualität, die der Akzeptanz bedarf: Um seine Gestalt als Prinz zu erhalten, muss der Wunsch des Froschkönigs erfüllt werden, ins →Bett der Prinzessin zu kommen. Auf den F. als Attribut des hl. Pirmin bezieht sich die Legende, der Abt auf der Klosterinsel Reichenau habe das störende Quaken unterbunden. Diese Fähigkeit wurde bereits den chines. Dichtern und Kaisern nachgesagt.

Quellentext: „Aaron streckte seine →Hand über die Gewässer Ägyptens aus. Da stiegen die Frösche herauf und bedeckten ganz Ägypten" (Exodus 8,2).

Frucht siehe Farbteil 4: Flora und Früchte

Fuchs, ein überwiegend negatives Symbol bösartiger List. Wie beim Eichhörnchen trug das rötliche Fell dazu bei, den F. als Teufelsgestalt zu dämonisieren. Diese Verbindung ist noch im sprichwörtlich „fuchsteufelswilden" Verhalten gegenwärtig, obwohl die Sprachforschung andere Herleitungen annimmt. Im antiken Rom galt der F. als Feuerdämon, und am Fest der Göttin Ceres wurden zur Abwehr des Getreidebrandes Füchse mit →Fackeln an den Schwänzen durch die Felder gejagt. Dagegen bedient sich Samson der Fackeln an den jeweils paarweise verbundenen Schwänzen, um die Ernte der Philister zu vernichten: „So verbrannte er die Garben und das andere noch stehende Korn, ebenso die →Weingärten und die →Ölbäume" (Richter 15,5b). Dem listenreichen Loki wurde der F. bei den Germanen zugeordnet, und in dieser Eigenschaft tritt der Heuchler in zahlreichen Tierfabeln auf: Bei Äsop sind ihm die →Weintrauben, die er nicht erreichen kann, ohnehin „zu sauer", und seinem Lieblingsopfer, der →Gans, predigt er im Mönchsgewand. Als Meister im Verschleiern seiner Missetaten erscheint der Titelheld von Goethes Versepos „Reinecke Fuchs" (1794).

Füllhorn, das Attribut der Glücksgöttin Fortuna und Symbol für unerschöpfliche Gaben, die den Menschen ohne ihr Zutun geschenkt werden: Aus einer Art Trinkhorn quellen Früchte und weitere Nahrungsmittel. Im griech. Mythos gehört das →Horn der →Ziege Amalthea. Diese tiergestaltige Nymphe säugte in einer →Höhle das Knäblein Zeus und versorgte es mit allem Lebensnotwendigen. Das mit Blumen ausgestattete F. ist auch der Göttin Flora zugeordnet, jenes mit Früchten der Personifikation des Herbstes.

Fünf siehe →Zahlensymbolik

Fuß, der unmittelbar mit der →Erde verbundene Körperteil des Menschen und somit Symbol seiner erdverbundenen Körperlichkeit, aber auch seiner Selbständigkeit, sofern er „auf freiem F. lebt". Dem entsprach umgekehrt die Unterwerfung, indem der Sieger den F. auf den Besiegten setzte; freiwillige Unterwerfung erfolgt beim gebückt oder hingestreckt vorgenommenen Fußkuss. Symbolträchtig ist auch die Entblößung der Füße als Zeichen der Demut. In diesem Sinne entledigt sich seines Schuhwerks, wer ein Heiligtum oder eine Moschee betritt. Zu den Sitten der Gastfreundschaft gehört im Orient die Fußwaschung; sie symbolisiert, indem sie von Höhergestellten ausgeübt wird, Demut und Liebe. So die Fußwaschung Jesu an seinen Jüngern (Johannes 13,1–20), in der kath. Kirche und den Ostkirchen ein Ritus am Gründonnerstag. Auf außerbibl. Quellen beruht der Fußabdruck Christi in der Ikonographie der Himmelfahrt des „leibhaftig" Auferstandenen. Auf die Legende der Begegnung des aus Rom fliehenden und dann umkehrenden Petrus mit Christus geht der Fußabdruck Christi in der Kirche „Domine quo vadis" an der Via Appia zurück, der auch andernorts verehrt wird. Analogien bestehen in anderen Religionen als Fußabdrücke heiliger Personen in Verbindung mit bestimmten Ereignissen. Sie symbolisieren die Fußstapfen, in die es zu treten gilt bis hin zum Vorbild von Filmstars, deren Fußabdruck der Sunset-Strip in Los Angeles in Beton konserviert. Bereits in der Antike galt das Aufstehen mit dem linken F. als schlechtes Vorzeichen des Tages. Dies weiß auch der Dorfrichter Adam in Heinrich von Kleists „Zerbrochenen Krug" (1802), denn ihm „renkt" der Herrgott schon bei Tagesanbruch einen „F. aus", den linken, einen „Klumpfuß", der Adam schließlich als Teufel auszuweisen scheint. Denn die Dämonen besitzen missgestaltete Füße, vorzugsweise die eines →Pferdes oder →Ziegenbocks.

Quellentexte: „Du schreitest über →Löwen und Nattern, trittst auf Löwen und →Drachen" (Psalm 91,13).

„Sie trocknete seine Füße mit ihrem →Haar, küsste sie und salbte sie mit dem →Öl" (Jesu Begegnung mit der Sünderin im →Haus eines Pharisäers, Lukas 7,37b).

Frosch. Detail aus einem Relief in der Mastaba des Kagemni in Sikkara mit dem Fischfang des Wesirs auf dem Nil. Im Laichschilf hocken Frösche. Um 2300 v. Chr.

Fuchs. Reineke als scheinheiliger Pilger. Illustration zum 6. Gesang in Goethes Versepos „Reineke Fuchs“ (1809) von Wilhelm Kaulbach, in einer 1846 erschienenen Ausgabe.

Füllhorn. Emblem der Vorsorge von Guillaume de La Perrière, 1553. Auf einem von →Ameisen gezogenen Wagen triumphiert Dilligentia mit →Ähren und einem Füllhorn über die Personifikation der Armut.

Fuß. Die Himmelfahrt Christi in einer Handschrift des *Speculum humanae salvationis* („Heilsspiegels“), um 1360. Der Fußabdruck auf dem Gipfel des Berges symbolisiert die Körperlichkeit des Auferstandenen, der nun in den Himmel aufgenommen wird. Darunter: Jakobs Traum von der Himmelsleiter. (Darmstadt, Hessische Landes- und Universitätsbibliothek, Hs. 2505)

G

Gabelkreuz, das →Kreuz in Form des Y, an das bei Darstellungen des Kalvarienbergs die Schächer (Verbrecher) zu beiden Seiten Jesu gefesselt sind. Ein G. ist allerdings auch ein Attribut des hl. Philippus, der in Phrygien an solch einem Kreuz starb, indem er gesteinigt wurde.

Gans, ein früh domestizierter Vogel, dessen Wildform vielseitige mytholog. Bedeutung besitzt. In Ägypten gab es die Vorstellung einer Urgans, von der das Weltenei stammte. Hier und in China gehörte die G. zu den Vermittlern zwischen Himmel und Erde. Die antiken Mythen verbinden die G. als Symboltier der Liebe, Fruchtbarkeit und ehelichen Treue mit Aphrodite (Venus) und Hera (Juno). Speziell die Römer schätzten die Wachsamkeit der Gänse, hatten sie doch 387 v. Chr. bei der Eroberung Roms durch die Gallier die Zerstörung des Kapitols verhindert. Gänse waren allerdings auch schuld daran, dass sich der hl. Martin seiner Ernennung zum Bischof nicht entziehen konnte: Vergebens hatte er sich in einem Gänsestall versteckt. Zur „Strafe" gibt es am Martinstag (11. November) den Gänsebraten. Sagen und Legenden beziehen sich auf das Geschnatter der Gänse, das sie zunehmend in Misskredit gebracht hat. Bereits in der Emblematik mit dem Motto *Silentium vita* („Schweigen bedeutet Leben") symbolisieren Gänse Geschwätzigkeit und somit auch Dummheit.

Quellentext: „Die G. geht so lange zur Küche, bis sie am Spieß stecken bleibt." (dt. Sprichwort)

Garbe, das gleichsam zu einem Strauß gebündelte Getreide, das Fülle symbolisiert. Bei Erntezeiten wurden der zuerst sowie der zuletzt entstandenen G. besondere Bedeutung zugeschrieben: Um Schaden zu vermeiden, mussten diese G.en an Arme verschenkt oder auf den Acker des Nachbarn geworfen werden.

Quellentext: „Sie gehen hin unter Tränen und tragen den Samen zur Aussaat. Sie kommen wieder mit Jubel und bringen ihre G.n ein" (Psalm 126,6).

Garten (mittelhochdeutsch *garto* „das Umzäunte"), ein frühes Symbol der Geborgenheit und der Erquickung, und das Hohelied preist im Vers 4,13 die Braut als Lustgarten. Der bibl. Schöpfungsmythos spiegelt die Gartenkunst der Frühen Hochkulturen mit dem kosmolog. Symbol des Achsenkreuzes der vier Weltgegenden in Gestalt von vier →Flüssen. Sprachgeschichtlich beruht der „G. Eden" als irdisches Paradies (griech. *paradeison)* auf dem altpers. Begriff *pairidoaêza* mit der Bedeutung „umfriedeter G."; hier bestehen Übergänge von der Gartensymbolik zum Symbol der →Insel. Die griech. Mythologie enthält den G. der Hesperiden, in dem →Äpfel aus →Gold gedeihen. Die vorletzte der zwölf Sühnetaten des Herakles bestand im Raub solcher Äpfel; er gelang ihm mit Hilfe des überlisteten Titanen Atlas. Kulturgeschichtlich reicht die Symbolik vom G. als Ort der Meditation in Gestalt des Kloster- oder Tempelgartens (z. B. im Buddhismus) über die geordnete Natur im barocken Schlossgarten bis zum Sinnbild der beschützten Kindheit. Siehe auch Abb. S. 51.

Quellentexte: „Dann legte Gott, der Herr, in Eden im Osten einen G. an und setzte dorthin den Mensch, den er geformt hatte" (Genesis 2,8).

„Mein Geliebter komme in seinen G. und esse von den köstlichen Früchten" (Hohelied4,16b).

„Baut Häuser und wohnt darin, pflanzt Gärten und esst ihre Früchte!" (Jeremia 29,5).

Gazelle, aufgrund ihrer Schnelligkeit ein Symbol, das beispielsweise in Indien mit dem Wind und der Himmelsbahn der Gestirne in Zusammenhang steht. Die großen →Augen der G. symbolisieren Schönheit, mitunter auch Scharfsicht im Sinne geistiger Erkenntnis. Als Jagdopfer etwa des →Löwen ist die G. ein Sinnbild der Wehrlosigkeit des Edlen, das aus tiefenpsycholog. Sicht von Tendenzen, die dem Unterbewussten entstammen, zerstört wird.

Quellentext: „Fort, fort, mein Geliebter, der G. gleich, dem jungen →Hirsch auf den Balsambergen" (Hohelied 8,14).

Gebetsschnur, aneinander gereihte →Knoten oder →Perlen als Gebets- und Meditationshilfe. Sie symbolisieren im Buddhismus die 108 Entwicklungsstufen der Welt, im Islam die 99 Namen Allahs. Der kathol. Rosenkranz gliedert sich in fünf Einheiten, die jeweils bestimmten Ereignissen im Leben Jesu und Mariens gewidmet sind. Jede Perle bedeutet ein „Ave Maria"-Gebet; als Zwischenglieder dienen größere Perlen als Vaterunser. Die Einführung des Rosenkranzes im 13. Jh. wird dem hl. Dominikus zugeschrieben.

Geier, in Ägypten ein Beschützer des Königs, während die Königin eine Geierhaube mit dem Kopf des Vogels und seitlichen Flügeln trägt. In mehreren indian. Kulturen Nordamerikas steht der G. mit der Lebenskraft des →Feuers und der →Sonne in Verbindung; in diesem Sinne bekrönt er Totempfähle. Bei den Mayas bildete er ein Todessymbol. In Afrika symbolisiert der G. mitunter die Verwandlung von wertlosem Material in →Gold. Zugrunde liegt die Eigenschaft des Vogels als Aasfresser.

Gans. Die Karikatur *Electeurs ruraux* („Ländliche Wähler") der Zeit um 1840 attackiert die Kirche, die ihre „Gänse" berauscht. Ein zweiter Geistlicher spielt mit einem jakobinischen Püppchen, das mittels einer Sprungfeder mit dem Fähnchen „Anarchie" aus einem Kasten schnellt.

Gazelle. Die Mondgazelle zieht Chandra, die hinduistische Personifikation des Mondes, in dessen Wagen auf der Himmelsbahn. Aquarell aus Kalkutta, um 1885. (London, Victoria and Albert Museum)

Geier. Detail eines reliefierten Pfeilers des Königs Sesostris I. In seinen Fängen hält der Geier das Symbol →Anch, um 1950 v. Chr. (Kairo, Ägyptisches Nationalmuseum)

Garten. Die Miniatur in einem „Heilsspiegel" (um 1360) verbindet zwei Mariensymbole: Inmitten des „verschlossenen Gartens", lat. *hortus conclusus,* befindet sich der „versiegelte →Brunnen", lat. *fons signatus.* Beide Symbole leiten sich vom Hohelied 4,12 her. (Darmstadt, Hessische Landes- und Hochschulbibliothek, Hs. 2505)

Geißel (lat. *flagellum),* im Altertum eine aus Lederriemen oder Schnüren geflochtene Rute, um Gesetzesbrecher zu züchtigen. Als Insignie des ägypt. Königs symbolisiert die G. die Strafgewalt seines Herrscheramtes, die sich gegen Feinde im Inneren des Landes und Feinde von außen richtete. Im übertragenen Sinne waren und sind furchterregende Machthaber, Epidemien, Hungersnöte und Kriege G.n der Menschheit. Im Mittelalter bildete die Geißelung eine freiwillige Bußübung und eine Nachahmung der Leiden Jesu während seines Prozesses. Um 1350 zogen im Zeichen der Großen Pest Geißler durch ganz Europa, wobei diese Flagellanten sich gegenseitig die Absolution erteilten.

Quellentexte: „[Jesus] machte eine G. aus Stricken und trieb sie alle aus dem Tempel hinaus, dazu die Schafe und Rinder, das Geld der Wechsler schüttete er aus, und ihre Tische stieß er um" (Johannes 2,15).

„Wenn du siehst, dass alle braven Leute die G. ersehnen, so zähle darauf, dass sie in Bälde folgt. [...] Gottes G. ist nahe." (Predigt des Girolamo Savonarola 1495 im Dom von Florenz)

Geißelsäule, ein Symbol der Züchtigung Jesu („Darauf ließ Pilatus Jesus geißeln"; Johannes 19,1). Die G. gehört wie die →Geißel zu den →Arma Christi und wird auf Darstellungen des Jüngsten Gerichts von Engeln seitlich des Erlösers und Weltenrichters Christus vorgewiesen.

Gelb, in den einzelnen Kulturen unterschiedlich bewertetes Farbsymbol, zumal es ein breites Spektrum von kaltem Schwefelgelb bis zum warmen Goldgelb umfasst. Hohen Rang besitzt das G. in Fernost. Hier ist es – komplementär zum →Schwarz des →Yin und dem →Yang zugeordnet. Während der chines. Ch'ing-Dynastie (1644–1911) war das sonnenhelle G. den Kaisern vorbehalten. G. kennzeichnet das buddhist. Mönchtum, wobei die safrangelben Gewänder der Novizen zeigen, dass diese das Gelübde der Demut und der Entsagung abgelegt haben (siehe auch →Chrysantheme). In Europa überwiegt die negative Symbolik des G. In Zeiten strenger Kleiderordnung trugen Huren G., und Juden war ein gelber →Ring verordnet; ihm folgte im Nationalsozialismus der gelbe →Judenstern. G. symbolisierte Hinterlist, Neid („gelb vor Neid") und Verrat. Auf der bereits antiken Lehre der Körpersäfte und vier Temperamente beruht die Einschätzung des Cholerikers (zu griech. *chole* „gelb"); ihn beherrscht die gelbe Flüssigkeit der Galle. Siehe auch Abb. S. 148, 149.

Geldbeutel, ein Attribut der Hauptsünde Geiz, personifiziert als →Avaritia, aber auch des Judas. Ihn kennzeichnet ein G. als „Kassenwart" unter den Jüngern Jesu und als den Verräter, der für seinen Verrat im Voraus „dreißig Silberstücke" von den Hohepriestern erhalten hat (Matthäus 26, 14–16). Beide Aspekte erwähnt die Erzählung von der Salbung Jesu in Betanien: „Das →Haus wurde vom Duft des →Öls erfüllt. Doch einer von seinen Jüngern, Judas Iskariot, der ihn später verriet, sagte: Warum hat man dieses Öl nicht für dreihundert Denare verkauft und der Erlös den Armen gegeben? Das sagte er aber nicht, weil er ein →Herz für die Armen gehabt hätte, sondern weil er ein Dieb war; er hatte nämlich die Kasse und veruntreute die Einkünfte" (Johannes 12,3–6).

Gemini, lat. für das Tierkreiszeichen →Zwillinge.

Gesetzestafeln, als Symbol des Bundes, den Jahwe am Berg Sinai mit den Israeliten geschlossen hat, zwei bogenförmige Steintafeln mit den in zwei Kolumnen verzeichneten Zehn Geboten. Sie beginnen mit dem obersten Gebot des Monotheismus: „Du sollst neben mir keine anderen Götter haben" (Exodus 20,3). Doch während Mose die „beiden Tafeln der Bundesurkunde, steinerne Tafeln, auf die der Finger Gottes geschrieben hatte" (Exodus 31,18) zum Volk brachte, bildete das →Goldene Kalb den ersten Bruch des Bundes, und Mose zerschmetterte die G.; ihre Erneuerung erfolgt, indem Mose selbst zwei Tafeln auf dem Gipfel des Sinai beschriftet (Exodus 34,27 bis 29). Diese beiden G. wurden in der Bundeslade mitgeführt. Ihr Sinnbild schmückt den Toraschrein in der Synagoge. Eine Grundlage der röm. Rechtsordnung bildete das Zwölftafelgesetz von 451/450 v. Chr.: Die Gesetze wurden auf zwölf Tafeln festgehalten und bis zu ihrer Zerstörung während des Galliersturms 387 v. Chr. auf dem Forum Romanum öffentlich aufgestellt. Siehe auch Abb. S. 178.

Quellentext: „Der Herr sprach zu Mose: Komm herauf zu mir auf den Berg und bleib hier! Ich will dir die Steintafeln übergeben, die Weisungen und die Gebote, die ich aufgeschrieben habe" (Exodus 24,12).

Gesichter, in mehreren Kulturen verwendetes Motiv bei der Darstellung von Symbolfiguren und Götterbildern: Zwei G. besitzt der röm. Janus, der den Übergang von der Vergangenheit in die Zukunft verkörpert. Auch die →Prudentia besitzt zwei G. Das →Dreigesicht symbolisierte zeitweilig die Dreifaltigkeit Gottes, die der dreigesichtige Teufel nachäfft (vgl. →Affe). Im Hinduismus verkörpert der dreigesichtige Gott Haribare eine Triade aus Erschaffung (Vishnu), Zerstörung (Shiva) und Neuschöpfung des Kosmos. Vier Gesichter beziehen Brahma mit ein.

Geißel. Amenophis IV. (Echnaton) mit Kultbart. Die vor der Brust gekreuzten Hände halten die königlichen Insignien Geißel und →Krummstab, um 1360 v. Chr. (Kairo, Ägyptisches Nationalmuseum)

Gesichter. Skulptur des im Hinduismus verehrten vierköpfigen Schöpfergottes Brahma aus Battambang in Kambodscha.

Geldbeutel. Die Teilansicht des Schreins von Tilman Riemenschneiders „Heiligblutaltar" (1501–05) in der Jakobskirche in Rothenburg ob der Tauber, zeigt Jesus, der beim Letzten Abendmahl den Verräter Judas entlarvt (Johannes 13,26). Judas hält in der Linken sein Attribut Geldbeutel.

Gesetzestafeln. Michelangelos Sitzfigur des Mose (1513–16) mit wallendem →Bart und zwei →Hörnern stützt seine rechte Hand auf die beiden Gesetzestafeln vom Berg Sinai. (Juliusgrab in San Pietro in Vincoli in Rom)

Glas, mit dem →Licht verbundenes Symbol der himml. Welt: Die Transparenz des Materials wird zum Sinnbild der Transzendenz; sie steigert ihre Symbolik in Form einer →Kugel aus G. In diesem Zusammenhang steht die Glaskugel in der Wahrsagerei. Als Mariensymbol dient G., indem es durchscheinen lässt, ohne verletzt zu werden, vergleichbar der jungfräulichen Empfängnis; in diesem Sinne zeigen Darstellungen der Verkündigung an Maria eine →Lilie in einer gläsernen Vase. Zur Ambivalenz der Glassymbolik gehört die Zerbrechlichkeit des glasklaren Werkstoffs, der auch die →Brille und das →Fenster kennzeichnet, und ebenso kann das gläserne Gefäß oder Bauteil isolieren: „Ein Mann spricht hinter einer Glaswand in ein Telefon; man hört ihn nicht, man sieht nur sein sinnloses Minenspiel" (Jean-Paul Sartre).

Quellentext: „Und vor dem →Thron war etwas wie ein gläsernes Meer, gleich einem →Kristall" (Offenbarung 4,6a).

Glocke, meist konkav geschweifter, unten offener und oben durch den Glockenhelm mit Henkel zum Aufhängen geschlossener Schallkörper mit beweglichem Klöppel im Inneren: Im Orient sind G.n seit dem 9. Jh v. Chr. nachweisbar. Ihre in vielen Religionen verbreitete Symbolik als göttliche Stimme, die vom Himmel zur Erde schallt, schloss bestimmte Riten ein, etwa als Ruf zum Gebet, der den Tagesablauf gliedert. Ein Beispiel ist das heute neben dem Mittagsläuten noch verbreitete Vesperläuten, benannt nach der Gebetszeit Vesper um 18 Uhr. Darüber hinaus symbolisiert die G. als „Sturmglocke" ein Wächteramt. Ein Beispiel für den Zweck, Dämonen abzuwehren, ist das Antoniusglöckchen am →Antoniuskreuz. G.n säumen die Dächer der →Pagode; indem der Wind sie zum klingen bringt, verströmen sie das erlösende *Dharma* (Sanskrit „das, was trägt, heilt"). Bei den Priestergewändern der Israeliten mussten am unteren Saum des →Mantels abwechselnd ein →Granatapfel und ein Goldglöckchen befestigt werden, um den Gang des Priesters im Heiligtum klingen zu lassen (Exodus 28,33–35). Vorbild der Freiheitsglocke in Berlin (1950) ist die Liberty Bell von 1753; sie verkündete 1776 in Philadelphia die Unabhängigkeit der USA.

Quellentext: „Hoch überm niedren Erdenleben / Soll sie in blauem Himmelszelt / Die Nachbarin des Donners schweben / und grenzen an die Sternenwelt. [...]" (Friedrich Schiller, „Das Lied an die Glocke", 1800)

Glücksrad, eine Sonderform des →Rads als Symbol des ständigen Wechsels von Glück und Unglück; somit eine euphemist. Bezeichnung dieses Attributs der griech. Schicksalsgöttin Tyche (röm. Fortuna). Die im Mittelalter entstandene Ikonographie des G.s zeigt die Schicksalsgöttin, welche dieses Rad dreht, an das sich allegor. oder konkrete Figuren klammern.

Quellentext: „Gutes und Böses, Leben und Tod, Armut und Reichtum kommen vom Herrn" (Jesus Sirach 11,14).

Gold (lat. *aurum),* in nahezu allen Kulturen mit dem Göttlichen und der Sonne verbundenes Mineral, verstanden als das wertvollste Geheimnis der →Erde oder (bei den Azteken) als Ausscheidung des Sonnengottes: Unabhängig vom Materialwert des polierbaren und somit glänzenden, weitgehend hitze- und säurebeständigen Edelmetalls symbolisiert G. Beständigkeit und höhere Erkenntnis. Die Verwendung von G. war von Beginn an privilegiert: Sie gebührte dem sakralen Bereich und dem Herrschertum. Eine Sonderstellung besitzt die Kunst des Islam, indem hier das G. dem Paradies im Jenseits vorbehalten ist. Dies trug wesentlich zur Entwicklung alternativer Werkstoffe bei. Als Symbol sträflicher Habgier erscheint das G. in der griech. Sage vom phryg. König Midas: Nachdem dieser dem Satyr Seilenos geholfen hatte, erfüllte Dionysos die Bitte, dass alles, was Midas berühre, sich in G. verwandle. Da dies auch alle Speisen und Getränke betraf drohte Midas der Hungertod. Erlösung fand er durch ein Bad im →Fluss Paktolos, der fortan G. führte. Siehe auch Abb. S. 188–190.

Quellentexte: „Golden sind wahrhaftig nun die Zeiten: / Das Höchste wird für G. verkauft, / Mit G. verschafft man sich Liebe." (Ovid, „Liebeskunst", 1 n. Chr.)

„Das erst gibt dem G. die Farbe der Sonne, dass man ins →Feuer es wirft!" (Friedrich Hölderlin, „Hyperion oder Der Eremit in Griechenland", 1797–99)

„Nach G.e drängt, / Am G.e hängt / Doch alles!" (Gretchen in Goethes „Faust. Der Tragödie 1. Teil", 1808)

Goldenes Kalb, ursprünglich das von Aaron errichtete →Kultbild eines Kalbes (gemeint ist wohl ein →Stier aus dem Kult des Baal), während Mose auf dem Berg Sinai die →Gesetzestafeln empfängt (Exodus 32,1–6). Daraus entwickelte sich das G. K. zum Symbol der erstrebten materiellen Güter, verkörpert auch durch eine reiche heiratsfähige Frau. Sie steht im Mittelpunkt des „Tanzes um das G. K." Von solch einem Tanz handelt auch die Moralsatire „Das Narrenschiff" (1494) von Sebastian Brant. Heute lassen sich auch Macht und Prestige als G. K. einschätzen.

Quellentext: „Wenn der Pöbel aller Sorten / Tanzet um die goldnen Kälber, / Halte fest: Du hast vom Leben / Doch am Ende nur dich selber." (Theodor Storm, „Für meine Söhne")

Abb. zu dieser Seite siehe Seite 129

IV
FLORA • FRÜCHTE

„Gott, der Herr, ließ aus dem Ackerboden allerlei Bäume wachsen, verlockend anzusehen und mit köstlichen Früchten, in der Mitte des Gartens aber den Baum des Lebens und den Baum der Erkenntnis von Gut und Böse“ (Genesis 2, 9). Letzteren charakterisieren die Schlange, Adam und Eva, die weiß, dass sie nicht davon essen darf, denn sonst muss sie sterben (Genesis 3,3). Somit wird der Baum rechts zum Baum des Todes mit Totenkopf als „Frucht“. Dagegen kennzeichnen ein Kruzifix und Maria, die „neue Eva“, den linken Teil als Baum der Erlösung und des Lebens. Maria übergibt die Hostie in Form einer Oblate als Brot des Lebens in der Eucharistie. Miniatur des Regensburger Buchmalers Berthold Furtmayr in einer 1418 vollendeten fünfbändigen Prachthandschrift des Missale Romanum (Textbuch der Messe) mit der Bezeichnung „Salzburger Missale“. (München, Bayerische Staatsbibliothek, Cod. lat. 15710, fol. 60 verso)

Die Lilie (links)
Zur botanischen und zur geistlichen Literatur gehört der *Liber floridus* („Pflanzenbuch"). Geschrieben hat es um 1120 der Kanonikus Lambert von Saint-Omer in Artois. Das Interesse Lamberts richtet sich zwar in erster Linie auf die Symbolik der Pflanzen, die sich bei der Lilie daraus ergibt, dass sie unbeschadet inmitten von Dornen gedeiht und auf diese Weise ihre Reinheit bewahrt. Lamberts Bilder der Pflanzen bemühen sich zugleich um ihr natürliches Erscheinungsbild.
(Gent, Universitätsbibliothek, Ms. 92, fol. 230 verso, Ausschnitt)

Indem von der unermesslichen Fülle und Vielfalt der Blumensymbolik die Rede ist, tritt zunächst das Paar der Lilien und Rosen vor Augen, das zu den Mariensymbolen gehört: „Bei der Lilie ist bezeichnet die Keuschheit, denn die Lilie ist weiß und hat keine schwarzen Flecken. Also war unsere Frau Maria weiß und rein ohne alle schlechten Makel der Sünde. […] Bei der Rose, die zweierlei Farbe hat, weiß und rot, ist sie auch bezeichnet, bei den Weißen ihr reines Magdtum, bei den Roten ihre vollkommene Minne"; so deutet eine volkssprachliche Predigt aus dem 14. Jh. die weit verbreitete bild- und literatursprachliche Mariensymbolik der weißen Lilie sowie der roten und weißen Rose.

Ein Hinweis auf orientalische Wurzeln der symbolischen Verwendung beider Blumen sind Bibelstellen sowohl im Hohelied („Ich bin eine Blume auf den Wiesen des Scharon, eine Lilie der Täler", 2,1) als auch im Buch des Propheten Hosea, in dem Gott verheißt: „Ich werde für Israel da sein wie der Tau, damit es aufblüht wie eine Lilie und Wurzeln schlägt wie der Libanon" (Hosea 14,6). Zur religiösen Symbolik von Lilie und Rose gehört allerdings neben ihrer Farbsymbolik auch ihre Freiheit oder Befreiung von Dornen. So folgt im Hohelied dem

Lilien und Rosen (gegenüber rechts)
Diese beiden marianischen Symbole der Reinheit und der mütterlichen Liebe bilden auf Matthias Grünewalds „Stuppacher Madonna“ (um 1518) gleichsam ein Blumen-Stillleben. Das vermutlich als Mitteltafel eines Triptychons entstandene Gemälde befindet sich in der Pfarrkirche Mariä Himmelfahrt von Stuppach bei Bad Mergentheim.

Ein Liebesgarten (rechts oben)
Zwei Paare in einem Rosengarten; das rechte Paar ist Wange an Wange verbunden, links ehrt die Liebende den Geliebten mit einem Kranz. Die Miniatur gehört zur Ausstattung einer Handschrift von 1418 des anonymen mittelhochdeutschen Heldenepos „Der Rosengarten zu Worms“. (Heidelberg, Universitätsbibliothek, cpg. 359, fol. 61 recto)

Ein Liebestraum (rechts unten)
Der altfranzösische *Roman de la rose („Rosenroman“)* beginnt mit den Versen: „Manche Leute sagen, in den Träumen gäbe es nur Märchen und Lügen, / aber man kann solche Träume träumen, / die keineswegs lügnerisch sind, sondern später ganz klar werden.“ Dies erlebt ein hier schlafender Kleriker, der von einem Rosen-Mädchen träumt, das er zu erringen hofft. Während ein blühender Rosenstrauch den Wunschtraum symbolisiert, verkörpert die mit einer Keule bewaffnete Figur die Gefahren, mit denen eine Verwirklichung des Traums verbunden ist. (Biblioteca Apostolica Vaticana, Urb la. 376, fol 1 recto; vgl. S. 241)

Lotosblume
Die Hängerolle (128 x 78 cm, Malerei auf Seide) entstand im 13. Jh. in China zur Zeit der Sung-Dynastie. Sie trägt den Titel „Lotos und Enten“, der zunächst lediglich ein Naturmotiv mit Wasserpflanzen und Wasservögeln bezeichnet. Überliefert sind außer diesem weitere vergleichbare Werke aus Japan, denn hier wurden sie nicht als Naturidylle betrachtet, sondern als religiöse Kunst sorgfältig behandelt und sogar als Kultbilder in Tempeln verwendet. Denn der bereits im Hinduismus wie auch in Ägypten geschätzte Lotos erhielt eine überragende Bedeutung im buddhistischen Sinne: Der aus dem Sumpf emporwachsende Lotos symbolisierte den absoluten, reinen Wesenskern der Buddhanatur. (Berlin, Museum für Ostasiatische Kunst)

Lotossitz (gegenüber)
Im tantrischen Buddhismus ist die Vereinigung des Buddha Aksobhya mit seiner göttlichen Shakti (Gefährtin) ein Bild der vollkommenen Weisheit. Auf diesem tibetischen Thanka (Rollbild) dient dem Paar eine weit geöffnete, stilisierte Lotosblüte als Sitz (vgl. Abb. S. 81).

zitierten Vers: „Eine Lilie unter Disteln ist meine Freundin unter den Mädchen.“ Daran anknüpfend preist im 13. Jh. etwa Mechthild von Magdeburg Maria als „schöne Rose im Dorn“. Anteil an der christlichen Adaption der Lilien- und Rosensymbolik hat bereits früh der Antijudaismus. So vergleicht um 700 der Theologe Johannes Damascenus die Juden mit den Dornen, die Maria überwunden hat: „O Rose, die du aus den Dornen, das heißt: aus den Juden, hervorgesprossen bist und alles mit göttlichem Duft durchströmt hast.“

Jener Prediger des 14. Jh. verwendete in seinem Marienlob den Begriff der Minne, der die Wechselbeziehung zwischen Verehrung „Unserer lieben Frau“ und dem höfisch-ritterlichen Frauendienst umfasst. Letzterer ist Thema des anonymen Heldenepos vom „Rosengarten in Worms“ aus dem 13. Jh. Es übernimmt Figuren aus dem „Nibelungenlied“ und der Sage des Dietrich von Bern (=Theoderich) sowie Marias Rosenhag in einem Turnier, das Siegfrieds Gemahlin in Worms veranstaltet. Jedem der Kämpfer winkt als Siegespreis ein „Rosen-

श्रीवज्रसत्वायनमो

Der Baum der Erleuchtung (oben)
Die indische Palmblatt-Miniatur (6 x 6 cm) aus dem frühen 2. Jh. n. Chr. schildert die entscheidende Episode der Buddha-Legende: Prinz Siddharta Gautama, der Heimat und Familie verlassen hat, unternimmt jahrelang den Versuch, durch Askese und Yoga zu höherer Erkenntnis zu gelangen. Doch erst unter einem Baum in Gaya wird dem zukünftigen Buddha die Erleuchtung zuteil. Mara, der im Reich des Bösen herrscht, schickt seine Dämonen. Sie versuchen, den in Meditation Versunkenen zu stören, etwa durch den „Höllenlärm" ihrer Trompeten. Dieser Angriff der teilweise tierköpfigen Widersacher bleibt wirkungslos. Zum Zeichen seiner Anrufung der Erdgöttin richtet Gautama seine rechte Hand abwärts; dies ist eine der symbolischen buddhistischen Gesten, genannt Mutras. (Berlin, Museum für Indische Kunst)

Der Baum der Erlösung (gegenüber)
Der *Legenda aurea* des Jacobus de Voragine zufolge stammt das Holz des Kreuzes Christi vom Baum der Erkenntnis von Gut und Böse im Garten Eden und somit des Sündenfalls. Als Christi „Baumkreuz" symbolisiert es das Erlösungswerk des Opfertodes am Kreuz. Dieses Mysterium vom Sündenfall (Schlange, Adam und Eva, Stamm des Baumes) und der Erlösung (Christus am Kreuz) ist Thema des Freskos von Giovanni da Modena, um 1450, in San Petronio in Bologna.

kränzlein“ sowie ein „Umhalsen und Küssen“; die Darstellungen bis ins 15. Jh. beschränken sich hierbei auf das Motiv der Berührung Wange an Wange. Die reichhaltigste Entfaltung der erotischen Rosensymbolik enthält der in zwei Teilen entstandene *Roman de la rose:* Dem um 1230–50 verfassten ersten Teil von Guillaume de Lorris mit einer ausführlichen Unterweisung des klerikalen Protagonisten in der Liebeskunst in der Tradition Ovids fügte 40 Jahre später Jean de Meung den fünfmal umfangreicheren allegorischen zweiten Teil des Versromans hinzu; er endet mit dem Besitz der „Rose“. Illuminierte Handschriften dieses „Rosenromans“ entstanden bis ins 15. Jh.; zu den volkstümlichen Nachklängen gehört das Lied vom „Röslein rot, Röslein auf der Heide“.

Eine vergleichbare Ambivalenz von Religiosität und Erotik besitzt in den fernöstlichen Religionen der Lotos. Die weit geöffnete Blüte ist ein Sitz der hinduistischen und tantrischen Gottheiten, einzeln oder als Liebespaare. Der ursprüngliche Buddhismus sah in der Pflanze, die im Sumpf wurzelt und ihre Blüte über der Wasserfläche erhebt, ein Sinnbild für die Reinigung der Seelenkräfte.

Diese und weitere Erleuchtungen wurden dem meditierenden Siddharta Gautama nach buddhistischer Überlieferung in Bodh Gaya im heutigen indischen Bundesstaat Bihar unter einem Feigenbaum zuteil. Unter diesem mehrfach erneuerten „Buddha-Baum“ steht ein Diamantthron.

Die legendenhaft ausgeschmückte christliche Baumsymbolik beschäftigt sich mit dem Kreuz Jesu Christi in Gestalt eines Baumkreuzes mit Ästen, Zweigen und Blättern, die dieses Kreuz als Lebensbaum charakterisieren. Die *Legenda aurea* führt das Holz des Kreuzes von Golgata auf den Baum des Sündenfalls im Garten Eden zurück, der seine vollständige Umkehrung erfährt: Der Baum des Todes wird zum Baum des Lebens (vgl. Abb. S. 113).

Allerdings ist das Symbol des Lebensbaumes mit seinen Knospen, Blüten und Früchten generell ein Grundbestand der floralen Symbolik. Nahezu sämtliche mythologischen Weltbilder und deren bildliche Darstellungen zeigen einen Weltbaum, den Tiere symmetrisch flankieren, etwa auf mesopotamischen Reliefs und Rollsiegeln; das Motiv, jedoch ohne Tierbilder, reicht bis zum Schmuck muslimischer Gebetsteppiche.

In der nordischen Mythologie verbindet die immergrüne Weltesche Yggdrasil die Erde mit dem Himmel (Abb. S. 87). Ansonsten symbolisiert der Vegetationszyklus des Laubbaums den fortwährenden Wechsel von Werden und Vergehen. Der gefällte Baum bedeutet Vernichtung, etwa im Traum des babylonischen Königs Nebukadnezzar vom Baum, der „bis ans Ende der Erde zu sehen“ ist und auf Befahl eines himmlischen Boten geschlagen wird (Kapitel 4 des Buches Daniel). Dagegen vergleicht der Psalmist den Gottesfürchtigen mit einem „Baum, der an Wasserbächen gepflanzt ist, der zur rechten Zeit seine Frucht bringt und dessen Blätter nicht welken“ (Psalm 1,3).

Aus der Verbindung der messianischen Weissagung vom „neuen Reis“, der aus dem „Baumstumpf Isais“ sprießt (Jesaja 11,1), und der Genealogie Jesu am Beginn des Matthäus-Evangeliums entstand das Bildthema der „Wurzel Jesse“: Der Brust des schlafenden Jesse bzw. Isai (Vater König Davids) entwächst ein Baum mit den Vorfahren Jesu im Geäst, gipfelnd in Maria und dem Jesuskind. Die bildliche Entsprechung zur Erschaffung Evas aus der Rippe des schlafenden Adams

Der Baum der Gerechten
Beatus von Liébana, der Verfasser der Beatus-Apokalypse, vergleicht in einer Erklärung *(explicatio)* der Offenbarung des Johannes *(storia)* das Leben der Gerechten mit der himmelwärts strebenden Palme. Denn wie diese in der Wüste gedeiht, so leben die Gerechten in der „Wüste“ der Askese, Selbstverleugnung und Verachtung alles Irdischen. Sie werden in das himmlische Reich Gottes gelangen. In diesem Zusammenhang steht der Palmwedel als Attribut der Märtyrerinnen und Märtyrer als Blutzeugen. Die Miniatur befindet sich in der 975 vollendeten Beatus-Apokalypse der Kathedrale von Gerona (vgl. S. 88). Zum Symbol der Palme vgl. S. 123.

Lebensbäume
Ein Zeugnis des orientalischen Erbes in Palermo, der ehemals arabischen Hauptstadt von Sizilien, sind die Goldgrundmosaiken, im sogenannten Zimmer des Roger im Normannenpalast aus der Zeit Wilhelms I. (reg. 1154–66). Die symmetrische Darstellung von Panthern, Pfauen und Kentauren zwischen Lebensbäumen beruht auf persisch-sassanidischen Motiven.

deutet Maria als „neue Eva". Minnetraktate des Hochmittelalters enthalten als „Stammbaum" sich entwickelnder Liebesbeziehung den „Minnebaum". In ansteigender Folge gruppieren sich auf den Zweigen Szenen der Annäherung zwischen Liebenden, im Wipfel thront Gott Amor mit Liebespfeil und Bogen.

Die soziale Rangordnung der Ständegesellschaft verbildlicht der „Ständebaum" als naturgegebenes Wachstum.

In der neuzeitlichen „Kunstgeschichte des Baumes" verringert sich der Symbolgehalt, ohne ganz verloren zu gehen. Ein Beispiel sind die einer (Lebens-) Flamme vergleichbaren, emporzüngelnden Zypressen Vincent van Goghs. Die Malerei der Geometrischen Abstraktion leitet sich bei Piet Mondrian vom Baum her: Aus den 1908 begonnenen Baumbildern, auf denen Stamm und Astwerk die Fläche strukturieren, entwickelte Mondrian seine Kompositionen, deren senkrechte und waagerechte Balken sich – dem Ursymbol des Weltbaums vergleichbar – auf die metaphysische kosmische Geometrie beziehen.

Minnebaum (rechts)
Der *arbore d'amours* einer französischen Minnelehre aus dem 13. Jh. unterscheidet drei Stufen. Zuunterst stößt der kniefällig bittende Liebende auf die Abwehr der Dame, die es durch wohlgesetzte Rede, Seufzer, verliebte Blicke und fortwährenden Minnedienst zu überwinden gilt. Es kommt zur Annäherung im Gespräch, bildlich ausgedrückt durch den verminderten Abstand zwischen den beiden Figuren und die ausgestreckten Arme der Dame. Auf der dritten Stufe sitzt das Paar vertraut beieinander und berührt sich. Zuoberst steht der Liebesgott mit Pfeil und Bogen und überwacht sein Wirken. (Paris, Bibliothèque Saint-Geneviève, Ms. 2200, fol. 198 verso)

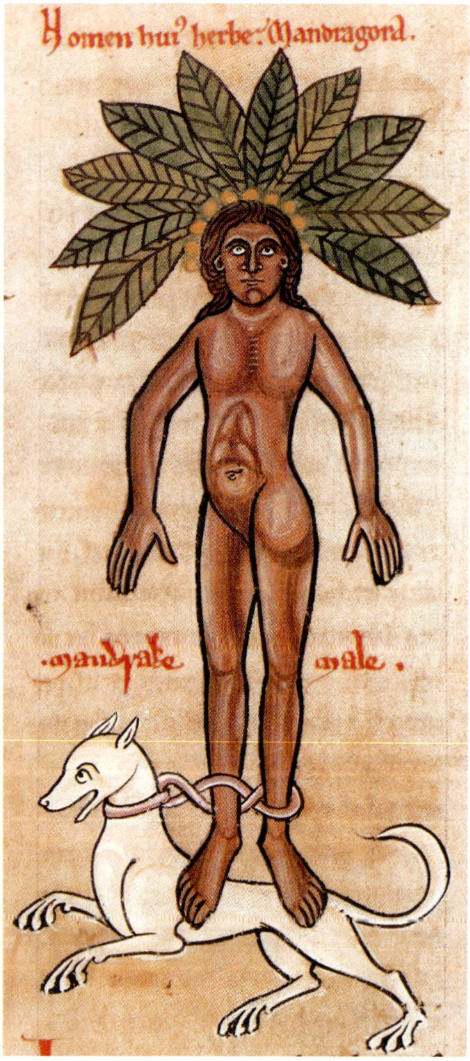

Baum der Seele (rechts)
Aus der Welt der Dunkelheit und des Irrtums, die von den Gestirnen beschienen wird *(solar world)* wächst der mystische *tree of the soul* gleich einer Palme im Paradies (Inschrift *paradise)* empor zum reinen *light of majesty* mit dem Dreieck um vier konzentrische Kreise, ursprünglich ein Symbol des Auge Gottes (vgl. S. 19). Die Darstellung einer mystischen Vision aus dem 17. Jh. befindet sich im British Museum. Zur christlichen Palme vgl. Abb. S. 120.

Liebeswurzel (gegenüber links)
Die anthropomorphe (menschengestaltige) Wurzel der Alraune bzw. Mandragora genoss im Altertum hohes, mythisch umwobenes Ansehen, das bis ins Mittelalter mit Sagen verbunden war. Das Nachtschattengewächs diente als Medizin, Aphrodisiakum, Narkotikum und berauschende Substanz. Eine Quelle zur aphrodisischen Bedeutung als Liebeswurzel enthält das Alte Testament in der Erzählung von Lea und Rahel: „Einst ging Ruben zur Zeit der Weizenernte weg und fand auf dem Feld Alraunen. Er brachte sie seiner Mutter Lea mit. Da sagte Rahel zu Lea: Gib mir doch ein par Alraunen deines Sohnes“ (Genesis 30,14). Den Hintergrund bildet die Absicht, die Verbindung zu Jakob durch Beischlaf (und Schwangerschaft) zu sichern. Die Abbildung in einem medizinischen Handbuch aus dem 12. Jh. bezieht sich auf die Technik, die Alraune von einem Hund aus der Erde ziehen zu lassen; denn sie schrien dabei so laut, dass jeder Mensch in Hörweite starb.

Melancholie (oben)
Als ein Hauptwerk des 1840 gestorbenen Caspar David Friedrich und Beispiel für dessen Erneuerung der lange Zeit gering geschätzten Landschaftsmalerei als „poetisch" bewertet Friedrichs Schüler Carl Gustav Carus in einer Art Nachruf die „Abtei im Eichenwald an einem Winterabend" („Friedrich der Landschaftsmaler", 1841). Tatsächlich beruht die Poesie dieses Bildes von 1809 (Berlin, Schloss Charlottenburg) auf der Mehrschichtigkeit der Bedeutungsebenen. Zu ihnen gehört eine melancholische Atmosphäre speziell in Preußen in den Jahren der napoleonischen Fremdherrschaft ab 1806. Die Trauer symbolisieren die entlaubten „deutschen Eichen". Zur Symbolsprache der Romantiker Friedrich und Runge vgl. die Abbildungen S. 19, 27, 182 und 183.

Eichenblatt-Wappen (gegenüber unten)
Ein Beispiel für die heraldische Verwendung von Eichenlaub ist das Wappen der Familie des Freiherrn Joseph von Eichendorff. Es zeigt zweimal einen Ast mit jeweils zwei Eichenblatt-Paaren und dazwischen je eine Eichel. Der Familienname wird auf den Ort Eichendorf an der Vils in Niederbayern zurückgeführt. In den Freiherrenstand mit gleichsam „sprechendem" Wappen gelangten die inzwischen in Schlesien (Schloss Lubowitz) ansässigen Eichendorffs in der zweiten Hälfte des 17. Jh. Abgebildet ist eine moderne Darstellung des ab 1900 verbindlichen Familienwappens.

Zur Geschichte der Baumsymbolik gehört ihre neuzeitlich nationale Verengung. Dies gilt etwa für die „deutsche Eiche", die sich aus Rückgriffen auf die germanische Mythologie erklärt: Der Baum war dem Donnergott Thor/Donar geweiht, und Thingplätze wurden mit Vorliebe unter Eichen angelegt; schließlich galt bei Gewittern die Regel; „Vor Eichen musst du weichen, Buchen sollst du suchen." Doch auch der antike Göttervater Zeus/Jupiter besaß die Eiche als ein Attribut (im Rauschen der Eichen des Hains von Dodona tat Zeus seinen Willen kund), und die römischen Imperatoren wurden mit Eichenlaub bekränzt.

Für die Entwicklung im 19. Jh. in Deutschland mit dem zunächst liberalen Ziel einer nationalstaatlichen Einigung bildeten die Freiheitskriege einen Ausgangspunkt, und die Kriegsgesänge Theodor Körners im Zeichen von „Leyer und Schwert" politisierten auch das Symbol der Eiche. Das vermutlich 1818 in Jena entstandene Wappen der Deutschen Burschenschaft als Verfechter jener Einigung (Wartburgfest 1817) mit dem Wahlspruch „Ehre–Freiheit–Vaterland" zeigte neben jener goldenen Leyer mit silbernem Schwert und zwei sich verbindenden Treuehänden inmitten der Ewigkeitsschlange sowie der aufgehenden Freiheitssonne die „deutsche Eiche" als Symbol des deutschen Volkes. Geblieben ist im Ordenswesen, wie eine Übersicht 1889 der preußischen Orden und Ehrenzeichen zeigt, das inzwischen unverzichtbare Eichenlaub.

Bei außereuropäischen Staatswappen und Nationalflaggen ist die Baumsymbolik sowohl als historische Reminiszenz oder Sinnbild der heimischen Vegetation vertreten. Ersteres gilt für die bereits im Hohelied mit dem Gebirge Libanon verbundene Zeder auf der 1943 angenommenen Fahne des Staates Libanon. Ein Beispiel für Letzteres ist das 1965 durch die englische Königin Elizabeth II. verliehene Wappen von Barbados in den Antillen: Es zeigt unter zwei Blüten der Orchidee *Red Bride of Barbados* den Feigenbaum *ficus barbata,* nach dem einst die Portugiesen diese Insel benannt haben.

Ähnliches gilt für das rote Ahornblatt auf der kanadischen Flagge zwischen zwei roten Streifen, welche für die beiden Weltmeere zu beiden Seiten Kanadas stehen. Zeitgeschichtlich bedeutend ist diese 1965 amtlich in Kraft getretene Flagge insofern, als sie den Flaggenstreit zwischen englisch und französisch gebürtigen Kanadiern beendete.

Heimische Vegetation und Symbolik kennzeichnen die Verwendung der Palme auf Wappen von Staaten wie Dahomey, Dominikanische Republik, Haiti, Liberia, Malediven, Saudi-Arabien, Sudan und Surinam.

Die Regel, Menschen seien „an ihren Früchten zu erkennen", gilt leicht abgewandelt auch für die Wertschätzung der Bäume; allerdings mit kulturell oft entgegengesetzten Urteilen. Dies gilt vor allem für den Apfelbaum, in der christlichen Ikonographie der „Baum der Erkenntnis von Gut und Böse"; indem Adam und Eva eine seiner verbotenen Früchte verspeisen, verlieren sie ihr Heimatrecht im Garten Eden. Zugrunde liegt die weit verbreitete Symbolik des Apfels: Die goldenen Äpfel im griechischen Mythos vom Garten der Hesperiden verleihen Unsterblichkeit; der Apfel symbolisiert sinnliche Freuden und deren Kehrseite, ausgedrückt im lateinischen Wortspiel mit der Doppelbedeutung von *malus/malum* („Apfel" und „Übel, Unheil"). Der „Zankapfel" der Göttin Eris, den der trojanische Prinz Paris nicht Hera oder Athena, sondern Aphrodite als Schön-

Kirschernte

Miniatur im *Tacuinum sanitatis* der Österreichischen Nationalbibliothek, Wien; Ende 14. Jh., Cod. Ser. Nov. 2644, fol. 12 recto.
Diesem „Handbuch der Gesundheit“ liegt ein Werk des arabischen Gelehrten Ibn Botlan (gest. um 1054) zugrunde. Die lateinische Fassung ist der Codex Vindobonensis, aus dem auch die Miniatur zur „Ernte einer Mandragora“ auf S. 199 stammt.

Granatapfel (rechts)
Aphrodite pflanzte ihren Lieblingsbaum zuerst auf Zypern. Von hier verbreitete sich der aphrodisische Apfel mit zahlreichen symbolischen Bedeutungen in der gesamten antiken Welt bis Indien.

Der schlimme Apfel (unten)
Zwar schweigt die Bibel darüber, welche botanische Art von Früchten der Baum der Erkenntnis von Gut und Böse getragen hat. Dass die Ikonographie des Sündenfalls diesen Baum als Apfelbaum deutet, beruht wohl auf der sprachlichen (lateinischen) Verwandtschaft von *malus* (Apfel) und *malum* (das Schlimme). Friedrich von Logaus Epigramm „Apfel" lautet: „Viel Obst ist ungesund; wir kauen alle dran, / Was eines Apfels Kost für Leid uns angetan" („Sinngedichte", 1654). Die Miniatur befindet sich in derselben Bibel wie die Arche Noah auf S. 52.

heitspreis zuspricht, löst indirekt den trojanischen Krieg aus: Aphrodites Dank ist die schöne Helena, die Gemahlin des Menelaos, die Paris nach Troja entführt.

Zu den Paradiesfrüchten gehören die Kirschen. Sie werden mitunter von Engeln dem Christuskind auf dem Schoß seiner Mutter dargeboten. Die Beschaffenheit dieser und vieler anderer Früchte sowie ihren medizinischen Nutzen oder Schaden erklärt das ursprünglich arabische *Tacuinum sanitatis* („Handbuch der Gesundheit"). Farbe Form und die Vielzahl der Fruchtkerne begründen Sonnen-, Schönheits- und Fruchtbarkeits-Symbolik des Granatapfels. Eine Quelle ist, wie so oft bei den Pflanzen, das Hohelied, das beispielsweise den Geliebten als „Apfelbaum unter Waldbäumen" preist (2,3) und die Schläfe der Geliebten mit „dem Reis eines Granatapfels" gleichsetzt (4,3). In Israel symbolisieren die Kerne der Frucht als Neujahrsgeschenk, dass die vielen guten Wünsche in Erfüllung gehen mögen, und die Besucher des Jüdischen Museums in Berlin sind aufgefordert, ihre Wünsche auf stilisierte Granatäpfel zu schreiben und diese an einen Baum im Obergeschoss des Museums zu hängen.

Obst und Gemüse

Ab dem 16. Jh. entwickelte sich das zuvor als Detail untergeordnete Stillleben (z. B. eine Blumenvase oder Fruchtschale) zu einem selbständigen Thema der Malerei und Grafik. Einerseits richtete sich das künstlerische Interesse auf eine naturalistische Wiedergabe von Materialeigenschaften und Stofflichkeit der sorgfältig arrangierten „stillen“ Gegenstände. Anderseits enthalten die Stillleben zumeist eine mehr oder weniger offenkundige Symbolik, vor allem der Vergänglichkeit, beispielsweise in Gestalt von Insekten an Früchten. Doch reichen die „Nebendeutungen“ bis zur Obszönität. In diesem Sinne bietet die Verkäuferin auf dem Ausschnitt von Frans Snyders’ „Obst- und Gemüsestand“ einem jungen Mann eine Feige an (um 1630; München, Alte Pinakothek). In der Antike wurde die Feige als ein Symbol des weiblichen Geschlechtsorgans mit dem phallischen Priapos, dem Gott der Geilheit, in Verbindung gebracht. Im Mittelalter galt ein etymologischer Zusammenhang zwischen dem hebräischen Wort *peca* (Feige) und dem lateinischen *peccare* (sündigen).

Glas. In der 9. Vigilie von E.T.A. Hoffmanns Kunstmärchen „Der goldne Topf“ (1814 als Bd. 3 der „Fantasiestücke in Callot’s Manier“) sitzt Anselmus „in einer wohlverstopften Kristallflasche auf einem Repositorium im Bibliothekszimmer des Archivarius Lindhorst“. Die Illustration Richard Teschners von 1913 vereinfacht das Kristall zu Glas.

Glocke. Emblem *Multi sunt vocati* („Viele sind berufen“) von Georgia Montanea, 1619: „Der Glockenklang laut klinget, / wie man sieht und hört. / Wer witzig [klug] ist, / der kommt herzu, weil noch ist Frist.“

Glücksrad. Karikatur auf den Werdegang des „Winterkönigs“ Friedrich V. von der Pfalz, als Friedrich I. 1619/20 König von Böhmen. Nach der Niederlage der Protestanten am Weißen Berg wurde er geächtet und „aus der Moldau gefischt“. Dieses Flugblatt erschien ganz aktuell bereits 1621; Friedrich starb 1621 im Exil in Mainz.

Gold. Emblem *Contre les aunricieux* („Gegen die Habgier“) von Gilles Corrozet, 1543: König Midas, bei dem alles, was er berührt, zu Gold wird, bittet Bacchus um Erlösung von dieser Gabe. Dazu die Mahnung: „Die Habgier betrügt den Geizigen, wie man im Volk sagt: Wer mit seinem Gut zufrieden ist, lebt glücklicher“.

Goldenes Kalb. Figurenkapitell im Mittelschiff der Kirche Sainte-Madeleine in Vézelay (Burgund), um 1150.

Goldenes Vlies, in der griech. Mythologie das goldene Fell eines →Widders, der einst den böot. Königssohn Phrixos davor gerettet hat, dem Zeus geopfert zu werden, um das Land von der →Geißel einer Dürreperiode zu erlösen: Der Widder trug Phrixos durch die Lüfte nach Kolchis am Schwarzen Meer, wo Phrixos den Widder dem Zeus opferte und König Aietes das G. V. dem Kriegsgott Ares weihte. Als die Argonauten unter Führung des Iason nach Kolchis gelangten, um das G. V. zu rauben, gelang ihnen dies mit Hilfe von Meidea (röm. Medea), der mit mag. Kräften ausgestatteten Tochter des Aietes. Als Symbol der heldenhaften Kämpfe der Argonauten kennzeichnete das durch einen →Ring gesteckte Fell den 1429 gestifteten burgund. Ritterorden vom G. V.

Goldenes Zeitalter, in der griech. Mythologie und darüber hinaus eine Epoche des Friedens und des Glücks am Beginn der Menschheit, verwandt dem ird. Paradies als →Garten Eden. Erhofft wird eine Erneuerung des G. Z. Siehe Abb. S. 164.

Quellentext: „Wenn die →Taube Gesellschafterin und Liebling des →Adlers wird, so ist die goldene Zeit in der Nähe oder gar schon da, wenn auch noch nicht öffentlich anerkannt und allgemein verbreitet." (Novalis, „Glauben und Liebe", um 1795)

Goldgrund, in der Buch- und Tafelmalerei sowie Mosaikkunst des Mittelalters und bis heute in der ostkirchlichen Ikonenmalerei der mit Blattgold belegte Hintergrund. Er symbolisiert das göttliche, transzendente Licht sowie die Raum- und Zeitlosigkeit der vom G. hinterfangenen heiligen Gestalten und Szenen. Ab der Spätgotik (Giotto) wich der G. dem →Blau des natürlichen Himmels.

Götterstatue, Götzenbild, Kultbild, in der Tradition frühgeschichtlicher Idole die meist anthropomorphe Materialisierung des Göttlichen, das vielfach die jeweilige G. bewohnt und mit einer Vielzahl von Riten verehrt wird. Das frühe Christentum lehnte die Herstellung von Kultbildern ab, indem sie diese als Symbole des heidn. Aberglaubens verurteilte. Dies gilt bis heute für den Islam.

Quellentext: „Wenn aber jemand darüber nachsinnt, durch welche Marterinstrumente und welche Vorrichtungen jede Bildsäule geformt wird, so wird er sich schämen, einen Stoff zu fürchten, welcher in dieser Weise vom Künstler misshandelt ward, um daraus einen Gott zu bilden." („Dialog Octavius", um 200)

Granatapfel, wie andere Früchte mit zahlreichen Kernen ein Fruchtbarkeitssymbol, weshalb der G. Demeter, Aphrodite und Hera geweiht war. In Rom trugen jung verheiratete Frauen Kränze aus Zweigen des Granatapfelbaums. Aufgrund der leuchtend roten Farbe seines Fruchtfleisches gilt der G. auch als Symbol für Liebe, für Blut und damit zugleich für Leben und Tod. Die Vielzahl der Kerne, die in einem Gehäuse vereinigt sind, galten auch als Symbol der →Ekklesia. Der G., dessen Schale hart und ungenießbar ist, der jedoch im Inneren süßen Saft birgt, wurde zeitweilig als Symbol des vollkommenen Christen gedeutet, insbesondere des mit Askese verbundenen Standes der Priester. Siehe auch Abb. S. 127.

Greif, ein geflügeltes Fabeltier mit dem Kopf des →Adlers und dem Leib des →Löwen. Die Griechen ordneten den G. als Symbol der Kraft und Wachsamkeit den Gottheiten Apollo und Artemis zu. Im Christentum symbolisiert der G., indem er als Adler dem Himmel und als Löwe der Erde angehört, die göttlich-menschliche Doppelnatur Jesu Christi.

Quellentext: „Die G.e zeichnen sich durch hervorragende Tüchtigkeit des Körpers aus und überwinden im Kampf selbst einen bewaffneten Soldaten. Sie horten Schmuck und →Gold an einem unzugänglichen Ort." (Petrus Canisius in seinem Tierbuch, Artikel Griphes, 1460)

Grün, als Farbe der zu neuem Leben erwachten Natur ein Symbol der Hoffnung. In diesem Sinne wurde im Mittelalter das →Kreuz Jesu mitunter grün gemalt. Die wechselseitige Steigerung der Komplementärfarben (Ergänzungsfarben) G. und →Rot spiegelt sich in farbsymbol. Deutung von G. als weiblich; es geht aus dem männlichen Rot hervor. In der Farbsymbolik der Religionen ist G. die Farbe des Islam. So verheißt der Koran den Gläubigen im Paradies das G. in Gestalt grüner Wiesen. Ein Kennzeichen des Propheten Muhammad ist sein grüner Mantel. Siehe auch Abb. S. 152

Quellentext: „Der gerechte wird grünen wie ein Palmenbaum" (Psalm 92,13 in der Lutherbibel, in der sog. Einheitsübersetzung: „... gedeihen wie eine →Palme").

Gula, Symbolfigur der Hauptsünde Völlerei. Sie reitet auf einem →Schwein oder einem →Fuchs, der eine →Gans im Maul hat.

Gürtel, ein Symbol der Selbstbeherrschung, Bereitschaft und Kraft sowie in sexueller Hinsicht der Enthaltsamkeit und des Schutzes der Frau, z. B. als Keuschheitsgürtel. Ein antiker Hochzeitsbrauch war das Lösen des G.s der Braut durch den Bräutigam. Eine Legende handelt von der Gürtelspende Mariens an den hl. Thomas. Dieser war im Gegensatz zu den anderen Aposteln nicht Augenzeuge der Himmelfahrt der Gottesmutter, doch zum Beweis spendete sie Thomas vom Himmel herab ihren G.

Goldenes Vlies. Jugendbildnis des 16-jährigen Habsburgers Karl I. von Spanien, ab 1519 Kaiser Karl V., mit dem Orden vom Goldenen Vlies. Das Gemälde ist ein Werk des Bernhard von der Orley aus dem Jahr 1516. (Budapest, Museum der Schönen Künste)

Götterstatue. Rekonstruktion der Athena Parthenos in der Cella des Parthenon auf der Akropolis von Athen. Das um 430 v. Chr. geschaffene Kultbild aus →Elfenbein und →Gold stammt von Phidias und seiner Werkstatt. Attribute sind eine →Quadriga auf dem Helm der „jungfräulichen Athene", die geflügelte Siegesgöttin Nike auf ihrer rechten Hand und der mit dem Fell einer →Ziege bespannte →Schild zur Linken.

Greif. Der bald nach 1400 entstandene Holzschnitt handelt vom Himmelsflug Alexanders d. Gr. Zwei Greife, die Alexander mit Fleischstücken in die Höhe lockt, tragen den Korb.

Granatapfel. Ausschnitt aus Matthias Grünewalds „Stuppacher Madonna" (Abb. auf S. 114): Das Jesuskind reicht seiner Mutter einen Granatapfel als Symbol der Kirche.

H

Haare, Kopfhaar, sowohl als Fülle als auch als freiwilliger oder erzwungener Verlust ein ambivalentes Symbol. Bei den Israeliten gehörte das ungehinderte Wachstum der H. zum Gelübde der Nasiräer (Numeri 6,1–21). Die hier enthaltene Auffassung einer den H.n innewohnenden Magie verdeutlicht die Geschichte Simsons, der „von Geburt an ein Gott geweihter Nasiräer" ist (Richter 13,5). Ein alttestamentliches Gegenbeispiel ist Abschalom, der sich gegen seinen Vater David auflehnt und bei der Flucht mit seinen langen H.n an den Ästen einer →Eiche hängenbleibt (2. Buch Samuel 18,9). Das Scheren der H. symbolisiert in vielen Kulturen Trauer und Demut, etwa bei kahl geschorenen Mönchen oder als Tonsur. Bei Männern und Frauen ist der kahle →Kopf aber auch ein Schandmal für Gefangene und Verurteilte bis hin zur öffentlichen Brandmarkung, es sei denn, er symbolisiert Gewaltbereitschaft. Zwiespältig ist auch die Symbolik der langen H. der Frau. Sie ist einerseits geschlechtsspezif. Attribut als kunstvoll geformter Schmuck und als schützende Körperhülle; davon handeln die Legenden der Heiligen Agnes, Maria Ägyptica und Maria Magdalena. Andererseits sind die antiken Erinnyen bzw. Furien ebenso durch wehende H. gekennzeichnet wie →Luxuria, die Symbolfigur der Wollust; →Schlangen winden sich durch die wirren H. der Medusa. Andeutungen der histor. Haarsymbolik und ihrer Farbsymbolik (→Gelb, →Rot) besitzt auch die neuzeitliche Entwicklung der Mode in der Haartracht.

Quellentexte: „Wenn eine Frau kein Kopftuch trägt, soll sie sich doch die H. abschneiden lassen. Ist es aber für eine Frau eine Schande sich die H. abschneiden oder sich kahl scheren zu lassen, dann soll sie sich auch verhüllen" (Paulus im 1. Brief an die Korinther 11,6). „Nicht auf äußeren Schmuck sollt ihr [Frauen] Wert legen, auf Haartracht, Schmuck und prächtige Kleider" (1. Brief des Petrus 3,3).

Hahn, im Altertum durch sein Krähen vor Sonnenaufgang ausgezeichnetes Symboltier der →Sonne und des Feuers und somit Attribut Apollons als Sonnengott Phöbus Apollo auf der →Quadriga. In dieser Tradition steht die Erzählung von der Verleugnung Jesu durch Petrus, bis der H. kräht (Matthäus 26, 69–75). Ein H. gehört somit zu den →Arma Christi. Die Kampfeslust der „Streithähne" ordnete den H. dem griech. Kriegsgott Ares (röm. Mars) zu. Als Turmhahn symbolisiert der H. auf der Spitze eines Kirchturms sein Wächteramt, das er als Herr im Hühnerhof ausübt. Hier wurzelt auch seine Symbolik des Stolzes und der Sinnlichkeit; auf einem H. reitet das männliche Pendant der →Luxuria. Die Doppelbedeutung von lat. *gallus* als „Hahn" und als „Gallier" liegt dem H. als Personifikation Frankreichs zugrunde. Dabei spielen Stolz und Kampfbereitschaft eine Rolle.

Quellentext: „Jesus entgegnete ihm [Petrus]: Amen, ich sage dir: In dieser Nacht, noch ehe der H. kräht, wirst du mich drei mal verleugnen" (Matthäus 26,34).

Hakenkreuz, siehe →Swastika

Halbmond, als Mondsichel sowohl ein christliches Symbol in Gestalt der Mondsichelmadonna sowie der Immaculata (Personifikation der Unbefleckten Empfängnis Mariens) als auch des Islam insgesamt. Der Ursprung liegt im Zusammenhang der Symbolik von →Mond (als liegende, nach oben geöffnete →Sichel) und →Sonne in Mesopotamien. Hier gehörte der H. zur Kennzeichnung der Verbindung von Königsherrschaft und Priestertum. Spätestens nach der Eroberung von Konstantinopel erhoben die Osmanen den H. zu ihrem polit.-religiösen Symbol (Edikt des Sultans Selim, reg. 1512–20). Er ist im muslim. Kulturbereich Afrikas und Asiens das jeweils nationalstaatliche Hoheitszeichen (ausgenommen Saudi-Arabien), vielfach in Verbindung mit einem →Stern (nach Sure 53); das muslim. Pendant zum Roten →Kreuz ist der Rote H.

Quellentext: „Dann erschien ein großes Zeichen am Himmel: eine Frau, mit der Sonne bekleidet, der Mond war unter ihren Füßen und ein Kranz von zwölf Sternen auf ihrem Haupt" (Offenbarung 12,1).

Hammer, allgemein ein Symbol der Macht und Stärke sowie der Abwehr des Bösen. Zugrunde liegt die Verwendung dieses Werkzeugs, das zu den Attributen des griech. Schmiedgotts Hephaistos (röm. Vulcanus) gehört, als Waffe. Die Verbindung mit dem →Donner erklärt den H. als Attribut des Zeus (röm. Jupiter) und des german. Donnergotts Thor. Bei den Freimaurern symbolisiert der H. die vernunftgeleitete Willenskraft. In der polit. Symbolik standen H. und →Sichel speziell in der Sowjetunion für den Kommunismus, wobei der H. als Zeichen der Industriearbeiter diente, die Sichel als Zeichen der Bauern. Eine Abwandlung war in der DDR 1950–90 das Emblem H. und →Zirkel statt des →Adler-Wappens der BRD. In der christlichen Ikonographie gehört der H. der Kreuzannagelung zu den →Arma Christi. Ein H. des Goldschmieds ist Attribut der Heiligen Bernward von Hildesheim und Eligius. Bei Auktionen symbolisiert der Schlag mit dem H. den Zuschlag.

Haare. Die Aktfigur bedeckt mit ihrem langen Haar die Scham. Die Kopie der mittleren Gestalt des Gemäldes „Die Geburt der Venus“ (1486; Florenz, Uffizien) mit dem Symbol der →Muschel von Sandro Botticelli stammt aus dessen Werkstatt.
(Berlin, Gemäldegalerie)

Hahn. An der Spitze des →Turms aus →Esel, →Hund und →Katze kräht der Hahn. Denkmal der „Bremer Stadtmusikanten“ in Bremen von Gerhard Marcks, 1951.

Hammer. Emblem des Sabastián de Covarrabis Orozco von 1610 mit einem Hammer, der einen Dukaten auf dem →Amboss schlägt. Motto: „Er verliert nicht an Wert und Gewicht.“ Dasselbe gilt für Schicksalsschläge, die eine standhafte Tugend treffen.

Hand. Grabsteine sind häufig mit diesem Symbol der Bitte und Fürbitte ausgestattet. Als Vorlage dieses Reliefs diente Albrecht Dürers Studie „Betende Hände“ (um 1508) in der Wiener Graphischen Sammlung Albertina.

Halbmond. Kuppel der Moschee in Urumtschi, Hauptstadt von Xinjiang (China) mit dem Symbol des Islam.

Hand, ein Symbol des Ergreifens, Haltens, Gewährens und somit der Macht. Diese allgemeine Bedeutung wird auf vielfältige Weise durch die Haltung der H., die Beziehung zwischen den Händen und die mit den →Fingern verbundene Gestik differenziert. In der frühen christlichen Ikonographie vertritt die H. Gottes, die aus dem Himmelsegment ragt, das Gottesbild in ganzer Gestalt; sie streckt sich beispielsweise Christus bei seiner Himmelfahrt entgegen. Doch bereits die prähistor. Höhlenmalerei zeigt den farbigen Abklatsch von Händen als eines wohl mit Magie verbundenen Ranges. In zeremoniellen Vorkehrungen bereits des Altertums wurzelt die Bedekkung der Hände, die Gaben eines Würdenträgers empfangen oder ihm etwas übergaben. Dies gilt etwa für die →Engel, die bei der Taufe Jesu dessen Gewänder halten. Diese Symbolik der Ehrfurcht ist auch heute noch Bestandteil der Liturgie beim Tragen heiliger Gegenstände. Eine Sonderform der →Verhüllung der H. ist der Handschuh. Wird er als Fehdehandschuh dem Gegner zugeworfen, symbolisiert er den untersagten Schlag mit der offenen Hand. Neben der Segnung einer Gemeinde mit beiden erhobenen Händen (vgl. →Orant) ist es v. a. die rechte H., die beim Handauflegen Kräfte überträgt oder beim Schwur in seiner heutigen Form erhoben wird; die gesenkte linke H. kann seine Gültigkeit in Zweifel ziehen.

Harfe, bereits in den frühen Hochkulturen bezeugtes, vorwiegend herrschaftliches Saiteninstrument und Symbol des Lobpreises. Die H. besteht aus einem mit Saiten bespannten senkrechten Bogen und einem unteren Resonanzkörper. Die Saiten werden gezupft; einhändig, sofern sie im Arm gehalten wird, oder beidhändig bei der aufgestellten H. Sie war bei den Israeliten sowie neben der vergleichbaren Leier bzw. →Lyra bei den Griechen verbreitet. Sie wird auch in den nordeuropä. Mythen genannt. Das 1. Buch Samuel berichtet im 16. Kapitel davon, dass es David gelingt, mit seinem Harfenspiel (bzw. mit der Zither) die bösen Geister zu vertreiben, welche sich des Königs Saul bemächtigt haben. Während der eigenen Königsherrschaft ist David Psalmist, Sänger und Harfenist. Das Instrument ist daher sein Attribut. Schließlich kennzeichnet die H. Dichter-Sänger wie Walther von der Vogelweide. Siehe auch Abb. S. 210, 211, 216.

Quellentexte: „David und das ganze Haus Israel tanzten und sangen vor dem Herrn mit ganzer Hingabe und spielten auf Zithern, H.n und Pauken mit Rasseln und Zimbeln" (2. Buch Samuel 6,5).

„Lobet ihn mit dem Schall der Hörner, lobet ihn mit H. und Zither!" (Psalm 150,3).

Hase, wie das Kaninchen ein ambivalentes Symboltier. Einerseits steht der bei Tag schlafende, nachts umher laufende H. mit dem →Mond in Verbindung und somit auch mit der zykl. Erneuerung des Lebens. Die Symbolik der Wachsamkeit gründet sich auf die Annahme, der Hase schlafe mit offenen →Augen. Die ihm zugeschriebene Fruchtbarkeit erklärt sich aus seiner Nähe zur Mutter →Erde, indem er sich in Erdfurchen verbirgt. Diese Symbolik verbindet den H.n mit dem →Ei, das er als Osterhase legt. Aufgrund seiner Schnelligkeit symbolisiert der H. den raschen Verlauf der Lebenszeit. Andererseits ist jene Fruchtbarkeit ein Zeichen seiner Sinnlichkeit, was dazu beigetragen hat, dass die Speisegebote in den Büchern Levitikus und Deuteronomium den H.n zu den unreinen Tieren rechnen. Im Themenbereich der „Verkehrten Welt" tragen H.n einen gefesselten Jäger; ähnliche Motive enthalten die Märchen von den „Tapferen sieben Schwaben" bei der Hasenjagd und der „Struwwelpeter". Der H. als Attribut der Heiligen Martin von Tours und Albert von Siena bezieht sich auf seinen Schutz vor Jägern und →Hunden.

Quellentext: „Viele Hunde sind des H.n Tod." (Sprichwort)

Haus, ein Synonym für den geordneten, umfriedeten und geschützten Lebensbereich sowie für eine Gemeinschaft. Auch symbolisiert das H. den Körper (Leib) als Hülle oder Wohnstätte der Seele. In diesem Sinne sind Gräber in Form von Häusern, die ganze Städte bilden (Nekropole) die letzten Wohnstätten auf Erden. Aus Sicht der psychoanalyt. Traumdeutung symbolisiert die Fassade des H.es das äußere Erscheinungsbild des Menschen, das →Dach den Kopf bzw. Geist, der Keller die Instinkte; verbreitet ist die Metapher →Fenster in der Bedeutung von →Auge. Ein brennendes Haus ist Attribut der gegen eine Bedrohung durch →Feuer angerufenen Heiligen Amabilis und Florian, die den Brand löschen. Siehe auch →Pforte.

Heiligenschein siehe →Nimbus

Henkelkreuz, aus dem ägypt. →Anch entwickeltes →Kreuz der Kopten.

Henne, Glucke, Symbol der fürsorglichen Mütterlichkeit, somit auch mit Jesus verbunden. Als unbeweglich ihre →Eier ausbrütend, symbolisiert die H. die Tugend der Beharrlichkeit.

Quellentext: „Jerusalem, Jerusalem, du tötest die Propheten und steinigst die Boten, die zu dir gekommen sind. Wie oft wollte ich deine Kinder um mich sammeln, so wie eine H. ihre Küken unter ihre →Flügel nimmt; aber ihr habt nicht gewollt" (Matthäus 23,37).

Harfe. Als Jiftach siegreich nach Mipa zurückkehrt, eilt ihm seine Tochter freudig entgegen. Die Miniatur in einer Prachthandschrift der Weltchronik des Rudolf von Ems aus der 1. Hälfte des 13. Jh. zeigt das Mädchen als Harfenistin. Im entsprechenden Vers 11,34 im Buch der Richter tanzt Jiftachs Tochter zur Pauke.
(St. Gallen, Kantonsbibliothek Vadiana)

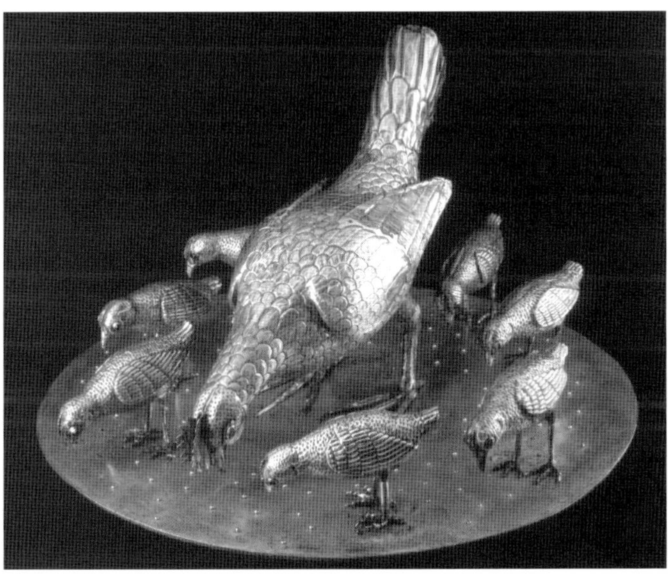

Hase. Der „Friedenshase" aus →Gold von Joseph Beuys, 1982. Dieses Relikt einer Aktion zu Beginn der „documenta 7" (eine Nachbildung der →Krone Ivans IV., des Schrecklichen, wurde eingeschmolzen und daraus das Friedenssymbol gegossen) befindet sich in einem Stahlsafe (35,5 x 35,5 x 20,5 cm) mit Panzerglas. (Stuttgart, Staatsgalerie)

Haus. Die indische Miniatur der Zeit um 1860 gliedert sich in die beiden Lebensbereiche Haus und Landschaft: Krishna, eine Inkarnation des Gottes Vishnu, bringt seiner Geliebten Radha eine →Lotos-Blüte. (London, Victoria and Albert Museum)

Henne. Vermutlich entstand diese in →Gold ausgeführte Gruppe einer Henne mit ihren Küken im 6./7. Jh. (Monza, Domschatz)

Hermelin, ein großes Wiesel mit weißem Winterfell und schwarzen Schwanzspitzen. Auf das →Weiß gründete sich die Wertschätzung des „wieselflinken" Raubtiers als Symbol der Reinheit, Unschuld und Unbestechlichkeit. Das Pelzwerk H. zierte die Gewänder ranghoher Personen bis hin zum Krönungsornat. Da es →Schlangen tötet, symbolisiert das H. Christus, der den Teufel überwindet.

Quellentext: „Christus, der heilige H. / schlüpft in der tiefen Hölle Schlund / und biss den mordgiftigen Wurm / zu Tode in all seiner Macht." (Konrad von Würzburg, „Die goldene Schmiede", um 1276)

Herz, als zentrales Organ der menschlichen Physis ein frühes Symbol der Psyche des Menschen und somit seiner Regungen, die das Handeln lenken. Ein frühes Beispiel ist das ägypt. Totengericht, bei dem eine →Feder und das H. des Verstorbenen (das in der Mumie belassen wurde) die beiden Gewichte auf einer →Waage sind. Und in einem der Totenbücher wendet sich der Verstorbene an sein H.: „Übe nicht deine Feindseligkeit gegen mich aus vor dem Wiegemeister." Die Entnahme des H.ens beim rituellen Menschenopfer im Reich der Azteken war mit dem Mythos der →Sonne verbunden: Da dieser Lebensquell bei der nächtlichen Fahrt durch die Unterwelt an Kraft verlor, musste sie sich durch Herzblut regenerieren. In Indien ist das H. der Ort, an dem der Mensch mit Brahman, der Verkörperung des Absoluten, in Verbindung tritt. Bereits im antiken Griechenland war das H. nicht allein für das Gemüt verantwortlich, sondern regierte auch den Verstand und die Spiritualität. Liebe oder Hass setzen das H. in →Flammen, und Liebesschmerz symbolisiert ein vom →Schwert oder einer anderen Waffe durchbohrtes H. Als Symbol des Lebens und der Liebe erhielt das H. die Form eines auf die Spitze gestellten →Dreiecks, dessen obere Begrenzung die weiblichen →Brüste bilden. Als Farbe dient in der Regel ein „feuriges" →Rot. Aus der heute vorherrschenden, rein physiolog. Sicht ist das H. die „Pumpe" des Blutkreislaufs, die seit 1967 durch Transplantation erneuert werden kann; ihr Stillstand bedeutet den Tod. Dessen ungeachtet ist das H. umgangssprachlich ein zentrales Symbol; was besondere Bedeutung besitzt, ist eine „Herzensangelegenheit". Ein flammendes H. ist Attribut der Heiligen Antonius von Padua, Augustinus und Franz Xaver. Ein H. mit Jesuskind kennzeichnet Gertrud von Helfta, ein H. mit →Kreuz Katharina von Siena. Die H.-Jesu-Bewegung, die von danach bezeichneten Bruderschaften gefördert wurde, widmete sich insbesondere der aufopfernden Liebe Jesu. Bereits im 15. Jh. entstanden volkstümliche H.-Jesu-Bilder als Andachtsbilder; sie reichen bis zum religiösen Werk des Symbolisten Odilon Redon im späten 19. Jh. mit der Verbindung von H. und Dornenkrone. Papst Pius IX., Initiator des 1. Vatikan. Konzils (1869/70), führte für die gesamte kath. Kirche das H.-Jesu-Fest ein (2. Sonntag nach Pfingsten); der Ausgangspunkt liegt im 18. Jh. Seit 1805 bestand das H.-Mariä-Fest am Sonntag nach Mariä Himmelfahrt. Es erinnert u. a. an die Weissagung des Simeon, es werde „ein Schwert durch die Seele [Mariä] dringen" (Lukas 2,35). In der Ikonographie des Mittelalters bohrte sich dieses Schwert, mitunter sind es sieben Schwerter, in das H. Mariä als *Mater dolorosa* („Schmerzensmutter").

Quellentexte: „Der Herr sah, dass auf der Erde die Schlechtigkeit des Menschen zunahm und dass alles Sinnen und Trachten seines H.ens nur böse war" (Genesis 6,4).

„Maria aber bewahrte alles, was geschehen war, in ihrem H.en und dachte darüber nach" (Lukas 2,19).

„Ach, was ich weiß, kann jeder wissen – mein H. hab ich allein." (Goethe, „Die Leiden des jungen Werthers", 1774)

Heuschrecke, ein unverwüstliches Symbol der Habgier und somit der Vernichtung. Das Vorbild sind die vom Schwarm der H.n verwüsteten Felder. Sie gehören zu den alttestamentlichen, dann sprichwörtlichen ägypt. Plagen.

Quellentexte: „Sie fraßen allen Pflanzenwuchs des Landes und alle Baumfrüchte auf, die der Hagel verschont hatte, und an den Bäumen und Feldpflanzen in ganz Ägypten blieb nichts →Grünes" (Exodus 10,15b).

„Aus dem →Rauch [aus dem Schacht] kamen H.n über die Erde, und ihnen wurde Kraft gegeben, wie sie →Skorpione auf der Erde haben" (Offenbarung 9,3).

Hexagramm, Davidstern, ein sechseckiger →Stern aus zwei ineinander geschobenen →Dreiecken. In der Antike ein Emblem des jüd. Königreichs, das auf David und Salomo zurückgeht. In der Diaspora ab 70 n. Chr. verbreitete sich das H. weltweit als Symbol der Messiaserwartung; 1897 erhob die Bewegung des Zionismus den Davidstern zu seinem Wahrzeichen, gefolgt von seiner antisemit. Pervertierung zum Schandmal →Judenstern. 1948 nahm der neue Staat Israel das H in seine Nationalflagge auf. Im Zusammenhang der Symbolik von Yin und Yang verbindet das H. das Männliche und Weibliche. Andere Polaritäten wie die Elemente →Feuer und →Wasser, →Erde und →Luft oder das Persönliche und das Unpersönliche sind, je nach metaphys. Sicht, im H. enthalten. Siehe auch →Pentagramm.

Hindin siehe → Hirschkuh

Hermelin. Porträt des Clemens August von dem Schweden Desmarées (George des Marées), 1746. Das Ornat des Erzbischofs und Kurfürsten von Köln ist ebenso wie die →Krone reich mit dem Fell des Hermelins ausgestattet. Links im Hintergrund erscheint Schloss Falkenlust.
(Brühl, Schloss Augustusburg)

Herz. Meister Casper von Regensberg, „Frau Venus und der Verliebte“ (Ausschnitt), Einzelblattholzschnitt, um 1480. Während der Jüngling auf einer →Rose kniet und darum bittet, in die Arme genommen zu werden, steht Venus auf einem Herz, durchbohrt mit dem →Schwert ein zweites und mit der Lanze ein drittes Herz.
(Berlin, Kupferstichkabinett)

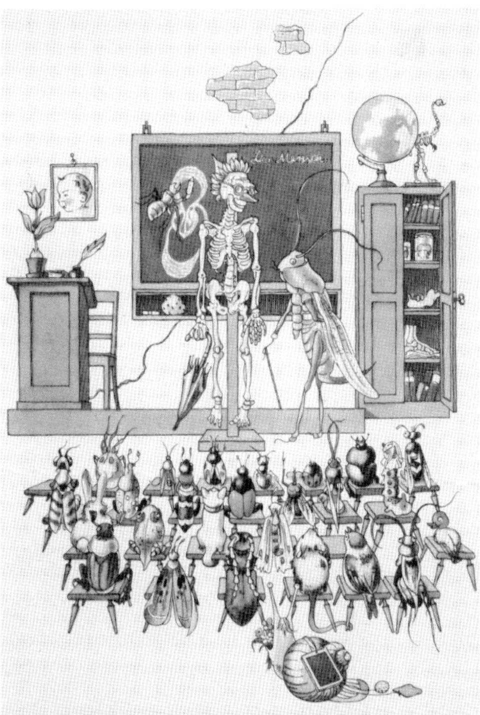

Heuschrecke. „Unterricht der Tiere“ von Leo Faller, 1948. Thema ist die Heuschrecke, die in der Lage ist, Lebewesen bis auf die Knochen zu vertilgen.

Hexagramm. Eine Kartusche über dem Portal des 1765 umgebauten jüdischen Rathauses in Prag enthält den Davidstern.

Hirsch. Der silberne „Kessel von Gundestrup“ aus dem 2./1. Jh. v. Chr., benannt nach dem Fundort in Jütland, zeigt Gottheiten der keltischen Mythologie. Hier ist es Cernunnos mit seinem Attribut Hirschgeweih und einem Hirsch zu seiner Rechten. Zu den weiteren Tieren gehört rechts ein →Wolf. Um den Hals und an der rechten Hand trägt Cernunnos einen →Ring (Torques), die Linke umklammert eine →Schlange. (Kopenhagen, Nationalmuseum)

Hirsch, durch →Masken in der prähistor. Höhlenmalerei bezeugte, früh in den Zusammenhang des Jagdzaubers bzw. des Schamanismus einbezogener männlicher Teil des Rotwilds. In vielen Kulturen gewann er hohe Verehrung als sonnenhaftes Tier mit dem himmelwärts gerichteten Geweih als Sinnbild der Strahlen. Eine Ausnahme ist die chines. Deutung des H.s als Symbol der Trockenheit. Die antike Mythologie verbindet den H. mit der Jagdgöttin Artemis (röm. Diana), die jüd. Überlieferung mit dem →Wasser des Lebens (Psalm 42). Aus der frühchristlichen Symbolik des H.s, der die →Schlange tötet, entwickelten sich die Legenden des hl. Eustachius und seines Pendants Hubertus: Ihnen erscheint ein H. mit einem →Kruzifix zwischen den beiden Geweihstangen. Zur Ambivalenz des Symbols H. trägt dessen lautstarkes Brunftverhalten bei, das auf Sexualität hinweist. Umgekehrt ist der „gehörnte" Ehemann ein Opfer der Abwege seiner Frau.

Quellentext: „Wie der Hirsch lechzt nach frischem Wasser, so lechzt meine Seele, Gott, nach dir" (Psalm 42,2).

Hirschkuh, Hindin, das weibliche Rotwild und Symbol der Mütterlichkeit. In diesem Sinne ist sie der griech. Göttin Hera (röm. Juno) heilig: Wie der →Hirsch zieht sie den Wagen der Artemis. Andere Mythologien, v. a. der Steppenvölker, deuten die H. als die weibliche und somit ird. Seite bei der Vereinigung von Himmel und Erde.

Quellentext: „Mit geöffnetem Maul nimmt die streifende H. den fallenden Tau auf; mögest du, Gott, unsre ausgedörrten →Herzen mit deinem Tau benetzen." (Emblem „Auf Gott gerichteter Sinn" des Joachim Camarius, 1595)

Hirte, in vielen Kulturen das polit.-religiöse Symbol umsichtiger Fürsorge und Lenkung durch Herrscher und Götter. In dieser Tradition steht die Selbstdeutung Jesu als Guter Hirt im Gegensatz zum „Mietling" (Tagelöhner). Die bereits frühen Darstellungen Christi in Katakomben und an →Sarkophagen als Lammträger orientieren sich an „heidn." Votivgaben (Dank- oder Weihgaben) in Heiligtümern. Aus dem Hirtenstab hat sich die Bischofsinsignie →Krummstab entwickelt.

Quellentext: „Ich bin der gute H. Der gute H. gibt sein Leben hin für die Schafe" (Johannes 10,11).

Höhle, in prähistor. Zeit ein durch Höhlenmalerei meist tief im Innern der H. dokumentierter Ort des Kultes, der im Verlauf der Kulturgeschichte v. a. zwei Bereiche symbolisiert: Die Geburt als Hervorgehen aus dem Dunkel und das Sterben als Rückkehr in das Dunkel des Totenreichs durch die H. als Eingang. Als Drittes halten sich die dunklen Mächte der Dämonie, Magie und Zauberei in ihr auf, ebenso Totenbeschwörer, Riesen (z. B. Polyphem, den Odysseus in dessen H. blendet) und Nachttiere wie die →Fledermaus. Zahlreiche Mythen handeln von der Geburt von Göttern und Heroen in H.n, und das apokryphe Protoevangelium des Jakobus verlegt die Geburt Jesu vom Stall (Lukas 2) in eine H. bei Bethlehem; hierauf gründet sich die ostkirchliche Ikonographie des Weihnachtswunders. Initiationsriten, die in H.n vollzogen werden, erweisen sich an diesem Ort als Wiedergeburt. Letzteres ist im Sinne des geistigen Erwachens das Thema des Höhlegleichnisses von Platon am Anfang des 7. Buches der *Politheia* („Der Staat").

Quellentext: „Dann begrub Abraham seine Frau Sara in der H. des Grundstücks von Machpela bei Mamre, das jetzt Hebron heißt, in Kanaan" (Genesis 23,19).

Honig, ein Inbegriff der Süße im Lebens- und Liebesgenuss. So verheißt Gott den Israeliten ein Land, in dem →Milch und H. fließen (Exodus 3,8). Andererseits steht der H. als Symbol myst. und spiritueller Erkenntnis und Lebenskraft in einer Tradition, die vom Altertum bis zur „Honigpumpe am Arbeitsplatz" von Joseph Beuys reicht (1977 auf der „dokumenta 6" in Kassel). Ein Ausgangspunkt dieser Symbolik sind die →Bienen, indem sie H. aus den Blüten von →Blumen gewinnen, ohne sie zu zerstören. Die weitere Voraussetzung, dass →Licht und Wärme an der Entstehung von H. beteiligt sind sowie seine goldgelbe Farbe, brachten ihn in Verbindung mit der →Sonne. Zur Ironie tendiert das „honigsüße Lächeln".

Quellentext: „Iss H., mein Sohn, denn er ist gut. Wabenhonig ist süß für den Gaumen. Wisse: Genauso ist die Weisheit für dich. Findest du sie, dann gibt es eine Zukunft, deine Hoffnung wird nicht zerschlagen" (Buch der Sprichwörter [Salomos] 13–14).

Horn, als Einzelstück ein Symbol, dessen Bedeutung von göttlicher Macht und Stärke bis zur männlichen Potenz als Symbol des →Phallus reicht. Die häufige Sichelform verbindet das H. mit dem →Halbmond, und am →Altar der Israeliten wies je ein H. in die vier Himmelsrichtungen. Im Loblied bzw. Danklied von Samuels Mutter Hanna ersetzen heute die Formulierungen „große Kraft gibt mir der Herr" (sog. Einheitsübersetzung, 1980) und „mein Haupt ist erhöht in dem Herrn" (revidierte Lutherbibel, 1985) den Luthertext „[…], mein H. ist erhöht in dem Herrn" (1. Buch Samuel 2,1). Zum Kultus und Ritus gehörte das mit →Öl gefüllte Salbhorn und das bei Trankopfern verwendete Trinkhorn, zu dem auch das Rhyton aus Persien und Kreta gehört. Als Hifthorn bzw. *Olifant* (niederl. „Elefant") wird das aus →Elfen-

Hirte. Die Statuette aus dem 6. Jh. v. Chr. zeigt als Votivgabe Hermes, den göttlichen Beschützer der Herden, als Träger eines Schafes. (London, British Museum)

Höhle. In der Höhle der Totenbeschwörerin von En-Dor erscheint Samuel als Geist und prophezeit Saul das nahe Ende. „Da fiel Saul der Länge nach jäh zu Boden, so sehr war er über die Worte Samuels erschrocken" (1. Buch Samuel 28,20). Kupferstich nach einem Gemälde von Salvator Rosa, um 1650.

Honig. 1530 schuf der kursächsische Hofmaler Lucas Cranach d. Ä. das Gemälde „Venus und Amor als Honigdieb". Von →Bienen verfolgt, beklagt sich der Schlingel bei seiner Herrin Venus. (New York, Metropolitan Museum of Art)

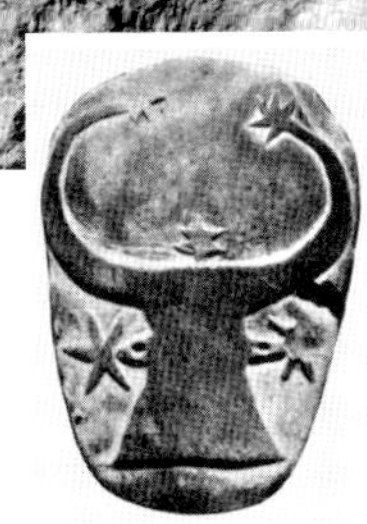

Horn. Die „Venus von Laussel" entstand in der Altsteinzeit um 20.000 v. Chr. Benannt ist das Idol nach seinem Fundort in der Dordogne. Das aus dem Horn eines Bisons gebildete Trinkgefäß lässt auf die Darstellung eines Trankopfers schließen, das innerhalb eines Fruchtbarkeitskultes der „Großen Mutter" dargebracht wurde. (Bordeaux, Musée d'Aquitaine)

Hörner. Das Attribut der ägyptischen Göttin Hathor sind zwei geschwungene Hörner; in Gerze gefundene Steinplatte aus dem 4. Jh. v. Chr.

bein gefertigte Jagd-, Kriegs- und Signalhorn bezeichnet; Importe aus dem Reich der muslim. Fatimiden in Ägypten mit ornamentalem Schmuck wurden im Mittelalter mitunter zu Reliquiaren umgearbeitet. Siehe auch →Einhorn und →Füllhorn.

Quellentext: „Samuel nahm das H. mit dem Öl und salbte David mitten unter seinen Brüdern [zum zukünftigen König]" (1. Buch Samuel 16,13a).

Hörner, mit der Symbolik gehörnter Tiere wie →Gazelle, →Hirsch, →Kuh, →Steinbock und v. a. →Stier verbundenes paarweises Attribut von Göttern, Heroen, Herrschern und Kriegern am →Kopf oder Helm. Die H. des Mose, die den Religionsstifter (siehe →Gesetzestafeln) bis ins 16. Jh. kennzeichnen, beruhen auf einem Schreib- oder Übersetzungsfehler der lat. Fassung von Exodus 34, Verse 29 und 35: Statt *facies coronda* („umstrahltes Gesicht") wurde *facies cornuta* („gehörntes Gesicht") gelesen. Diesen Fehler im Text der Vulgata (und in der Ikonographie) korrigierte das Konzil von Trient (1545 bis 63). Doch auch der oder die Teufel besitzen H. als Attribut. Als nach oben U-förmig geöffnete Form symbolisieren H. das weiblich empfangende Prinzip im Gegensatz zum männlichen →Horn (nach C. G. Jung) sowie seel. Ausgeglichenheit und Reife.

Hortus conclusus, lat. für das Mariensymbol „verschlossener →Garten".

Hufeisen, wohl im Zusammenhang mit der Symbolik des →Pferdes entstandenes, Unheil abwehrendes Zeichen (Apotropaion) und Glückssymbol wie das vierblättrige →Kleeblatt. Das H. ist ein Attribut des als Schmied ausgebildeten hl. Eligius: Einem störrischen Pferd, das er beschlagen sollte, schnitt er das Bein ab, befestige das Hufeisen auf dem →Amboss und setzte das Bein wieder an. Das H.-Attribut des hl. Leonhard bezieht sich auf dessen Eigenschaft als Nothelfer der Pferde. Kein H. besitzt der →Pferdefuß des Teufels.

Hund, als wohl ältestes Haustier ein überwiegend positives Symbol, nämlich der Treue, die allerdings bis zur Unterwürfigkeit reicht. In den Mythen kann der H. selbst zum Erzeuger und Ahnherrn des Menschen werden, und als „Seelenführer" (griech. *psychopompos)* ist er mit dem Reich des Todes verbunden, das er als dreiköpfiger →Kerberos bewacht. Im Mittelalter ist die Ambivalenz der Symbolik besonders ausgeprägt und kommt auch in den gegensätzlichen Darstellungen des einerseits edlen Hof- und Jagdhundes, andererseits struppigen Aasfressers zum Ausdruck; die Polarität betrifft Glaube versus Unglauben/Ketzerei, Treue versus Neid, Missgunst, Zorn. Hierbei spielt auch die Farbsymbolik →Weiß und →Schwarz eine Rolle. Ein H. ist das Attribut der Heiligen Margareta von Cortona (ein H. ist an ihrer Bekehrung beteiligt), Heinrich Seuse (Suso) aufgrund einer Vision (ein H. mahnt ihn zur Geduld) und Wendelin, der als Hirte tätig war. Den Müttern der Heiligen Bernhard von Clairvaux und Dominikus erscheint vor der Geburt jeweils ein Hund im Traum als Vorbedeutung der kämpfer. Mission des Sohnes zum Besten der →Ekklesia (siehe auch →Fackel). Die Bezeichnung des Predigerordens der Dominikaner wird auch als *domini canes* (lat. „Wachhunde Gottes") gedeutet.

Quellentexte: „Für jeden Lebenden ist noch Zuversicht. Denn: Ein lebender H. ist besser als ein toter →Löwe" (Buch Kohelet 9,3).
„Der H. heißt *canis, quia non canit* [„weil er nicht singt]." (Marcus Terentius Varro, *De lingua latina)*

Hut, als Bedeckung des Kopfes ein durch Größe, Form, Farbe und Ausstattung symbolträchtiges Merkmal innerhalb einer Rangordnung der Ämter und Berufe. Hinzu kommt die Berechtigung oder gar Notwendigkeit, bei bestimmten Gelegenheiten, den H. auf dem Kopf zu behalten, zu heben oder abzunehmen, etwa als Zeichen der Ehrerbietung, Höflichkeit oder der Trauer. Beispiele, in denen der H. als Kennzeichen hohen Ranges oder als Schandmal diente, sind einerseits der →rote Kardinalshut mit 15 Quasten, die beidseitig an Schnüren herabhängen (u. a. Attribut des hl. Hieronymus, der allerdings nie Kardinal war), und der Ketzerhut sowie der →Judenhut.

Quellentexte: „Das Hutabnehmen ist eine Abkürzung unseres Körpers, ein Kleinermachen." (Georg Christoph Lichtenberg in seinen „Sudelbüchern", um 1780)
„Wer keinen Kopf hat, braucht auch keinen H." (Dt. Sprichwort)

Hyäne, als Aas fressendes Raubtier ein Symbol der Rohheit und Feigheit, aber aufgrund seines ausgeprägten Geruchsinns mitunter auch der Klugheit und des Wissens. Der frühchristliche „Physiologus" bringt die Abscheu vor der H. mit der Verurteilung der Homosexualität durch Paulus im Brief an die Römer (1,27) in Verbindung: Die H. sei mannweiblich und kenne daher (als warnendes Beispiel) nicht die natürliche Trennung der Geschlechter.

Hydra, das Sinnbild für Schwierigkeiten, die sich beim Versuch ihrer Bewältigung vervielfachen. Zugrunde liegt der griech. Mythos vom Ungeheuer in den Sümpfen von Lerna: Sobald einer der neun →Köpfe abgeschlagen war, wuchsen zwei Köpfe nach. Herakles besiegt die H., indem er die Halsstümpfe ausbrennt – der bloße Hieb mit dem Schwert ist erfolglos.

Hufeisen. Das Emblem des Juan de Boria von 1581 handelt von der Stärkung durch Widerstand, denn „dieser Vogel[→Strauß] kann →Eisen verzehren und sich davon ernähren."

Hund. Das Mosaik aus Pompeji warnt: *Cave canem:* „Hüte dich vor diesem Hund!". (Neapel, Museo Nazionale Archeologico)

Hut. Nachdem das Konstanzer Konzil den tschechischen Reformator Jan Hus verurteilt hatte, wurde er am 6. Juli 1415 entgegen dem von Kaiser Sigismund zugesicherten freien Geleit hingerichtet. Auf dem Weg zum Scheiterhaufen trug er als Schandmal den entsprechend beschrifteten Ketzerhut (Ketzermütze). Holzschnitt in einer Ausgabe der Konzilschronik des Konstanzer Bürgers Ulrich Richental.
(Wien, Österreichische Nationalbibliothek)

Hyäne. Karikatur auf einen namentlich nicht genannten Politiker: *La hiène, sanguinaire et indomptable* („Die Hyäne, blutrünstig und unzähmbar") aus der Serie *Animaux caractérisés,* Nr.8; Paris, um 1820.

Hydra. Die Köpfe des Ungeheuers, die ein germanisierter Perseus abschlägt, sind Liederlichkeit, Trunksucht und Unsittlichkeit. Die Karikatur *Perseus redivus* erschien 1896 im „calvinistischen" Genf.

I

Ibis, in der ägypt. Mythologie ein dem Weisheitsgott Thot heiliger Vogel oder gar dessen Inkarnation; mit sichelförmigem Schnabel, der zu den lunaren Symbolen gehört (→Halbmond). Ständig im Uferschlamm stochernd, symbolisierte der I. die unermüdliche Suche nach Wahrheit. Obwohl er im Alten Testament als Stelzvogel zu den unreinen Tieren gehört, fand er Eingang in das Buch Ijob. Gott stellt nämlich die rhetor. Frage: „Wer verlieh dem I. Weisheit, oder wer gab Einsicht dem →Hahn?“ (Ijob 38,36). Auch der frühchristliche „Physiologus“ lässt u. a. diesen Aspekt gelten, wenn er den I. im Wasser „stochern“ lässt: „Lerne auch du geistlich tauchen, damit du in den tiefen geistlichen Fluss gelangst, in die Tiefe des Reichtums, der Weisheit und der Erkenntnis Gottes.“

Igel, in Ägypten zwar keines der heiligen Tiere, doch wurde er auf Jagdbildern und (in einem Käfig) bei Prozessionen mit Opfergaben dargestellt. Figürchen aus Fayence waren Grabbeigaben, denn der Winterschlaf des I.s glich dem Tod, dem neues Leben folgt. Im Mittelalter symbolisiert der I. gegensätzliche Eigenschaften: Er sorgt für den Nachwuchs, indem er Nahrungsmittel aufspießt. So berichtet der „Philologus“, der I. werfe die Trauben vom →Weinstock und wälze sich darin, bis die Beeren an seinen Stacheln haften. Diese Fütterung dient dem hl. Basilius als Vorbild: „Achte die Trauben vom wahren Weinstock, nämlich die Worte unseres Herrn Jesus Christus, und mache sie deinen Kindern zugänglich, damit sie, in gutem Geist aufgezogen, den Vater im Himmel preisen.“ Als Feind der →Schlange bekämpft der I. das Böse. Den Mangel an Schnelligkeit gleicht er durch Klugheit aus (Wettlauf zwischen →Hase und I., den der I. gewinnt). Doch wird ihm auch Fresslust nachgesagt, und die rasch aufgestellten Stacheln zeugen von der Hauptsünde Zorn (→Ira).

Quellentext: „Gegen das Kleine stachlicht zu sein, dünkt mich eine Weisheit für I.“ (Friedrich Nietzsche, „Also sprach Zarathustra“, 1883–85)

IHS, Initialen zu *Iesus hominis salvor* („Jesus, des Menschen Retter“) und somit ein →Christogramm. Es wurde verdeutscht als „Jesus, Heiland, Seligmacher“. In diesem Sinne dient IHS als Attribut des hl. Bernhardin von Siena, eines Franziskaners, und des als Mystiker verehrten Dominikaners Heinrich Seuse (Suso). Das Signet der Jesuiten (SJ = *Societas Jesu* „Gesellschaft Jesu“) und Attribut des Ordensgründers Ignatius von Loyola besteht aus den Initialen zu *Jesu humilis societas* („Jesu demütige Gesellschaft“). Daneben bestehen die Deutungen *Jesum habemus socium* („Jesus ist unser Gefährte“) sowie im Hinblick auf die Legende von der Kreuzesvision Kaiser Konstantins vor der Schlacht an der Milvischen Brücke bei Rom (312) *In hoc signo vinces* („In diesem Zeichen wirst du siegen“). Eine Fahne mit dem IHS ist daher Attribut der hl. Helena und ihres Sohnes Konstantin.

INRI, Initialen der durch Pilatus angeordneten lat. sowie griech. und hebrä. Kreuzesinschrift „Jesus von Nazaret, der König *(rex)* der Juden.“ Dem Protest („Schreib nicht: Der König der Juden, sondern, dass er gesagt hat: Ich bin der König der Juden“) entgegnet Pilatus: „Was ich geschrieben habe, habe ich geschrieben“ (Johannes 19,22). Siehe auch →Arma Christi.

Insel, Eiland, ein Symbol der Entrückung und Befreiung von allen Zwängen der alltäglichen Existenz. Bereits das Gilgamesch-Epos aus Mesopotamien handelt von einem Zufluchtsort Dilmun, als dessen Vorbild vielleicht die Bahrein-I.n im Pers. Golf dienten. Die antike Mythologie kennt die paradies. „I.n der Seligen“, auf denen die verstorbenen Lieblinge der Götter weiterleben; sie sind ihr Elysium. Auch das sagenhafte Atlantis, von dem Platon in den sokrat. Dialogen *Timaios* und *Kritias* spricht, ist eine I. westlich der →Säulen von Gibraltar. Die neuzeitliche Symbolik der I. als Utopie begründete Thomas More mit seinem Roman *Utopia.* Das Titelblatt der Erstausgabe von 1516 (dt. 1612) zeigt die I. „Nirgendwo“ (griech. *outopos),* auf der alle persönlichen Bedürfnisse befriedigt werden. Andererseits symbolisiert die I., ähnlich wie der →Elfenbeinturm, Weltflucht und den Verzicht, sich mit der Wirklichkeit auseinanderzusetzen.

Quellentext: „Vorüber die stöhnende Klage! / Elysiums Freudengelage / Ersäufen jegliches Ach - / Elysiums Leben, ewiges Schweben, / Durch lachende Fluren ein flötender Bach.“ (Friedrich Schiller, „Elysium“)

Invidia, Symbolfigur der Hauptsünde Neid. Sie trägt zerzaustes →Haar und reitet auf einem →Drachen oder auf einem →Hund mit einem Knochen im Maul. Zu ihren Attributen gehört der →Skorpion.

Ira, Symbolfigur der Hauptsünde Zorn. Sie reitet auf einem →Bären oder Wildschwein. Zu ihren Attributen gehört der →Igel.

Iustitia, Symbolfigur der Herrscher- und Kardinaltugend Gerechtigkeit, sowie der Justiz mit den Hauptattributen →Augenbinde und →Waage. Mitunter ist die I. auch mit einem →Schwert bewaffnet.

Iustitia. Symbolfigur der Kardinaltugend Gerechtigkeit mit den Attributen →Waage, →Schwert und →Augenbinde. Marmorrelief am Grabmal des Papstes Clemens II. im Dom von Bamberg, 1047.

Ibis. Der ägyptische Weisheitsgott Thot in Gestalt eines Ibis mit der Statuette eines Schreibers. Thot hat die Menschen die Kunst des Schreibens gelehrt.

IHS. Signet des Jesuitenordens auf der Titelseite einer Schrift des spanischen Jesuiten Luis de Molina über die Vereinbarkeit des freien Willens mit der Gnadenlehre (Lissabon, 1588).

Igel. Emblem des Gilles Corrozet (1543) mit dem Motto „Gegen die verschiedenen Angriffe des Neids“ und der Subscriptio: „Der Igel, wenn er von Hunden gejagt wird, macht sich ganz rund, um ihrem grausamen Biss zu entgehen, und zu seinem Schutz ist er nach allen Seiten von Stacheln umgeben.“

Invidia. Des Emblem des Guillaume de La Perrière von 1553 zeigt die Invidia, welche die Virtus auf dem Weg zum Ehrentempel verfolgt: „Die Tugend kann Ehre nur erwerben, wenn ihr der Weg durch Anstrengung gebahnt wird. Hinter sich aber sieht sie den Neid kommen, der immer bereit ist, Gift zu speien.“

J

Jade, Sammelbezeichnung für verwandte Minerale mit grünlicher Färbung, die sich schnitzen lassen. Der Name kommt von span. *piedra de la ijada* („Stein für die Weiche“), da J. als Heilmittel gegen Nierenkoliken galt. Bereits in frühgeschichtlicher Zeit wurde J. in China und Mittelamerika für Figuren und Gefäße verwendet und gewann eine dem →Gold vergleichbare Bedeutung, etwa als Symbol des Geistes, des →Herzens und der Seele (bei den Maya) oder als Symbol der fünf himml. Tugenden Güte, Klarheit, Reinheit, Unwandelbarkeit und Wohlklang (China). Ein Beispiel für die Symbolik des langen Lebens und der Unsterblichkeit ist das aus Jadeplättchen gefertigte Totenhemd der Prinzessin Tou Wan aus der Westlichen Han-Dynastie (206 v. Chr. bis 9 n. Chr.); es befindet sich im Nationalmuseum in Peking.

Jagd, bereits in den prähistor. Kulturen der Jäger und Sammler die mit Jagdzauber verbundene Sicherung der Lebensgrundlagen, in den frühen Hochkulturen ein Vorrecht und Attribut der Herrscher und ihrer mytholog. Überhöhung: Ein mächtiger Jäger ist bei den Ägyptern Osiris, bei den Kelten Wodan; in der antiken Mythologie übt Artemis (röm. Diana) das Waidwerk aus. Aus den beiden Zielen der J., Tiere zu töten und ihrer habhaft zu werden, ergab sich die Ambivalenz der Symbolik. Die J. dient in diesem Sinne einerseits der Vernichtung des Bösen, Gefährlichen, andererseits dem leidenschaftlichen Streben nach Besonderem, nach Beseligendem, nach dem Glück. Den religiösen Sinn dieser zweiten Bedeutung veranschaulichen die Legenden von der Bekehrung des Jägers Eustachius und seines Pendants Hubertus; beide Heilige haben als Attribut einen →Hirsch mit →Kruzifix.

Quellentext: „Kusch zeugte Nimrod; dieser wurde der erste Held auf der Erde. Er war ein mächtiger Jäger vor dem Herrn. Deshalb pflegte man zu sagen: Ein mächtiger Jäger vor dem Herrn wie Nimrod“ (Genesis 10,8–9).

Jaspis, ein roter bis brauner →Edelstein, der erste Grundstein des neuen →Jerusalem (Offenbarung 21,19). Eine Variante gehört als „der Weise“ zu den Schmucksteinen der Kaiserkrone aus dem 11. Jh. (Wien, Hofburg, Weltliche Schatzkammer). Von Mesopotamien über Griechenland und Rom wurde bis ins Mittelalter tradiert, der J., der beim Zerbrechen neue Steine zum Vorschein bringe, symbolisiere Schwangerschaft und Geburt.

Jerusalem, aus histor. Sicht eine um 1800 v. Chr. urkundlich belegte Ansiedlung, die König David um 1000 v. Chr. in Besitz nahm und als Davidsstadt zur Hauptstadt seines Reiches Juda erhob. Die wechselvolle Geschichte (u. a. Vertreibung der Juden aus der röm. beherrschten Stadt 135 n. Chr., unter Kaiser Konstantin christlich, ab 637 – mit Ausnahme der Zeit der Kreuzzüge – muslim., nach Ende der osman. Herrschaft ab 1920 Teil des brit. Völkerbundmandats Palästina) mündet 1950 in den Status als (bis 1967 israel.-jordan. geteilte) Hauptstadt des neuen Staates Israel. Die gegensätzliche Symbolik von J. spiegeln die hebrä. Namen *Jeruschalojim* („Ort des Friedens“) und Zion, der arab. Name *Al Kuds* („Das Heiligtum“ mit der Omarmoschee auf dem Platz des 70 n. Chr. zerstörten →Tempels) und die Schilderung des christlichen „neuen J.“ im letzten Buch der Bibel (Offenbarung 21,9–22,5). Siehe auch Abb. S. 192.

Joch, ein Teil des Geschirrs bei Rindern, der über dem Nacken oder der Stirn befestigt ist. Es symbolisiert eine Last, die auferlegt, angewöhnt, erleichtert oder behoben wird (z. B. das sprichwörtliche Ehejoch).

Quellentext: „Nehmt mein J. auf euch und lernt von mir; denn ich bin gütig und von →Herzen demütig; so werdet ihr Ruhe finden für eure Seele. Denn mein J. drückt nicht, und meine Last ist leicht“ (Matthäus 11,29–30).

Judenhut, als Bestandteil des Antijudaismus im Mittelalter ein zur Pflicht erhobener trichterförmiger →Hut. Dieser Beschluss des 4. Laterankonzils (1215) unter Papst Innozenz III. sollte angeblich „Missverständnissen“ vorbeugen, diente aber absichtlich der Diskriminierung. Das Merkmal wurde auch auf Darstellungen alttestamentlicher Szenen verwendet, und mitunter trägt auch Jesus einen J.

Judenstern, die antisemit. Umdeutung des Davidsterns zum Schandmal. Ab 1941 waren in „Großdeutschland“ und den besetzten Gebieten Juden ab dem 6. Lebensjahr verpflichtet, ein gelbes →Hexagramm mit der Inschrift „Jude“ aufgenäht auf der Bekleidung zu tragen. In Dänemark konnte dies König Christian X. verhindern.

Jungfrau, als Mädchen vor dem ersten Geschlechtsverkehr ein Symbol der Reinheit. Möglicherweise beruht die christliche Lehre der jungfräulichen Mutterschaft Mariä auf einer Übersetzung und damit Umdeutung des Begriffs „junge Frau“ in „Jungfrau“, v. a. im Vers 7,14 des Buchs Jesaja: „Darum wird der Herr von sich ein Zeichen geben: Seht, die Jungfrau wird ein Kind empfangen, sie wird einen Sohn gebären, und sie wird ihm den Namen Immanuel (Gott mit uns) geben.“ Das Tierkreiszeichen J. (lat. *virgo)* entspricht dem 3. Sommermonat.

Abb. zu dieser Seite siehe Seite 161

„Und Gott sprach: Das ist das Zeichen des Bundes, den ich stifte zwischen mir und euch und den lebendigen Wesen bei euch für alle kommenden Generationen: Meinen Bogen setze ich in die Wolken; er soll das Bundeszeichen sein zwischen mir und der Erde“ (Genesis 9,12 f.). Dieses Bundeszeichen in Gestalt des Regenbogens ist aufgrund seiner Spektralfarben und seiner Wölbung über die Erde ein weltweit und in nahezu sämtlichen Religionen verbreitetes Symbol. In der antiken Mythologie gleitet beispielsweise die Götterbotin Iris auf dem Regenbogen zur Erde, und in der christlichen Deutung symbolisieren die sieben Farben die sieben Gaben des Heiligen Geistes. Die Miniatur auf purpurgetränktem Pergament befindet sich in einer fragmentarisch erhaltenen griechischen Prachthandschrift des Buches Genesis aus dem 6. Jh. Die Hand Gottes symbolisiert die Worte Gottes über die Einsetzung des Bundes- und Friedenszeichens, das für die ganze Erde und ihre Bewohner gilt. Es wölbt sich über Noach und seine Familie nach dem Verlassen der Arche, in der sie die Sintflut überstanden haben. Zum Mythos der Sintflut siehe Abb. S. 52 und 92. („Wiener Genesis“; Wien, ÖNB, Cod. thel. gr. 31)

Thron Gottes
Während ein Adler, das Symboltier des Evangelisten Johannes, seine Flügel steil emporreckt, richtet der Seher den Blick in jäher Wendung hinauf zum Himmel, der sich in visionärer Schau geöffnet hat: „Und ich sah: Ein Thron stand im Himmel; auf dem Thron saß einer, der wie ein Jaspis und Karneol aussah. Über dem Thron wölbte sich ein Regenbogen, der wie ein Smaragd aussah" (Offenbahrung 4,2f.). Um 1415 entstandene Miniatur der Gebrüder Limburg, „Johannes auf Patmos" im Stundenbuch *Très Riches Heures* des Herzogs Jean de France, Duc de Berry. (Chantilly, Musée Condé, Ms. 1284. fol. 17 recto)

Inkarnation (gegenüber)
Der Bodhisattva Avalokischevara steigt herab, um als fünfter Dalai Lama geboren zu werden. Das Beispiel für die Symbolik des kreisrunden Regenbogens speziell im tibetischen Buddhismus gehörte 2005/06 zu einer Ausstellung über die Genealogie der Dalai Lamas im Völkerkundemuseum der Universität Zürich. (Tibet, 18. Jh.; New York, Rubin Museum of Art)

Die Symbolik der Farben ist einerseits universell und andererseits so vielfältig wie die Religionen, Kulturen, Epochen und selbst die jeweils individuelle psychische Disposition. Zwar gibt es von jeher die Versuche, die Farbsymbolik zu systematisieren und zwischen den Farben und Farbtönen und ihrer symbolischen Bedeutung eine Verbindung herzustellen, doch erweist sich gerade in diesem Bereich die Ambivalenz als ein Merkmal jeglicher Symbolik.

Diese Gegensätze hebt der Regenbogen auf, indem er als Lichterscheinung die in der Regel mit bestimmten Gegenständen und Empfindungen assoziierten Farben transzendiert und zugleich die Formsymbolik des – wenn auch halben – Kreises als Symbol der Vollkommenheit zur Geltung bringt. Als vollkommen

Gelb vor Neid (links)
Der Mantel des Judas beim Verrat Jesu am Ölberg besitzt ein schmutziges Gelb als negativer Pol des Bedeutungsspektrums dieser Farbe. Ausschnitt aus Giottos Fresko „Die Gefangennahme Jesu" (1307) in der Arenakapelle von Padua.

Licht der Welt (rechts)
Die Miniatur aus dem 14. Jh. zeigt Christus in der ikonographischen Tradition des umstrahlten Sonnengottes; diese Symbolik verwendet auch Psalm 104: „Du hüllst dich in Licht wie ein Kleid." Vgl. Jesu Selbstzeugnis: „Ich bin das Licht der Welt" (Johannes 8,12).

Transzendentes Gelb (gegenüber)
Mattias Grünewalds Darstellung der Auferstehung Christi auf dem rechten Seitenflügel des Isenheimer Altars (um 1512–16) verwendet die astronomische Symbolik des Sonnenlichts in ihrer transzendenten Bedeutung. Eine Aureole umfängt das Haupt sowie die erhobenen Arme und Hände des Auferstandenen. (Colmar, Museum Unterlinden; vgl. S. 212).

erweisen sich die Farben des Regenbogens, indem sie als „Spektralfarben" eine Einheit der Unterschiede von „warm" und „kalt", „erregend" und „beruhigend" zustande bringen. Wobei dieses Spektrum einer Zerlegung des Lichts in chromatische, als „farbige" Farben (griechisch *chroma* = „Farbe") unter Ausschluss der Nicht-Farben Schwarz und Weiß nur den Bereich umfassen, den der menschliche Gesichtssinn wahrnimmt. Auf der einen Seite schließt sich an das Violett das unsichtbare Ultraviolett an, auf der anderen Seite an das Rot das auf natürliche Weise unsichtbare Infrarot.

Eine mittlere Position zwischen Orange und Grün kann sich je nach der Abwandlung in das „Giftgelb" der Gallenflüssigkeit oder des Eiters sowie durch die Eintrübung in sein farbsymbolisches Gegenteil verwandeln, während die gelben und orangefarbigen Gewänder buddhistischer Mönche bedeuten, dass sie das Gelübde der Demut und Weltentsagung abgelegt haben.

Ähnlich breit gefächert sind die Bedeutungen von Rot in all seinen Schattierungen. Zentral ist der Gegensatz zwischen dem Rot „feuriger" Liebe und dem Rot des Blutes als Symbol des Opfers und des Opfertodes, der von der religiösen Passion über das Martyrium bis zum Tod auf dem profanen „Feld der Ehre" reicht. Das dem Rot verwandte Purpur steht in der antiken und frühmittelalterlichen Tradition des Herrschaftlichen; seine Christianisierung kommt sowohl im Purpurgewand des Gekreuzigten als auch in den Kodizes der Heiligen Schrift aus purpurgetränktem Pergament zum Ausdruck.

Himmel und Erde (links)
Die Gewandung Marias verbindet überwiegend das Himmelsblau des Mantels mit dem irdischen Rot. Diese Verbindung spiegelt die Menschwerdung Gottes in Marias Sohn Jesus. Als Beispiel dient Raffaels „Madonna im Grünen" von 1605/06. Vgl. S. 114. (Wien, Kunsthistorisches Museum)

Betrug (rechts)
„Sie hängt ihrem Mann den blauen Mantel um"; das bedeutet: Sie betrügt ihn. Diese metaphorische Redewendung verbildlichte Pieter Bruegel d. Ä. auf seinem Gemälde „Niederländische Sprichwörter" von 1559, Ausschnitt. (Berlin, Gemäldegalerie)

Farben und Politik (gegenüber)
N. H. Jeaurat de Berty. „Allegorie der Französischen Revolution", 1794 (Paris, Musée Carnavalet). Das Bild huldigt dem Aufklärer Jean-Jacques Rousseau, verstanden als Kritiker der „Unnatur" der absolutistischen Feudalgesellschaft, dessen Forderung nach einer *régéneration des moeures* (Inschrift auf dem Säulenstumpf: „Erneuerung der Sitten") die Revolution unter der Führung von Robespierre zu realisieren schien. Unter dem Bildnismedaillon Rousseaus erheben sich auf einem Hügel ein Freiheitsbaum und ein Liktorenbündel (eine Reminiszenz an die römische Republik) mit den Losungen „Stärke", „Wahrheit", „Gerechtigkeit" und „Einigkeit" sowie der krönenden Jakobinermütze. Am Fuß der Liktoren-Säule liegt ein Füllhorn, aus dem das seit 1789 ausgegebene Papiergeld (Assignaten) quillt, als dessen Deckung der enteignete Besitz der Kirche und der Emigranten sowie die königlichen Domänen dienten. Der Obelisk trägt die Inschrift „Égalité" und das Sinnbild des gleichseitigen Dreiecks, dessen Bedeutung sich von „Dreieinigkeit" zu „Gleichheit" gewandelt hat. Dem Obelisk ist eine ländliche Szenerie zugeordnet. Auf der rechten Seite richtet sich eine Kanone gegen die Feinde der Revolution, auf die der Himmel seine Blitze niederzucken lässt. Den farblich beherrschenden Akzent setzen die beiden Fahnen; die französische Trikolore entstand 1789, als König Ludwig XVI. seine weiße Kokarde mit der rot-blauen der Aufständischen verband.

J.J.ROUSSEAU.
force
vérité
justice
union
régénération
des moeurs

Heilige Farbe des Islam
Die Miniatur zeigt rechts Muhammad mit verschleiertem Gesicht und in einem Mantel, dessen Grün im gesamten islamisch geprägten Bereich den höchsten farbsymbolischen Rang besitzt. Das Gruppenbild schmückt ein Einzelblatt aus einer türkischen Biographie des Begründers des Islam, der als Prophet des einen Gottes ein Nachfolger des Mose ist. Die Prachthandschrift entstand wohl im Auftrag des osmanischen Sultans Murat III. (reg. 1574–95). Sie handelt u. a. von Muhammads Himmelsreise. Dem entspricht der Himmel als Schauplatz der Unterredung zwischen Mose, der sich mit einem Redegestus von seinem Thron erhoben hat, und Muhammad. Beide Propheten tragen flammenförmige Nimben, in die ihre Worte eingetragen sind. Zwischen Mose und Muhammad steht dessen Führer Gabriel, gekrönt und mit zwei Doppelflügeln.
(Berlin, Museum für Islamische Kunst)

Hautfarben (gegenüber)
Die Darstellung des hinduistischen Götterpaares Shiva und Parvati gibt durch die Hautfarben besondere Beziehungen zu den beiden Kindern an: Als Asket, der sich mit Asche beschmiert hat, erscheint Shiva weiß (vgl. S. 242). Das Weiß verbindet ihn mit dem sechsköpfigen Karttikeya. Parvati ist farblich dem rosafarbenen, elefantenköpfigen Ganesha verwandt, der an seiner Mutter hochklettert. Symboltiere sind Shivas Buckelochse, Parvatis Löwe, Karttikeyas Pfau und Ganeshas Ratte. Zum Blau des Vishnu vgl. S. 81.
(Anfang des 19. Jh.; Berlin, Museum für Indische Kunst)

Die Bandbreite der farbsymbolischen Bedeutung wird vielfach durch die Verbindung von zwei Farben, etwa Blau und Rot, deutlich. Entscheidend ist allerdings der jeweilige Zusammenhang. Das Himmelsblau und mütterliche Liebesrot in der Gewandung Marias kann sich in das genaue Gegenteil verwandeln, indem der blaue Umhang, den aber eine in Rot gekleidete Frau ihrem Mann überhängt, diesen über ihre erotischen Umtriebe täuscht, von Blau als Farbe der Treue kann hier keine Rede sein. Aber auch in der Politik haben Rot und Blau weitreichende Signalwirkung erzielt, ausgehend von den beiden Farben des Pariser Bürgertums, das als „dritter Stand“ seine Rechte einforderte. Bereits im Revolutionsjahr 1789 entstand die Verbindung von Rot-Blau mit dem königlichen Weiß der Bourbonen (mit der Lilienflagge) die französische Trikolore, die fortan gesellschaftliche Veränderungen symbolisierte; der damit verbundene Flaggenstreit wurde während des gesamten 19. Jh. ausgefochten.

Ein Ausgangspunkt der gruppenspezifischen Funktion von Farben waren in Rom zur Kaiserzeit die vier Wettkampf-Fraktionen bei Wagenrennen im Circus Maximus mit jeweiligen „Fans“ und Gönnern. Im byzantinischen Konstantinopel konkurrierten im Hippodrom die „Blauen“ mit den „Grünen“, wobei Parteinahme auch politische Aktionen einschloss.

Trauerfarben
Das Hastings-Stundenbuch (1483) enthält im Totenoffizium drei Miniaturen, beginnend mit der Aufbahrung des Leichnams auf einem weißen Leichentuch, das auf dem rot bedeckten Sterbebett ausgebreitet ist. Es folgen die Überführung in die Kirche mit weiß gewandeten Geistlichen und schließlich die Trauerfeier in der Kirche, wo über dem Sarg ein wappengeschmückter Katafalk errichtet ist. Hier herrscht bei den Anwesenden das Schwarz der Trauer vor, das aber auch Vornehmheit symbolisiert. Dies galt vor allem am spanischen Hof und nach diesem Vorbild in Burgund. Dass in Fernost das Weiß als Trauerfarbe dient, beruht u. a. darauf, dass der Stoff in der „Unfarbe“ Weiß als „ungefärbtes Trauergewand“ gilt.
(London, British Library;
Ms. Add. 54 782, fol. 184 verso)

Melancholie (gegenüber)
Etymologisch ist der Melancholiker ein Schwarzgalliker (zu griechisch *melas:* schwarz). In diesem Sinne ist der „gesichtslose“ Mann im schwarzen Kaputzenmantel eine Personifikation der melancholischen, grenzenlosen Traurigkeit. Dieses Gemälde von Pieter Bruegel d.Ä. im Museo Nazionale von Neapel erhielt den Titel „Die Treulosigkeit der Welt“, denn die (vielleicht nachträgliche) Inschrift lautet: *Om dat de werelt is soe ongetru / Daer om gha ic in den ru* („Weil die Welt so ungetreu ist, darum trage ich Trauer“). Der Text zu einem vergleichbaren Stich verstärkt die moralisierende Bedeutung durch die Klage sowohl über die Untreue der Welt als auch über die Ungerechtigkeit, Diebstahl und Habsucht. Fast scheint es, als spräche hier ein Misanthrop.

Die Erklärungen für das Grün als heilige Farbe des Islam reichen von der Schilderung des Paradieses im Koran bis zum grünen Mantel des Propheten. Ali, Muhammads Schwiegersohn und Nachfolger als Kalif, sowie dessen Anhänger, die Aliden, sollen im Kampf mit den rivalisierenden Omayyaden grüne Turbane getragen haben.

Zu den Versuchen einer allgemein verbindlichen Bedeutung von Farben im kirchlichen Bereich gehören die Bestimmungen für die Paramente, also die textile Ausstattung des Kirchenraums und die liturgischen Gewänder christlicher

Amtsträger im Gottesdienst. Sie gehen auf die Päpste Innozenz III. (13. Jh.) und Pius V. (16. Jh.) zurück und ordnen das Grün den gewöhnlichen Sonntagen zu, Weiß den Hoch- und Marienfesten, Violett der Advents- und Fastenzeit, Schwarz dem Karfreitag und den Totenmessen sowie das feurige Rot sowohl der Ausgießung des Heiligen Geistes an Pfingsten als auch den Festtagen der Märtyrer(innen) als Blutzeugen. Die Ambivalenz des Schwarz als Fest- und Trauerfarbe gilt in ihrer Zwiespältigkeit auch für die Soutane der katholischen Priester wie den Talar der evangelischen Pfarrer.

Die Spirale
Die dreidimensionale Verwendung des bereits prähistorischen Flächenornaments kennzeichnet das Minarett der Großen Moschee in Samarra nördlich von Bagdad am Ostufer des Tigris: Ein äußerer Aufgang führt spiralförmig zur Spitze des 50 m hohen Turms. 838 löste Samarra vorübergehend Bagdad als Hauptstadt des abbasidischen-Kalifenreichs ab, und unter Kalif al-Mutawakkil (reg. 847–61) entstand die Große Moschee auf einer Fläche von 240 x 156 m als festungsartig ummauerte Hofmoschee. Doch schon 883 wurde Samarra verlassen und dem Verfall preisgegeben (Ausgrabungen ab 1911, verstärkt ab 1980).

Die Symbolik der zwei- oder dreidimensionalen Formen ist beim Viereck eng mit der Zahlensymbolik verbunden, im Gegensatz zu allen Rundformen, vom geschlossenen Kreis bzw. der Kugel bis zur „unendlichen" Spirale und ihren stereometrischen Entsprechungen.

Mit vier Dreiecken über quadratischem Grundriss und mit einer gemeinsamen Spitze ist die Pyramide der Inbegriff einer Formsymbolik, die sich auf die Erde gründet (beispielsweise Orientierung des Quadrates an den vier Richtungen Nord und Süd, Ost und West) und zu den Gestirnen des Himmels weist (Weg des in der Pyramide beigesetzten Pharaos). In Gestalt der Bauwerke in Gise befinden sich Pyramiden an der Spitze der „Sieben Weltwunder" des Altertums.

Das Oktogon ist ein Zentralbau mit regelmäßigem, achteckigem und -seitigem Grundriss. Aufgrund der Zahlensymbolik der Acht (Taufe als geistliche Wiedergeburt und insofern der 8. Tag der Schöpfung) und Formsymbolik des Achtecks ist es häufig bei Baptisterien zu finden. Ein Einzelfall ist die „Kirche der Seligpreisungen" oberhalb des Sees Genezaret; ihre Form als Oktogon ergibt sich aus der Anzahl der acht Seligpreisungen in Jesu Bergpredigt (Matthäus 5,3–10; Vers 11 gilt nicht als 9. Seligpreisung, sondern als Zusammenfassung). Der bedeutendste Profanbau mit imperialer Symbolik als Oktogon ist das Schloss Castel del Monte (um 1240) des Staufer-Kaisers Friedrich II. in Apulien: ein vollkommen regelmäßiger, der „rationalen" Geometrie verpflichteter Baukörper mit oktogonalem Innenhof und jeweils auf demselben Grundriss errichteten Türmen an den acht Ecken des Außenbaus. Zu den programmatischen, von Friedrich II. selbst intendierten Bezugspunkten dürfte das Oktogon (mit 16-seitigem Umgang) der Aachener Pfalzkapelle Karls d. Gr. gehört haben (hier wurde Friedrich 1215 zum deutschen König gekrönt, und hier schloss er den Reliquienschrein des heiliggesprochenen Karl d. Gr.) sowie die aus acht Platten oktogonal gebildete Kaiserkrone und Reichsinsignie; 1220 war sie Friedrich II. in Rom von Papst Honorius III. aufs Haupt gesetzt worden.

In vielfältigen Zusammenhängen tritt das Quadrat zum Kreis in Beziehung. Eine der jüngsten – wenn auch bereits vor 90 Jahren publizierten – Definitionen dieses Zusammenhangs im Suprematismus und Konstruktivismus erklärte den Kreis als Produkt des rotierenden Quadrats. Die „Befreiung vom Ballast des Gegenständlichen" (Kasimir Malewitsch) in der abstrakten Konkreten Kunst hat ihre formsymbolischen Wurzeln in der Deutung der Polarität zwischen der Vollkommenheit des Kreises und der Begrenztheit des Quadrats, beispielsweise zwischen Himmel und Erde. Diesen Dualismus drücken weltweit die religiös grundierten Weltbilder aus.

Eine Teilung des Kreises, die formal dem Ornament des Schneuß bzw. den zwei Fischblasen entspricht, ist das chinesische Ying-Yan-Symbol. Teilungen des Quadrats ergeben Dreiecke, die aufrecht oder auf der Spitze stehend das männliche und das weibliche Prinzip symbolisieren können.

Um in die Moderne zurückkehren: Aus seiner ovalen „Schlafenden Muse" von 1909 entwickelte Constantin Brancusi 1924 die Marmorskulptur „Weltenanfang" als reine Eiform.

Die Pyramide

Westlich von Kairo erheben sich bis zur Höhe von 137 m die Grabmonumente der Pharaonen Cheops, Chephren und Mykerinos. Das älteste der sieben antiken Weltwunder entstand um 2550 bis um 2500 v. Chr. Im Unterschied zum quadratischen Grundriss dieser idealtypischen Pyramide von Gise wurde die ältere Stufenpyramide von Sakkara über einem Rechteck erbaut.

Der Kreis

Stonehenge in Südengland, Grafschaft Wiltshire. Die Anlage (Durchmesser 36 m) entstand um 2000 bis um 1500 v. Chr. Stonhenge ist ein Monument der Megalithkultur der Jungsteinzeit im nordwestlichen Europa. Die jüngste Ausgrabung (2007/08) lässt aufgrund der neuerlichen Entdeckung heilkräftiger „Blausteine" und von Gräbern erkrankter Menschen vermuten, dass die astronomische Kultstätte auch als Heilstätte diente.

Kreis und Quadrat (gegenüber)
Das begehbare Mandala Borobodur in Zentraljava (um 800 n. Chr.) gliedert sich in fünf quadratische und drei runde Ebenen. Der Weg entlang dieser Quadrate und Kreise mündet bei einem leeren Stupa. Er symbolisiert das Nirvana.

Dreiecke im Kreis (rechts oben)
Das tantrische Diagramm Sri-Yantra (Nepal, 17. Jh.) symbolisiert im Kreis des Weltalls eine Unzahl von Gottheiten. Sie sind Teil der Energie der weiblichen Urkraft Sri (aufrechtes Dreieck), die das Weltall erfüllt.

Linien im Kreis (rechts unten)
Das dunkle, erdhafte, weibliche Yin und das helle, männliche Yang ergeben als Yin und Yang das Symbol einer grundlegenden Dualität, die in allen Lebensbereichen herrscht. Es wird von acht Trigrammen umgeben. Nur die mittlere der jeweils drei Linien ist gleichsam vollständig, die äußeren sind zweigeteilt und symbolisieren das Prinzip der Wandlung. Chinesische Lackmalerei auf reliefiertem Holz. (London, Welcome Institute)

Die Kugel (folgende Seite)
Dieses ungewöhnliche Bild des hl. Christophorus stammt von einem namentlich nicht überlieferten Meister. Hier sitzt das Kind, das der Hüne über den Fluss trägt, nicht auf dessen Schultern, sondern es befindet sich in einer transparenten Weltkugel. Dies entspricht den Worten des Kindes: „Du hast nicht allein alle Welt auf deinen Schultern getragen, sondern auch den, der die Welt erschaffen hat. Denn ich bin Christus" *(Legenda aurea* des Jakobus de Voragine). Das um 1562 (?) entstandene Gemälde (Tempera auf Holz, 111 x 86 cm) befindet sich im Kunstmuseum von Basel.

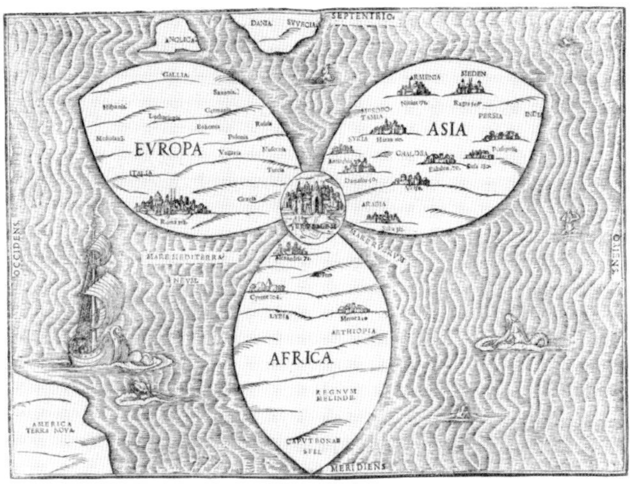

Jade. Drache-Figürchen aus grüner Jade (Höhe 5–7 cm) aus der Zeit der Ding-Dynastie in China, um 1780. (Privatsammlung)

Jagd. Jagdzauber der australischen Wili-Wilia, dargestellt auf Birkenrinde. Die Tiere, hier ein Känguruh, galten den Aborigines nicht als niedere Kreaturen. Vielmehr war die Jagd ein Symbol der Auseinandersetzung des Menschen mit göttlichen Kräften. (Adelaide, State Library of South Australia)

Jerusalem. Der 1585 datierte Holzschnitt zeigt Jerusalem als gemeinsamen Berührungspunkt der drei Erdteile EUROPA, AFRICA und ASIA und somit als →Nabel der Erde. Allerdings wird die Erweiterung des physikalischen Weltbilds „am Rande" zur Kenntnis genommen: Links unten schiebt sich AMERICA ins Bild. Heute symbolisiert Jerusalem aus religionsgeschichtlicher Sicht die Gemeinsamkeit von Judentum, Christentum und Islam.

Joch. Emblem von Otho Vaenius (1608) mit dem Motto *Pedetentim* („Allmählich"). Amor legt einem →Stier ein Joch auf, an das er sich nur langsam gewöhnt. So ist es auch in der Liebe.

Jungfrau. Emblem von Joachim Camerarius (1595) mit dem Motto *Hoc virtutis amor* („Das bewirkt die Liebe zur Tugend"); das →Einhorn legt den Kopf in den Schoß einer Jungfrau. Hierzu die Subscriptio: „Wen könnte die brennende Liebe zur Keuschheit nicht unterwerfen? Diese wunderbare Tugend ist mächtig genug, selbst das wilde Tier zu bezwingen."

Judenhut. Jakob salbt den Stein von Bet-El (Genesis 28,18). Er trägt den spitzen Hut, der den Patriarchen mit dem Ehrennamen Israel (Genesis 32,29) als Juden kennzeichnet; Ausschnitt aus Abb. S. 252.

K

Kahn, Barke, Nachen; ein Symbol der Überfahrt. Bei den Ägyptern segelte der Sonnengott Amun-Re tagsüber in einer Tagesbarke über den Himmel und bei Nacht in einer Nachtbarke durch die Unterwelt. In der griech. Mythologie ist es der Fährmann Charon, der die Toten in einem K. über den Grenzfluss Acheron zur Unterwelt bringt. In Dantes *Divina Commedia* überquert der K. des Phlegias einen zweiten Höllenfluss namens Styx. Vielfach wird der →Halbmond mit einem K. verglichen.

Kalb siehe →Goldenes Kalb

Kamel, als anspruchsloses, den Trockenzonen in Nordafrika und Arabien angepasstes Last- und Reittier ein Symbol der Genügsamkeit und des Gehorsam. Widersetzt es sich, wird es vom königlichen →Löwen bezwungen, etwa auf dem Krönungsmantel der Kaiser des Hl. Röm. Reichs. Das sprichwörtliche Nadelöhr, durch das ein K. eher gelangt als ein Reicher in den Himmel (Matthäus 19,24), meinte wohl ursprünglich die niedere Nebenpforte. Jedenfalls ist das K. hier Sinnbild der außerordentlichen Größe, die auch als Ausdruck von Eigensinn und Überheblichkeit verstanden wurde. Dagegen preist Augustinus die Demut des K.s, die den Christen zum Vorbild dient. In der buddhist. Ikonographie gehört das K. wie der →Tiger zu den Tieren, die den Tod des Buddha betrauern.

Karpfen, in China und Japan wegen des ihm zugeschriebenen langen Lebens ein Glückssymbol. Auf der Annahme, er schwimme gegen den Strom, beruht die Symbolik des Muts und der Ausdauer. Siehe Abb. S. 95.

Kastanie, als Esskastanie in China ein Symbol weiser Voraussicht, denn wurden ihre Früchte im Herbst gesammelt, so dienten sie im Winter als Nahrung.

Katze, das um 2000 v. Chr. in Ägypten domestizierte Haustier avancierte zur Verkörperung der Göttin Bastet, Beschützerin des Hauses, der Mütter und Kinder. Ihre negative Symbolik bis hin zur abergläubigen Deutung der →schwarzen K., die zu den Attributen der Hexen gehört, wurzelt beispielsweise in der Fähigkeit, im Dunkeln zu sehen; die K. ist somit ein Tier der Finsternis. Auch symbolisiert ihre Lüsternheit Gefahren, die der Frau angelastet werden. Zu den literar. Rehabilitierungen der K. gehören im 18./19. Jh. Ludwig Tiecks Märchenspiel „Der gestiefelte Kater“ (1797) und E.T.A. Hoffmanns Roman mit dem Titelhelden Kater Murr (1819–21).

Quellentext: „Ein entscheidender Unterschied zwischen einer K. und einer Lüge ist, dass die K. nur neun Leben hat.“ (Mark Twain in „Querkopf Wilsons Kalender“)

Kegel, mit der →Pyramide verwandte stereometr. Grundform, allerdings mit dem →Kreis als Basis. Metaphys. symbolisiert der K. eine Höherentwicklung im Sinne einer Verdichtung anfänglicher Vielfalt: Was zunächst in die Breite strebt, verwandelt sich nach und nach in eine Spitze. Diese Entwicklung stagniert beim Kegelstumpf.

Kelch, in der christlichen Ikonographie als Altargerät ein Symbol der Eucharistie und der Passion Jesu sowie ein Attribut der →Fides. Ein K., aus dem Gift in Gestalt einer →Schlange entweicht, ist ein Attribut des Apostels Johannes und des hl. Benedikt aufgrund der Legenden über einen ihnen jeweils zugedachten Gifttrank. Solch einen K. mit Shierling trank Sokrates.

Quellentext: „Dann nahm er [Jesus] den K., sprach das Dankgebet und reichte ihn den Jüngern mit den Worten: Trinkt alle daraus; das ist mein Blut, das Blut des Bundes, das für viele vergossen wird zur Vergebung der Sünden“ (Matthäus 26,27–29).

Kelle, in der Symbolik der Freimaurer ein Merkmal der vom Lehrling erworbenen Befähigung, den „Mörtel“ in der Weise aufzutragen, dass sich die einzelnen „Steine“ zum festen Gemäuer der Gemeinschaft verbinden.

Kelter, eine Fruchtpresse, v. a. für →Weintrauben, die von der Antike bis zum späten Mittelalter mit den Füßen zerstampft wurden. Hier wurzelt die Symbolik der K. als Inbegriff des Drückens, Pressens und Quetschens als Strafe, aber auch der Verwandlung. In diesem Sinne ist die Myst. K. wie die Myst. →Mühle ein Christussymbol.

Quellentext: „Warum aber ist dein Gewand so rot, ist dein Kleid wie das eines Mannes, der die K. tritt?“ (Jesaja 63,2).
„Da schleuderte der →Engel seine →Sichel auf die Erde, erntete den →Weinstock der Erde ab und warf die Trauben in die große K. des Zornes Gottes“ (Offenbarung 14,19).

Kentaur, in der griech. Mythologie ein →Pferd mit dem Rumpf, →Kopf und den →Armen eines Menschen. Es ist denkbar, dass die Erinnerung an Reitervölker zugrunde liegt, die aus den Steppen Südasiens in die Mittelmeerländer vordrangen. Als Mischwesen symbolisiert der K. im besten Fall außer bloßer Animalität die Verbindung von Triebhaftigkeit und deren Zügelung. Doch auch innerhalb der K.en kontrastiert Chiron als Lehrmeister Achills mit dem Frauenräuber Nessos, der Deianeira, die Frau des Herakles, entführt. Im →Tierkreis verkörpert ein K. aufgrund einer antiken Sage das Sternbild →Schütze. Siehe auch Abb. S. 121, 211, 243.

Kamel. Krönungsmantel der Kaiser des Heiligen Römischen Reichs, hergestellt 1133 in Palermo für König Roger II. von Sizilien. Zu beiden Seiten einer →Palme als Lebensbaum reißt jeweils ein →Löwe ein Kamel. (Wien, Hofburg, Weltliche Schatzkammer)

Katze. Antiklerikale Karikatur aus dem Revolutionsjahr 1830. Sie kontrastiert im Mittelteil eine Katze, welche die päpstliche →Tiara trägt, mit dem gallischen →Hahn. Seine →Kugel mit der Aufschrift *liberté* drückt einen →Löwen zu Boden. (Genf, Graphische Sammlung der Universität)

Kelch. Die Symbolfigur →Fides mit den Attributen Kelch und →Kreuz befindet sich in einem der acht Bildfelder in der Kuppel der wieder aufgebauten und 2005 eingeweihten Frauenkirche in Dresden. Die ursprünglichen Kuppelgemälde Giovanni Battista Grones wurden vom Dresdner Maler Christoph Wetzel rekonstruiert.

Kelter. Im schwarzfigurigen Stil bemaltes Bildfeld einer Deckelamphore aus der Werkstatt des Töpfers Amasis in Athen, um 530 v. Chr. Es zeigt Satyrn aus dem Gefolge des Dionysos beim Keltern von Weintrauben. (Würzburg, Martin-von-Wagner-Museum)

Kentaur. Theseus im siegreichen Kampf mit einem Kentaur. Rotfiguriges griechisches Innenbild einer Schale aus dem 5. Jh. v. Chr. (München, Staatliche Antikensammlungen)

Kerberos, der „Höllenhund" der griech. Mythologie (röm. Cerberus). Er besitzt drei (mitunter gar 50) →Köpfe, den Schwanz einer →Schlange und die Tatzen des →Löwen. Er bewacht den Eingang zur Unterwelt und lässt niemanden aus ihr entkommen; allein Orpheus vermochte, den K. mit seiner Musik zu besänftigen. Die zwölfte Aufgabe des Herakles bestand darin, dieses Symbol der Verdammnis vorübergehend an die Oberwelt zu bringen.

Kerub (Plural Kerubim), Cherub, in der christlichen Lehre von den →Engeln wie die →Serafim und →Throne ein Mitglied der 1. Hierarchie, ausgestattet mit vier oder sechs →Flügeln. Der K. hat ein Wächteramt inne.

Quellentext: Gott „vertrieb den Menschen und stellte östlich des →Gartens von Eden die Kerubim auf und das Flammenschwert, damit sie den Weg zum →Baum des Lebens bewachten" (Genesis 3,24).

„Heut schleußt er wieder auf die Tür zum schönen Paradeis; der Cherub steht nicht mehr dafür. Gott sei Lob, Ehr und Preis." (6. Strophe des Weihnachtslieds „Lobt Gott, ihr Christen alle gleich" von Nikolaus Hermann, 1554)

Kerykeion (lat. *Caduceus),* ein Attribut des griech. Götterboten Hermes (röm. Merkur): Zwei →Schlangen umwinden mit einander zugewandten →Köpfen einen geflügelten →Stab. Siehe Abb. S. 60

Kerze, einerseits ein →Licht mit all seinen spirituellen Bedeutungen, insbesondere der Seele jedes einzelnen Menschen. In diesem Zusammenhang steht die vielfältige Verwendung von K.n in der christlichen Liturgie. Andererseits ist die K. als Lebenslicht, das an Geburtstagen entzündet wird, ein Symbol der Vergänglichkeit: Der Mensch, so Andreas Gryphius im Sonett „Menschliches Elend", ist „ein bald verschmelzter →Schnee und abgebrannte K.n."

Kette, einerseits Sinnbild einer Verbindung, die allerdings nur so dauerhaft ist wie ihr schwächstes Glied. Die Emblematik kennt das Bild einer K., die Himmel und Erde verbindet, und eine goldene K. verbindet den Menschen mit Gott. Die Verbundenheit durch ein gemeinsames Ziel bringen Menschen- und Lichterketten zum Ausdruck. Andererseits dient die K. der Fesselung als Aufhebung von Bewegungs- und Willensfreiheit im wörtlichen wie übertragenen Sinne: Etwas „fesselt" die Aufmerksamkeit.

Quellentext: „Dann sah ich einen Engel vom Himmel herabsteigen; auf seiner →Hand trug er die →Schlüssel zum Abgrund und eine schwere K. Er überwand den →Drachen, die alte →Schlange – das ist der Teufel oder der Satan -, und er fesselte ihn für tausend Jahre" (Offenbarung 20,1–2).

Kiefer, als immergrüner, auf kargem Boden gedeihender Nadelbaum insbesondere in China und Japan der Lebensbaum und Symbol eines langen Lebens sowie einer allen Widrigkeiten standhaltenden Lebenskraft und Persönlichkeit. Paarweise auftretende K.n symbolisieren hier Liebe und eheliche Treue.

Quellentext: „Durch ihr Stillhalten verlängert sie ihr Leben." (Konfuzius, *K ung-tse)*

Kind, Symbol des Anfangs, im Rhythmus der Tageszeit des Morgens, sowie ursprünglicher Unschuld. In mehreren Religionen ist der Mythos vom göttlichen Kind und dessen mit Wundern verbundene Geburt zentral. Religiösen Ursprung besitzt der Begriff Kindersegen. K.er sind die Attribute der →Caritas. Siehe Abb. S. 26, 27, 84 und 114.

Kleeblatt, mit der →Zahlensymbolik verbundenes →Blatt des bereits frühgeschichtlich als Heil- und Zauberpflanze verehrten Klees. Im Mittelalter diente das gewöhnlich dreiblättrige K. als Symbol der Dreifaltigkeit. Das seltenere vierblättrige K. gilt bis heute als Glückssymbol, und das fünfblättrige K. wird mit einer glücklichen Ehe in Verbindung gebracht.

Knoten, ein verbreitetes Symbol der festen Verbindung, etwa als Liebesknoten; er gehörte in Verbindung mit dem →Eisvogel zu den Emblemen des Königs Wenzel. Er symbolisiert auch die Ehe und spielt bei Hochzeitsriten eine Rolle. Umgekehrt ist das Lösen eines K.s gleichbedeutend mit der Lösung einer „verwickelten" Aufgabe. Hierbei reicht das Spektrum vom Vergleich mit dem Sich-Lösen aus der Welt des Scheins im Buddhismus bis zur gewaltsamen Lösung des sprichwörtlichen „Gordischen K.s", benannt nach der Stadt Gordion in Phrygien: Wer ihn auflösen könne, sollte das Reich der Perser in Besitz nehmen; Alexander d. Gr. zerschlug ihn 334 v. Chr. mit seinem →Schwert. Schließlich dienen K. der Erinnerung oder Verpflichtung; etwa symbolisieren drei K. im Strick, der den Franziskanern als →Gürtel dient, die Gelübde Armut, Keuschheit und Gehorsam.

Kopf, mit den Sinnesorganen →Augen, →Mund, →Nase, →Ohren ausgestatteter Sitz des Verstandes und der Weisheit des Menschen und Symbol seiner Persönlichkeit. Ikonographisch kennzeichnet ein Vielfaches an Köpfen sowohl Gottheiten als auch Ungeheuer wie die →Hydra oder den →Kerberos. Zu den Heiligen, die als *Kephalophoren* („Kopfträger") ihren K. als Attribut mit sich tragen, gehört der frz. Nationalheilige Dionysius *(Saint-Denis).* Die Enthauptung Johannes' des Täufers symbolisiert die „Johannesschüssel" mit dem K. des im Kerker des Herodes Antipater Hingerichteten in einer Schale.

Kerberos. Teilansicht eines vollständig mit Figuren im Reich des Hades bemalten Kraters aus Apulien, um 330 v. Chr. Rechts entführt Herakles den dreiköpfigen Höllenhund, links erscheint der Seelengeleiter *(psychopompos)* Hermes mit dem Heroldstab →Kerykeion. (München, Staatliche Antikensammlungen)

Kerub, Plural Kerubim, Cherub(-im), Detail des Kuppelmosaiks des Baptisteriums von San Marco in Venedig aus dem 13. Jh.

Kiefer. Unter einer Kiefer, die langes Leben symbolisiert, gruppieren sich die zwölf Tiere des chinesischen Kalenders. Die hier verwendeten Materialien sind Porzellan und Teakholz. (Wien, Museum für Völkerkunde)

Kind. Die Symbolfigur der →Caritas mit dem Kind als Attribut, 1507. Mittleres Medaillon der dreiteiligen, den drei theologischen Tugenden Glaube, Liebe, Hoffnung gewidmeten Predella von Raffael. Die „Alterstaffel" gehörte zu Raffaels Altarbild „Jesu Grablegung", heute in Perugia, Galleria Nazionale dell´Umbria. Die Predella befindet sich in Rom in den Musei Vaticani.

Knoten. Der Kupferstich von Matthäus Merian d. Ä. (1630) illustriert ein Ereignis des Jahres 334 v. Chr.: Alexander d. Gr. zerschlägt mit dem →Schwert den „Gordischen Knoten".

Kopf. Im tibetischen Buddhismus bildet der Bodhisattva Avalokiteshvara das Herz der Welt. Sein Merkmal sind elf Köpfe. (London, Philip Goldman Collection)

Korb, häufig ein Symbol des Mutterleibes mit dem →Kind als Frucht. In einem K. bzw. Kästchen wurde der Säugling Mose auf dem Nil ausgesetzt, da der Pharao befohlen hat, die „Überfremdung" Ägyptens durch die Hebräer zu verhindern, indem deren männliche Neugeborenen getötet werden; Mose wird gerettet, da die Tochter des Pharao Gefallen an dem Knäblein findet, das sie in jenem K. entdeckt (Exodus 2,1–10). In der christlichen Ikonographie gehört ein mit →Brot gefüllter K. zu den Wundern der Brotvermehrung (Speisung der Fünftausend, Matthäus 14,13–21) und zu den Symbolen der Eucharistie. Ein mit →Blumen gefüllter K. ist Attribut der Heiligen Dorothea und Elisabeth von Thüringen. Erstere empfängt den K. auf wunderbare Weise vor ihrer Enthauptung als Bestätigung ihrer Erwartung, sie werde im →Garten ihres Herrn ernten und →Rosen pflücken; bei Elisabeth verwandelt sich das →Brot, das sie heimlich den Armen bringt, in Rosen, als sie gezwungen wird, den Inhalt ihres K.s überprüfen zu lassen.

Krähe, in der Symbolik meist in gleicher Weise wie der →Rabe auftretend, z. B. beim (mytholog.) Verlust der Farbe →Weiß ihres Gefieders durch Anmaßung. Eine Sonderrolle besaß die K. bei den Kelten, denn in Gestalt dieses heiligen →Vogels nahm die Göttin Badb an den Schlachten teil.

Kranich, der langbeinige, wie auf →Stelzen gehende →Vogel galt in der Antike aufgrund seines wie ein Tanz erscheinenden Balzverhaltens als Symbol der Liebe und Lebensfreude. In China und Japan wurde er zum Symbol des langen Lebens sowie der Unsterblichkeit, zumal sein →weißes Gefieder Reinheit und der →rote Kamm eine Verbindung mit der Kraft des →Feuers zum Ausdruck brachte. In Indien stand der K. dagegen für Tücke und Verrat. Bei einigen Völkern Afrikas genoss er aufgrund seiner gravität. Haltung hohes Ansehen, und die regelmäßige Rückkehr des Zugvogels verband ihn im Norden mit dem Frühling. In der Emblematik symbolisiert der K. Wachsamkeit.

Kranz, ein dem →Diadem und der →Krone vergleichbares, als →Kreis geformtes Gebinde, das Ehre zum Ausdruck bringt. Dies gilt insbesondere für den bereits in der Antike vielfältig verwendeten Siegeskranz, v. a. aus →Lorbeer. Als Schmuck symbolisierte der K. Freude, und beim gemeinsamen →Mahl sollte der K. aus →Efeu vor Trunkenheit schützen. In der christlichen Symbolik und dem darauf gegründeten Brauchtum steht der K. für die Überwindung aller Anfechtung, etwa als „Märtyrerkrone". Ein Zeichen der Weihe ist der K. bei Riten von der →Taufe über die Kommunion/Konfirmation bis hin zum „Jungfernkranz", zur „Brautkrone", und als Grabkranz. Den K. aus →Rosen verhöhnt die →Dornenkrone, während der Adventskranz als Lichterkranz auf das →Licht der Weihnacht vorbereitet; siehe auch →Christbaum.

Quellentext: „Der Priester des ‚Zeus vor der Stadt' brachte →Stiere und Kränze an die →Tore und wollte zusammen mit der Volksmenge Opfer darbringen" (Apostelgeschichte 14,13).

Krebs, aufgrund des seit- und rückwärts gerichteten „Krebsgangs" ein Symbol der Täuschung und sogar des Bösen; die Bezeichnung bösartiger Geschwüre als K. (griech. *karkinos)* geht auf Hippokrates zurück. Die christliche Symbolik deutete den Wechsel des Panzers als ein „Abwerfen des alten →Adam". Das Tierkreiszeichen K. (lat. *cancer)* entspricht dem 1. Sommermonat.

Kreis, als vollkommen regelmäßige Form, die sich ohne Anfang und Ende um einen zentralen Punkt bildet, das Symbol des Einzigartigen und der Vollkommenheit. Somit bildet der K. des Himmels den Gegensatz zum →Quadrat der Erde. Diesem Gegensatz entspricht die Unterscheidung zwischen Geist und Materie. Der mit Hilfe der Geometrie aussichtslose Versuch einer „Quadratur des Kreises" symbolisiert das fruchtlose Bemühen, jenen Gegensatz aufzuheben, also das Geistige zu materialisieren oder die Materie zu vergeistigen bzw. das im Quadrat befangene Irdisch-Menschliche zu vergöttlichen. Dennoch ist die Auseinandersetzung mit der Unvereinbarkeit von K. und Quadrat eine auf vielfältige Weise aufgegriffene Herausforderung. Eine Antwort ist die Konfiguration aus K. im Quadrat als Symbol des göttlichen Funkens in der Materie, eine andere definiert den K. als die Summe der Eckpunkte eines rotierenden Quadrats. Letzteres versteht den K. als eine Funktion des Quadrats, aus dem sich alle geometr. Grundformen herstellen lassen. Ein Beispiel für die autonome Symbolik der Kreisform ergeben die Ringwellen, die ein ins Wasser geworfener Stein bewirkt. Sie können das Versinken in den Fluten des Todes symbolisieren, aber auch das Aufsteigen als Wiedergeburt. Im Christentum symbolisieren drei einander durchdringende K.e die göttliche Dreifaltigkeit. Anteil an der Symbolkraft des K.es, die bereits frühgeschichtliche Steinkreise und der →Tierkreis erkennen lassen, haben →Kugel, →Rad →Ring, →Kranz und →Nimbus. Siehe auch Abb. S. 17, 29, 56, 158, 159, 188, 217.

Quellentext: „Gleich ist für mich, von wo ich beginne: Denn dorthin komme ich wieder zurück." (Parmenides, „Über die Natur")

Korb. Um 220 n. Chr. entstand in der Callixtus-Katakombe in Rom das Bild eines Korbs mit →Brot auf einem →Fisch. Es bezieht sich sowohl auf das Wunder der Speisung der Fünftausend (Matthäus 14,13–21) als auch auf die Eucharistie.

Krähe. Emblem von Laurentius Haechtanus (1509) mit dem Motto *In arrogantes et ambitiosos* („Gegen die Stolzen und Hoffertigen“): Krähen schmücken sich mit den →Federn anderer Vögel und werden von diesen angegriffen.

Kreis. Eine Aureole umfängt Maria und das Jesuskind. Beide sind jeweils durch einen gleichfalls kreisrunden →Nimbus ausgezeichnet. Ausschnitt aus dem Gemälde „Der Sieg des Christentums über das Heidentum“, um 1300. (Stuttgart, Staatsgalerie)

Krebs. Emblem eines Druckers, der sein Handwerk mit dem rechten Maß des Drückens vergleicht – hier eines Krebses und eines Aals, die beide aus dem Wasser geholt werden („Im Fischen gilts Misten“ = Ordnung schaffen): Bei zu lässigem Druck entweicht das Tier, gegen zu groben Druck widersetzt es sich. Detail der Titelseite der 2. Ausgabe von Johann Fischarts Bearbeitung des „Gargantua und Pantagruel“ von Rabelais, Berlin 1582.

Kranz. Postumes Bildnis des mit →Lorbeer bekränzten Dante Alighieri. Der Holzschnitt ist in der 1529 in Venedig erschienenen Ausgabe der *Divina Commedia* abgedruckt.

Kreuz, als Abbild des aufgerichteten Menschen mit ausgebreiteten Armen eines der ältesten und am weitesten verbreiteten Symbole. Die beiden geradlinigen, aber auch gewellten, sich meist rechtwinklig, aber auch – etwa beim →Andreaskreuz – schräg kreuzenden „Balken" verbinden jeweils zwei Endpunkte und stehen somit in Verbindung mit der →Zahlensymbolik der Vier: Das K. symbolisiert die Gegensätze und die Einheit der vier Himmelsrichtungen und bildet daher häufig das Achsenkreuz des →Quadrats als Symbol der Erde (siehe das letzte der abgebildeten Beispiele). In China ergab sich durch Einbeziehung des Mittelpunkts eine Verbindung des K.es mit der Zahlensymbolik der Fünf. Außer den Erd- und Himmelsrichtungen verbindet das K. auch gegensätzliche Bereiche wie Himmel und Erde, Raum und Zeit oder im Sinne von →Yin und Yang das aktive, männliche Prinzip (senkrechte Achse) mit dem passiven, weiblichen Prinzip (waagerechte Achse) sowie die Elemente →Feuer und →Wasser. Neben dem Quadrat umfasst ein →Kreis das K., das gleichsam die vier Speichen eines →Rades bildet. Dadurch entwickelte sich das K. auch ohne Umkreis zum Symbol der →Sonne, etwa als seit dem Altertum verwendetes Hakenkreuz →Swastika. Zahlreiche weitere Abwandlungen unterscheiden sich durch die Form der vier Endpunkte: Beim →Ankerkreuz können sie jeweils zwei Widerhaken bilden, beim Kleeblattkreuz jeweils ein dreiblättriges →Kleeblatt als Symbol der Dreifaltigkeit, beim K. der Johanniter und Malteser jeweils einen „Schwalbenschwanz", sodass sich die Zahlensymbolik von acht Spitzen ergibt; beim Krückenkreuz bilden die vier Kreuzarme jeweils ein T (griech. *tau,* vierfaches →Antonius- oder Taukreuz). Das zweite Merkmal der Unterscheidung ist die Länge der vier Arme. Sie besitzen beim völlig symmetr. griech. K. (lat. *crux quadrata)* gleiche Maße (Grundriss der byzantin. Kreuzkuppelkirche), während sich das latein. K. bzw. Passionskreuz aus einer langen Längsachse und einer kurzen Querachse zusammensetzt und den im westlichen Kirchenbau vorherrschender Grundriss für Lang- und Querhaus bildet. Drittens bestehen Sonderformen wie das Y-förmige →Gabelkreuz, auch als Baumkreuz, und das v. a. in Russland verbreitete, ursprünglich griech.-orthodoxe K.: Der oberste Querbalken symbolisiert die Kreuzesinschrift →INRI, der mittlere die ausgebreiteten Arme des Gekreuzigten; der untere, meist schräge Querbalken die Fußstütze. Als Symbol des Christentums bezieht sich das K. auf die Kreuzigung Jesu und den damit verbundenen Triumph des auferstandenen Christus. So gehört das K. zu den →Arma Christi, und Osterbilder zeigen den Auferstandenen mit der →Fahne, auf der sich ein K. als Symbol des Sieges über den Tod befindet. Früh diente im Gottesdienst die Haltung als →Orant dem Gebet und die Geste des Kreuzeszeichens als Segen. Den Beginn der Verknüpfung von Christentum und Politik im Zeichen des K.es datiert die Überlieferung auf den 28. Oktober 312: Für die Schlacht an der Milvischen Brücke vor den Toren →Roms gegen Maxentius ließ Konstantin die Feldzeichen seiner Soldaten mit K.en ausstatten (→Labarum). Denn er hatte dieses Zeichen am Himmel erblickt, verbunden mit den Worten *Hoc signo victor eris* („Durch dieses Zeichen wirst du siegen"); so berichtet Eusebius von Cäsarea in seiner 312 begonnenen Kirchengeschichte. Hier hat die polit. dominierte Deutung des K.es als Kampfzeichen und militantes Siegessymbol (etwa in den Kreuzzügen des Mittelalters oder der Kolonialpolitik der frühen Neuzeit) ihren spätantiken Ausgangspunkt. Das latein. K. bzw. Passionskreuz ist ein Attribut Christi, der →Ekklesia und der →Fides. Das auf den Kopf gestellte Passionskreuz ist ein Attribut des Apostels Petrus: Um sich nicht den Gleichrang mit Jesus Christus anzumaßen, ließ er sich der Legende zufolge kopfüber kreuzigen. Eines der zahlreichen Beispiele für die nationale Bedeutung von K.en ist das engl. Georgskreuz, benannt nach dem hl. Georg, zu dessen Attributen ein →rotes K. auf weißem Grund gehört. Es wurde 1606 mit dem Andreaskreuz der Schotten und 1801 mit dem Patrickskreuz der Iren verbunden. Auf diese Weise entstand der Union Jack als Emblem Großbritanniens als Vereinigung von drei Königreichen und schließlich des brit. Commonwealth. Nationalflaggen mit einem Kreuz besitzen heute in Europa die Staaten Skandinaviens und die Schweiz, deren weißes K. auf rotem Grund das umgekehrt farbliche Emblem des 1862 von Henri Dunand angeregten Roten Kreuzes ergab – heute das Pendant zum Roten →Halbmond. Siehe auch Abb. S. 119.

Quellentext: „Denn das Wort vom K. ist denen, die verloren gehen, Torheit; uns aber, die gerettet werden, ist es Gottes Kraft" (Paulus im 1. Brief an die Korinther 1,18).

Kreuznimbus, ein runder Heiligenschein (→Nimbus) mit einbeschriebenem griech. →Kreuz. Der K. ist in der christlichen Ikonographie den drei Personen der Dreifaltigkeit vorbehalten: Gottvater, Christus und dem meist als nimbierte →Taube dargestellten Heiligen Geist.

Kreuz. 1. Reihe: →Antoniuskreuz (1), Lateinisches Kreuz (2), Doppelkreuz (3), Lothringisches Kreuz (4), Krückenkreuz (5), Jerusalemkreuz (6). Irisches bzw. Keltisches Kreuz (Steinkreuz) mit →Ring als Symbol der →Sonne und der Ewigkeit (7).
2. Reihe: Varianten des →Andreaskreuz.
3. Reihe Griechisches (gleichschenkliges) Kreuz mit dem Merkmal der gleich langen Arme (1–4) sowie das Wiederkreuz (5) und das Krückenkreuz mit dem →Antoniuskreuz als Kreuzarme (6, 7).
4. Reihe: Eisernes Kreuz (5), vereinfachtes Johanniter- und Malteserkreuz (7).
5. Reihe: Apfel- oder Kolbenkreuz (6), Kleeblattkreuz (7).
6. Reihe: →Ankerkreuz (2), Hakenkreuz →Swastika (7).
7. Reihe: Varianten des Radkreuzes, auch Weihekreuz (1–6), Achsenkreuz (7).

Krippe, in der christlichen Ikonographie eine Futterkrippe für →Esel und →Ochse, in die Maria ihr →Kind gebettet hat, „weil in der Herberge kein Platz für sie war" (Lukas 2,7). Diese K., an deren Stelle ein →Korb oder Kasten treten kann, symbolisiert die Armut der Menschwerdung Gottes.

Quellentext: „Des ewgen Vaters einig Kind / jetzt man in der K.n findt; / in unser armes Fleisch und →Blut / verkleidet sich das ewig Gut. Kyrieleis." (Martin Luther, 2. Strophe des Weihnachtslieds „Gelobet seist du, Jesu Christ")

Kristall, dem →Diamant nahe stehendes Symbol der Klarheit, Reinheit und des Göttlichen. Als transparenter Gegenstand vereinigt das K. die Materie mit dem Geistigen. K. kann selbst nicht brennen, doch entzündet ein Sonnenstrahl, der durch das K. fällt, ein →Licht. Somit symbolisiert das dem →Glas verwandte K. als Mariensymbol die Unbefleckte Empfängnis (lat. *Immaculata conceptio).*

Quellentext: Vor dem →Thron Gottes „war etwas wie ein gläsernes →Meer, gleich einem K." (Offenbarung 4,6a).

Krokodil, wurde als im →Wasser lebendes Tier, das auch auf der →Erde heimisch ist, in Ägypten sowohl als Verkörperung der Göttin Sobek als auch des Erdgotts Geb verehrt. Andererseits ist das K. ein Bestandteil des Ungeheuers (mit →Löwe und →Nilpferd), das im Totenbuch als Totenfresser am Totengericht teilnimmt. Hier besteht bereits die Analogie des Reptils zu dem →Drachen als Höllenschlund. Auch im Alten Testament ist von einem krokodilartigen Menschenfresser namens Leviatan die Rede. Die Symbolik der Heuchelei ist in den sprichwörtlichen „Krokodilstränen" erhalten: Das K. vergießt sie, um Nahrung bittend, nachdem es sich satt gefressen hat. Siehe auch Abb. S. 85.

Quellentext: „Kannst du den Leviatan fangen mit der →Angel und seine →Zunge mit einer Fangschnur fassen?" (Hiob 40,25 in der revidierten Lutherbibel, 1985).
„Kannst du das K. am Angelhaken ziehen, mit der Leine seine Zunge niederdrücken?" (Ijob 40,25 in der Einheitsübersetzung, 1980).

Krone, als Überhöhung des →Kopfes ein Symbol der Auszeichnung. Als Insignie der Herrschaft besitzt die K. die Symbolik der verwendeten Materialien wie →Gold, →Silber, →Edelsteine, →Perlen. Die Zackenkrone hat Anteil an der Symbolik der Strahlen der →Sonne, zumal sie ursprünglich ein Attribut des Sonnengottes *Sol invictus* war. Stilisierte →Lilien umrunden die Lilienkrone, die beispielsweise der Bamberger Reiter im Dom von Bamberg trägt, und das Symbol →Mauer kennzeichnet die Mauerkrone, welche die Allegorie der Stadt →Rom trägt. Eine Hierarchie der K.n betont den jeweiligen Rang der Herrschaft; im Mittelalter trägt der bibl. Schöpfergott meist die päpstliche →Tiara. Der weite Bereich der K. als Metapher reicht bis zum Wipfel des →Baums. Die →Dornenkrone gehört zu den →Arma Christi.

Quellentext: Die Weisheit „setzt dir einen schönen Kranz auf das Haupt, eine prächtige K. wird sie dir schenken" (Buch der Sprichwörter [Salomos] 4,9).

Kröte, ein überwiegend dämonisiertes Symboltier. K.en gehören zum Haushalt der Hexen, die sie mitsamt der giftigen Hautsekrete verspeisen. Als in der Dunkelheit lebendes Tier war die K. dem →Mond zugeordnet; in China wurde die Mondfinsternis darauf zurückgeführt, dass die K. den Mond verschluckt. Die K. symbolisiert unerlöste Seelen, aber auch die Gebärmutter. Im Übrigen hat sie Anteil an der Symbolik des Gestaltwandels beim →Frosch.

Krug, als Behälter von Flüssigkeiten, v. a. von →Wasser, ein Symbol von „überfließender" Fülle und Attribut des →Wassermanns sowie Sinnbild jedes der vier im Paradies entspringenden →Flüsse. Darstellungen der Hochzeit in Kana (Johannes 2,1–12) zeigen die sechs Wasserkrüge, deren Inhalt Jesus in Wein verwandelt. Der sprichwörtliche K., der so lange zum →Brunnen geht, bis er bricht, symbolisiert Verhaltensweisen, die auf die Dauer nicht gut gehen, kann aber auch mit der Jungfräulichkeit gleichgesetzt sein, die eines Tages „zerbricht".

Krummstab (lat. *pedum),* ursprünglich ein →Stab mit gebogenem Ende und Werkzeug der Schafhirten, der sich zum Symbol des priesterlichen Hirtenamtes entwickelt hat. Der K. ist Teil der Mess- bzw. Pontifikalkleidung und Insignie der Päpste, Kardinäle, Erzbischöfe, Bischöfe und Äbte. Abb. S. 173.

Kruzifix (lat. *crux* „Kreuz" und *fixus* „geheftet"), das Bildwerk – sei es als Statuette oder Großplastik – mit der Darstellung von Jesus Christus am →Kreuz. Attribut zahlreicher Heiliger, z. B. Dominikus, Johannes von Nepomuk, Karl Borromäus. Abb. S. 19.

Kuckuck, lat. ebenfalls lautmaler. *Cucullus,* gilt als →Vogel mit der Angewohnheit, seine →Eier in fremde Nester zu legen; „Kuckuckseier" sind demzufolge etwas Untergeschobenes. In den altind. Veden wird der Körper, in dem sich die vom K. symbolisierte Seele einnistet, mit solch einem Vogelnest verglichen. Die Anzahl der Rufe des K. gelten als Prophezeiung, wie viel Jahre bis zur Hochzeit oder bis zum Lebensende bevorstehen. In der Verfluchung „Hol's der K.!" ist K. ein Hüllwort für Teufel. Abb. S. 173.

Quellentext: „Der K. ruft seinen eigenen Namen." (Dt. Sprichwort)

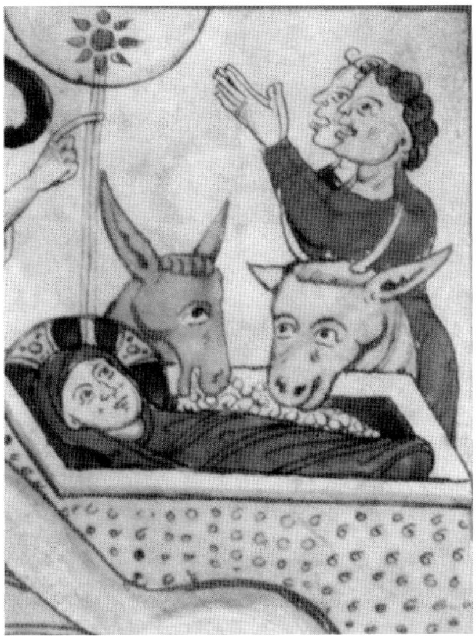

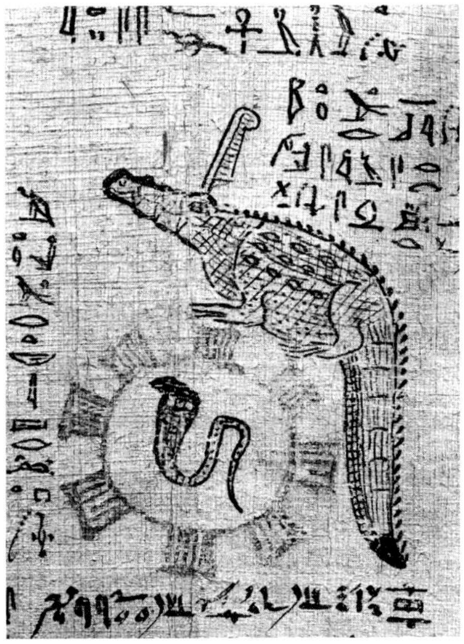

Krone. Emblem von Guillaume de La Perrière (1553) zum Herrschen, das Leiden bringt: „Ich bin aus reinem →Gold, und mancher →Edelstein wird von mir eingefasst. Innen aber habe ich immer →Dornen, die den Königen oft großes Leid bringen."

Kröte. Abguss in Bronze eines Meisters in Padua. An der Universität bildete sich im 16. Jh. ein Zentrum naturwissenschaftlicher Studien. (Wien, Kunsthistorisches Museum)

Krippe. Ausschnitt aus einem Weihnachtsbild des St. Galler Mönchs Luitherus, um 1135. (St. Gallen, Stiftsbibliothek, Handschrift Nr. 375, Seite 236)

Krokodil. Papyrus mit der Darstellung der ägyptischen Krokodilgöttin Sobek, daneben eine →Uräusschlange in Gestalt einer Kobra. (London, British Museum)

Krug. Das Gemälde „Der zerbrochene Krug" (1785) von Jean-Baptist Greuze könnte auch den Titel „Die verlorene Unschuld" tragen. (Paris, Musée du Louvre)

Kugel, als dreidimensionaler →Kreis ein gesteigertes Symbol des allumfassenden Universums und der Vollkommenheit. Sie umfasst die →Kuppel des als Firmament erschaffenen Himmelsgewölbes, an dem →Sonne, →Mond und →Sterne ihre Bahn ziehen, und die Unterwelt. Eine K. in der Hand Gottes symbolisiert die Herrschaft in diesem Universum, die auf die Regierenden, indem sie die K. als Insignie in Händen halten, auf Erden übergegangen ist. Seit der frühen Neuzeit mit ihrer nicht allein als Symbol verstandenen, sondern nachweisbaren Kugelgestalt der Erde entspricht dem Erdglobus der Himmelsglobus, u. a. mit den Sternbildern des →Tierkreises. Wie das →Rad ist die K. ein Symbol fortwährender Bewegung und somit des Wechsels. In diesem Sinne ist die K. ein Attribut der röm. Glücks- und Schicksalsgöttin Fortuna (griech. Tyche). Siehe auch Abb. S. 160, 190.

Kuh, mit dem Symbol →Milch verbundener Inbegriff der Mütterlichkeit. Es entstand mit dem frühgeschichtlichen Übergang von den Gesellschaften der Jäger und Sammler zu Ackerbau und Viehzucht. Zu den mit der K. verbundenen Mythen gehört im Hinduismus die Inkarnation von Vishnu als Krishna auf Bitten einer Himmelskuh. Als Lebensspenderin bereits früh von Tieropfern ausgenommen, gilt die K. in Indien bis heute als heilig und besitzt einen eigenen Festtag. In Ägypten wurde die aus einer Liebesverbindung von Himmel und Erde hervorgegangene Göttin Hathor, welche die Welt gestaltet und ernährt, in Gestalt einer K. verehrt. Vor diesem Hintergrund symbolisieren im Traum des Pharao sieben fette Kühe sieben Jahre Wohlstand, sieben magere dagegen eine Hungersnot (Genesis 41,1–36). Zu den Heiligen mit einer K. als Attribut gehören Brigida von Kildare, Patronin Irlands sowie der Haustiere und des Viehs, die mildtätige Dienstmagd Gunthildis (ein Prototyp der profanen Milchmagd mit Melkschemel) und der als Kuhhirte tätige Wendelin, Schutzpatron der Hirten und Herden.

Quellentext: „K. und →Bärin freunden sich an, ihre Jungen liegen beieinander. Der →Löwe frisst Stroh wie das Rind" (Jesaja 11,7).

Kuppel, als Hälfte einer →Kugel Symbol des Himmelsgewölbes. In diesem Sinne bekrönen in der Antike und im Frühmittelalter K.n Sakralbauten wie das „allen Göttern" geweihte Pantheon in Rom, die byzantin. Hagia Sophia in Konstantinopel und den muslim. Felsendom in →Jerusalem. Neben dem Kirchenbau bedient sich seit der frühen Neuzeit auch der repräsentative Profanbau dieser Symbolik des Umfassenden.

Quellentext: „Dann sprach Gott: Ein Gewölbe entstehe mitten im →Wasser [...], und Gott nannte das Gewölbe Himmel" (Genesis 1,6.–8).

Kürbis, wie der →Granatapfel wegen seiner vielen Kerne ein Symbol der Fruchtbarkeit sowie der Gebärmutter und des Welteis (→Ei). In China symbolisierten die beiden Hälften der zerteilten und ausgehöhlten Frucht, aus denen getrunken wurde, die Teilung der anfänglichen Einheit aller Dinge (→Yin und Yang). Die rasch wachsende Pflanze mit ihren großen →Blättern spielt als „Kürbislaube" in der Geschichte vom Propheten Jona eine Rolle. Hier (im raschen Verwelken der „Staude"; Jona 4,7) wird auch auf die Symbolik der Vergänglichkeit angespielt.

Kuss, die Berührung eines anderen Menschen oder eines Gegenstandes mit den →Lippen als Ausdruck inniger Hingabe, Zusammengehörigkeit und Verehrung. Ein Beispiel für die spirituelle Symbolik des Küssens ist die Deutung des 1. Verses der erot. Liebesdichtung mit dem Titel „Das Hohelied [Salomos]": „Mit Küssen seines →Mundes bedeckt er mich. Süßer als Wein ist deine Liebe." In der christlichen Rezeption des Hohelieds gewann Sinnlichkeit – wie beim Mythos von Amor und Psyche – den Charakter einer geistigen Vereinigung. In dieser Tradition steht die Legende von der Unbefleckten Empfängnis Marias, indem Joachim beim Zusammentreffen an der Goldenen Pforte von →Jerusalem seine bislang als unfruchtbar geltende Frau Anna küsst. Im Märchen wird Dornröschen vom Prinzen wachgeküsst. Der rituelle K. im kult. Bereich reicht vom Wangenkuss über den Handkuss bis zum Fußkuss; auf ihn bezieht sich der Vers Jesaja 49,23: Sie „lecken den →Staub von den Füßen". Der Friedens- und Bruderkuss frühchristlicher Gemeinden war bis in die jüngste Vergangenheit für polit. Repräsentanten des Kommunismus Pflicht. Der sprichwörtliche Judaskuss des Verrats leitet sich von der Gefangennahme Jesu her („Sogleich ging er [Judas] auf Jesus zu und sagte: Sei gegrüßt, Rabbi! Und küsste ihn", Matthäus 26,49; ähnlich Lukas 22,48: „Jesus aber sagte zu ihm: Judas, mit einem K. verrätst du den Menschensohn?").

Quellentexte: „Es war, als hätt der Himmel / Die Erde still geküsst, / Dass sie im Blütenschimmer / Von ihm nur träumen müsst." (Joseph von Eichendorff, 1. Strophe der „Mondnacht" in der Gruppe „Geistliche Lieder" der Gesammelten Gedichte, 1835)
„Seid umschlungen Millionen! / Diesen K. der ganzen Welt! / Brüder – überm Sternenzelt / Muss ein lieber Vater wohnen." (Friedrich Schiller, Beginn der 2. Strophe von „Lied an die Freude", 1786)

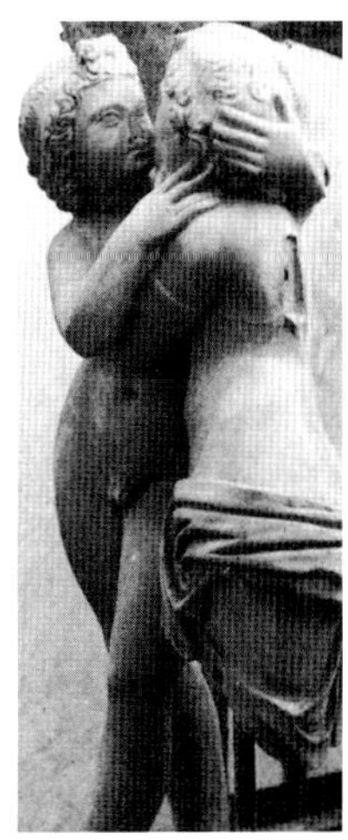

Krummstab. Emblem von Sebastián de Covarrubias Orozco (1610) mit bischöflicher →Mitra und Krummstab, der erklärt: *Pastoris non percusoris* („Ich gehöre dem →Hirten, nicht dem Mörder").

Kuckuck. Emblem von Nicolas Reusner (1581) mit einem Kuckuck im Nest einer Grasmücke, Motto: „Die Treulosen kennen keine Treue." Denn: „Die singende Grasmücke zieht das untergeschobene Junge des Kuckucks auf zu ihrem eigenen Verderben."

Kugel. Jörg Syrlin d. Ä., „Ptolemäus", Büste im 1474 vollendeten Chorgestühl des Ulmer Münsters. Die Attribute des Astronomen und Geographen sind die Himmelskugel (griech. *sphaira)* und der →Zirkel. Die Büste verdeutlicht Syrlins ausdrucksvolle Gestaltung von Gestik und Mimik: Mit geschlossenen →Augen sinnt der antike Weise über die Geheimnisse des Kosmos nach. Eine lat. Inschrift charakterisiert ihn als *homo religiosus:* „Bei den Gütern, welche uns von Gott zukommen, erwäge die Güte des Spenders. Im Unglück beachte die gute Absicht zur Besserung oder Wiedervergeltung."

Kürbis. Die Reliefs an der Vorderseite eines frühchristlichen →Sarkophags, um 270, zeigen links den vom →Fisch ausgespienen Jona in der Kürbislaube, rechts die Taufe des als Knabe dargestellten Jesus, in der Mitte einen Philosophen mit den Attributen →Mantel und →Bart zwischen einer →Orantin und dem Guten →Hirten als Träger eines →Schafes. Ganz links Neptun. (Rom, Santa Maria Antiqua)

Kuppel. Die planimetrisch stilisierten fünf Kuppeln gliedern sich in die zentrale Haupt- und vier Nebenkuppeln einer byzantinischen Kreuzkuppelkirche. Sie bekrönen hier ein Bild der Himmelfahrt Christi in einer Prachthandschrift der Marienhomilien des Jakobos von Kokkinobaphos, um 1125. (Biblioteca Apostolica Vaticana, Vat. gr. 1162, fol. 1 verso)

Kuh. Der 1510 datierte Kupferstich (11,8 x 15,8 cm) von Lucas van Leyden erweitert ein realistisches Tierbild zu einem bäuerlichen Genrebild. Er trägt daher den Titel „Das Milchmädchen".

Kuss. Römische Statuette des mythologischen Liebespaars Amor und Psyche. (Rom, Museo Capitulino)

L

Labarum, Kriegsstandarte des röm. Heeres seit Kaiser Konstantin d. Gr., entstanden nach dessen Sieg in der Schlacht an der Milvischen Brücke (312) oder nach seinem Sieg über Licinius (324). Das L. symbolisiert Krieg im Zeichen des Christentums sowie die sakrale Legitimation des Krieges und der Herrschaft des Kaisers. Es besteht aus einer langen goldenen Lanze mit einem Querbalken, an dem ein in Purpur gefärbtes quadrat. Tuch hängt; an der Lanzenspitze befindet sich an Stelle des röm. →Adlers das →Christogramm XP in einem goldenen →Kranz. Das L. diente bald auch als einfaches Feldzeichen, kennzeichnete die Schilde röm. Soldaten und löste auf röm. Münzen heidn. Motive ab.

Labyrinth (griech. *labyrinthos* „Haus der →Doppelaxt") verschlungenes und sich verzweigendes Wegesystem, das zumeist nur einen einzigen, schwer zu findenden Ausgang besitzt. Das L. kann eine Höhle, ein Gebäude oder ein Flächenornament in vielfältigen Formen sein, z. B. ein →Quadrat mit Mäander oder ein →Kreis mit einer →Spirale. Die Symbolik des in Europa weit verbreiteten L.s hat ihren Ursprung im labyrinth. Palast von Knossos. Dieser wurde mit dem Mythos des Minotauros verbunden, der von König Minos in einem von Dädalus erbauten L. gefangen gehalten wurde. Nur mit Hilfe des „Fadens der Ariadne" konnte Theseus nach seinem Sieg über den Minotauros wieder ins Freie gelangen. Anknüpfend an die Antike, gehörte seit der Renaissance die Anlage eines geometr. L.s zur Gartenkunst. Deutungen des Irrgartens reichen von der Abwehr böser Geister, indem diese sich „verirren", bis zum Erreichen höherer Weisheit und Klarheit durch Überwindung der Irrwege. Im Mittelalter symbolisierte das L. die Irrungen des Lebensweges, aber auch das Erreichen eines spirituelles Zentrums (Fußbodenlabyrinthe in den Kathedralen von Chartres und Amiens).

Lamm (lat. *agnus),* im Altertum häufig ein Opfertier, das z. B. der Schafhirte Abel Gott opfert. Allgemein Symbol der Demut und Unschuld. Im Buch Exodus schützt das →Blut des Paschalamms (einjähriges männliches →Schaf oder →Ziege) die Israeliten unmittelbar vor ihrem Auszug aus Ägypten (Exodus 12,12–29). In der christlichen Typologie ist das Paschalamm eine Präfiguration des Abendmahls. In der Offenbarung ist das L. das zentrale Christussymbol. Ein L. ist ein Attribut der Susanna, deren Unschuld durch Daniel erwiesen wird, sowie der Heiligen Agnes und des Franz von Assisi als zweitem Christus. Das L. mit dem Kreuz ist dem Täufer Johannes beigegeben und fand als Osterlamm Verbreitung. Siehe auch Abb. S. 192.

Quellentext: „Am Tag darauf sah er [Johannes der Täufer] Jesus auf sich zukommen und sagte: Seht das L. Gottes [Agnus Dei], das die Sünde der Welt hinwegnimmt" (Johannes 1,29).

Lampe, als Symbol die aus Metall oder Ton gefertigte Öllampe der Antike. Das Haushaltsgerät ist in großer Zahl erhalten, da es auch als Grabbeigabe diente. Wie die →Kerze, die →Laterne und der →Leuchter ist die Öllampe mit der Symbolik des →Lichts verbunden. Den Anlass für die vielfältige Darstellung von L.n gab in der christlichen Ikonographie das Gleichnis von den „zehn Jungfrauen, die ihre L.n nahmen und dem Bräutigam entgegengingen. [...] Die törichten nahmen ihre L.n mit, aber kein →Öl, die klugen aber nahmen außer den L.n noch Öl in →Krügen mit" (Matthäus 25,1–4). Eine Sonderform der Öllampen sind im Mittelalter die in Moscheen aufgehängten prächtigen Moscheeampeln.

Quellentext: „Die L.n sind das strahlende Licht der Seelen, das durch das Taufsakrament aufgeleuchtet ist. Das Öl bedeutet die Frucht der guten Werke. Die Lampenschalen sind die menschlichen Leiber, in deren Innerem der Schatz des guten Gewissens zu bergen ist." (Hillarius von Poitiers, 4. Jh.)

Landschaft siehe Farbteil 6: Landschaften, Metalle, Minerale

Laterne, die →Lampe mit Gehäuse zum Schutz der Lichtquelle. V. a. in Japan gehören L.n als Sinnbilder des →Lichts und geistiger Klarheit zur Ausstattung buddhist. →Tempel und →Gärten. Zur christlichen Tradition gehört die L. auf den Gräbern, v. a. am Fest Allerheiligen (1. November). Als Attribut des „kleinen" Propheten Zefanja bezieht sich die L. auf dessen „Spruch des Herrn" über das bevorstehende Gericht: „In jener Zeit durchsuche ich →Jerusalem mit der L. und rechne ab mit den Herren, die dick geworden sind auf ihrer Hefe und denken: Der Herr tut weder Gutes noch Böses" (Zefanja 1,12). Vom griech. Kyniker Diogenes wird überliefert, er habe am helllichten Tag mit einer L. auf dem Marktplatz von Athen „Menschen gesucht". Molières „Amphitryon" beginnt mit der Nachtszene, in der sich Sosias darin übt, Alkmene die Heimkehr ihres Gatten aus der Schlacht effektvoll anzukündigen; Alkmene wird dabei durch eine L. vertreten.

Quellentext: „Ich geh mit meiner L. und meine L. mit mir. Dort oben leuchten die →Sterne und unten leuchten wir." (Kinderlied)

Labarum. Der Bildteppich (Tapisserie, 1622) nach einer Vorlage von Peter Paul Rubens zeigt Kaiser Konstantin mit dem Labarum vor der Schlacht an der Milvischen Brücke 312. Die Figur links deutet auf das am Himmel erscheinende Zeichen des →Kreuzes, siehe auch →Christogramm und →IHS. (Paris, Mobilier National)

Labyrinth. Emblem von Guillaume de La Perrière (1539): „Das Reich der Wolllust betritt man leicht, aber man findet nur schwer wieder hinaus. Wenn man dem Bauch zu sehr gehorchen will, verringert man all seine übrigen Fähigkeiten. Diese schöne Lehre erteilt uns das Labyrinth, in das leicht hineinzukommen ist. Ist man aber erst richtig darinnen, dann ist es schwer, den Ausgang zu finden."

Lamm. Das Christussymbol Lamm Gottes (Agnus Dei) mit den Attributen →Kelch und →Kreuz zu Füssen Johannes' des Täufers. Dieses Detail befindet sich auf dem Bild der Kreuzigung Jesu des Isenheimer Altars (um 1512–15) von Mathias Grünewald. (Colmar, Unterlindenmuseum)

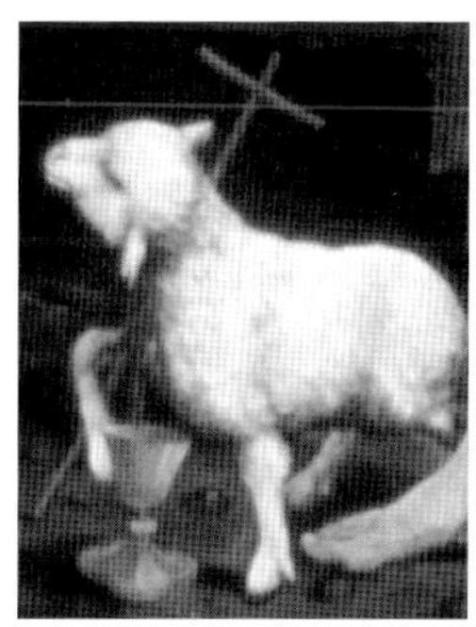

Lampe. Öllampe mit Griff in Form eines →Kopfes aus Terrakotta (Höhe 10 cm), entstanden um 750 v. Chr. (Amman, Archäologisches Museum)

Laterne. Die Illustration zu „Amphytrion" in einer 1734 in Paris erschienenen Ausgabe der Werke Molières (dt. 1769) zeigt den Diener Sosias im „Dialog" mit einer Laterne, die hier Alkmene symbolisiert (Akt I, 1. Auftritt).

Leichnam, wie der →Totenkopf ein Symbol der Vergänglichkeit des Menschen, der zu →Asche und Staub wird. Darstellungen eines L.s im „Totenoffizium“ der Stundenbücher zeigen meist den zwischen →Engeln und Teufeln auszufechtenden Kampf um die meist als →Kind personifizierte Seele des Verstorbenen. Ein zentrales Thema der christlichen Ikonographie ist der L. Jesu Christi bei der Abnahme vom →Kreuz und der Grablegung. In diesem Zusammenhang steht das Motiv der Pietà: Maria hält den L. ihres hingerichteten Sohnes in ihren Armen. Darstellungen des wie im Schlaf ausgestreckten L.s des Buddha symbolisieren dessen Eingang ins Nirvana. Die gesamte Kultur- und Religionsgeschichte enthält Versuche, der Vergänglichkeit des Körpers Einhalt zu gebieten, indem er in eine →Mumie verwandelt wird. Schande bedeutete daher das Verbot der Bestattung, etwa in einem →Sarkophag. In der griech. Sage von Antigone widersetzt sich die nach Theben zurückgekehrte Tochter des Ödipus dem Verbot ihres nun herrschenden Onkels Kreon, den Bruder Polyneikes zu bestatten. Zur Strafe wird Antigone in eine Gruft eingemauert, in der sie sich erhängt.

Quellentext: „Doch unsres armen Polyneikes Leib, / So hat's der Herold allen kundgetan, / wird weder Grab noch Totenlied zuteil; / Nackt, unbejammert soll den →Vögeln er, / Den lauernden, willkommne Beute sein.“ (Vorszene der Tragödie „Antigone“ von Sophokles, um 442 v. Chr.)

Leiter, wie die Treppe ein Symbol des Aufstiegs und des Abstiegs; auch die „Himmelsleiter“ im Traum des Jakob (Genesis 28,12–13) besteht aus den Stufen einer Treppe, diente aber als Sinnbild. Benedikt von Nursia verwendet es in kirchenkrit. und gegen Missbräuche im Mönchtum gerichteter Absicht im 7. Kapitel seiner *Regula Benedicti:* „Dieses Hinauf- und Hinabsteigen [der Engel] bedeutet zweifellos nichts anderes als den Aufstieg in Demut und den Abstieg in Hochmut.“ Von Benedikt stammt auch die zahlensymbol. Deutung der Himmelsleiter als in zwölf Sprossen der Tugend gegliedert. Auch Maria gleicht einer L., auf der Gott zu den Menschen niedergestiegen ist. Siehe auch Abb. S. 152.

Leo, lat. für das Tierkreiszeichen →Löwe.

Leuchter, der Ständer für →Lampen oder andere Lichtquellen, etwa →Kerzen. Die Anzahl der Arme eines L.s können auf der →Zahlensymbolik beruhen. So symbolisiert der siebenarmige Kultleuchter →Menora(h) die sieben Tage der Schöpfung und der Woche. Zum jüd. Lichterfest Chanukka im Dezember gehört der achtarmige Chanukkaleuchter. Er erinnert an die erneute Einweihung des →Tempels in →Jerusalem durch Judas Makkabäus 164 v. Chr. und dabei an ein Wunder: Obwohl zu befürchten war, das verfügbare →Öl für die sieben Lampen der Menora reiche nur für einen Tag, reichte es für acht Tage. Der kostbarste L. im christlichen Kultus ist der Osterleuchter. Sein Licht symbolisiert in der Osternacht die Auferstehung Christi. Ein Typus des sakralen L.s im Mittelalter ist der runde oder polygonale, an der Decke befestigte Kronleuchter. Er symbolisiert das Himmlische Jerusalem, so der 1165 vom Staufer Friedrich I. gestiftete Barbarossaleuchter mit 48 Kerzen in der ehemaligen Pfalzkapelle des Doms von Aachen.

Leuchtkäfer, Glühwürmchen, Symbol der Seele, die den Tod des Menschen überdauert. Somit auch Symbol der Unsterblichkeit. Zugrunde liegen die Leuchtorgane einer weltweit in zahlreichen Arten verbreiteten Familie der L. Um die Zeit des Johannistages (Fest Johannes' des Täufers am 24. Juni) ausschwärmende L. heißen Johanneskäfer.

Leuchtturm, bereits im Altertum ein Symbol für das sichere Ende der als Schiffsreise symbolisierten Lebensfahrt, die im Hafen mündet. Ihn markierte das weithin sichtbare →Feuer im Obergeschoss des →Turms an der Hafeneinfahrt. Auch frühchristliche Grabplatten in den Katakomben zeigen diese Symbolik mit dem „himml. Hafen“ als Ziel der Lebensfahrt.

Libra, lat. für das Tierkreiszeichen →Waage.

Licht, in seiner metaphys. und phys. Bedeutung ein Symbol des Göttlichen und des Lebens der Kreaturen, der Erleuchtung und Beleuchtung, des Geistigen und des Verstandes. Allerdings überwiegt in der Lichtsymbolik der Religionen die Transzendenz des immateriellen L.s, etwa bei den→Engeln als Lichtgestalten; eine Art Materialisierung erfährt das L., indem es durch farbige →Fenster strömt und diese erglühen lässt. An der Lichtsymbolik partizipieren die Gestirne →Sonne, →Mond und →Sterne, das →Feuer und Leuchtkörper wie die →Fackel, die →Kerze, die →Lampe, die →Laterne und der →Leuchter. L. als Ausdruck der Heiligkeit und somit ein Attribut, das L. symbolisiert, ist der →Nimbus. Abb. S. 195.

Quellentexte: „Gott sprach: Es werde L. und es wurde L. Gott sah, dass das L. gut war. Gott schied das L. von der Finsternis“ (Genesis 1,3–4).

„Gott ist das L. der Himmel und der Erde. Sein L. ist einer Nische vergleichbar, in der eine Lampe ist“ (Koran, Sure 24,35, auch Inschrift auf Moscheeampeln).

Liktorenbündel siehe →Fasces.

Abb. zu dieser Seite siehe Seite 193

VI LANDSCHAFTEN • METALLE • MINERALE

Frei komponierte „Weltlandschaften“ aus naturnah wiedergegebenen geographischen Motiven bildeten im 16. Jh. eine Stufe in der Entwicklung der neuzeitlichen Landschaftsmalerei. Sie huldigten der Weite und Mannigfaltigkeit des Landschaftsraumes, in dem schroffe Felsen und sanften Auen, Festland und Meer miteinander harmonieren.
Ein Beispiel ist das kleinformatige, minutiös ausgearbeitete Ölgemälde auf Holz (25 x 34 cm) von Joachim Patinier und Werkstatt aus den 1520er Jahren im Kunsthaus Zürich, Ruzicka-Stiftung. Es trägt allerdings nicht den allgemeinen Titel „Landschaft“, sondern heißt „Landschaft mit dem hl. Hieronymus“. Denn noch bedurfte die Landschaftsmalerei der Legitimation durch ein christliches oder antikes Thema, um sich als ebenbürtig mit der Historienmalerei zu erweisen. In diesem Sinne fügte Patinier im unteren Teil Szenen aus der Legende des Kirchenvaters und Kirchenlehrers Hieronymus ein, der viele Jahre als Eremit in der Einsamkeit verbracht und danach in Betlehem ein Kloster gegründet hat. Dort befreite der Abt einen Löwen (sein zukünftiges Symboltier) von den Schmerzen, die ihm ein Dorn in der Pfote bereitete. Patinier hat diese Szene aus dem Klosterhof unter das Vordach der Höhle des Einsiedlers in der Mitte des unteren Bildrandes versetzt; darüber ist das Kloster platziert.

ὁ μωσῆς λαμβάνων τὰς πλάκας
ἐκ χειρὸς θῦ
ο μωυσης
λυ
ων
τασαν
αυτου

Der Berg des Gottesbundes (Seite 178)
Dem Bund Gottes mit der Erde und ihren Bewohnern nach der Sintflut im Buch Genesis (S. 145) folgt im Buch Exodus der Bund mit dem auserwählten, aus Ägypten befreiten Volk Israel. Die Bildseite in der griechischen „Leobibel", schildert die Gesetzesübergabe an Mose auf dem Sinai, als Ort der Begegnung mit Gott. Zur Vorgeschichte gehört links Mose, der am Horeb die Schuhe ablegt, denn er betritt heiligen Boden (Exodus 3,5); rechts oben erscheint der brennende Dornbusch. Vgl. S. 53.
(Vatikan, Biblioteca Apostolica Vaticana, Reg. gr. 1 B, fol. 115 verso)

Der Berg der Weisheit (Seite 179)
Auf den Stufen dieses Bergkegels thronen Allegorien der Sieben Freien Künste (lat.: *septem artes liberales).* Jede lehrt, die Welt unter einem anderen Blickwinkel zu verstehen, nämlich aus der Sicht der Arithmetik, Geometrie, Astronomie und Musik sowie der Grammatik, Rhetorik und Dialektik. Diese Disziplinen wurden in die Theologie aufgenommen, und zu oberst, direkt unter dem Himmel mit dem Bild Gottes in einer Aureole, thront der hl. Augustinus. Florentinische Miniatur aus dem 15. Jh. (Chantilly, Musée Condé)

Der Höllentrichter (oben)
Ein symbolisches Gegenbild zum himmelwärts strebenden Bergkegel, aber auch zum tief ins Erdinnere vordringenden Erzbergwerk sind die von Stufe zu Stufe engeren neun Kreise der Hölle. Zuunterst befindet sich der gefallene Erzengel Luzifer; in seinen drei Mäulern stecken die drei Erzverräter Judas sowie Brutus und Cassius, die beiden Cäsar-Mörder. Illustration (um 1490) von Sandro Botticelli zu Dantes *Inferno,* dem 1. Teil des dreiteiligen Epos *Divina Commedia* („Göttliche Komödie"), vgl. S. 57.
(Vatikan, Biblioteca Apostolica Vaticana)

Die Höhle
Die Ambivalenz der meisten Symbole und symbolisch aufgefassten geologischen Formationen gilt auch und besonders für die Heimlichkeit und Unheimlichkeit der Höhlen. Dem apokryphen Protoevangelium des Jakobus zufolge brachte Maria ihr göttliches Kind in einer Höhle bei Betlehem zur Welt. In einer Höhle haust der Drache, der die Stadt Silena im Land Lybia terrorisiert. So jedenfalls erscheint das Untier auf Paolo Uccellos Gemälde mit dem Kampf des hl. Georg (um 1450), obwohl die *Legenda aurea* von einem See berichtet, aus dem der Drache regelmäßig auftauche, um Menschenopfer zu fordern. Dieses Gewässer hat Uccello auf einen Tümpel in der Höhle reduziert. Georg besiegt den Drachen und bittet die gerettete Prinzessin, ihn mit ihrem Gürtel zu binden und in die Stadt zu bringen. (London, National Gallery)

Die Symbolik der Elemente Erde und Wasser vervielfältigt sich in den geographischen Erscheinungen der Erdoberfläche. In allen Religionen finden sich heilige Berge und Gebirge als Wohnungen der Gottheiten wie der Himalaja im Hinduismus (vgl. Abb. S. 153) oder als Ort der Offenbarung Gottes. Der Psalmist hebt seine „Augen auf zu den Bergen: Woher kommt mir Hilfe?" (Psalm 121,1), und er bekennt im Zutrauen zu Gott als dem guten Hirten: „Muss ich auch wandern in finsterer Schlucht, ich fürchte kein Unheil: denn du bist bei mir, dein Stock und dein Stab geben mir Zuversicht" (Psalm 23,4).

Wie das Erdinnere als Unterwelt im wörtlichen Sinne vorgestellt und mit dem Tod assoziiert wird, so hat auch die Höhle eine überwiegend furchterregende Symbolik. Sie verliert ihren Schrecken im Friedensreich des Messias, in dem sich Kuh und Bärin anfreunden, der Löwe „Stroh frisst wie ein Rind" und „das Kind seine Hand in die Höhle der Schlange steckt" (Jesaja 11,8). In der Geschichte der philosophischen Ideenlehre Platons symbolisiert die Höhle den begrenzten und verdunkelten Wahrnehmungsbereich des gewöhnlichen Menschen, dem die Urbilder nur als Schattenbilder erscheinen. Mit diesem „Höhlengleichnis" beginnt das 7. Buch von Platons *Politeia* („Der Staat").

Zu den Gleichnissen im Koran gehört in Sure 18 mit dem Titel *al-Kahf* („Die Höhle") die Geschichte der Jünglinge, die in einer Höhle Unterkunft suchten; sie wird zum Ort der Gotteserkenntnis, indem die Jünglinge sagen: „Unser Herr, lass

uns Barmherzigkeit von Dir zukommen und bereite uns aus unserer Angelegenheit einen guten Ausweg.“ Der Koran fährt fort: „Da schlugen Wir in der Höhle auf ihre Ohren für eine Anzahl von Jahren. Dann erweckten Wir sie, um zu erfahren, welche von den beiden Parteien die Dauer ihres Verbleibens am richtigsten erfasst hat. Wir erzählen dir ihre Geschichte in Wahrheit. Sie waren Jünglinge, die an ihren Herrn glaubten und denen Wir noch mehr Rechtleitung

Musikalische Meereslandschaft (gegenüber oben)
Philipp Otto Runges Entwurf für einen Bühnenvorhang verbindet eine griechische Sage mit dem Thema einer Landschaft im Mondschein. Der Dichter und Sänger Arion wurde während einer Fahrt von Sizilien nach Korinth von den Seeleuten mit dem Tod bedroht. Er stürzte sich ins Meer und wurde von einem Delphin gerettet, den Arions Gesang angelockt hatte. Zwar dient die symmetrische Komposition der von Genien bevölkerten sowie von Schwänen und Pflanzen gerahmten Szenerie einer dekorativen Absicht, doch erzeugt die tiefenräumliche Meeresfläche zugleich einen Erlebnisraum der gegenstandslosen Empfindung. (Hamburg, Kunsthalle)

Eiswüste (gegenüber unten)
Der Titel des Bildes „Die gescheiterte Hoffnung" von Caspar David Friedrich (1822; Hamburg, Kunsthalle) leitet sich im wörtlichen Sinne von der verschollenen Erstfassung her, die am Heck den Namen des Schiffes „Hoffnung" zeigte. Dass die zweite Fassung auf die Inschrift verzichtete, beugte dem Missverständnis vor, es handle sich um die Darstellung eines bestimmten Schiffes, das im Nordmeer von den Eismassen zerdrückt worden sei. Vielmehr dient bei Friedrichs Seestücken das Schiff als Symbol der Lebensfahrt, die ins Ungewisse führt. Im zeitgeschichtlichen Zusammenhang symbolisierte die Eiswüste die lebensfeindliche gesellschaftliche Erstarrung im Zeichen der Restauration. Sie machte die in den Freiheitskriegen geweckten Hoffnungen zunichte.

schenkten. Und Wir festigten ihre Herzen, als sie aufstanden und sagten: ‚Unser Herr ist der Herr der Himmel und der Erde. Wir werden niemals außer Ihm einen (anderen) Gott anrufen, sonst würden wir etwas Abwegiges sagen. Diese unsere Volksgenossen haben sich an seiner Stelle Götter genommen. Würden sie doch für sie eine offenkundige Ermächtigung bringen! Wer ist denn ungerechter als der, der gegen Gott eine Lüge erdichtet? Und so ihr euch von ihnen und von dem, was sie außer Gott anbeten, absetzt, dann sucht Unterkunft in der Höhle, so wird euer Herr über euch einiges von seiner Barmherzigkeit ausbreiten und euch in eurer Angelegenheit eine milde Behandlung bereiten'" (Sure 21,11–16).

Wie die Erde mit ihren Höhen und Tiefen, so besitzt auch das Wasser in Gestalt des Meeres eine Symbolik des Lebens. An die Stelle des Lebensweges, von dem der Koran in übertragenem Sinne spricht („Wir haben auf der Erde festgegründete Berge gemacht, dass sie nicht mit ihnen schwanke. Und Wir haben auf ihr breite Durchgänge als Wege gemacht, auf dass sie der Rechtleitung folgen"; Sure 21,31), tritt die Lebensfahrt vom sicheren Ufer hinaus auf „hohe See". Auch in diesem Zusammenhang bedient sich die bilderreiche Sprache des Psalmisten der Schöpfungswerke, um Gott zu preisen:

„Der Herr ist König, bekleidet mit Hoheit;
der Herr hat sich gekleidet und mit Macht umgürtet.
Der Erdkreis ist fest gegründet,
nie wird er wanken.
Dein Thron steht fest von Anbeginn,
du bist seine Ewigkeit.
Fluten erheben sich, Herr,
Fluten erheben ihr Brausen,
Fluten erheben ihr Tosen.
Gewaltiger als das Tosen vieler Wasser,
gewaltiger als die Brandung des Meeres
ist der Herr in der Höhe.
Deine Gesetze sind fest und verlässlich;
Herr, deinem Haus gebührt Heiligkeit
für alle Zeiten"
(Psalm 93,1–5).

Über Jahrhunderte hinweg führt der Weg zu einer Säkularisierung der ursprünglich religiösen Symbolik, beispielsweise in der Romantik im frühen 19. Jh. Charakteristische Werke stammen von Caspar David Friedrich mit Meereslandschaften, die den Blick zum fernen Horizont lenken; sie bilden zugleich Seelenlandschaften. Ein Ausgangspunkt war der „Mönch am Meer". Clemens von Brentano schrieb darüber in den „Berliner Abendblättern" am 13. Oktober 1810 in seinen „Empfindungen vor Friedrichs Seelandschaft": „Nichts kann trauriger und unbehaglicher sein als diese Stellung in der Welt: der einzige Lebensfunke im weiten Reich des Todes", nämlich der Kapuziner auf dem Bild, mit dem sich Brentano identifiziert. Dieser Lebensfunke erlischt schließlich bei der „Gescheiterten Hoffnung", das an einen Vers im Buch Ijob über das Eis erinnert: „Wie Stein erstarren die Wasser und wird fest die Fläche des Meeres"; 38,30).

ANNI · DEL

Gold, Silber, Eisen
Die antike Lehre von den drei Zeitaltern besitzt ihre knappe literarische Fassung in Ovids „Metamorphosen". Der Manierist Jacopo Zucchi aus Florenz hat daraus um 1580 drei Allegorien entwickelt. (Florenz, Uffizien)

Im „Goldenen Zeitalter" (gegenüber) herrscht ewiger Frühling. Es lebte ein „goldenes Geschlecht, das ohne Bewachung, willig und ohne Gesetze das Recht und die Treue bewahrte. / Strafe wie Furcht waren fern" (Ovid).

Dies ändert sich bereits im „Silbernen Zeitalter" (Seite 186), und Zucchi zeigt im Zentrum über einer Gesetzestafel eine Justitia mit ihren Attributen Waage und Schwert.

Das „Eiserne Zeitalter" (Seite 187) ist bei Ovid, der vier Zeitalter unterscheidet, die Verschlimmerung des Ehernen. Hier sind die Menschen bereits „wilder im Sinn und derb und den schrecklichen Waffen geneigter, / aber verbrecherisch nicht. Hart ist das letzte, von Eisen." Bei Zucchi erscheint nun der Kriegsgott Mars im Götterhimmel, und rechts unten entfliehen die Musen. Allerdings konnte oder wollte Zucchi die Schilderung Ovids nicht wörtlich nehmen: „Jählings brachen herein in die Zeit von schlechterer Ader / alle die Greul; es entflohen die Scham und die Treue und Wahrheit, / Einzug hielten stattdessen Betrug und tückische Falschheit, / Hinterlist auch und Gewalttätigkeit und verruchte Besitzgier. / Segel entfaltete nun der Schiffer den wenig bekannten / Winden, und Kiele, die lang auf hohen Gebirgen gestanden, / tauchten jetzt ein in die Fluten, die früher nicht zugänglich schienen. / Fluren, zuvor wie die Luft und das Licht der Sonne gemeinsam, / zeichnete jetzt mit begrenzendem Strich vorsichtig der Messer; / nicht nur Saat und geschuldete Nahrung wurde den Feldern / abgefordert, man drang auch ein in das Innre der Erde. / Schätze, die jene versteckt und stygischen Schatten genähert, / werden, zutage gefördert, Verlockung zu bösen Gelüsten. / Heillos Eisen bereits und Gold, heilloser als Eisen, stiegen herauf: auf steiget der Krieg" (Metamorphosen I, 128–142).

Indem wir von Landschaften zu den hier verborgenen Metallen übergehen, nimmt symbolgeschichtlich das Gold den höchsten Rang ein. Die früheste Verwendung dieses Edelmetalls lässt sich um 5000 v. Chr. datieren. Von den Ägyptern wissen wir, dass sie anfangs Goldwäscherei im Nilsand in Nubien betrieben und um 2000 v. Chr. zum Goldbergbau in Unternubien übergingen.

Die hohe Wertschätzung des Goldes beruhte auf der Seltenheit des Vorkommens und auf seinen Materialeigenschaften, insbesondere dem Glanz als materialisiertes Licht. Auf der Verbindung mit der lebensspendenden Sonne beruht der religiöse Symbolgehalt des Goldes, der bereits in frühgeschichtlichen Kulten in der Institution des Priesterkönigs auf die Person des Herrschers übergeht. Der Mythos einer Abfolge mehrerer Zeitalter, den Hesiod überliefert, stellt das Goldene Zeitalter an den paradiesischen Beginn der Menschheitsgeschichte. In Ovids Versen ergibt sich folgendes Bild:

„Erstlich erhob sich das goldne Geschlecht, das ohne Bewachung,
willig und ohne Gesetze das Recht und die Treue bewahrte.
Strafe wie Furcht waren fern; noch lasen sie drohende Worte
nicht am gehefteten Erz; noch stand kein flehender Haufe
bang vor des Richters Gesicht: Schutz hatten sie ohne den Richter.
Noch nicht hatte, gefällt auf heimischen Bergen, die Fichte,
andere Länder zu sehn, sich gesenkt in die flüssigen Wogen;
noch von keinem Gestad, als dem ihrigen, wussten die Menschen.
Steile und klaffende Gräben umgaben noch keine Städte;
keine gerade Drommete gab's, auch das gebogene Horn nicht,
weder den Helm noch das Schwert. In behaglicher Muße vergingen,
ohne dass Krieger vonnöten, die Tage den sicheren Völkern.
Unbebaut und von der Harke verschont und schneidender Pflugschar
nimmer verletzt, gab alles von selbst die gesegnete Erde,
und sich mit Früchten begnügend, die ohne ihr Zutun gediehen,
lasen sie Arbutusfrucht, Erdbeeren an sonniger Halde
oder am rauhen Gerank Brombeeren und rote Kornellen
und von dem knorrigen Baume des Jupiter fallende Eicheln.
Da war ewiger Lenz, und sachte mit lieblichem Säuseln
küsste der Westwind die Blumen, die ohne gesät zu sein wuchsen.
Nicht vom Pfluge bestellt, trug bald auch Halme die Erde;
immer von neuem ward weiß von belasteten Ähren der Acker.
Ströme von Milch nun wallten daher und Ströme von Nektar,
und von der grünenden Eiche troff endlos der gelbliche Honig"
(Metamorphosen I, 89–112; vgl. das den Israeliten verheißene „Land,
in dem Milch und Honig fließen"; Exodus 3,8).

Neben dem Glanz ist die Geschmeidigkeit eine wesentliche Materialeigenschaft des Goldes und bildet die Voraussetzung seiner mechanischen Verarbeitung zu hauchdünnen Folien und Drähten, zu Perlen, Nadeln und spiralförmigen Schmuckstücken wie etwa Arm- und Beinreifen. Doch ebenso lässt sich Gold schmelzen, mit Silber zu Weißgold, mit Kupfer zu Rotgold legieren, gießen und zu hohlen, durch Treibarbeit verzierten Gefäßen formen.

IN
SVDORE
VVLTVS
TVI
VESCERI
PANE
TVO
ARGENTEV
SÆCVLVM

CVIQ SVVM

Das Gold der Sonne
Der „Sonnenwagen von Trundholm“, benannt nach dem Fundort im Moor von Trundholm auf Seeland, stammt aus der Bronzezeit, um 1400 v. Chr. Bronze und Goldblech, Länge 59,6 cm. (Koppenhagen, Nationalmuseum) Die Scheibe (Durchmesser 26,4 cm) ist auf beiden Seiten in drei konzentrische Ringe gegliedert, die mit punzierten Kreis- und Spiralmustern verziert sind. Nach der Ornamentierung wurde auf eine der beiden Seiten Goldblech gepresst. Diese Seite symbolisiert – gemäß der Deutung des Gefährts als Bild der Sonne, die über den Himmel gezogen wird – das leuchtende Gestirn bzw. den Tag, die Gegenseite die Nacht.

Goldener Hut
Vermutlich trug ein Priester oder Priesterkönig diesen 74 cm hohen Zeremonienhut aus papierdünnem Goldblech aus der Zeit um 100–800 v. Chr. Die Verzierungen mit Kreis- und Scheibenornamenten in Form von Buckeln werden als Sonnensymbole gedeutet. Der Entstehungsort wird im

südddeutschen Raum vermutet, der Verwendungszusammenhang in einer uns unbekannten archaischen Religion der Bronzezeit. (Berlin, Museum für Vor- und Frühgeschichte)

Göttlicher Goldregen (gegenüber oben)
Die Phantasie des Zeus, sich seiner Auserwählten zu bemächtigen, kannte keine Grenzen. Das Gemälde Tizians, ein Spätwerk der Jahre um 1550 (129 x 180 cm; Öl auf Leinwand) kontrastiert die Hingabe Danaës an die golden-göttliche Begattung mit der Raffgier der Dienerin, die allein den Materialwert des Goldes kennt. Der Grund für Danaës Gefangenschaft in einem ehernen Gemach: Ein Orakel hatte ihrem Vater Akrisios prophezeit, Danaës Sohn werde ihn töten. Dieser Sohn ist Perseus. (Madrid, Prado)

Kaiserliche Insignie (gegenüber unten links)
Der Reichsapfel war eine der Insignien des Heiligen Römischen Reichs. Das 21 cm hohe Werk der Goldschmiedekunst entstand um 1200, also in staufischer Zeit, vermutlich in Köln. Die Kugel ist eine mit Harz gefüllte Hohlform aus Goldblech. Juwelenbesetzte Bänder umspannen – ursprünglich auch als „Äquatorialspange" – die vom Kreuz bekrönte Weltkugel. (Wien, Hofburg, Weltliche Schatzkammer)

Goldener Kot (gegenüber unten rechts)
Ähnlich wie der Goldesel im Märchen „Tischlein deck dich" der Brüder Grimm kotet das „Dukatenmännchen von Goslar" Gold und gehört zu den umgangssprachlichen „Dukatenscheißern": So jedenfalls charakterisiert die drastische kleine Plastik, die sich unterhalb einer Fortuna-Figur an der Fassade des Hotels Kaiserwerth in Goslar befindet, die Sage von den Kobolden, die ihrem Gebieter Geld in Hülle und Fülle verschaffen.

Eine Vorstellung gibt der alttestamentliche Bericht über die in Gottes Auftrag von eigens zu dieser Arbeit berufenen Künstlern geschaffene Ausstattung des Offenbarungszelts (Stiftshütte in der Lutherbibel) mit Kultgeräten: „Dann sagte Mose zu den Israeliten: Seht, der Herr hat Bezalel, den Sohn Uris, des Sohnes Hurs, vom Stamm Juda, beim Namen gerufen und ihn mit dem Geist Gottes erfüllt, mit Weisheit, Klugheit und Kenntnis für jegliche Arbeit, Pläne zu entwerfen und sie in Gold, Silber und Kupfer auszuführen und durch Schneiden und Fassen von Steinen und durch Schnitzen von Holz allerlei Kunstwerke herzustellen. Auch hat er ihm und Oholiab, dem Sohn Ahisamachs, vom Stamm Dan, die Gabe verliehen, andere zu lehren" (Exodus 35,30–34). Ein Beispiel ist der siebenarmige Leuchter, die Menora: Bezalel „machte den Leuchter aus purem Gold. Der Leuchter, sein Gestell und sein Schaft, seine Kelche, Knospen und Blüten waren aus einem Stück getrieben. [...] Aus einem Talent puren Goldes (rund 4 kg) machte er den Leuchter und alle dazugehörigen Teile" (Exodus 37,17–24); dass diese Berichte nichts mit der Wüstenwanderung der aus Ägypten geflohenen Israeliten zu tun haben, sondern bereits von Salomos Tempel in Jerusalem handeln, ergibt sich aus den hier geschilderten Schätzen.

Einen Hinweis auf die religiöse Weihe von Gegenständen aus Gold geben auch die sog. Hort- und Schatzfunde. Es wird davon ausgegangen, dass es sich in der Regel nicht um eilig vergrabene, vor Feinden in Sicherheit gebrachte Kostbarkeiten handelt, sondern um gleichsam beigesetzte geweihte Gegenstände. So wurden die vier heute bekannten goldenen Zeremonialhüte als Einzelstücke aus dem Erdreich geborgen (Abb. S. 189).

Vom Verderben bringenden Goldrausch handelt bereits der Mythos vom phrygischen König Midas, dem Dionysos die Gabe verleiht, alles, was er berührt, in Gold zu verwandeln. Da dies auch mit den Speisen und Getränken geschieht, die Midas in die Hand nimmt, ist er bald vom Hungertod bedroht. Von hier spannt sich der Bogen bis zum Bild des Mädchens, das seine Vergoldung mit dem Leben bezahlte – eine Technik des Tötens des Schurken „Goldfinger" im gleichnamigen James-Bond-Film (Oscar 1964).

Die spätantike und frühchristliche Symbolik der Metalle und Edelsteine ist die Vorstufe zu den mittelalterlichen *Lapidarien* („Steinbücher"); sie wurden von Epiphanios, einem Bischof auf Zypern im 4. Jh. und von Eucherius, Bischof von Lyon, in der ersten Hälfte des 5. Jh. begründet. Epiphanios ging von der Gewandung des jüdischen Hohenpriesters (Exodus 28–39) aus. Sein Hauptinteresse gilt der Zuordnung der zwölf Steine zu den auf ihnen eingravierten Namen der zwölf Stämme Israels (vgl. Exodus 28,17–21) und der daraus zu ziehenden spirituellen Deutung auch des neuen Jerusalem (Abb. S. 192). Als Beispiel für die typologisch-allegorische Symbolik des Epiphanios sei der Karfunkel (Rubin) betrachtet. Entsprechend seiner Stellung am Brustschild des Hohenpriesters bezieht er sich nach Epiphanios auf Juda, den gesegneten Sohn Jakobs (Genesis 49,10); seine rote Ausstrahlung deutet auf die Herkunft Christi aus Judas Stamm. Die rote Farbe steht für das Blut des Gottessohns und für das pfingstliche und das eschatologische Feuer. Zur christologischen und pneumatologischen Symbolik des Karfunkels gehörten auch Heilkraft, feurige Erleuchtung durch den Heiligen Geist sowie Erlösung von der Sünde und ihren Folgen.

Edelsteine als Baumaterial

Das neue Jerusalem, dargestellt in einer um 950 entstandenen Handschrift der „Beatus-Apokalypse“ (vgl. S. 88 und 120). Hier handelt es sich um den Codex M. 644 der Pierpont Morgan Library in New York. Der Miniatur auf Folio 222 verso liegen u. a. folgende Verse aus der Vision des Johannes auf Patmos zugrunde: „Die Grundsteine der Stadtmauer sind mit edlen Steinen aller Art geschmückt; der erste Grundstein ist ein Jaspis, der zweite ein Saphir, der dritte ein Chalzedon, der vierte ein Smaragd, der fünfte ein Sardonyx, der sechste ein Sardion, der siebte ein Chrysolyth, der achte ein Beryll, der neunte ein Topas, der zehnte ein Chrysopras, der elfte ein Hyazinth, der zwölfte ein Amethyst. Die zwölf Tore sind zwölf Perlen; jedes der Tore besteht aus einer einzigen Perle. Die Straße der Stadt ist aus reinem Gold, wie aus klarem Glas“ (Offenbarung 21,19–21). Allerdings hat der spanische Buchmaler die zwölf Edelsteine über die Personifikationen der zwölf Stämme Israel in die Hufeisenbögen der zwölf Tore versetzt und beschriftet. Das Zentrum ist das Lamm als Christussymbol.

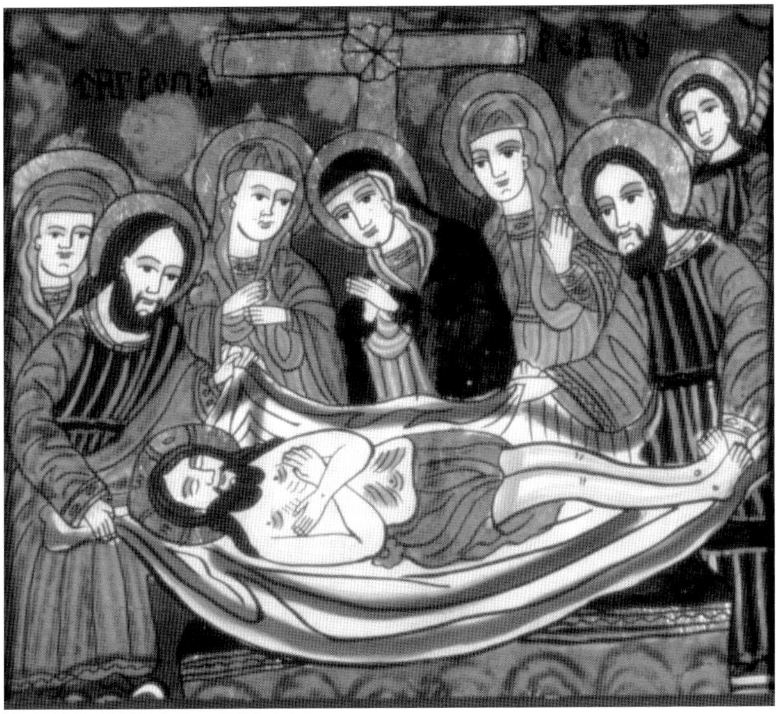

Leichnam. Die Beweinung des vom →Kreuz abgenommenen Jesus. Die Darstellung mit Maria vor dem Kreuz, vier weiteren Frauen und zwei ebenfalls nimbierten Jüngern kommt am ehesten dem Bericht des Lukas über das Begräbnis Jesu nahe. Bei Matthäus und Markus wird Jesus durch Josef von Arimathäa bestattet, bei Johannes ist Nikodemus beteiligt. Bei Lukas heißt es: Josef nahm den L. „vom Kreuz, hüllte ihn in ein Leinentuch und legte ihn in ein Felsengrab [...].
Die Frauen, die mit Jesus aus Galitäa gekommen waren, gaben ihm das Geleit und sahen zu, wie der L. in das Grab gelegt wurde" (Lukas 23,53–55). Als ein Werk der Volkskunst entstand die Hinterglasmalerei (Email) im 18./19. Jh. in Transsylvanien. (Privatsammlung)

Leiter. Die Vision der hl. Birgitta von Schweden vom eigenmächtigen und somit frevelhaften Mönch auf der Himmelsleiter. Albrecht Dürers Holzschnitt (23 x 15 cm) ist 1500 in der Nürnberger Ausgabe der *Relationes Sanctae Birgittae* erschienen.

Leuchtturm. Grabstein aus Marmor (30 x 68 cm) der laut Inschrift mit 65 Jahren gestorbenen Christin Firmia Victora aus dem *Coemeterium Jordanorum* in Rom, 3. Jh. n. Chr. Der viergeschossige Leuchtturm mit →Flammen an der Spitze symbolisiert den Hafen als die ewige Heimat, den das →Schiff als Symbol der Lebensreise ansteuert. (Rom, Musei Vaticani, Museo Pio Cristiano)

Lilie, bereits im Altertum sehr geschätztes Zwiebelgewächs mit hohem Stengel, schmalen Blättern und →weißen Blüten *(lilium candidum).* Sie symbolisierte mit ihrer Strahlkraft und dem abendlichen Duft die Reinheit, Unschuld und Jungfräulichkeit. Somit entwickelte sich die weiße L. zum Mariensymbol, insbesondere in Verbindung mit der Verheißung der Geburt Jesu durch den Erzengel Gabriel (Lukas 1,26–38). Allerdings besaß die Blüte mit ihrem kräftigen Stempel ursprünglich auch die symbol. Bedeutung als →Phallus; dies aktualisierte der „Präraffaelit" Dante Gabriel Rossetti, indem bei ihm Gabriel den Stengel seiner L. auf Marias Schoß richtet (1848/49; London, Tate Gallery). Ein zweiter ikonograph. Zusammenhang ist das Jüngste Gericht. Hier symbolisiert die L., die vom Haupt des Weltenrichters ausgeht, Gnade – im Gegensatz zum →Schwert auf der anderen Seite. Zu den Heiligen mit einer L. als Attribut gehören Dominikus, Josef und Katharina von Siena. Die vielfältige Verwendung der L. in der Heraldik besitzt im Kern ihre Bedeutung als Symbol weltlicher Herrschaft, wobei die „Marienlilie" zu erkennen gibt, dass die Herrschaft zur Ehre und im Schutz Mariens ausgeübt wird. Beispiele sind die von L.n umgebene →Krone, die L. an der Spitze des →Zepters und das Lilienwappen der Florentiner Zünfte. Die frz. Könige führten seit dem späten 12. Jh. den mit goldenen L.n übersäten blauen Schild; zur Zeit der Bourbonen zeigte die frz. Flagge L.n auf weißem Grund (um 1650–1790 und 1814–30). Siehe auch Abb. S. 18 und 114.

Quellentext: „Lernt von den L.n, die auf dem Feld wachsen: Sie arbeiten nicht und spinnen nicht. Doch ich sage euch: Selbst Salomo war in all seiner Pracht nicht gekleidet wie eine von ihnen" (Jesus über das Gottvertrauen, Matthäus 6, 28–29).

Linde (lat. *tilia),* eine Baumart mit vielfältiger Symbolik. Von vitaler Lebenskraft, kann sie über 1500 Jahre alt werden, Durchmesser bis zu 5 m erreichen und während der Blüte einen betörenden Duft ausstrahlen; ihre Blüten besitzen Heilkraft. Den Germanen war die L. heilig und Freya geweiht, der Göttin der Fruchtbarkeit und des Frühlings, der Liebe, des Glücks und des Hausstandes. Bis ins 19./20. Jh. blieb sie, oft als Ortsmittelpunkt, Treffpunkt Liebender, Ort von Frühjahrs- und Tanzfesten und von Hochzeiten; Brautgeschenke unterlegte man symbolhaft mit Lindenblättern. Im Gegensatz zur →Eiche wurde sie als →Blitz und Geister abwehrender Schutzbaum am Haus gepflanzt. Sie war aber auch Ort des Thing, d. h. der Versammlung und des Gerichts. Als *judicum sub tilia* („Gericht unter der Linde") bzw. „Gerichtslinde" symbolisiert sie den Ort der Rechtssprechung und der oft unmittelbar folgenden Urteilsvollstreckung. Die auch den Slawen heilige L. ist der nationale Symbolbaum Tschechiens (tschech. *lípa);* zahlreiche Orte tragen ihren Namen.

Quellentexte: „Unter der linden / an der heide / da unser zweier bette was, / da muget ir vinden / schone beide / gebrochen bluomen unde gras. / Vor dem walde in einem tal, – / tandaradei! / schone sanc diu →nachtegall."
(„Die Linde" von Walther von der Vogelweide, um 1200)

„Am Brunnen vor dem Tore, / Da steht ein Lindenbaum, / Ich träumt' in seinem Schatten / So manchen süßen Traum. / Ich schnitt in seine Rinde/ So manches liebe Wort, / Es zog in Freud' und Leide / Zu ihm mich immer fort". (Wilhelm Müller, „Der Lindenbaum", 1822; Volkslied durch die Vertonung von Franz Schubert im Liederzyklus „Die Winterreise")

Linga(m), im Hinduismus der meist als Stumpf einer →Säule gestalteter →Phallus Symbol des Gottes Shiva, der in Shiva-Tempeln rituell verehrt wird. Als Basis dient das weibliche Gegenstück →Yoni.

Lippen, mit der Symbolik des →Kusses verbundene Umrahmung des →Mundes und somit am Sprechen beteiligt bzw. sinnbildlich mit diesem im Singular gleichgesetzt: Wer eine „starke L. riskiert", ist vorlaut, und das „Lippenbekenntnis" ist ohne Bedeutung. Die Metapher der L. ist bibelsprachlich vielfältig präsent, insbesondere in der Dichtung der Psalmen. Aus ihr stammt etwa der in Stundenbüchern mehrfach verwendete Vers: *Domine labia mea aperies. Et os meum annuntiabit laudem tuam* („Herr, öffne meine L., und mein Mund, deinen Ruhm zu verkünden"; Psalm 51,17). In diesem Zusammenhang steht die Lippenreinigung bei der Berufung des Propheten Jesaja (Kapitel 6). Siehe Abb. S. 20.

Quellentexte: Ijob „sprach zu ihr: Wie eine Törin redet, so redest du. Nehmen wir das Gute an von Gott, sollen wir dann nicht auch das Böse annehmen? Bei all dem sündigte Ijob nicht mit seinen L." (Ijob 2,10).

„Dieses Volk ehrt mich mit den L., sein →Herz aber ist weit weg von mir" (Matthäus 15,8 nach Jesaja 29,13).

Löffel, in der Redewendung „den Löffel abgeben" ein Symbol für Sterben und Tod, denn der L. wurde früher als persönlicher Besitz oder Leihgabe nach dem Tod weiter- bzw. zurückgegeben, letzteres von Knechten an ihren Herrn, wenn sie starben oder weiterzogen. „Mit einem goldenen L. im Munde geboren sein" bedeutet, als Kind wohlhabender Eltern ohne eigenes Zutun alles erhalten und damit beste Aussichten auf ein bequemes und erfolgreiches Leben zu haben.

Licht. Hieronymus Bosch, „Der Aufstieg der Seelen zum himmlischen Paradies", um 1482(?). Dieses Gemälde entstand als linker Flügel eines Triptychons mit dem Jüngsten Gericht auf der Mitteltafel, oder gehörte zu einem Zyklus von Andachtsbildern. Das Motiv eines finsteren Tunnels, der zum reinen Licht führt, findet sich auch in Berichten über Sterbevisionen aus jüngster Zeit. (Venedig, Palazzo Ducale)

Lilie. →Hand mit Lilienapfel. Sie gehört zum Armreliquiar des hl. Sigismund im Welfenschatz, 12. Jh. (Berlin, Kunstgewerbemuseum)

Linde. Ferdinand Georg Waldmüller, „Der Tanz unter der Linde im Wirtshausgarten (Bauernhochzeit)", 1843; Öl auf Holz, 82 x 111 cm. (Wien, Österreichische Galerie Belvedere)

Linga(m). Symbol der schöpferischen und zerstörerischen Kräfte des Alls in Gestalt des →Phallus des Gottes Shiva; Indien, 5./6. Jh. n. Chr. (San Francisco, De Young Museum)

Lorbeer, als Zweig des immergrünen mediterranen Strauchs seit der Antike ein Symbol des Sieges. Ursprünglich reinigte L. von dem im Kampf vergossenen →Blut. Den Ausgangspunkt der Verbindung des L. mit dem Gott der Musen spiegelt der Mythos von der Metamorphose Daphnes in einen Lorbeerstrauch, als sie von Apollo (den ein →Pfeil Amors getroffen hat) verfolgt wird. Wie Apollo erhielten auch dessen Orakelpriesterin Pythia in Delphi (→Dreisitz), Jupiter und die Siegesgöttin Victoria den L. als Attribut. Die antike Ehrung durch den →Kranz aus L. wurde in Italien als Dichterkrönung erneuert; 1341 erhielt z. B. Francesco Petrarca den Rang als *poeta laureatus* („lorbeergekrönter Dichter"). In England trägt bis heute der jeweils offizielle Hofdichter den Ehrentitel eines *poet laureate* (erstmals ab 1670 John Dryden).

Quellentext: „Wer sich auf seinen L.en ausruht, trägt sie an der falschen Stelle." (Mao Tse-tung)

Lotos (Lotus), Sammelbezeichnung für verschiedene Arten der Seerose mit jeweils anderer Blütenfarbe (→Blau, →Rot, →Weiß) in Ägypten, Indien, China und Mittelamerika. Gemeinsam und für die jeweilige Symbolik grundlegend ist die Verwurzelung der Pflanze im „Urschlamm", aus dem sich die Reinheit der Blüten auf der Oberfläche der Gewässer erhebt. Der L. symbolisierte auf diese Weise in Ägypten die Entstehung der Welt aus dem Feuchten. Indem sich die Blüten in der Nacht schließen, steht hier der L. mit der →Sonne in Verbindung, und sein Duft spendet ewiges Leben (Motiv des Riechens an der Blüte des L. auf Wandgemälden in Grabkammern). Im Hinduismus ist der L. als Symbol der Spiritualität ein Attribut mehrerer Gottheiten, etwa der Lakshmi und ihres Gatten Vishnu; aus dem →Nabel dieses Weltschöpfers sprießt ein L. Hieran knüpft die mit der Erleuchtung des Gautama verbundene Symbolik des L. im Buddhismus an. So besitzt Buddha, der die Haltung des Lotossitzes einnimmt, Lotosaugen, und der Guru, der im 8. Jh. n. Chr. die neue Religion nach Tibet brachte, trägt den Namen „Der aus dem L. Geborene". Insgesamt reicht die Verehrung des L. von der griech. Ornamentik (Knospen und Blüten) bis zu den großformatigen Gemälden der „Nymphées" im nahezu abstrakten Spätwerk von Claude Monet. Siehe auch Abb. S. 116, 118.

Löwe, als Inbegriff animal. Kraft und Wildheit ein ambivalentes Symbol einerseits der Herrschaft, andererseits der Gefahr. In ersterem Bereich erscheint der L. seit dem Altertum, das ihn mit der →Sonne in Verbindung brachte, auch als Wächterfigur vor Palästen und →Tempeln, und in China schützte der L. vor Dämonen. Andererseits enthalten frühe Darstellungen der Löwenjagd die Symbolik des Kampfes gegen den Feind, und der Sieg über L.n zeichnet sowohl Herakles als auch Simson aus (Richter 14,5–9). Die Deutung als Christussymbol beruht weitgehend auf dem „Physiologus": Wie der L. seine Spur verwischt, hat Jesus seine Göttlichkeit verborgen; wie der schlummernde L. dennoch wach ist, behält Jesus seine Göttlichkeit beim Tod am →Kreuz; wie die totgeborenen Jungen des L.n am dritten Tag zum Leben erweckt werden, so ist Jesus nach drei Tagen auferstanden. Der L. ist das Symbol des Evangelisten Markus und ein Attribut des hl. Hieronymus, der einen L.n vom Dorn in der Pfote befreit hat. Das Tierkreiszeichen L. (lat. *leo)* vertritt den 2. Sommermonat. Siehe auch Abb. S. 82.

Quellentexte: Israel ist „ein Volk wie ein L., der aufsteht, wie ein Raubtier, das sich erhebt" (Numeri [4. Buch Mose] 23,24a).

„Seid nüchtern und wachsam! Euer Widersacher, der Teufel, geht wie ein brüllender L. umher und sucht, wen er verschlingen kann" (1. Brief des Petrus 5,8).

Luchs, im Mittelalter Symbol des Teufels, wohl wegen des →roten Fells. Die Personifikation des Gesichtssinns beruhte auf der Annahme, der L. könne durch →Mauern und Wände blicken.

Luft, in der Lehre von den vier Elementen zusammen mit den →Wolken und dem →Wind der Gegensatz zur →Erde. Sie symbolisiert den feinstofflichen, zum Atmen notwendigen Bereich zwischen dem Irdischen und dem Geistigen, auch den zwar unsichtbaren, aber wirkungsmächtigen Geist selbst. Siehe Abb. S. 60, 61. Dem Geistigen verwandt sind die Phantasie und die von Wünschen geleitete Vorstellungskraft, die Luftschlösser errichtet. Hieran schließt sich L. als Synonym für Nichts an (etwas oder jemand „ist Luft für mich")., die bis zur Luftbuchung reicht.

Quellentexte: „Darum laufe ich nicht wie einer, der ziellos läuft, und kämpfe mit der →Faust nicht wie einer, der in die L. schlägt; vielmehr züchtige ich und unterwerfe ich meinen Leib, damit ich nicht anderen predige und selbst verworfen werde." (Paulus im 1. Brief an die Korinther 9,26–27).

„Worte sind L., aber die L. wird zum Wind, und der Wind macht die →Schiffe segeln." (Arthur Koestler)

Luxuria, Symbolfigur der Hauptsünde Wollust. Sie reitet auf einem →Schwein oder →Ziegenbock, zu ihren Attributen gehört der →Spiegel.

Lyra, Leier, der →Harfe verwandtes Saiteninstrument, das den Gesang begleitet; ein Attribut Apollos und des Orpheus. Von der L. leitet sich die literar. Gattungsbezeichnung Lyrik her.

Lorbeer. Die Nymphe Daphne wird vor dem liebestollen Apollon durch die Verwandlung in einen Lorbeerstrauch gerettet. Der Beginn dieser Metamorphose ist das Thema der Marmorskulptur von Giovanni Lorenzo Bernini, 1622–25. (Rom, Galleria Borghese)

Löwe. Die Erweckung des totgeborenen Jungen durch den Löwenvater symbolisiert die Auferweckung des hingerichteten und begrabenen Christus. Detail des um 1320/30 entstandenen „Malerfensters" mit dem Bild der Kreuzigung im Münster von Freiburg i. Br.

Löwe. Tierkampfgruppe eines →Pferdes, das vom Löwen überfallen wird, vor 1594; Höhe etwa 23 cm. Das Modell für den Bronzeguss wurde wohl von Giovanni da Bologna und Antonio Susini gemeinsam hergestellt. (München, Bayerisches Landesmuseum)

Lyra. Sänger mit Lyra, minoische Bronze-Plastik, um 2000 v. Chr. (Heraklion, Archäologisches Museum)

M

Magnetstein, Symbol der Anziehungskraft. Im Hinblick auf die Liebe wurde der M. lat. *lapis amoris* genannt, und im „Physiologus“ symbolisiert der M. als *lapis gratiae* („Stein der Gnade“) die Beziehung Gottes zu seinen Geschöpfen. Im Mittelalter symbolisierte der bereits in der Antike bekannte Magnetberg im Meer die Sünde: An ihm zerschellte das „eisenhaltige“ Lebensschiff (aus dem die Nägel gezogen wurden), sofern es nicht im Schutz des Meerstern Maria segelte.

Mahl, als gemeinsam eingenommene Mahlzeit ein Sinnbild der Verbundenheit. Hierbei sind das Essen und Trinken meist der Anlass für die wechselseitige Steigerung im Geistigen, etwa beim antiken Symposion; das M. der Götter auf dem →Olymp erheiterten die Musen. Daneben ist das M. Ausdruck der Gastfreundschaft. Die zahlreichen Gelegenheiten, in denen ein M. in der Bibel geschildert wird, das sich jeweils zum Symbol entwickelt hat, beginnen im Buch Genesis mit dem Besuch der „drei Männer“ bei Abraham und Sara bei den →Eichen von Mamre (Kapitel 18). Höchste symbol. Bedeutung besitzen das Paschamahl in der Nacht vor dem Auszug der Israeliten aus Ägypten (Exodus 12) und dessen neutestamentliche Entsprechung als Letztes Abendmahl Jesu und seiner Jünger am Paschafest. Zu Jesu Gleichnissen vom Himmelreich gehört jenes vom königlichen Hochzeitsmahl (Matthäus 22,1–14). Insgesamt reicht das M. als Thema der bildenden Kunst von der Frühgeschichte (sog. Friedensseite der „Standarte von Ur“, um 2500 v. Chr.; London, British Museum) über das Totenmahl an den Wänden etrusk. Grabkammern bis zum Bild der Tafelrunde des Königs Artus, an die im weitesten Sinne Adolf Menzels „Tafelrunde Friedrichs II. in Sanssouci“ von 1850 anknüpft (seit 1945 verschollen).

Quellentext: „Der Herr der Heere wird auf diesem Berg [Zion] für alle Völker ein Festmahl geben mit den feinsten Speisen, ein Gelage mit erlesenen Weinen“ (Jesaja 24,6).

Maiglöckchen, ein Mariensymbol aufgrund des „demütig“ gebogenen Stengels, an dem kleine →weiße und intensiv duftende Blütenglocken hängen. Die Blütezeit ist der Marienmonat Mai. Die Humanisten belebten die in der Antike bekannte Heilkraft des M.s als *salus mundi* („Heil der Welt“) bei Herzschwäche neu, und Ärzte wählten das M. als Attribut (z. B. der als Arzt praktizierende Astronom Kopernikus). Heute ist das zu Parfüm verarbeitete M. ein Symbol der liebevollen Zuneigung, etwa am Muttertag Anfang Mai.

Mandala, im Sanskrit „Kreis“, sowohl im Hinduismus als auch im Buddhismus ein kreisförmiges Bild als Gegenstand der spirituellen Konzentration und als Meditationshilfe: Die Vielgestalt zentriert sich und vereint die Gegensätze. In diesem Sinne fand das M. Eingang in die tiefenpsycholog. Deutung von Träumen und Visionen durch C. G. Jung, nämlich als einer der Archetypen. Heute ist der Begriff des M. als Bezeichnung für eine ornamental gestaltete Kreisform (Medaillon) populär.

Mandel, die Frucht des mediterranen Mandelbaums, dessen Erblühen im Sinne von Erwachen bereits im Januar die Symbolik der Wachsamkeit und der Wiedergeburt motivierte. Die M. selbst enthält in der harten, spitzovalen Schale einen weichen, süßen Kern. Somit symbolisiert der Mandelkern das Geistige und das Wesentliche, das sich in den Äußerlichkeiten verbirgt, die Wahrheit in den Tatsachen. Diese Unterscheidung zwischen Schale und Kern kennzeichnet die M. als Christussymbol: Jesu Gestalt als Mensch umhüllt und verbirgt seine Göttlichkeit. Insofern symbolisiert die M. jegliche Inkarnation („Fleischwerdung“). Indem die Schale den Kern schützt, symbolisierte die M. in der Antike die weibliche Fruchtbarkeit und die Schwangerschaft; zu den Hochzeitsriten gehörte es, M.n auszustreuen. Das aus M.n gepresste →Öl hatte bei den Griechen die symbol. Bedeutung als Samen des Zeus. Aufgrund der Mühe, die das Herauslösen des Kerns aus der Schale bereitete, symbolisierte die M. (wie die →Nuss) auch die Geduld.

Mandorla, in der christlichen Ikonographie ein Heiligenschein, der die gesamte Gestalt umschließt. Er ist spitzoval wie die →Mandel, deren Symbolik hier wirksam ist; die M. heißt daher auch Mandelglorie. Die M. ist ein Attribut Gottes, rahmt David als himml. „Weltentänzer“, Maria als Himmelskönigin, v. a. aber Jesus in der Szene seiner Verklärung und Christus bei der Himmelfahrt. Schließlich ist die M. Bestandteil der *Maiestas Domini,* auch „Christus in Majestät“ genannt. Sie zeigt das Thronbild Christi inmitten einer M., die von den vier Evangelistensymbolen →Adler, →Engel, →Löwe und →Stier umgeben ist. Diese werden ersetzt oder erweitert durch die vier Evangelisten selbst sowie die vier „großen“ Propheten Jesaja, Jeremia, Ezechiel und Daniel. Eine kreisförmige M. heißt Aureole. Sie umgibt auch den →Mond. Siehe auch Abb. S. 28, 117, 149, 216.

Mahl. Über der Mitteltafel des Magdalenenaltars von Lucas Moser (1431) ist Jesus zu Gast bei einem Pharisäer (Lukas 7,36–50). Hier kommt es zur Salbung durch eine „Sünderin", die in den Legenden mit Maria Magdalena identifiziert wird, ebenso mit Maria aus Betanien in der Szene der „Salbung in Betanien" (Johannes 12,1–8): Maria „salbte Jesus die →Füße und trocknete sie mit ihrem →Haar"; rechts erscheint Marias Schwester Marta, welche die Gäste bewirtet. (Tiefenbronn, Pfarrkirche)

Mandala. Ab 1916 bis 1930 stellte der Psychoanalytiker G. G. Jung seine Visionen und Wachträume in Bildern dar, die er als Mandalas bezeichnet hat. Das „Kreuz im Flammenkreis" aus dem Jahr 1920 bezieht sich auf einen Traum am 22.1.1914.

Mandorla. Die Miniatur in der Gumbertusbibel (vor 1195) zum Buch Ijob zeigt inmitten einer Mandorla Gott. Dieser gibt dem rechts auftretenden Satan Macht über den Reichtum und die Gesundheit des Ijob. (Erlangen, Universitätsbibliothek, Ms. 1, fol. 247 verso)

Mandragora. Noch schlummert die wundersame Pflanze, doch der Rhizotom („Wurzelgräber") wird sie mit Hilfe eines Hundes aus der Erde ziehen und mit der Wurzel Alraune freilegen. Miniatur im *Codex Vindobonensis,* einer Ende des 14. Jh. entstandenen lateinischen Prachthandschrift des ursprünglich arabischen „Handbuchs der Gesundheit" (*Tacuinum sanitatis,* siehe auch Abb. S. 126). (Wien, Österreichische Nationalbibliothek)

Mandragora, ein Nachtschattengewächs, dem seit dem Altertum Kräfte der Magie zugesprochen wird. Dies betraf insbesondere die mit zwei „Beinen“ versehene anthropomorphe Wurzel Alraune, die auch „Galgenmännlein“ genannt wurde. Denn die M. wuchs dem Volksglauben zufolge unter Galgen aus dem Sperma der Gehenkten. Ein weiterer Ausdruck des Horrors, den die M. auslöste, war die Anweisung, die Pflanze durch Hunde aus dem Boden ziehen zu lassen, denn der Schrei, den die M. dabei ausstieß war tödlich. Sie symbolisierte Zauberei im weitesten Sinne, denn aus der Alraune wurden Mittel hergestellt, die als Aphrodisiaka Liebe erweckten und Schwangerschaften herbeiführten; somit symbolisierte die M. Fruchtbarkeit. Weitere Zauber- und Heilmittel aus der Wurzel dienten der Narkotisierung, sollten aber auch die Wünsche nach Glück und Reichtum erfüllen. Siehe auch Abb. S. 122, 199.

Mantel, Symbol des Schutzes und des Verbergens als „Bemänteln“. Als M. gilt auch der Umhang beim Ornat, der die Träger machtvoll erscheinen lässt, etwa der Krönungsmantel. Von der im M. symbolisierten, ihm beigegebenen Befähigung handelt die Erzählung der Himmelfahrt des Propheten Elija, der seinen M. dem Schüler und Nachfolger Elischa vom Himmel herab zukommen lässt. Ein zerteilter M. ist Attribut des hl. Martin von Tours, der eine Hälfte seines Umhangs einem Bettler überlassen hat (auch vom hl. Franziskus ist eine Mantelspende überliefert). Ein weiter Umhang, unter dem zu beiden Seiten Marias viele Personen Unterschlupf finden, kennzeichnet die Schutzmantelmadonna; diesem Vorbild folgen Bilder von Ordensgründerinnen und Äbtissinnen.

Maske, ursprünglich im Kultus verwurzeltes Symbol einer angenommenen Identität als Rolle. Somit reicht das Spektrum von der vorgeschichtlichen Tiermaske im Zusammenhang des Jagdzaubers bis zur Metapher der Charaktermaske. Tatsächlich verlor die antike Theatermaske ebenso wie die Unheil abweisende Dämonenmaske ihre positive Bedeutung und entwickelte sich zum Symbol der Vergänglichkeit. In diesem Sinne symbolisieren M.n an röm. →Sarkophagen die antike Lebensphilosophie des Welttheaters: Der Verstorbene ist von der Bühne, auf der er seine Rolle gespielt hat, abgetreten. Diese Symbolik der M. kennzeichnet insbesondere das Weltbild in der Epoche des Barock, in der das *theatrum mundi* die Lebenswirklichkeit maskierte. Hier stellte sich zugleich die bis heute fortwirkende Notwendigkeit der Demaskierung. Als Attribute der Heiligen Genesius und Pelagia besitzen Masken keine symbol. Bedeutung, sondern beziehen sich auf den Beruf der zum Christentum Bekehrten. Pelagia war eine gefeierte Schauspielerin und Tänzerin, bevor sie sich als der Einsiedler Pelagius auf dem Ölberg bei →Jerusalem Bußübungen auferlegte. Ungeachtet ihrer sündhaften Vergangenheit wurden Genesius und Pelagia Schutzpatrone der Schauspieler und Schauspielerinnen.

Quellentext: „Es ist sehr leicht, die Bedeutung der öffentlichen Mummereien einzusehen. Schwerer ist es, die geheime Maskerade zu durchschauen, die hier in allen Verhältnissen zu finden ist. Dieser größte Karneval beginnt mit dem 1. Januar und endet mit dem 31. Dezember.“ (Heinrich Heine, „Französische Zustände“, 25. 3. 1832)

Mauer, ambivalentes Symbol einerseits des Schutzes, etwa einer →Burg, einer von einem Mauerring mit Türmen umgebenen Stadt oder eines Landes. Andererseits des Trennens und der Gefangenschaft, die zuletzt die „Berliner M.“ (1961–89) bewirkte. Die Bibel berichtet von Wundern einer Zerstörung von M.n, etwa bei der Eroberung von Jericho (Josua 6); in der Apostelgeschichte gelangen Petrus und Paulus jeweils in Freiheit durch die Erschütterung und Öffnung der Kerkermauern (Kapitel 5 und 16).

Quellentext: „Für den Reichen ist sein Vermögen wie eine feste Stadt, wie eine hohe M. – in seiner Einbildung“ (Buch der Sprichwörter [Salomos] 18,11).

Maus, überwiegend negativ aufgefasstes Nagetier, gekennzeichnet durch Gefräßigkeit und starke Vermehrung. Somit symbolisierte die Mäuseplage vom Teufel angestiftetes Unheil, zumal sie gottgefällige Tätigkeiten, etwa im Skriptorium der Klöster, störten. Zur Legende der hl. Gertrud von Nivelles (Tochter Pippins d. Ä.) gehört die Vertreibung von Mäusen durch ihr Gebet; sie wurde zur Schutzheiligen der Feld- und Gartenfrüchte. Doch konnten weiße Mäuse, die für die Römer ein gutes Omen darstellten, im Mittelalter als die Verkörperungen der Seelen ungeborener →Kinder gelten. In Fabeln der „verkehrten Welt“ kann die M. über die →Katze zu Gericht sitzen oder sich ihrer bedienen, um die über einen Menschen verhängte Strafe auszuführen. Der in einem →Netz gefangene →Löwe verdankt seine Befreiung einer M., welche die Fäden zernagt.

Quellentext: „Elende M., allzu oft versetzt du mich in Zorn. Gott möge dich verdammen.“ (Schreiber Hildebertus, an dessen Mahlzeit sich eine M. zu schaffen macht, um 1140)

Meer, ambivalentes Symbol der Fülle und Unermesslichkeit, aber auch der Gefahren. Die mit dem Element →Wasser und dem →Fisch verbundene Sym-

Mantel. Das um 1440 entstandene Gemälde eines unbekannten Meisters schildert die Legende von der Mantelspende des hl. Martin: Er teilt seinen Umhang mit einem Bettler, der hier als Krüppel dargestellt ist. Links oben antizipiert das Bild Martins Traum, in dem Christus erscheint. Er ist mit der gespendeten Mantelhälfte bekleidet. (Rottenburg am Neckar, Diözesanmuseum)

Maske. „Die tragische Muse" von Christian Georg Schütz d. J. Die Zeichnung gehört zu den Vorlagen der 20 Kupferstiche in Goethes Abhandlung „Das römische Carneval", die 1788 erschienen ist.

Maske. Aus der Jüngeren Altsteinzeit stammt diese Darstellung eines Schamanen (?) mit der Tiermaske eines →Hirschs. Das Werk der Höhlenmalerei befindet sich in den Grottes des Trois Frères.

Mauer. Ab Ende des 3. Jh. entstand im Norden Chinas eine Schutzmauer. Sie erhielt ihre heutige Ausdehnung von Turkestan bis zum Pazifik und Höhe bis zu 16 m in der Zeit der Ming-Dynastie (1368–1644). Der Holzstich zeigt eine deutsche Expedition bei der Besichtigung der Mauer in der Nähe von Nankou, ungefähr 50 Kilometer nördlich von Beijing.

Maus. Vor einer Maus als Richter züchtigt eine →Katze den Delinquenten. Illustration eines ägyptischen Märchens auf einer Kalksteinscherbe, um 1200 v. Chr. (Chicago, Oriental Institute)

bolik gehört zur Geschichte der Seefahrt und ihren Mythen (siehe auch →Magnetstein). Zum M. gehört das →Schiff als Symbol der Lebensfahrt, die im Hafen mit seinem →Leuchtturm mündet, sofern sie nicht an →Felsen scheitert; Ruhepunkte im M. bilden →Inseln. Die Tiefe des M.s symbolisiert das Unbewusste, die bewegte See starke Emotionen. Zur Legende des hl. Augustinus gehört dessen Begegnung mit einem →Kind, das versucht, das M. mit einem →Löffel auszuschöpfen und ihn belehrt, er unternehme dasselbe, indem er die Unergründlichkeit Gottes mit seinen Gedanken ergründen wolle. Siehe auch Abb. S. 55, 182.

Quellentext: „Du stillst das Brausen der M.e, das Brausen ihrer Wogen, das Tosen der Völker" (Psalm 65,8).

Menora(h), Symbol des Judentums in Form eines →Leuchters (hebr. *menorah).* Seine sieben Arme symbolisieren die sieben Tage der Schöpfung (Genesis 1,1–2,4a) und damit auch die sieben Tage der Woche. Mose erhielt auf dem Berg Sinai die Anweisung zur Herstellung dieses Geräts (Exodus 27,31–40), dessen Entstehung Exodus 37,17–24 schildert. Die detaillierte Beschreibung erinnert auch an die Symbolik des →Baums, seiner Knospen und Blüten, v. a. des Mandelbaums. Die M. im →Tempel von →Jerusalem gehörte bei dessen Zerstörung 70 n. Chr. zur Beute der Römer. Eine genaue Nachbildung für die Synagogen war als Vorwegnahme der Wiederherstellung des Tempels im messian. Zeitalter verboten. Dies galt auch für die M. vor der Knesset in Jerusalem. Seit seiner Gründung ist die M. ein Emblem des Staates Israel.

Milch, als erstes Nahrungsmittel in vielen Kulturen ein Symbol der Mütterlicheit und des geistigen und religiösen Heranwachsens. So gab Paulus der Gemeinde in Korinth „M. zu trinken statt fester Speise", denn die Brüder waren „unmündige →Kinder in Christus" (1. Brief an die Korinther 3,1–2). Hier wurzelt die sprichwörtliche „M. der frommen Denkungsart". In der christlichen Ikonographie entwickelte sich das Bild der mit entblößter →Brust stillenden Maria als *Galaktotrophusa / Maria lactans* (lat. „die milchspendende Maria"); auch die →Caritas gibt einem Kind die Brust, und Maria stillt auch den hl. Bernhard von Clairvaux. Mit dem →Honig ist die M. ein Inbegriff der vollkommenen Lebensweise: Den Israeliten wird ein Land verheißen, in dem „M. und Honig fließen" (Exodus 3,8). Im Hinduismus bestand der Mythos vom Urmeer aus M., aus dem die Butter gequirlt wurde – bei Wilhelm Busch rettet sich auf ähnliche Weise ein →Frosch auf einem Butterklümpchen durch unermüdliches Strampeln, während sein untätiger Gefährte im Milchglas ertrinkt.

Quellentext: „Verlangt, als gleichsam neugeborene Kinder, nach der unverfälschten, geistigen M., damit ihr durch sie heranwachst und das Heil erlangt" (1. Brief des Petrus 2,2).

Milchstraße, ein als matt leuchtendes „milchweißes" Band am nächtlichen Himmel erkennbares Sternensystem mit der Bezeichnung Galaxis (griech. *galaktos „Milch").* 1609 erkannte Galileo Galilei mit Hilfe seines Fernrohrs, dass die M. aus einzelnen →Sternen besteht. Doch erst im 20. Jh. gewann die Astrophysik genaue Kenntnis vom Aufbau dieses „Sternennebels" als scheibenförmiges, rotierendes Milchstraßensystem. Zu den bereits im Altertum entwickelten Deutungen des Lichtbogens, der dem →Regenbogen am Tag vergleichbar schien, gehörte sowohl im Orient als auch bei den Germanen die Vorstellung, die M. sei der Weg, den die Seelen der Verstorbenen nehmen; im Mittelalter galt die M. als Riss im Firmament, durch den das himml. →Feuer leuchtet. Indian. Kulturen betrachteten die M. als weiße→Schlange. Ihren Namen erhielt die Galaxis durch eine Episode des Herakles-Mythos: Als der Säugling Hera an die →Brust gelegt wurde, drückte er so kräftig zu, dass ein Strahl der →Milch in weitem Bogen über den Himmel spritzte. Siehe auch Abb. S. 25.

Mistel, ein immergrüner Strauch, der als Halbschmarotzer auf dem Astwerk von Bäumen keimt und gedeiht. Die M. galt in manchen Kulturen als heilig, denn sie entstand auf →Eichen, die vom →Blitz getroffen worden waren. Die als Heilmittel verwendeten Beeren der M. ergaben einen Saft als Sperma der Eiche. Plinius d. Ä. zufolge ernteten die Druiden der Kelten die M.n mit goldenen →Sicheln, sammelten sie in →weißen Tüchern und opferten sie den Göttern. In derlei Riten wurzelt möglicherweise der v. a. in England verbreitete Brauch, an Weihnachten und zu Neujahr Mistelzweige aufzuhängen. Sie symbolisieren Glückwünsche, und unter ihnen ist ein →Kuss erlaubt.

Mitra, ursprünglich eine mützenartige Kopfbedeckung oriental. Herrscher, dann die kegelförmige „Bischofsmütze". Ab dem 12. Jh. teilte sich die M. in die beiden länglichen Dreiecke der Vorder- und Rückseite, welche das Alte und das Neue Testament symbolisieren. Als Attribute dienten Mitren auf Darstellungen jüd. Hohepriester von Aaron bis Simeon (Szene der Darbringung Jesu im Tempel) und heiliger Bischöfe. Am Boden liegende Mitren symbolisieren den Verzicht des Heiligen auf das Bischofsamt.

Milch. Ikone der *Galaktrophusa* (griech. *galaktos* „Milch“ und *trephein* „nähren“) aus dem 17. Jh.: Maria, dem Jesuskind die entblößte Brust reichend. Dieser Typus der Madonna entstand wohl bei den Kopten in Anlehnung an Darstellungen der ägyptischen Göttin Isis mit dem Horusknaben. Die Verehrung der *Galaktrophusa* ist in Konstantinopel ab dem 5./6. Jh. belegt; das westliche Pendant ist ab dem 12./13. Jh. die „milchnährende“ *Maria lactans*.

Milchstraße. Frontispiz der Handschrift des Macrobius-Kommentars zum *Somnium Scipionis* („Scipios Traum“) in Ciceros Abhandlung *De re publica* („Vom Gemeinwesen“), um 1383. Als ein mit →Sternen besticktes Band überschneidet die Milchstraße die Planetenbahnen des geozentrischen Weltbilds. (Oxford, Bodleian Library, Ms. canon. class. lat. 257, fol. 1 verso)

Mistel. Die Illustration in Alois Schreibers „Teutschland und die Teutschen“ (Bd. 1, 1823) zeigt Germanen bei der Ernte von Mistelzweigen an einer →Eiche.

Mitra. Kaiserweihe Karls d. Gr. im Jahr 800 durch Leo III. in Rom. Der Papst trägt wie der Kleriker am linken Rand der Miniatur in der „Sächsischen Weltchronik“ (vor 1290) die dreieckige bischöfliche Mitra.
(Bremen, Staats- und Universitätsbibliothek, Ms. a 33. fol. 58 verso)

Mond, im geozentr. Bild des Kosmos ein →Planet, dagegen in der heliozentr. Astronomie als Gestirn ein Trabant der →Erdkugel. Für die seit jeher bedeutende Symbolik des M.es wurden zwei Beobachtungen grundlegend: der Gestaltwandel vom zunächst sichelförmigen →Halbmond nach der Wiedergeburt bis zum →Kreis des Vollmonds, gefolgt vom Vergehen im Neumond, und die Abhängigkeit seines →Lichts von der →Sonne. Ersteres begründete die symbol. Analogie zwischen dem M. und dem durch Fruchtbarkeit, Wachstum, aber auch Vergänglichkeit bestimmten Leben auf der Erde. Und wie der M. zyklisch die Zeit gliedert, so bestand ein Zusammenhang zwischen den Mondzyklen und dem Organismus der Frau. Die weiblichen Eigenschaften bestätigte die Abhängigkeit von der „männlichen" Sonne, und überwiegend verkörpern weibliche Gottheiten den M. Bei den Griechen ist es Selene (röm. Luna). Bereits im Alten Testament steht der M. für den jüd. Mondkalender („Du hast den M. gemacht für die Zeit"; Psalm 104,19), doch sind die Gestirne gemeinsam zum Lob Gottes berufen: „Lobt ihn, Sonne und M., lobt ihn, all ihr leuchtenden →Sterne" (Psalm 1408,3). Dem entspricht in der Ikonographie der Kreuzigung Jesu die Darstellung von Sonne und M. über dem Querbalken des →Kreuzes. Auch das Osterfest ist u. a. am M. orientiert, nämlich als 1. Sonntag nach dem Vollmond nach dem kalendar. Beginn des Frühlings. Daraus ergeben sich die Daten für Karfreitag, Himmelfahrt und Pfingsten. Siehe auch Abb. S. 182.

Quellentext: Der M. „ist nur halb zu sehen / und ist doch rund und schön. / So gibt es viele Sachen, / die wir getrost belachen, / weil unsere Augen sie nicht sehn" (Matthias Claudius im „Abendlied", 1779).

Morgenröte, Symbol der Hoffnung und des Neubeginns. In der griech. Mythologie eilt am Beginn des Tages Eos (röm. Aurora), eine Schwester der Selene (röm. Luna, →Mond), der →Quadriga ihres Bruders Helios (röm. Phöbus Apollo) voraus. Indem Maria die Christussonne in die Welt gebracht hat, ist die M. auch ein Mariensymbol.

Mühle, als Myst. M. ein Symbol des Zusammenhangs zwischen Altem und Neuem Testament: Mose oder Jesaja schüttet das Korn der alttestamentlichen Lehren in eine M. als Symbol Christi. Das hier gemahlene Mehl sammelt der Apostel Paulus.

Mumie, der durch Einbalsamierung oder auf natürliche Weise konservierte →Leichnam. Die M. symbolisiert das Weiterleben im Jenseits. Mit Traditionen der Mumifizierung befassten sich 2008 die Ausstellungen „Ägypt. M.n – Unsterblichkeit im Land der Pharaonen" (Stuttgart) und „Der Traum vom ewigen Leben" (Mannheim).

Mund, als das mit →Zähnen und der →Zunge ausgestattete, von den →Lippen umrandete Organ ein ambivalentes Symbol des Geschmacksinns und der Sprache Es symbolisiert das mit Genuss und Verstand verbundene Essen und Trinken, aber auch das Unmaß der Völlerei; das wahrhaftige Wort und die Lüge, die in Gestalt kleiner schwarzer Dämonen aus dem M. entweicht. Zur Ikonographie des Jüngsten Gerichts ist das (in der Offenbarung vorgebildete) →Schwert aus dem M. des Weltenrichters als Symbol des zur Verdammnis verurteilenden Richterspruchs. Zu den ältesten Ritualen, die sich auf den M. beziehen, gehört die Mundöffnung der ägypt. →Mumien. Sie sollte den Verstorbenen in die Lage versetzen, vor den Göttern die Wahrheit auszusprechen sowie im Jenseits erneut zu speisen.

Quellentext: „Der M. des Gerechten ist ein Lebensquell, im M. der Frevler versteckt sich Gewalttat" (Buch der Sprichwörter [Salomos] 10,11).

Muschel, als im →Wasser lebendes Tier, dessen weiches Fleisch zwei Schalen schützen, ein vieldeutiges Symbol. Es reicht von der mit Erotik verbundenen Fruchtbarkeit der Frau über die Jungfräulichkeit bis zum Grab, verbunden mit der Erwartung der Auferstehung. Den Mythen von der Entstehung der „schaumgeborenen" Liebesgöttin Aphrodite (röm. Venus) bzw. Anadyomene (griech. „aus dem Meer") mit der M. als Attribut lassen sich zurückverfolgen bis zum frühen Vergleich der spaltbreit geöffneten M. mit dem weibl. Geschlechtsorgan, und in mehreren Sprachen hat dasselbe Wort die Bedeutung „M." und →„Vulva". In diesem Zusammenhang steht die Eigenschaft von Muschelfleisch als Aphrodisiakum. Zum Symbol der Jungfräulichkeit und damit zum Mariensymbol wurde die M. aufgrund der mittelalterlichen Tierkunde, die M. werde durch den Tau befruchtet. Die mit der Grabsymbolik verknüpfte Jenseitshoffnung ist in der M. als Attribut der Pilger enthalten. Dies gilt v. a. für die Jakobsmuschel, benannt nach dem Apostel Jakobus d. Ä., der sie als Attribut am Hut trägt, und bezogen auf den Jakobsweg zum Grab des Heiligen in Santiago de Compostela.

Musik siehe Farbteil 7: Musik, Tanz, Theater

Myrrhe, ein Harz als Räuchermittel, das aus mehreren Arten des Myrrhenstrauchs gewonnen wird; er gedeiht vom trop. Afrika bis Indien. M. gehört mit →Gold und →Weihrauch zu den Gaben der Sterndeuter bei ihrer Huldigung im Stall von Betlehem (Matthäus 2,11).

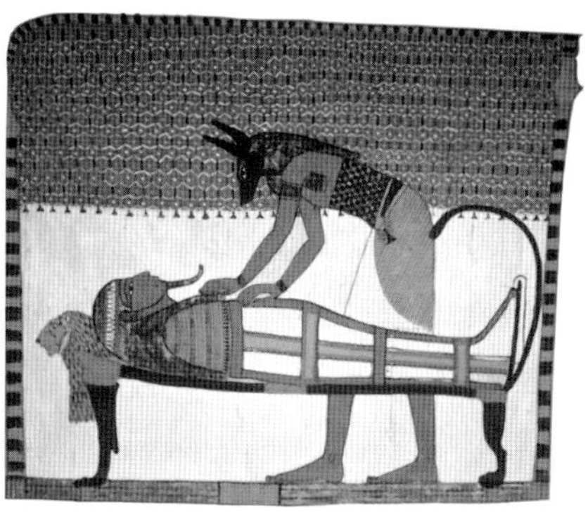

Mond. Inmitten der zwölf Sternbilder des →Tierkreises umrunden auf dieser Miniatur einer frz. Handschrift die sieben →Planeten die dreigeteilte →Erdkugel. Sie symbolisieren die sieben Wochentage, beginnend mit dem Mond am Montag. (Paris, Bibliothèque Nationale)

Mühle. Das romanische Figurenkapitell in Sainte-Madeleine in Vézelay zeigt die Mystische Mühle: Mose schüttet das Korn seiner Gesetze des Alten Bundes in eine Mühle, die durch ein →Kreuz als Symbol Christi gekennzeichnet wird. Sie mahlt jenes Korn zum Mehl des Evangeliums des Neuen Bundes, das Paulus empfängt, um es zu verbreiten.

Mumie. Das Gemälde im Grab des Semedjen aus dem 13./12. Jh. v. Chr. zeigt den Gott Anubis mit dem Kopf eines →Schakals. Er ist mit einer Mumie beschäftigt, um den Verstorbenen auf seinen Weg ins Jenseits vorzubereiten.

Mund. Die antike Steinmaske *Bocca della Verità* befindet sich in Rom in der Vorhalle von Santa Maria in Cosmedin. Sie ist mit einem Aberglauben verbunden: Die Hand, die ein Lügner in den „Mund der Wahrheit" steckt, wird abgebissen.

Muschel. Sandro Botticellis Gemälde „Die Geburt der Venus" (1486) handelt von der Ankunft der schaumgeborenen Aphrodite in einer Muschel auf Zypern, angetrieben von den Zephir-Winden. Am Strand wird sie von einer der Horen mit einem →Mantel empfangen, denn nur bekleidet darf die Göttin der Liebe und Schönheit in den Kreis der olympischen Götter geführt werden. Öl auf Leinwand, 172 x 278 cm; siehe auch Abb. S. 133. (Florenz, Uffizien)

N

Nabel, das vernarbte Ende der Nabelschnur im Mutterleib, somit ein Überrest der vorgeburtlichen Ernährung der Embryos. Hierauf gründet sich die Symbolik des N.s als Zentrum der Welt, deren Entstehung hier begonnen hat. Die griech. Mythologie lokalisiert diesen N. im Heiligtum Apollons in Delphi, und hier befand sich der *Omphalos* (griech. „Nabel“) in Form eines zylindr., oben abgerundeten Steins (heute im Museum von Delphi). Diesem Erdnabel entspricht als Himmelsnabel, um den sich das Firmament dreht, der Polarstern. Die sprichwörtlich als Nabelschau bloßgestellte Egozentrik symbolisiert ursprünglich die Meditation, etwa in Form des Yoga. Der geschmückte N. ist auch Blickpunkt einer zur Schau gestellten →Nacktheit, die ebenfalls als Nabelschau bezeichnet wird.

Nacht, als Gegensatz zum Tag ein Symbol des geheimnisvollen Dunkels und des Unbewussten, aber auch des Unbekannten, das sich blitzartig aufklärt. Als Symbolfigur umfängt die N. (griech. *nyx)* die Brüder Schlaf *(hypnos)* und Tod *(thanatos).* Allabendlich verlässt sie ihre im fernen Westen gelegene Höhle und fährt in einem →schwarzen Pferdegespann über den Himmel. Zwar besaß die N. in der Antike keinen eigenen Kult, doch gehörten zu ihren Geschöpfen die Rachegöttin, die Parzen (→Faden), die Hexen mit ihrer orgiast. Walpurgisnacht und Unholde wie der Nachtmahr als Verkörperung des nächtlichen Alpdrückens. Siehe auch Abb. S. 96, 149.

Quellentext: „Es ist entschieden, nun ist's gut – und schnell / Bin ich geheilt von allen Zweifelsqualen, / Die Brust ist wieder frei, der Geist ist hell: / Nacht muss es sein, wo Friedlands Sterne strahlen.“ (Wallenstein im III. Akt, 10. Auftritt von Friedrich Schillers Drama „Wallensteins Tod“, 1799)

Nachtigall, ein unscheinbarer Singvogel bei Tag und auch bei →Nacht. Wegen ihres als sehnsuchtsvoll, süß, aber auch als klagend empfundenen nächtlichen Gesangs ein Symbol der Liebe und des Schmerzes. Die Deutungen reichen vom glücklichen Omen bis zur Ankündigung eines sanften Todes. In der christlichen Überlieferung symbolisierte die N. Himmelssehnsucht. Als „Wittenberg. N.“ betitelte Hans Sachs 1523 seine Spruchdichtung, mit der er für Luther eintrat.

Quellentext: „Willst du schon gehen? Der Tag ist ja noch fern. / Es war die N. und nicht die Lerche, / Die eben jetzt dein banges →Ohr durchdrang; / Sie sitzt des Nachts auf dem Granatbaum dort. / Glaub, Lieber, mir, es war die N.“ (Julia zu Romeo in William Shakespeares Tragödie „Romeo und Julia“, III. Akt, 5. Auftritt, 1598).

Nacktheit, ambivalentes Symbol der Unschuld und triebhaften Sexualität, der Armut und der Bestrafung. Die beiden Extreme enthalten Darstellungen des Jüngsten Gerichts mit hüllenlosen Erlösten einerseits und Verdammten andererseits. Die auch vom nackten →Kind symbolisierte ursprüngliche Unschuld des Menschen verkörpern im Buch Genesis →Adam und →Eva vor dem Sündenfall – eines der wenigen Themen der Aktkunst in der christlichen Ikonographie des Mittelalters. Umstritten blieb die Begründung für N. als Merkmal der Seligen im himml. Paradies: Hier gäbe es nichts zu verhüllen; Kleidung sei somit irreführend und überflüssig. Ähnlich bildete in der antiken Kunst die N., insbesondere bei Kultbildern, ein Attribut der vollkommenen Gottheiten. N. kennzeichnet bereits prähistor. Bildwerke als Idole des mit Fruchtbarkeitskulten verbundenen „Venus“-Typus. Siehe auch Abb. S. 17, 25, 28, 60, 62, 113, 127, 184, 190, 215, 217, 219, 254, 255.

Quellentext: „Wir werden den Leuten, welche über die nackten Schultern der allerliebsten Sünderin Frankreich den Nonnenschleier werfen wollen, auf die →Finger schlagen. – Wir wollen nackte Götter, Bacchantinnen, olymp. Spiele, und von melod. →Lippen: ach, die gliederlösende, böse Liebe!“ (Camille Desmoulins in „Dantons Tod“ von Georg Büchner, I. Akt, Szene „Spielsalon“, 1835)

Nagel, als Stift aus Holz oder Metall ein Hilfsmittel, etwas zu befestigen. Beim Nagelfetisch betrifft dies den im meist anthropomorphen Gegenstand imaginierten Geist, der an seine Aufgaben gebunden oder aber gebannt werden soll. Entscheidendes zutun bedeutet, „Nägel mit Köpfen“ zu machen. Der sprichwörtliche Sargnagel symbolisiert dagegen Sorgen und Unglück, die den →Weg zum Tod verkürzen. Nägel gehören zu den Marterinstrumenten, etwa beim →Rad mit Nagelspitzen. Die drei Nägel, mit denen Jesus an den Händen und mit übereinander gelegten Beinen ans →Kreuz genagelt wurde, gehören zu den →Arma Christi.

Narr, Personifikation der moral. und sozialen Außenseiterrolle; allenfalls die „Narrenfreiheit“ erlaubt es, straflos unbequeme Wahrheiten zu nennen. Doch überwog im Mittelalter die Symbolik der Sündhaftigkeit. So handelt das Fastnachtsspiel „Das Narrenschneiden“ von Hans Sachs vom Arzt, der einem Kranken die N.en der Hoffart und des Geizes, der Völlerei, Unkeuschheit und des Zorns aus dem Leib schneidet. In Sebastian Brants Moralsatire „Das Narrenschiff“ (1494) führt im

Nabel. Vishnu auf der sich beständig rollenden kosmischen →Schlange Ananta. Sie symbolisiert die Periode zwischen Zerstörung und Neuschöpfung des Kosmos. Aus Vishnus Nabel sprießt ein →Lotos. Die Miniatur stammt aus dem 18. Jh.

Nachtigall. Wandfliesen in der Medrese von Shiraz (Iran), um 1850. Das hier verwendete Motiv trägt die Bezeichnung *golo bolbol* („Nachtigallen und →Rosen").

Nacktheit. Sandro Botticellis allegorisches Gemälde „Mars und Venus" (um 1480) handelt von der Überwindung kriegerischer Gewalt durch die Liebe: Der in Schlaf gesunkene Kriegsgott wird von bocksbeinigen und gehörnten Faunen im Dienst der Liebesgöttin seiner Waffen und Rüstung beraubt. Die männliche Aktfigur symbolisiert Schutzlosigkeit, aber auch ein körperliches Schönheitsideal. Tempera auf Holz, 69 x 174 cm. (London, National Gallery)

Nacktheit. „Der Liebeszauber": Die hüllenlose Schöne, deren Leib von einem zarten →Schleier umspielt wird, träufelt einen Saft auf das →Herz, das in einer Schatulle liegt. Es symbolisiert wohl den Mann im Hintergrund. Das kleine Tafelbild auf Holz (24 x 18 cm) eines oberrheinischen oder flämischen Meisters stammt aus der 2. Hälfte des 14. Jh. (Leipzig, Museum der bildenden Künste)

Kapitel 13 Frau Venus →Affen, →Esel und N.en am „Narrenseil", was bedeutet, dass diese verhöhnt werden; ursprünglich zieht der Teufel die Laster und Torheiten hinter sich her.

Quellentext: „Wir sind N.en um Christi willen, ihr aber seid klug in Christus; wir schwach, ihr aber stark; ihr herrlich, wir aber verachtet." (Paulus über die Apostel im 1. Brief an die Korinther 4,10 in der Lutherbibel 1985)

Narzisse, eine im Frühjahr blühende Blume der Gattung Amaryllisgewächse. Sie wurde als Zwiebelgewächs, das sich nach der Blüte zurückzieht, um im nächsten Jahr wieder zu „erwachen", mit dem Schlaf in Verbindung gebracht, als Grabbepflanzung aber mit Tod und Auferstehungshoffnung. Dies bezeugt der Name der gelben Osterglocke. Wie die →Lilie ist die →weiß blühende N. ein Mariensymbol. Benannt ist die N. nach einer Gestalt der griech. Mythologie: Der Jüngling Narkissos verschmähte die Liebe der Echo und verliebte sich zur Strafe in sein Spiegelbild. Von seinem „Narzismus" wurde er durch die Verwandlung in die N. erlöst.

Nase, im bibl. Schöpfungsmythos das Organ, durch das der Mensch den Lebensatem erhält. Somit ein Symbol des Lebens der Kreatur Mensch, der zur Selbsterkenntnis fähig ist, indem er sich „an der eigenen N. fasst." Diese wohl auf einem alten Rechtsbrauch beim Widerruf einer Beschimpfung beruhende Aufforderung gehört zu den vielfältigen Redewendungen und Gesten, bei denen die N. dazu dient, ein bestimmtes Verhalten zu kennzeichnen, sei es, eine „lange N." zu machen (zu verspotten) oder die N. in etwas zu stecken (sich einzumischen). Eine volkstümliche Physiologie schließt von der männlichen N. auf den →Phallus; eine lange N. beherrscht bei Masken v. a. der süddeutschen Fastnacht die Hexen- und Teufelsmasken, getreu dem auch in der Schweiz verbreiteten Spruch: „Lange N. und spitzes Kinn, / Da sitzt der Satan leibhaft drin." Als Kunstwort Christian Morgensterns in den „Galgenliedern" (1905) wurde der später als Gattungsbezeichnung verwendete Name des Fabeltiers Nasobem, das sich auf vier N.n fortbewegt, in Lexika aufgenommen.

Quellentext: „Da formte Gott, der Herr, den Menschen aus Erde vom Ackerboden und blies in seine N. den Lebensatem. So wurde der Mensch zu einem lebendigen Wesen" (Genesis 2,7).

Nebel, Symbol des Unbestimmten und Phantastischen, das zur Klarheit drängt. Dies gilt auch für Schöpfungsmythen, in denen N. den Urstoff der Welt bildet.

Quellentext: „Seltsam, im N. zu wandern! / einsam ist jeder Busch und Stein, / Kein →Baum sieht den anderen, / Jeder ist allein. [...] Seltsam, im N. zu wandern! / Leben ist Einsamsein. / Kein Mensch kennt den andern, / Jeder ist allein." 1. und 4. Strophe des Gedichts „Im Nebel" von Hermann Hesse, 1947)

Nelke, Näg(e)lein, allgemein ein Liebes- und Fruchtbarkeitssymbol. Einen griech. Mythos aufgreifend, schildert Ovid in seinen „Metamorphosen" Entstehung und Symbolik der Nelke: Die Jagdgöttin Artemis (lat. Diana) kehrte von erfolgloser Pirsch zurück. Sie traf auf einen Schalmei blasenden Hirten, dem sie vorwarf, er habe durch sein Spiel das Wild verscheucht. Zur Strafe riss sie ihm die →Augen aus und warf sie zwischen die Steine. Als sie ihre Tat bereute, verwandelten sich die Augen in leuchtende Blumen. Im Christentum wurde die N. zu einem Mariensymbol; v. a. aber wegen ihres nagelförmigen Samens zum Symbol der Passion Christi. Ein Beispiel ist Leonardo da Vincis Gemälde „Die Madonna mit der N." (um 1473–78; München, Alte Pinakothek), auf dem er als Vorausdeutung auf die Leiden Jesu das Kind nach einer N. in Marias Hand greifen lässt. Während der Frz. Revolution bestiegen die Adligen mit einer →roten N. im Knopfloch als Zeichen ihrer Unerschrockenheit die Guillotine. Seit 1890 ist die rote N. das Symbol der Arbeiterbewegung. Sie diente statt →Fahnen, deren Tragen ihr verboten worden war, am 1. Mai, dem 1889 beschlossenen „Tag der Arbeit", als Zeichen der solidar. Kampfbereitschaft. Während der sog. Nelkenrevolution 1974, bei welcher der Diktator Portugals entmachtet wurde, steckten die Lissaboner den Soldaten rote N.n in die Gewehrläufe.

Quellentext: „Guten Abend, gute Nacht, mit →Rosen bedacht, / mit Näglein besteckt, schlüpf unter die Deck: / Morgen früh, wenn Gott will, wirst du wieder geweckt. (1. Strophe eines Volkslieds aus „Des Knaben Wunderhorn", 1808; auch Abendgebet mit Kindern)

Netz, ambivalentes Symbol des Sammelns und des Gefangennehmens. Im Positiven gehört das N. zu den Attributen oriental. Gottheiten, und im Neuen Testament werden die Jünger bzw. Apostel, die von Beruf →Fischer sind, zu Menschenfischern berufen. Andererseits gehörte das N. zu den Waffen etwa der Gladiatoren, und vielerlei Gefahren bestehen für die Lebewesen, „ins N. zu gehen" (→Spinne).

Quellentexte: „Weiter ist es mit dem Himmelreich wie mit einem N., das man ins Meer warf, um →Fische zu fangen. Als es voll war, zogen es die Fischer ans Ufer; sie setzten sich, lasen die guten Fische aus und legten sie in →Körbe, die schlechten aber warfen sie weg" (Matthäus 13,47–48).

Neun siehe →Zahlensymbolik

Abb. zu dieser Seite siehe Seite 225

VII
MUSIK • TANZ • THEATER

Diese Ansicht der rotfigurig bemalten Außenseite einer griechischen Schale verbindet drei ursprüngliche Bereiche des kulturellen Lebens mit symbolischer Bedeutung: Links ertönt die Doppelflöte Aulos, deren Töne den entfesselten Tanz einer Gruppe von Frauen begleiten. Die wilden Bewegungen ahmen die Mänaden nach, die mit ihrem Gebieter Dionysos durch die Wälder jagen. Das Kultbild dieses Gottes, zu dessen Ehren auch das Drama bzw. die Bühnenkunst der Griechen entstanden ist, befindet sich neben einem Altar; Weinranken und Fladenbrote symbolisieren hier die dionysischen Gaben Brot und Wein eines Geheimkults. Die Schale entstand um 480 v. Chr. in der Werkstatt des attischen Töpfers Hieron und wurde wohl von dessen Mitarbeiter Makron bemalt. Gefunden in Vulci in Etrurien, gehört die Schale heute zu den Schätzen der Berliner Antikensammlung im Alten Museum.

Musik und Tanz (ganz oben)
Die auf Stuck ausgeführte Wandmalerei veranschaulicht das Intermezzo eines Gastmahls des hochrangigen Beamten Nebanum aus der Zeit um 1380 v. Chr. Die Malerei gehörte zur Ausstattung seines Grabes bei Luksor und befindet sich heute im British Museum, in London.

Als sich Hesiod am Beginn seiner „Theogonie" (um 700 v. Chr.) von den Musen zum Dichter krönen lässt, nimmt er jene Göttinnen in Anspruch, die neben der dichterischen Begeisterung auch die Musik und den Tanz sowie die Tragödie und die Komödie verkörperten. Im Gefolge des Musengottes Apollon gehörte es zu den Aufgaben der neun Töchter des Zeus und der Mnemosyne, die Gottheiten beim Mahl auf dem Olymp zu erheitern und zu verherrlichen. Hierbei handelt es sich um die Mythologisierung von Gepflogenheiten bei Gastmählern seit frühester Zeit.

Erst im Hellenismus entwickelte sich die Zuordnung der einzelnen Musen zu bestimmten Bereichen der Kunst. So verkörperte nun Euterpe mit dem Attribut der Doppelflöte die Lyrik und Musik, Erato und Terpsichore, jeweils mit dem Attribut der Lyra ausgestattet, den Tanz sowie die Liebesdichtung bzw. das Chorlied im Drama. Zum mythologischen Sitz der neun Musen und sprichwörtlichen Symbol der Vollkommenheit ihrer Künste wurde das Gebirge Parnass im zentralen Griechenland.

Der Inbegriff von Musik, die Menschen, Tiere, Pflanzen und selbst die unbelebte Natur in ihren Bann zieht und im Innersten bewegt, ist der mythenumrankte, in der spätantiken frühchristlichen Kunst mit Christus gleichgesetzte Sänger und Musiker Orpheus. Was ihn auszeichnet, fasst Ovid in seiner Schilderung vom Tod des Orpheus zusammen – aus Eifersucht auf seine Macht über die Men-

Ein Musengott (oben)
Der lorbeerbekränzte Apollon als Violinist, umgeben von den neun Musen. Ganz links erscheint der blinde Epiker Homer. Teilansicht des Freskos „Der Parnass" von Raffael in der Stanza della Segnatura des vatikanischen Palastes der Päpste, um 1510. Auftraggeber war Julius II.

Apollon als Schüler (rechts)
Das Wandgemälde der Zeit um 75 n. Chr. aus Herculaneum schildert den Musikunterricht, den Apollon in seiner Jugend erhält: Der Kentaur Cheiron unterweist den Gott im Spiel auf der Kithara, einem der Harfe und dem Psalterium verwandten Saiteninstrument.

Frühgeschichtlicher Harfenist
(gegenüber unten)
Marmorplastik aus Thera, ein Werk der kykladischen Hochkultur der Inselwelt im östlichen Mittelmeer. Das Bildwerk (Höhe 16,5 cm) entstand um 2600 v. Chr. und befindet sich im Badischen Landesmuseum, Karlsruhe.

Engelsreigen
Der Ausschnitt aus einem Fries tanzender Engel stattet die Verkörperungen himmlischer, in der christlichen Kunst meist in Verbindung mit Musik gestalteter Freuden mit ganz unterschiedlichen Instrumenten aus. Neben Blas- und Streichinstrumenten sind es Schellenkranz und Triangel. Der Maler war Francesco Botticini.

Engelskonzert (gegenüber)
Unter diesem Titel ist der linke Teil der Mitteltafel von Matthias Grünewalds „Isenheimer Altar“ bei geöffneten Flügeln bekannt. Genau genommen handelt es sich um das eine, auf den apokryphen Quellen des Marienlebens beruhende mystische Bild der Muttergottes, dem als Gegenstück das „menschliche“ Bild der Madonna mit dem Jesuskind auf der rechten Seite entspricht. Beide Bilder sind eng verbunden (so gehört der Waschzuber rechts unten zum rechten Mutter-Kind-Bild); eine Vielfalt von teilweise noch strittigen Symbolen kennzeichnet jedoch in besonderem Maße das Engelskonzert mit der jungfräulichen, vergeistigten Gestalt der gekrönten Himmelskönigin im rechten Mittelgrund. Rätselhaft bleiben links das grün gefiederte Flügelwesen mit Federkamm auf dem Kopf, das eine Kniegeige streicht, und die dunkle, golden aufblitzende Gruppe unter dem Baldachin über den musizierenden Engeln.

schen und weil er nach dem Tod Eurydikes der Liebe abgeschworen hatte, rissen ihn thrakische Frauen in Stücke:

„Dir weiht Trauer das Wild, dir, Orpheus, klagende Vögel,
dir das starre Gestein und der Wald, den deine Gesänge
oftmals hatten gelockt; um dich mit geschorenem Haupthaar
härmt sich entblättert der Baum; durch eigene Zähren – erzählt man –
wurden die Flüsse gemehrt, und in dunkele Farbe gekleidet
gingen, die Haare gelöst, Najaden einher und Dryaden.
Hier und dort sind die Glieder verstreut. Haupt aber und Leier
fängst du, Hebrus, im Strom, und während sie mitten dahintreibt,
da – o Wunder – erbebt wie klagend die Leier, und klagend
lallt die entseelete Zung, und klagend erwidern die Ufer.
Fern von dem heimischen Fluss schon schwimmen sie weg in die Meerflut,
und sie gewinnen den Strand der methymnäischen Lesbos“
(Metamorphosen XI, 44–55).

Die enge Verbindung von Kultus, Musik und Tanz gilt weltweit in allen Religionen und besitzt frühgeschichtliche, im Schamanismus noch gegenwärtige Wurzeln. Ein Ausdruck des Zusammenhangs in den Hochreligionen ist der Psalm 150, das „Große Halleluja“, in welches das Buch der Psalmen mündet:

„Halleluja!
Lobet Gott in seinem Heiligtum, /lobt ihn in seiner mächtigen Feste!
Lobt ihn für seine großen Taten, / lobt ihn in seiner gewaltigen Größe!
Lobt ihn mit dem Schall der Hörner, / lobt ihn mit Harfe und Zither!
Lobt ihn mit Pauken und Tanz, / lobt ihn mit Flöten und Saitenspiel!
Lobt ihn mit hellen Zimbeln, / lobt ihn mit klingenden Zimbeln!
Alles, was atmet, / lobe den Herrn! / Halleluja!“

Dieser 150. Psalm kann als Auftrag und Ziel der Kirchenmusik betrachtet werden. Ihre Schutzheilige wurde eine Märtyrerin, von der die *Legenda aurea* über-

Die Orgel
Eine Tafel des 1432 vollendeten Polyptychons von Hubert und Jan van Eyck mit der Bezeichnung „Genter Altar“ huldigt dem in dieser Ausführung neuartigen Tasteninstrument mit Blasebalg. Ihm wurde im Kirchenbau die Orgelempore über dem westlichen Haupteingang vorbehalten.

Himmelstöne
1514 schuf Raffael dieses Altarbild mit der Gestalt der hl. Cäcilie. Am Boden liegen die Instrumente weltlichen Konzertierens, während die Blicke der Schutzheiligen der Kirchenmusik himmelwärts gerichtet sind; von dort ertönt, Cäcilie erfüllend, der Gesang der Engel. Ihr Attribut ist ein Portativ als tragbare Orgel. Umgeben wird Cäcilie zu ihrer Rechten von Paulus (mit dem Schwert seiner Enthauptung als Attribut) und dem Evangelisten Johannes, zu ihrer Linen von Augustinus mit Bischofsstab und, den Blick auf den Betrachter gerichtet, von Maria Magdalena. (Bologna, Pinacoteca Nazionale)

Liebestöne (gegenüber)
Mit seinem Gemälde „Venus und der Orgelspieler“ (um 1550, 116 x 210 cm, Öl auf Leinwand) schuf Tizian eine vieldeutige Allegorie. Die Deutungen reichen von den Anteilen des Sehens (Blick auf die Aktfigur der Venus) und des Hörens (Orgelspiel) an der Erkenntnis des Schönen bis zur Verherrlichung des Sensualismus, wobei der kleine Cupido als Liebesbote dient. (Berlin, Gemäldegalerie)

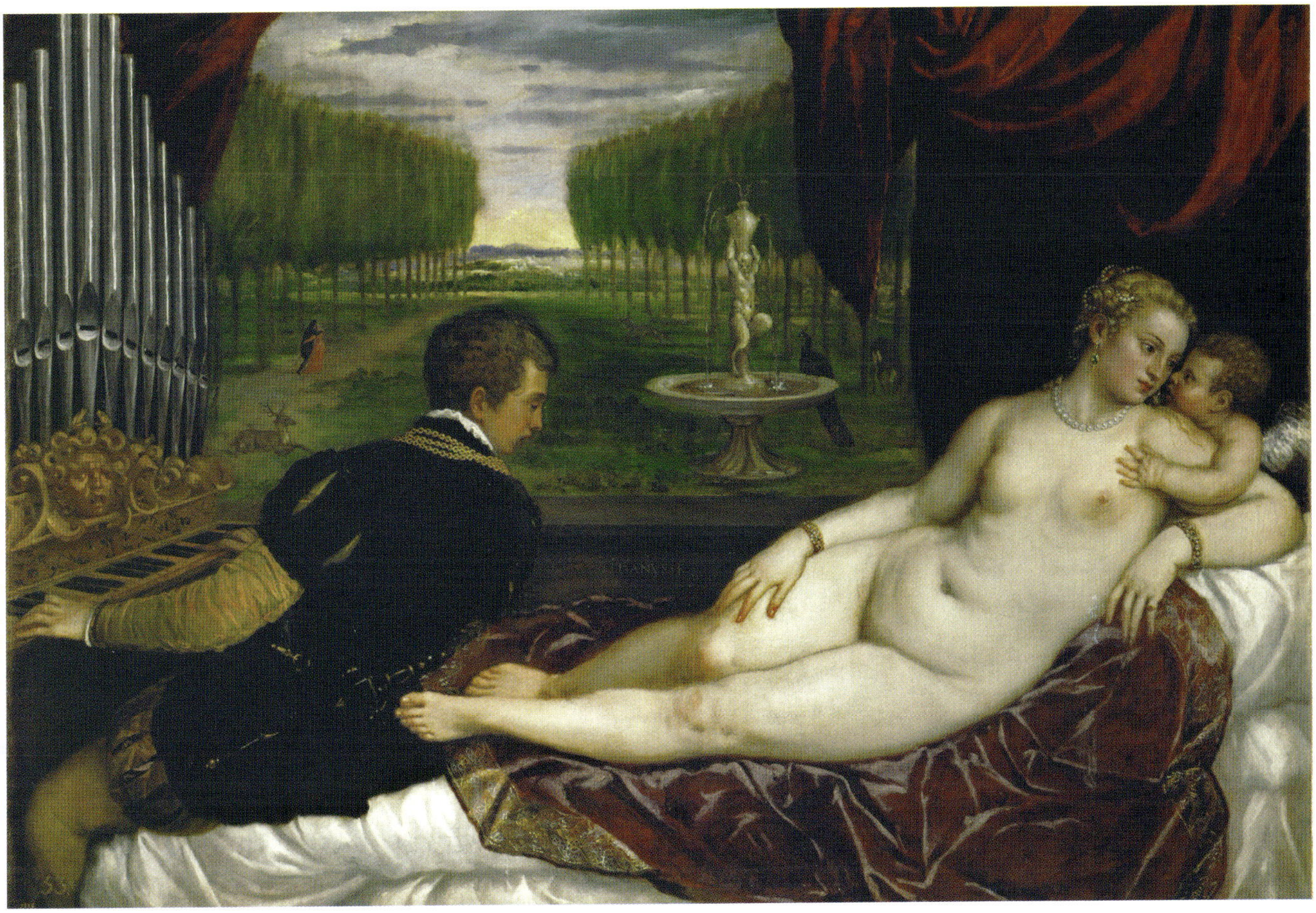

Weltentänzer David (Seite 216)
Die Bildseite in der Vivian-Bibel Karls des Kahlen (um 845) zeigt inmitten einer Mandorla in einer tänzerischen Schrittstellung den gekrönten Psalmisten König David. Die lateinische Inschrift bezeichnet ihn als *rex et propheta.* Ihn flankieren je einer seiner Leibwächter aus den Völkern der Kereter und Peleter (z. B. 1. Buch der Könige 1,38; umgangssprachlich „Kreti und Pleti"). Hinzu kommen vier der Musiker Davids, die ebenfalls als Autoren einzelner Psalmen genannt werden, sowie in den vier Bildecken Personifikationen der vier (antiken) Kardinaltugenden mit Palmzweigen. Dieses Meisterwerk der turonischen (aus dem Kloster in Tours stammenden) Buchmalerei befindet sich im Ms. lat. 1 der Pariser Bibliothèque Nationale als fol. 215 verso.

liefert: „Caecilia, die fürscheinende Jungfrau, stammte aus edlem Geschlecht der Römer und ward von der Wiege an im Christenglauben erzogen. Sie trug das Evangelium alle Zeiten verborgen in ihrem Herzen, wich weder Tag noch Nacht von göttlicher Zwiesprach und Gebet; und bat Gott, dass er ihre jungfräuliche Reinheit möchte bewahren. Diese Magd ward einem Jüngling verlobt, der war Valerianus genannt; und da der Tag der Hochzeit kam, da war sie zierlich gekleidet, doch trug sie unter ihren goldenen Gewändern ein hären Hemd auf bloßem Leib. Und dieweil die Orgeln klangen, sang sie in ihrem Herzen allein dem Herrn und sprach: ‚Ach Herr, lass mein Herz und meinen Leib unbefleckt bleiben, aufdass ich nicht zu Schanden werde."

Die Bemerkung „dieweil die Orgeln (!) klangen" war der Ausgangspunkt für die Ikongraphie dieser Heiligen.

Ein ungewöhnliches und auf unterschiedliche Weise gedeutetes Werk des mehrfach für den spanischen König Philipp II. tätigen Venezianers Tizian trägt den Titel „Die Venus mit dem Orgelspieler". Symbolisiert hier die Orgel als kirchliches Instrument in der Tradition der Cäcilia-Ikonographie die himmlische Liebe im Kontrast zur irdischen Liebe, die von der Liebesgöttin mit Cupido verkörpert wird? Allerdings erscheint der Orgelspieler als vollkommen weltlich. Es liegt daher nahe, Verse aus dem 1621 erschienenen Drama „Der Ritter von Mirakel" von Lope de Vega heranzuziehen, die eine zweifellos bereits zu Tizians Zeit ver-

PSALMITICUS DAVID RESPLENDET ET ORDO PERITUS· EIUS OPUS CANERE MUSICA AB ARTE BENE
PRUDENTIA
IUSTITIA
ASAPH
AEMAN
DAUID REX ET PROPH
CERETHI
ET PHE LETHI
AETHAN
FORTITUDO

Weltentänzer Shiva

Das in Bronze gegossene hinduistische Kultbild ist dem Zerstörer Shiva geweiht. Es zeigt ihn als Tänzer inmitten eines Feuerkreises als Symbol des in Flammen stehenden Kosmos. Das Werk aus dem 17. Jh. ist in Südindien entstanden, neben Kaschmir und Bengalen das bedeutendste Verbreitungsgebiet des Shivaismus. (Zürich, Museum Rietberg)

Elfenreigen
Shakespeares „Sommernachtstraum" endet glücklich mit dem nächtlichen Tanz von Elfen, den Oberons Wünsche begleiten: „Nun bis Tages Wiederkehr, / Elfen, schwärmt im Haus umher! / Kommt zum besten Brautbett hin, / dass es Heil durch uns gewinn!"
Das Aquarell von William Blake zeigt links das versöhnte Paar Titania und Oberon sowie Puck, der für Turbulenzen gesorgt hat. (London, Tate Gallery)

breitete Redensart verwenden. Der Titelheld Luzman, ein Lebemann, erklärt nämlich im I. Akt über sein Verhältnis zu Frauen:

„Mich hat noch keine in ihr Netz verstrickt;
stets habe ich jede, die mich fangen wollte,
herumgeführt an ihrer eigenen Nase.
Denn ganz wie ein berühmter Orgelspieler
Verfüg ich über allerlei Register:
Die heißen Seufzer mach ich prächtig nach,
das Ach des Liebeskampfs stöhn ich wie keiner,
mit Träne wart ich auf, mit Eifersucht,
mit Trotz, mit Wut und mit Verzweiflung;
denn alle die erlogenen Gefühle,
ich kann sie heucheln, wenn sie nötig sind."

Verfolgen wir die Entwicklung der Themenbereiche „Musik und Tanz" im 19. Jh., so stoßen wir bei den Legenden bzw. ihrer jüngeren literarischen Bearbeitung auf die hl. Musa, der sich Gottfried Keller in seinem „Tanzlegendchen" gewidmet hat; es gehört zu den 1872 erschienen „Sieben Legenden". Diese Sammlung entstand als weitgehend humoristische Alternative zur Legendensammlung des protestantischen Pastors und Schriftstellers Gotthard Ludwig Kosegarten aus dem Jahr 1804.

Keller verwendet als Motto zwei Verse des Propheten Jeremia („Du Jungfrau Israel, du sollst noch fröhlich pauken, und herausgehen an den Tanz. – Alsdann

Ekstase
Das Volk „stand auf, um sich zu vergnügen"; und „als Mose dem Lager näher kam und das Kalb und den Tanz sah, entbrannte sein Zorn" (Exodus 32, 6.19). Aus diesen Hinweisen entwickelten sich die vielfältigen Darstellungen vom „Tanz um das goldene Kalb". Für den Expressionisten Emil Nolde bot das Thema 1910 die Gelegenheit, den Tanz als Eruption von unbändiger Leidenschaft zu charakterisieren; das Götzenbild in Gestalt des goldenen Kalbes rückt dabei in den Hintergrund. Öl auf Leinwand, 88 x 105,5 cm. (München, Pinakothek der Moderne)

werden die Jungfrauen am Reigen sein, dazu die junge Mannschaft, und die Alten miteinander") und beginnt: „Nach der Aufzeichnung des heiligen Gregorius war Musa die Tänzerin unter den Heiligen. Guter Leute Kind, war sie ein anmutvolles Jungfräulein, welches der Mutter Gottes fleißig diente. Nur von einer Leidenschaft bewegt, nämlich von einer unbezwinglichen Tanzlust, dermaßen, dass, wenn das Kind nicht betete, es unfehlbar tanzte. Und zwar auf jegliche Weise. Musa tanzte mit ihren Gespielinnen, mit Kindern, mit den Jünglingen und auch allein; sie tanzte in ihrem Kämmerchen, im Saale, in den Gärten und auf den Wiesen, und selbst wenn sie zum Altare ging, so war es mehr ein liebliches Tanzen, als ein Gehen, und auf den glatten Marmorplatten vor der Kirchentüre versäumte sie es nie, schnell ein Tänzchen zu probieren.

Ja, eines Tages, als sie sich allein in der Kirche befand, konnte sie sich nicht enthalten, vor dem Altar einige Figuren aufzuführen und gewissermaßen der Jungfrau Maria ein niedliches Gebet vorzutanzen. Sie vergaß sich dabei so sehr, dass sie bloß zu träumen wähnte, als sie sah, wie ein ältlicher aber schöner Herr ihr entgegentanzte, dass beide zusammen den kunstgerechtesten Tanz begingen." Es ist der Tänzer König David, der Musa ein himmlisches Tanzvergnügen im

Posaunen des Gerichts
Zur Ikonographie des Jüngsten Gerichts gehören spätestens seit Michelangelos hier in einem Ausschnitt wiedergegebenem Fresko an der Altarwand der Sixtinischen Kapelle die Posaunen, von denen die „Matthäus-Apokalypse" berichtet: „Er wird seine Engel unter lautem Posaunenschall aussenden, und sie werden die von ihm Auserwählten aus allen vier Windrichtungen zusammenführen, von einem Ende des Himmels bis zum anderen" (Matthäus 24,31). Michelangelo schuf dieses Alterswerk 1536–41.

Paradies verspricht. Nachdem Musa in den Himmel gekommen ist, nimmt sie an einer der Festlichkeiten teil, zu der auch die neun Musen geladen sind: „Als nun die Tänze und Gesänge und alle Zeremonien zu Ende und die himmlischen Heerscharen sich zu Tische setzten, da wurde Musa an den Tisch gebracht, an welchem die neun Musen bedient wurden". Doch Kellers „Tanzlegendchen" endet mit dem Verbot solcher Vergnügungen mit allzu irdischem Beigeschmack, den die Musen beisteuern; sie werden verbannt: „Da kehren Ruhe und Gleichmut in den Himmel zurück; aber die armen neun Schwestern mussten ihn verlassen und durften ihn seither nicht wieder betreten."

Gottfried Keller befasst sich mit der „Reinigung" des Himmlischen von allem Irdischen als ein Merkmal der christlichen Religion. Diese Trennung wurde allerdings in der Kunst vielfach in Frage gestellt. Zwar rufen die Posaunen zum Jüngsten Gericht, doch kann der Trompetenschall auch den weltlichen Ruhm selbst geistlicher Machthaber verkünden.

Posaune des Ruhms

Wer im Treppenhaus der einstigen fürstbischöflichen Residenz in Würzburg emporsteigt, erfasst als erstes die Allegorie des Erdteils Europa. Darüber schweben ein Medaillon mit dem Bildnis des Bauherrn und Auftraggebers des Malers Giovanni Battista Tiepolo, Fürstbischof Johann Philipp von Greiffenklau. Ihm zu Ehren lässt Fama, die Personifikation des Ruhms, ihre Posaune ertönen. Tiepolos Deckenmalerei ist 1753 datiert.

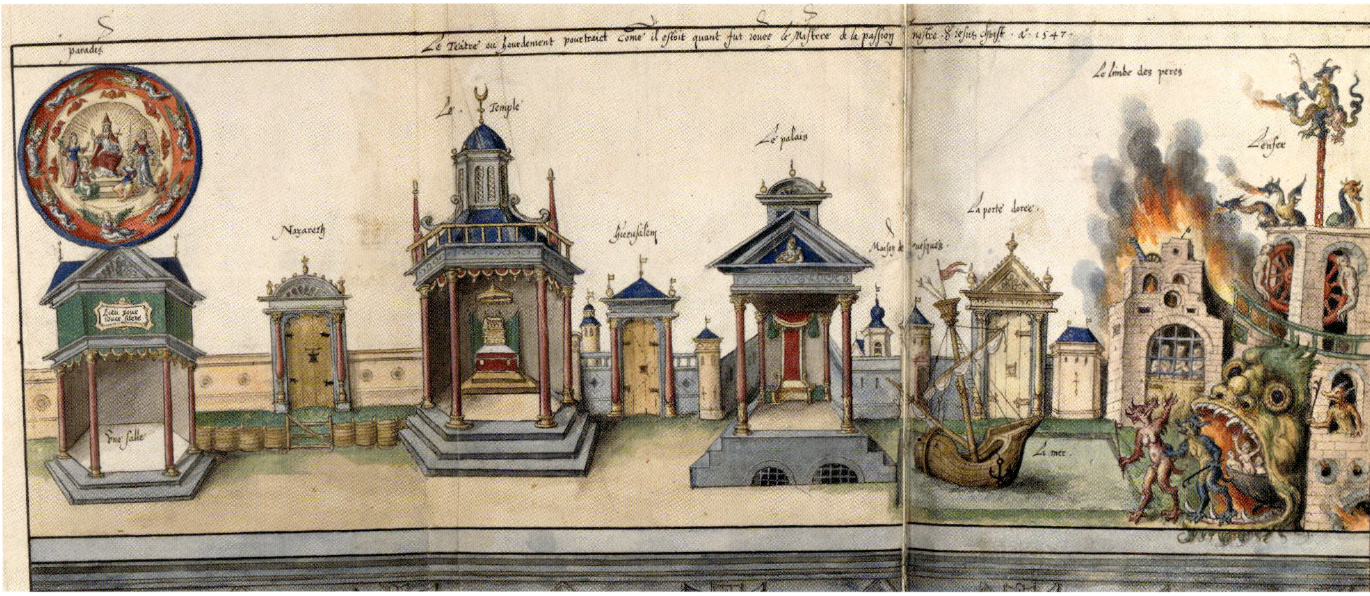

Himmel und Hölle
Bis ins Spätmittelalter bedienten sich die christlichen Mysterienspiele einer Simultanbühne. Die Bibliothèque Nationale in Paris besitzt eine vom Maler Hubert de Cailleau überlieferte Darstellung der Dekorationen, die noch 1547 in Valenciennes zu diesem Zweck aufgebaut wurden. Wie auf den Triptychen des Jüngsten Gerichts befindet sich links das himmlische Paradies, rechts die Hölle. Dazwischen liegen die Stationen des Erdenlebens Jesu Christi: Nazareth und Jerusalem mit dem Tempel, dem Palast des Pilatus und der Goldenen Pforte aus der Marienlegende.

Theatrum mundi (gegenüber)
Im Zeitalter des Barock entwickelte sich die Bühne zum symbolischen Abbild des Lebens als Schauspiel. Dieses „Welttheater" überhöhte im höfischen Milieu die Lebenswirklichkeit durch pompöse Bühnenbauten bis weit ins 18. Jh. Als Beispiel dient ein wohl von Giuseppe Galli-Bibiena um 1730 geschaffener mehrgeschossiger Entwurf eines Szenenbildes einer unbekannten barocken Oper, Ausschnitt. (München, Deutsches Theatermuseum, Inv. IV, Nr. 4838)

Zu den neun Musen gehören Melpomene (tragische Dichtung) und Thalia (komische Dichtung). Sie repräsentieren zwei Bereiche der Bühnenkunst; ihre Attribute in Form einer tragischen und einer komischen Maske symbolisieren zugleich die Scheinhaftigkeit und Vergänglichkeit aller Maskerade.

Diese Symbolik ist ein Bestandteil der Geschichte der Bühnenkunst. Sie zeigt sich insbesondere in den für bestimmte Epochen charakteristischen Versuchen, das Bühnengeschehen als Wirklichkeit erscheinen zu lassen oder als deren gesteigerte Widerspiegelung. Dazu gehörte auf ganz unterschiedliche Weise das Einwirken einer transzendenten Realität, sei es durch das Walten der Gottheiten, sei es durch die Anschaulichkeit der Heilsgeschichte. In ersterer Tradition wurzelt das Auftreten eines *deus ex machina,* der sein Erscheinen der Bühnen-Maschinerie verdankt.

Von hier aus war es ein kleiner Schritt zur Kunstfigur der Marionette, deren Symbolik den Bereich des Theaters nahezu grenzenlos erweitert. Das Beispiel der Gliederpuppe, deren Bewegungen dem Willen einer „fremden Macht" unterworfen sind, ließ und lässt sich auf die Verhaltensweise der Menschen übertragen – ihre Willensfreiheit ist seit jeher eine Frage der Religion, Philosophie und schließlich der Neurologie.

Zur Symbolik des Theaters, die sich in sämtlichen Lebensbereichen findet und in entsprechenden Redewendungen ausdrückt, gehören die Vorgänge „auf offener Bühne" und „hinter den Kulissen", der Anteil der Regisseure, Akteure, Souffleure und des Publikums, schließlich der Vorhang. Das „Literarische Quartett" endete regelmäßig mit einer Anspielung auf letzteres Symbol, indem der Leiter dieser vor laufenden TV-Kameras in Szene gesetzten Diskussion, Marcel Reich-Ranicki, Bertolt Brechts Parabelstück „Der gute Mensch von Sezuan" zitierte; der Epilog enthält die Verse:

„Wir stehen selbst enttäuscht und sehn betroffen
Den Vorhang zu und alle Fragen offen."

Marionetten

Zum Angebot des sizilianischen Antiquitätenhändlers gehören neben bemalten Wagenrädern und Karren sowie riesigen Tonkrügen die berühmten Marionettengestalten aus der Welt der Heldenepen, hier in nahezu mannshoher Ausführung. Freilich: die beiden in glänzenden Harnisch gehüllten Ritter mögen ihre Beine noch so forsch im Parade-schritt präsentieren – sie sind und bleiben doch dem fremden Willen unterworfene Gliederpuppen, deren Abhängigkeit dem Vergleich des Exerzierplatzes mit der Marionettenbühne zugrunde liegt. Der grund-sätzliche Vergleich zwischen dem von anderen abhängigen Menschen und der (schon in der Antike entwickelten) Marionette beschränkt sich nicht nur auf die Umgangssprache, sondern wird auch in Lexika vermerkt: so führt etwa der Brockhaus als übertragene Bedeutung der Vokabel „Marionette" an: „unselbständiger, von einem anderen geleiteter Mensch." Zu den Beispielen einer positiven Bewertung der Marionette als „Vorbild" für menschliches Verhalten (speziell des Tänzers) gehört Heinrich von Kleists Aufsatz „Über das Marionetten-theater" (1810): Der Vorteil, den die Marionette vor „lebendigen Tänzern" voraus hat, ist Kleist zufolge die Eigenschaft, „dass sie sich niemals ziert". (Palermo, Museo Internazionale delle Marionette Antonio Pasqualino, Puppenthater)

Narzisse. Grandville (Jean Ignace Isidore Gèrard), „Die Narzisse" in der 1854 erschienenen „Pilgerfahrt der Blumengeister".

Nase. Der „Vogel Selbsterkenntnis" verkörpert die sprichwörtliche Fähigkeit, sich an die eigene Nase zu fassen, etwa die Verfehlung oder Schuld bei sich selbst statt bei anderen zu suchen. (Innsbruck, Tiroler Volkskundemuseum)

Narr. Miniatur zum Beginn von Psalm 14 (ebenso Psalm 53): „Die Toren sagen in ihrem Herzen: Es gibt keinen Gott." Doch die Figur im Narrenkostüm wird allem Anschein nach durch das Profilbild Gottes widerlegt. Dieser „schaut vom Himmel herab auf die Menschen, ob noch ein Verständiger da ist, der Gott sucht". (Biblioteca Apostolica Vaticana, Vat. lat. 34467, fol. 61 recto)

Nelke. Der hl. Christophorus in dem 1483 in Brügge oder Gent entstandenen Hasting-Stundenbuch. Die Blumenbordüre ist im zeitgenössischen Naturalismus der flämischen Buchmalerei gestaltet und beschränkt sich bei dieser Miniatur weitgehend auf rote Nelken. (London, British Library, Add. Ms. 54782, fol. 48 verso)

Netz. Das Emblem des Guillaume de La Perrière von 1553 zeigt einen Weltverbesserer, der die →Winde in einem Netz fangen will: „Wer ein eingewurzeltes Übel ausrotten will, scheitert gründlich mit seinem Vorhaben. Denn so oft erneuert es sich, dass man nichts davon hat, wenn man sich auf eine solche Jagd einlässt."

Nieren, in Altertum und Mittelalter ein Symbol der Lebenskraft und des Geschlechtstriebs (ähnlich wie die Leber); bis heute schadet dem Gemüt, was „an die N. geht". Wie in der griech. Mythologie der →Adler des Zeus täglich die stets nachwachsende Leber des (an den Kaukasus geschmiedeten) Prometheus fraß, gehörte es zu den mittelalterlichen Strafen, Verbrechern die N. aus dem Leib zu schneiden. Die Bezeichnung der 1950er Jahre als „Nierentischzeitalter" unterstreicht die Vorliebe im Design für geschwungene, asymetr. Formen als Zeichen der Befreiung von dem Diktat der pseudoklassizist. Normen im Dritten Reich. Das namengebende Möbelstück trug auf drei Beinen eine „nierenförmige" und meist mit Kunststoff beschichtete Platte. An die Fortschritte in der Nephrologie (griech. *nephros* „Niere") war dabei nicht gedacht.

Quellentext: „Die Bosheit der Frevler findet ein Ende, doch gib den Gerechten Bestand, gerechter Gott, der du auf →Herz und N. prüfst" (Psalm 7,10).

Niesen, bei einigen Naturvölkern auf das Werk von Dämonen zurückgeführte Begleiterscheinung der Erkältung: Sie wollten die Seele aus dem Körper jagen. In der christlichen Ikonographie entweichen die Dämonen ihrerseits aus →Mund und →Nase.

Nilpferd, in Ägypten einerseits als männliche Verkörperung böser Kräfte und ab dem Mittleren Reich als Repräsentant und Symboltier des gefährlichen Gottes Seth gefürchtet, jedoch als weibliches Tier vergöttlicht, symbolisierte doch der umfangreiche Leib Schwangerschaft. Statuetten der Nilpferdgöttin wurden Frauen bei der Entbindung ans Lager gestellt. Im Buch Ijob vergegenwärtigt Gott unmittelbar vor dem →Krokodil bzw. Leviatan das N. (in der Lutherbibel Behemot mit der Anmerkung: „ein Riesentier nach Art des N.s"). Es gehört zu den mächtigen, dem Menschen überlegenen Geschöpfen Gottes („Schwillt auch der →Fluss, es zittert nicht, bleibt ruhig, wenn auch die Flut ihm ins Maul dringt", Ijob 40,23). Mitunter gehört das N. zu Bildern der Schöpfung.

Quellentext: „Sieh doch das N., das ich wie dich erschuf. Gras frisst es wie ein Rind. Sieh doch die Kraft in seinen Lenden und die Stärke in den Muskeln seines Leibs! [...] Es ist der Anfang der →Wege Gottes, der es gemacht hat, gab ihm sein →Schwert" (Ijob 40,15–16, 19).

Nimbus (lat. „Wolke"), Heiligenschein, bereits im Altertum eine meist mit der Symbolik des →Goldes, des →Kreises und der →Sonne verbundene Scheibe, die den Kopf einer göttlichen und somit heiligen Gestalt hinterfängt. Auch Künstler des zunächst bildlosen Buddhismus gestalteten in der gräkobuddhist. Kunst in Gandhara (heute Grenzgebiet von Afghanistan und Pakistan) unter dem Einfluss des Hellenismus nimbierte Statuen Buddhas und der Bodhisatvas. Die christliche Ikonographie unterscheidet zwischen den an Sonnenscheiben orientierten Nimben der Engel und Heiligen, die auch die Form von Strahlen oder eines über dem Haupt schwebenden →Rings annehmen können (siehe auch →Kreuznimbus), und der →Mandorla. Ein quadrat. oder rechteckiger N. besagt, dass der oder die betreffende Heilige noch lebt. In der Kunst des Islam werden der stets verschleierte Muhammad und der Erzengel Gabriel mit einem flammenförmigen N. dargestellt. Dies gilt auch für alttestamentliche Gestalten wie Mose, dem der Prophet bei seiner Himmelsreise begegnet. Siehe auch Abb. S. 20, 22, 53, 61, 83, 114, 118, 119, 146, 152, 212, 248.

Null siehe →Zahlensymbolik

Nuss, Wallnuss, eine Frucht, deren christliche Symbolik der →Mandel vergleichbar ist. Augustinus unterscheidet drei Substanzen: Die grüne Schale symbolisiert das Fleisch Christi, das die Schmerzen der Passion erlitten hat. Das Gehäuse symbolisiert das Holz des →Kreuzes. Es umschließt den süßen Kern der Göttlichkeit, dessen →Öl das →Licht der Erleuchtung ermöglicht. In der jüd. Tradition der Auslegung des Alten Testaments findet sich der Vergleich der hier berichteten Ereignisse mit der Schale der N., deren Kern die göttliche Offenbarung bildet. Im profanen Bereich wird die N. mit Sexualität und Fruchtbarkeit in Verbindung gebracht, so auch die Haselnuss wie hier in einem Volkslied: „Die →Nachtigall singt auf kein Tannenbaum, / Schlagt in der Haselnussstaudn ...". Bei Hildegard von Bingen hatten Haselnuss und -strauch kein gutes Ansehen: „Der Haselbaum ist ein Sinnbild der Wollust, zu Heilzwecken taugt er kaum." Beide sind aber auch ein Symbol des Frühlings, des Glücks und der Wunscherfüllung sowie der Unsterblichkeit. Haselzweige fanden sich häufig in heidn. wie christlichen Gräbern. Im antiken Rom war der Haselzweig (wie bei den Griechen der →Olivenzweig) ein Friedenssymbol; Unterhändler trugen ihn bei Verhandlungen um Waffenstillstand oder Frieden in der Hand. Die Redensart „eine harte N. knacken" bedeutet, ein schwieriges Problem lösen; jemand „eine N. geben" heißt, ihm mit den gekrümmten harten Fingerknochen an den Kopf schlagen. Ein unfähiger Mensch ist eine „taube N.": Ihm fehlt der fruchtbare Kern.

Quellentext: „Das Leben ist eine harte Nuss. Sie lässt sich zwischen zwei weichen Kissen nicht knacken." (Zitat von Henry Miller)

Nilpferd. Zu den als Sternbilder dargestellten Tiergöttern gehört das aufgerichtete Nilpferd, auf das sich ein →Krokodil stützt. Deckenmalerei im Grab des Königs Sethos I. im Tal der Könige.

Nimbus. Der nimbierte Rama offenbart sein göttliches Wesen und wirft den Unhold Ravana zu Boden. Miniatur aus dem 18. Jh. zum Epos „Ramayana". (Genf, Sammlung Lobue-Authier)

Nimbus. Detail einer Initial-Zierseite *Te igitur* im Berthold-Missale aus dem 13. Jh. Das Haupt Christi mit →Kreuznimbus ergänzt die Initiale T zum lateinischen →Kreuz. (New York, The Pierpont Morgan Library, M. 710)

Nimbus. Miniatur zum 2. Kapitel des 2. Buchs der Könige in der Pantheon-Bibel, um 1125–30: Während Elija in einer →Quadriga gen Himmel fährt, empfängt der gleichfalls nimbierte Elischa den zu Boden fallenden →Mantel seines Meisters. (Biblioteca Apostolica Vaticana, Vat. lat. 12 958, fol. 108 verso)

O

Obelisk (griech. *obelos* „Spieß, Spitzsäule), meist quadrat. Monolith, der sich nach oben verjüngt und in eine Spitze in Form einer →Pyramide mündet. Als Inschriften und bildhafter Schmuck dienen Hieroglyphen und figürliche Darstellungen als versenktes Relief. Der O. entstand im 3. Jt. v. Chr. in Ägypten als Symbol des Sonnengottes: Als erstes erstrahlte am Beginn des Tages die vergoldete Spitze. Auch symbolisierte der zum Himmel gerichtete O. dessen Verbindung mit der Erde; möglicherweise bestand auch ein symbol. Zusammenhang mit der →Weltachse. Paarweise flankierten O.e meist den Eingang zum →Tempel. Der ursprünglich sakrale O. entwickelte sich ab der Antike zum dekorativen Bauelement und profanen Monument, das aus Ägypten in Hauptstädte in Europa und Amerika gelangte. Ein Beispiel ist der „O. von Luxor“ in Paris auf der Place de la Concorde aus dem 13. Jh. v. Chr. Es war ein Geschenk des türk. Statthalters in Ägypten an den frz. „Bürgerkönig“ Louis-Philippe und bezeichnet seit 1836 als Sühnemal die Stelle, an der 1793 Ludwig XVI. hingerichtet wurde.

Ochse, als kastriertes Gegenstück des →Stiers kulturgeschichtlich der Inbegriff der geduldigen Dienstbarkeit, etwa als Zugtier des →Pfluges. Zwar wurde der O. auch als Opfertier verwendet; in China verletzte es aber die Moral, sein Fleisch zu verzehren, und hier ist der O. als Reittier ein Attribut des weisen Lao-tse. In der christlichen Überlieferung symbolisiert der O. die Fähigkeit, geistige Furchen zu ziehen, in denen sich der himml. fruchtbare →Regen sammelt. Die ikonograph. Tradition des O.n im Stall von Betlehem an der →Krippe Jesu beruht wie die Anwesenheit des →Esels auf Jesaja 1,3. Ein Topos von Heiligenlegenden ist das Ochsengespann mit dem →Leichnam des Heiligen; wo die O.n anhalten, erfolgt die Beisetzung und entsteht eine Kultstätte.

Quellentext: „Wo keine O.n sind, bleibt die Krippe leer, reicher Ertrag kommt durch die Kraft des →Stieres“ (Buch der Sprichwörter [Salomos] 14,4).

Ofen, mit dem →Feuer verbundenes Symbol, das als Schmelzofen sowohl für Läuterung als auch für Bestrafung und Gericht steht. Letzteres veranschaulicht im 3. Kapitel des Buchs Daniel die Erzählung von den drei jungen Männern, die sich weigern, das im Auftrag Nebukadnezzars errichtete Standbild anzubeten und gefesselt in den glühenden Feuerofen geworfen werden. „Aber der →Engel des Herrn war zusammen mit Assaja und dessen Gefährten in den O. hinab gestiegen. Er trieb die →Flammen des Feuers aus dem O. hinaus und machte das Innere des O.s so, als wehte ein taufrischer →Wind“ (Daniel 3,49). Auch der Backofen wird zum Strafgericht und steht im Märchen für die Hexenverbrennung auf dem Scheiterhaufen. Doch überwiegt beim Backofen die Symbolik der Entstehung von Leben, die in mehreren Redewendungen erhalten ist. Sie reichen vom Sexualakt als „Brot in den O. schieben“ über die Entbindung („Der O. ist eingefallen“) bis zur Kennzeichnung von Ähnlichkeit und Übereinstimmung mit der Feststellung: „Sie sind im selben O. gebacken.“ Siehe auch Abb. S. 58.

Quellentext: „Ich habe dich geläutert, doch nicht wie →Silber; im Schmelzofen des Elends prüfte ich dich“ (Jesaja 48,10).

Ohren, als Organe des Hörens in der Antike der von Plinius d.Ä. bezeugte Sitz des Gedächtnisses. Diese Überlieferung reicht bis zum mittelalterlichen Rechtsbrauch, Zeugen an den Ohrläppchen zu zupfen, um die Erinnerung an ihre Aussage wach zu halten. Bei den O. wurde auch die Schlauheit vermutet: Wer durchtrieben ist, hat es „faustdick hinter den O“; „Feuereifer“ färbt die O. rot, und Leidenschaften wie die Liebe reichen „bis über beide O.“. Die Symbolik der O. als spirituelle Geistesohren besaß Vorrang vor dem geistigen Sehen der →Augen und reicht in der mittelalterlichen Ikonographie bis zur Empfängnis des Heiligen Geistes durch das Ohr. Die Länge und Breite der O. waren in China ein Hinweis auf die jeweilige Urteilskraft, Weisheit und Unsterblichkeit; sie sind daher Attribute des Buddha und anderer fernöstlicher Gottheiten. Eine Analogie war die in Europa verbreitete Sitte, hohen sozialen Rang durch Ohrgehänge zur Geltung zu bringen, welche die O. opt. oder auch tatsächlich vergrößerten – im Gegensatz zu den sprichwörtlichen spitzen Eselsohren. In der griech. Mythologie bezeugen sie die Torheit des phryg. Königs Midas, der beim Wettstreit zwischen Apollon und dem Satyr Marsyas im Spiel auf der →Flöte Letzterem den Preis zuerkannt hat.

Quellentexte: Die Götzen der Völker „haben einen →Mund und reden nicht, →Augen und sehen nicht; sie haben O. und hören nicht, eine →Nase und riechen nicht“ (Psalm 115,5–6).

„Wer O. hat, der höre! (Matthäus 11,15; ebenso 13,9)

„Da erhoben sie ein lautes Geschrei, hielten sich die O. zu, stürmten gemeinsam auf ihn [Stephanus] los, trieben ihn aus der Stadt hinaus und steinigten ihn“ (Apostelgeschichte 7,57–58).

Obelisk. Noch bevor Giovanni Battista Bernini den querovalen Vorplatz der Peterskirche1657–70 mit Kolonnaden umgrenzte, wurde 1586 der 25 m hohe vatikanische Obelisk an seine heutige Stelle versetzt. Er bildete den Ausgangspunkt eines Straßensystems, das San Pietro mit Santa Maria Maggiore verbindet.

Ochse. Beim Umzug *Le boeuf gras* wurde ein Ochse „im Triumphe durch die Straßen geführt, bekränzt mit →Blumen, und umgeben von Metzgerknechten, die meistens mit Helm und Harnischen bekleidet sind, und die diesen eisernen Plunder von den verstorbenen →Rittern, als nächste Wahlverwandte, geerbt haben“. Heinrich Heine im Artikel vom 25. März 1832 über die „Französischen Zustände“. (Paris, Musée Carnavalet)

Ohr. Die „Empfängnis durch das Ohr“ verbildlicht die Verheißung Gabriels an Maria: „Der Heilige Geist wird über dich kommen“ (Lukas 1,35). Detail aus Abb. S. 18.

Ohr. Bildnis der buddhistischen Göttin Tara aus Angkor vom Ende des 12. Jh. Zu den Attributen der Weisheitsgöttin gehören wie bei Buddha die übergroßen Ohren. (Paris, Musée Guimet)

Öl, in vielen Kulturen ein Symbol göttlicher, spiritueller Energie, deren Verwandtschaft mit der Läuterung durch →Feuer im sprichwörtlichen Ö., das statt →Wasser „ins Feuer gegossen" wird, bis heute nachwirkt, allerdings im negativen Sinne. Gemeint ist ursprünglich v. a. das aus den Früchten des →Ölbaums gepresste Ö. Die Symbolik des →Lichts besitzt die mit Ö. gespeiste →Lampe. Auch diente und dient Ö. der Heilung. Bereits bei den Israeliten symbolisierte die Salbung mit Ö., das in einem →Horn als Salbgefäß aufbewahrt wurde, die Berufung und Weihe der Propheten, Priester und Könige. Der hebr. Begriff *Messias* bedeutet „Der Gesalbte", griech. *Kristos* („Christus"). Sakramentale Bedeutung besitzt heute noch in der kathol. Kirche das Salböl Chrisam aus Olivenöl, Balsam und Gewürzen, das die menschlich-göttliche Doppelnatur Jesu Christi symbolisiert. Es wird bei den Sakramenten Taufe, Firmung, Priesterweihe und Letzte Ölung verwendet.

Quellentext: „Du deckst mir den →Tisch vor den →Augen meiner Feinde. Du salbst mein Haupt mit Ö., du füllst mir reichlich den →Becher" (Psalm 23 vom Herrn als guter →Hirt, Vers 5).

Ölbaum, Olivenbaum, eine v. a. mediterrane Kulturpflanze, deren antike Symbolik eng mit dem aus den Früchten gewonnenen Symbol →Öl verbunden ist. Der Echte Ö. *(Olea europea)* mit knorrigem Stamm und weidenartigen, an der Unterseite silbergrauen Blättern, wird bis zu 1000 Jahre alt. Er symbolisiert Lebenskraft und Widerstandsfähigkeit, da er auf kargem Boden gedeiht. In Griechenland war der Ö. der Göttin Athene heilig. Nach ihm ist der Ölberg östlich von →Jerusalem benannt. Hier befindet sich der Garten Getsemani als Ort der Gefangennahme Jesu; auf der mittleren Kuppe wurde die Himmelfahrtskapelle über dem in Legenden bezeugten Fußabdruck Christi erbaut (seit 1187 Moschee).

Quellentexte: „Einst machten sich die Bäume auf, um sich einen König zu salben, und sie sagten zum Ö.: Sei du unser König! Der Ö. sagte zu ihnen: Soll ich mein Fett aufgeben, mit dem man Götter und Menschen ehrt, und hingehen, um über den anderen Bäumen zu schwanken?" (Richter 9, 8–9).

„Der Mensch soll auf seine Nahrung schauen. Wir gießen doch →Wasser in Strömen, dann spalten Wir die →Erde auf und lassen auf ihr Korn wachsen, und →Weinstöcke und Gemüse und Ölbäume und →Palmen" (Koran, Sure 80:26–29).

Olivenzweig, als Zweig des →Ölbaums ein antikes Symbol des Friedens und der Versöhnung (siehe auch →Nuss). Seine ikonograph. Verbindung mit der →Taube beruht auf dem alttestamentlichen Mythos von Noach und dem Ende der Sintflut: „Gegen Abend kam die Taube zu ihm zurück, und siehe da: In ihrem Schnabel hatte sie einen frischen O. Jetzt wusste Noach, dass nur noch wenig →Wasser auf der Erde war" (Genesis 8,11). Ein O. ist Attribut des hl. Bernardo Tolomei (Gründer des Klosters Monte Oliveto Maggiore bei Siena und des Ordens der Olivetaner). Drei O.e kennzeichnen den hl. Bruno, Gründer des Kartäuserordens. Einer der Zweige ist mit dem lat. Spruchband umwunden: *Ego sicut oliva fructifera in Domo Dei* („Ich aber bin im →Haus Gottes wie ein grünender →Ölbaum"; Psalm 52,10a).

Öllampe siehe →Lampe

Olymp, Gebirgsstock im Osten von Thessalien, mit annähernd 3000 m die höchste Erhebung in Griechenland. In der griech. Mythologie ist der mit dem Symbol →Berg verbundene O. der Sitz der zwölf olymp. Götter mit Zeus an der Spitze. Bis heute symbolisiert der O. höchste Höhe, etwa als Bezeichnung für den obersten Rang im Theater; Olympier sind herausragende Persönlichkeiten v. a. im kulturellen Bereich, z. B. Goethe.

Orant (lat. *orans* „betend"), eine Figur in antiker und frühchristlicher Gebetshaltung: Die Arme sind mit nach oben geöffneten Handflächen ausgebreitet und symbolisieren somit im Christentum die ausgestreckten Arme Jesu am →Kreuz, aber auch die Offenheit der Seele für die Gaben Gottes, an den sich das Gebet richtet. Die Haltung der O.en nehmen heute Pfarrer ein, indem sie am Ende des Gottesdienstes der Gemeinde den Segen spenden.

Orchideen, nach den hodenförmigen Wurzelknollen (griech. *orchis* „Hoden") benanntes Knabenkrautgewächs in meist feucht-warmen Regionen. Sie galten im Altertum als Aphrodisiaka und Symbole der Fruchtbarkeit; sie dienten daher dem Liebeszauber. Auch sollten sie vor Krankheit und dem bösen Blick schützen; in China wurden bei Frühlingsfesten O. zum Austreiben böser Geister verwendet. Das ursprünglich der german. Göttermutter Frigg(a) geweihte Knabenkraut wurde zum Mariensymbol.

Orgel, Symbol der Kirchenmusik und Attribut ihrer Schutzheiligen Cäcilie. Da sie durch →Luft zu Tönen gebracht wird, symbolisiert die O. auch den Hl. Geist, schließlich außerkirchliche, religiös unbegrenzte Spiritualität. Die Geschichte der O. lässt sich bis in das 3. Jh. v. Chr. zurückverfolgen; 811 kam aus Byzanz eine O. an den Hof Karls d. Gr. Die Blütezeit der O. liegt im Zeichen der barocken Polyphonie im 17. Jh., doch bis heute eröffnet, begleitet und beendet sie den Gottesdienst. Siehe auch Abb. S. 214, 215.

Öl. Emblem von Anna Roemers Vischer (1614) zur Redensart „Öl ins Feuer gießen“ mit dem Motto „Es nährt (das Feuer), statt es zu löschen“: „Was schleppst du, habgieriger →Narr, so viel Gut zusammen? Dein →Feuer brennt nur kräftiger, du armer Märtyrer.“

Olivenzweig. Die →Taube kehrt mit einem Ölzweig im Schnabel zu Noach zurück (Genesis 8,11). Detail einer Emailplatte des Klosterneuburger Altars. (Stift Klosterneuburg bei Wien)

Orant. Das Werk der Katakombenmalerei befindet sich in der Calixtus-Katakombe an der Via Appia. Dies war bis zm 5. Jh. der wichtigste christliche Friedhof in Rom, mit Gräbern von Märtyrern und Päpsten auf mehreren Ebenen.

Ölbaum. Die Olivenernte, dargestellt auf einer doppelhenkligen Amphore aus Athen, um 525 v. Chr. Die Blätter der Olivenbäume sind nur angedeutet zu Gunsten der hier geernteten Früchte. (London, British Museum)

Orgel. Melchior Lechter gestaltete den Bildteil auf dem Titelblatt von Stefan Georges Gedichtsammlung „Das Jahr der Seele“. Sie erschien 1897 in Berlin im „Verlag der Blätter für die Kunst“.

P

Pagode, in der buddhist. Kunst ein zu umschreitendes Heiligtum im Tempelbezirk, das meist missverständlich selbst als →Tempel bezeichnet wird. Die P. entwickelte sich auf unterschiedliche Weise aus dem Reliquienbehälter →Stupa. In Hinterindien erfuhr diese Halbkugel eine jähe Verschlankung. In China, Japan und Korea dagegen erhielt die P. die Form eines Stockwerkturms mit quadrat. oder achtseitigen, geschwungenen und sich meist von Geschoss zu Geschoss verjüngenden →Dächern nach dem Vorbild der Ehrenschirme der Stupen. Glöckchen säumen diese Dächer; indem Winde sie zum Klingen bringen, verbreiten sie den erlösenden Dharma (Sanskrit „das, was trägt, hält, heilt"). Ein zentraler Pfosten symbolisiert die →Weltachse des Kosmos und mündet – auch hierin dem Stupa verwandt – in einem Mast, der in die Stufen der Erleuchtung, der Befreiung gegliedert ist und die →Kugel der Vollkommenheit trägt. Neben dieser die weltweite Verbreitung des Buddhismus begleitenden Form der P. entstanden weitere Sondertypen, z. B. die geschossweise Gliederung des Stockwerkturms durch vorkragende Gesimse.

Palme, v. a. als Dattelpalme mit hohem biegsamem Stamm und mächtiger →Krone aus gefiederten Zweigen ein mit der Symbolik des →Baums verbundenes Symbol des Lebens; dies gilt bereits für die Babylonier und Ägypter, meist verbunden mit dem →Wasser. In der Antike dienten die immergrünen Palmzweige (wie die →Olivenzweige) als Symbole des Friedens und des Sieges. Daraus entwickelte das frühe Christentum das Attribut der gegenüber allen Anfechtungen gewappneten und durch ihren Tod als Blutzeugen siegreichen Märtyrer. In der Legende vom Tod und der Himmelfahrt Mariae erscheint (analog zu Gabriels Verheißung der Geburt Jesu, siehe →Lilie), ein Engel mit einem Palmzweig aus dem Paradies, um Maria ihr nahes Sterben anzukündigen. Zwei P.n sind das Attribut der hl. Corona und symbolisieren ihr Martyrium: An zwei zur Erde niedergebogene P.n gefesselt, wurde sie von den emporschnellenden Bäumen zerrissen. Siehe auch Abb. S. 121, 123, 126, 127,

Quellentext: „Danach sah ich: eine große Schar aus allen Nationen und Stämmen, Völkern und Sprachen; niemand konnte sie zählen. Sie standen in →weißen Gewändern vor dem →Thron und dem →Lamm und trugen Palmzweige in den Händen" (Offenbarung 7,9).

Palmesel, hölzerne Nachbildung eines →Esels auf →Rädern mit der Figur Jesu auf dem Rücken. Der P. symbolisiert den Einzug Jesu in →Jerusalem und wurde bei den Prozessionen am Palmsonntag (Sonntag vor Karfreitag) mitgeführt.

Quellentext: „Da nahmen sie Palmzweige, zogen hinaus, um ihn zu empfangen und riefen: Hosianna! Gesegnet sei er, der kommt im Namen des Herrn, der König Israels" (Johannes 12,13).

Panther, der →schwarze Leopard. In der antiken Mythologie ist er das Reittier des Dionysos (röm. Bacchus) und somit eines seiner Attribute. Dem „Physiologus" zufolge schläft der P. nach jeder Malzeit drei Tage lang, wobei er einen wunderbaren Duft verströmt. Dies qualifizierte das ursprüngliche Symbol der Zeugung und Wiedergeburt, aber auch der Wollust (→Luxuria), zum Symbol des Todes und der Auferstehung Christi am dritten Tag. Siehe Abb. S. 121

Papyrus, eine in sumpfigem Gelände gedeihende Staude und Bezeichnung des im Altertum aus dem gepressten Mark des Stengels hergestellten Beschreibstoffs sowie für den darauf verzeichneten Text. Diese Papyri sind bedeutende Kulturgüter. Von P. leitet sich der Begriff Papier her.

Parnass, ein bis zu 2500 m hohes Gebirge im östlichen Zentralgriechenland. In der griech. Mythologie war der P. dem Gott Apollon geweiht und ist mit dem →Pegasus verbunden. Als Sitz der Musen ist der P. mit seinen zwei Gipfeln ein Symbol v. a. der Dichtkunst. Siehe auch Abb. S. 211.

Quellentext: „O gütiger Apoll: Fürs letzte Wagnis / Schaff so mich zum Gefäße deiner Stärke, / Wie du's verlangst zur teuren Lorbeerspende! // Bis hierher war ein Gipfel des Parnasses / Genügend mir; doch jetzt mit Hilfe beider / Muss in den Kampf ich zieh'n, der noch geblieben." (Dante im I. Gesang des *Paradiso* in der *Divina Commedia,* Verse 13–18)

Passionswerkzeuge siehe →Arma Christi

Pegasus (Pegasos), in der griech. Mythologie ein geflügeltes →Pferd, hervorgegangen aus der Wunde der von Perseus enthaupteten Medusa. Diesem Heroen diente der P. als Reittier bei der Befreiung der Andromeda, und ebenso dem Bellerophon beim Kampf mit der →Chimäre. Zum Musenross und Symbol der Inspiration wurde der P., der nach einigen Überlieferungen die →Blitze des Zeus trug, in Zusammenhang mit dem →Parnass: An dessen Fuß schlug er mit seinen Hufen die →Quelle Hippokrene aus dem Boden. Sie wurde den Musen geweiht.

Quellentext: „Auf einem Pferdemarkt – vielleicht zu Haymarket, / Wo andre Dinge sich in Waren noch verwandeln – / Bracht' einst ein hungriger Poet / Der Musen Ross, es zu verhandeln. [...] Ein Geist, ein Gott, erhebt es

Pagode. In einem Tempelbezirk in Nara auf der Insel Honsjû erhebt sich die als Stockwerkturm errichtete Horyuji-Pagode.

Papyrus. Im Bezirk der Stufenpyramide des Djoser in Sakkara (um 2600 v. Chr.) befinden sich zwei massive Scheinpaläste der beiden Hälften des vereinigten Königreichs. An einem symbolisieren drei Papyrussäulen Unterägypten. Die dreikantigen Schäfte bilden die Papyrusstengel nach, die Kapitelle zeigen erstmals die stilisierte Form der Papyrusdolde.

Palme. Der um 430 entstandene Rinaldo-Sarkophag in der Kathedrale von Ravenna zeigt die *traditio legis* („Übergabe des Gesetzes"): Zu beiden Seiten Christi mit →Buch nähern sich die Apostel Petrus und Paulus; in verhüllten Händen halten sie Kränze als Märtyrerkronen. Links und rechts symbolisieren Palmen die Auferstehung und das ewige Leben.

Parnass. Emblem von Juan de Covarrubias (1589) mit dem Motto *Phoebo gaudet parnassa rupes* („Phöbus Apollo erfreut sich an den Gipfeln des Parnass"): „Die von der →Sonne erleuchteten Gipfel des →Bergs zeigen, wie der Parnass den klaren und die kastilische →Quelle den flüssigen Stil lieben."

sich, / Entrollt mit einemmal in →Sturmes Wehen / Der Schwingen Pracht, schießt brausend himmelan – / Und eh' der Blick ihm folgen kann, / Entschwebt es zu den →blauen Höhen." (Beginn und Ende von Friedrich Schillers Ballade „Pegasus im →Joche")

Pelikan, bereits im Altertum das Symbol der aufopfernden Mutter- und Vaterliebe. Zugrunde lag das missdeutete Verhalten der Tiere beim Füttern: Während sie ihre Schnäbel an die Brust pressen, um die im Kehlsack verstauten →Fische als Nahrung herauswürgen, färbt sich das Brustgefieder durch das Fischblut →rot. Dies erweckt den Anschein, als ernähre der P. die Brut mit seinem →Blut. Der „Physiologus" dramatisierte die antike Fabel, indem der P. die ungehorsamen Jungtiere tötet, nach drei Tagen aber mit dem eigenen Herzblut wieder zum Leben erweckt und selbst stirbt. Hier entwickelte sich die Deutung als ein Sinnbild für den Tod Jesu und der Auferstehung: Der P. wurde zum Christussymbol. Daneben wurde überliefert, der P. begnüge sich bei der Ernährung mit dem unerlässlich Notwendigen und diene auf diese Weise als Vorbild für die karge Lebensweise der Einsiedler. In zweierlei Weise fand der P. Eingang in die Alchemie: Eine bauchige Retorte mit nach unten gebogenem Schnabel wurde nach ihm benannt, und dem P. glich auch der „Stein des Weisen", der sich in →Blei auflöst, um zur Gewinnung von →Gold zu führen.

Pentagramm, Fünfstern, ein fünfzackiger Stern mit Binnenzeichnung, der sich in einem Zug zeichnen lässt. Diese Linie führt von Zacke 1 zu Zacke 3, von hier zu Zacke 5, dann zu Zacke 2 und 4, zuletzt zurück zu Zacke 1. Entscheidend ist, dass die Linie an keiner Stelle unterbrochen ist. Um die Magie des P.s, das im Volksglauben als Bannzeichen gegen das Böse galt, auf dem Fußboden von Fausts Studierzimmer aufzuheben, befiehlt Mephistopheles einer →Maus, die Linie anzuknabbern. Als mag. Zeichen wurde das P. seit dem Altertum verwendet. Es war einerseits ein Attribut der Gesundheitsgöttin Hygeia sowie bei den Anhängern von Lehren des Pythagoras ein Symbol der Harmonie von Leib und Seele. Andererseits herrschte sein Dienst als Apotropaion vor, indem das P. als Amulett vor Unheil schützte. So richtete sich das P. als Drudenfuß gegen die Nachtgeister Druden (Mahre), die das Alpdrücken verursachen. Die Verbindung mit der →Zahlensymbolik der Fünf, die bei den Gnostikern heilig war, ließ das P. auch in die christliche Ikonographie eindringen. Hier symbolisierte es die fünf Wunden Jesu. Als polit. Symbol ist das P. – im Unterschied zum →Hexagramm des Davidsterns – das Salomosiegel. Es gehört zur Flagge von Marroko. Beim Apfel ist der Querschnitt des Kerngehäuses ein P.

Perlen, wie die →Edelsteine ein Symbol der Kostbarkeit; es reicht von den P. als Christussymbol bis zur Hilfskraft im Haushalt. Grundlegend für die vielfältigen Mythen, die sich mit P. verbinden, ist ihre Entstehung in der →Muschel. Die P. wachsen im Dunkeln als ein Symbol des →Lichts aufgrund ihres →weißen Glanzes; als →Kugel symbolisieren sie Vollkommenheit. Als Frucht der Muschel, die jungfräulich durch den →Blitz, →Regen oder Tau befruchtet wird, symbolisiert die Perle das im Mutterleib heranwachsende →Kind. Dies gilt dem „Physiologus" zufolge für die Muschel Maria: Sie hat die Perle Christus aus dem göttlichen Blitz geboren. Die P., die Verstorbenen in den →Mund gelegt wurden, galten als Spende (griech. *obolos,* eigentlich kleine Münze) für den Fährmann auf dem →Kahn bei der Überfahrt ins Totenreich. Freudentränen gleichen P., eine Perlenkette symbolisiert die Einheit unterschiedlicher Eigenschaften und dient als →Gebetsschnur. Von der perlengeschmückten →Krone leitet sich die sprichwörtliche Perle her, die keinem aus der Krone fällt, der etwas tut, was dem Anschein nach unter seiner Würde ist. Siehe auch Abb. S. 88.

Quellentexte: „Gebt das Heilige nicht den →Hunden und werft eure P. nicht den →Schweinen vor, denn sie könnten sie mit ihren →Füßen zertreten und sich umwenden und euch zerreißen" (Matthäus 7,6).
„Die zwölf →Tore [des neuen →Jerusalems] sind zwölf P.; jedes der Tore besteht aus einer einzigen Perle. Die Straße der Stadt ist aus reinem →Gold wie aus klarem →Glas" (Offenbarung 21,21).

Pfahl, einerseits ein in die Erde gerammter Kultpfahl. er kann die →Weltachse symbolisieren, die Himmel und Erde verbindet. Diese Symbolik reicht vom →Obelisk bis zum Maibaum, den zu erklettern belohnt wird. Auch die Erzählung von der →Ehernen Schlange handelt von einem P., den Mose errichtet. Die sprichwörtlichen „eigenen vier Pfähle" im Sinne der gesicherten und Sicherheit bietenden Wohnstätte leiten sich vom Rechtsbrauch her, ein Grundstück durch Pfähle zu markieren. Andererseits symbolisiert der „P. (bzw. Stachel) im Fleisch" körperliches und seel. Leiden. Auch die Magie benutzte Pfähle: Um einen Vampir endgültig zu töten, musste ihm ein zugespitzter P. ins →Herz gestoßen werden.

Quellentext: „Und damit ich mich wegen der hohen Offenbarungen nicht überhebe, ist mir gegeben ein P. ins Fleisch, nämlich des Satans →Engel, der mich mit →Fäusten schlagen soll, damit ich mich nicht überhebe (2. Brief an die Korinther 12,7 in der Lutherbibel, 1985).

Pegasus. Das Verolikästchen aus Veroli in Latium gehört zu einer Gruppe kostbarer Behälter aus dem 10. Jh. mit Schnitzerei aus →Elfenbein und Szenen aus der griech. Mythologie. Hier legt Bellerophon, der Bezwinger der →Chimäre, dem geflügelten Musenpferd an der →Quelle Peirene das Zaumzeug an. (London, Victoria and Albert Museum)

Pelikan. Detail des 1294 vollendeten Schreins der hl. Elisabeth von Thüringen. Dargestellt ist ein Pelikan, der seine Jungen in einem Nest als →Kelch mit dem eigenen Blut ernährt, als Christussymbol. (Marburg, Elisabethkirche)

Pentagramm. Das Studierzimmer des Faust hat auf dem Fußboden ein Pentagramm, das bei der ersten Begegnung zwischen dem Gelehrten und Mephistopheles eine Rolle spielt. Holzstich nach einem Gemälde von Franz Grotemeyer, 1900.

Perlen. Das Detail aus den „Niederländischen Sprichwörtern" (1559) von Pieter Bruegel d. Ä. handelt vom Missbrauch der hier als →Rosen dargestellten Perlen. Zugrunde liegt der Vers Matthäus 7,6: „Gebt das Heilige nicht den →Hunden und werft eure Perlen nicht den →Schweinen vor, denn sie könnten sie mit ihren Füßen zertreten." (Berlin, Gemäldegalerie)

Pfau, in Indien beheimateter Ziervogel mit ambivalenter Symbolik aufgrund der Verbindung mit der →Sonne und als Attribut oder gar Verkörperung der →Superbia. Wie der Gott Indra auf einem Pfauenthron residiert, so besaß der P. auch in China als Reittier mehrerer Gottheiten hohes Ansehen, zumal das mit den Schwanzfedern geschlagene →Rad als sonnenhaft betrachtet wurde. Als Feind der →Schlange symbolisierte er die Fähigkeit, niedere in höhere Substanzen zu verwandeln, nämlich Gift in die Schönheit der Federn, die als Rangabzeichen der Kaiser aus der Dynastie der Mandschu dienten. Nachdem der P. über Persien (zuletzt Pfauenthron des Schah) nach Griechenland gelangt war, gehörte er zum Heiligtum der Hera (röm. Juno) auf Samos und bildete fortan als Inbegriff der Schönheit ein Attribut der Göttin. Der Tierkunde des Aristoteles zufolge war das Fleisch des P. unverweslich. Hier ist ein Ausgangspunkt der frühchristlichen Deutung des Vogels, der seine abgeworfenen Federn im Frühling erneuert, als Symbol der Auferstehung (siehe Abb. zum →Christogramm). Dem widersetzt sich bereits im Mittelalter die sprichwörtliche, bis heute verbreitete Symbolik des Stolzes, der im „gespreizten" Schwanz zum Ausdruck kommt – der aber zugleich das Hinterteil entblößt. Auch das hässliche Kreischen passt nicht zur ansehnlichen Gestalt. Der „Physiologus" erkennt darin das Entsetzen des Vogels, sobald er auf seine schmucklosen Füße blickt. Siehe auch Abb. S. 25, 121, 153.

Quellentext: „Der →Fuchs sprach: Ich nehme dich nicht an, / Weil du durch deinen vergoldeten Schwanz / Dich hältst für ruhmreich und prächtig ganz, / Stets nach Hoffart und Hochmut trachtest, / Alle andren neben dir verachtest." (Bei Hans Sachs der Fuchs, der sich auf eine Wallfahrt vorbereitet, zum P., der ihn begleiten will)

Pfeil, als Sonnenstrahl ein Symbol des →Lichts, der Erleuchtung und der Liebe Gottes. Sie durchdringt in einer Vision der hl Teresa von Avila die auf einer Wolke schwebende Verzückte als P. Drei P.e in der →Brust des hl. Augustinus symbolisieren die Offenbahrung der Dreifaltigkeit. Dieser Symbolik entspricht der von Amor mit →Pfeil und Bogen abgeschossene P., der ein →Herz trifft oder zwei Herzen verbindet und sowohl Liebesglück als auch Liebesschmerz symbolisiert.

Quellentext: „Die P.e des Allmächtigen stecken in mir, mein Geist hat ihr Gift getrunken, Gottes Schrecken stellen sich gegen mich" (Ijob 6,4).

Pfeil und Bogen, ein Attribut allegor. und mytholog. Bogenschützen. Zu ihnen gehören in der Antike die Jagdgöttin Artemis (röm. Diana) und ihr Bruder Apollon, der Liebesgott Amor und sein frivoles Pendant Cupido sowie die →Kentauren bzw. das Tierkreiszeichen →Schütze. Der erste der vier apokalypt. Reiter ist mit dem Bogen als Waffe ausgestattet, „und als Sieger zog er aus, um zu siegen" (Offenbarung 6,2). Im Mittelalter ist auch der Bogenschütze Tod beritten, und Racheengel verschießen Pestpfeile. Im v. a. in Japan verbreiteten Zen-Buddhismus ist das Bogenschießen eine Technik der Meditation mit dem Ziel, sich vom eigenen, auf das Ich bezogenen Willen zu befreien: „Nicht ich schieße, sondern es schießt." Siehe auch Abb. S. 122, 254.

Quellentext: „Wenn der Frevler sein →Schwert schärft, seinen Bogen spannt und zielt, dann rüstet er tödliche Waffen gegen sich selbst, bereitet sich glühende Pfeile. Er hat Böses im Sinn; er geht schwanger mit Unheil, und Tücke gebiert er" (Psalm 7,13–15).

Pferd, ein prähist. Beutetier, dessen frühe Darstellungen in der Höhlenmalerei und als Kleinplastik mit dem Jagdzauber und dem Totemismus in Zusammenhang stand. Die Domestizierung als Last- und Reittier begann im 4. Jt. v. Chr. in verschiedenen Regionen Eurasiens und wurde durch die Entwicklung der Streitwagenkultur in Ägypten (Jagd- und Kampfbilder der Pharaonen) und Mesopotamien gefördert. Als Opfertier ist das P. in China und Indien seit dem 2. Jt. v. Chr. bezeugt. Die Symbolik des P.es beruhte wesentlich auf den Analogien zwischen „rasenden" Naturphänomenen wie →Sturm und dem Fluchtverhalten der nahezu wehrlosen Tiere. Sie gewannen Beziehungen zu den Bewegungen der Gestirne, v. a. zur →Sonne: In der antiken Mythologie ziehen →weiße P.e als →Quadriga den Wagen des Helios (röm. Phöbus Apollo). Doch diente das P. auch als Seelengeleiter (Beisetzung mit dem verstorbenen Herrn). Als Apotropaion diente im Mittelalter ein Pferdekopf, der an den Giebel genagelt wurde – wie der →Kopf des sprechenden Falada am „finstren Tor" im Märchen „Die Gänsemagd". In den bibl. Mythen treten feurige P.e bei der Entrückung des Elija auf (2. Buch der Könige 2,11). Kirchenväter wie der hl. Augustinus betrachteten das P. als Symbol des Hochmuts. Siehe auch Abb. S. 30, 63, 96, 161, 188, 189, 245.

Quellentext: „Dann sah ich den Himmel offen, und siehe, da war ein weißes P., und der, der auf ihm Saß, heißt ‚Der Treue und Wahrhaftige'; gerecht richtet er und führt Krieg" (Offenbarung 19,11).

Pferdefuß, in der christlichen Ikonographie ein Attribut des Teufels; sprichwörtlich eine bisher verborgene Hinterlist oder Unannehmlichkeit („da schaut der P. raus").

Pfau. Detail einer Zierseite in einem Stundenbuch. Es wurde um 1480 in Mailand vom „Meister der Ippolita Sforza“ geschaffen. (Vatikan, Biblioteca Apostolica Vaticana, Chig. CIV III, Fol. 157 verso)

Pferd. Ein Gespann geflügelter Pferde ist vor den Wagen gespannt, in dem Hades Demeters Tochter Persephone in sein Schattenreich entführt. (Flachrelief, Griechenland)

Pferd. Auf dem Wunderpferd Burak mit gekröntem Frauenkopf unternahm Muhammad seine von Gabriel geleitete Himmelsreise. Miniatur eines Buchmalers namens Sultan Muhammad in der um 1540 entstandenen persischen Prachthandschrift eines Werkes des Nizami (12. Jh.) aus Aserbaidschan. (London, British Museum)

Pfeil und Bogen. Der Himmelsschütze Schen I soll die überzähligen Sonnen, die dann als →Raben zu Boden stürzten, vom Himmel geholt haben. (China)

Pfingstrose, Päonie, in vielen Arten weltweit verbreitete Gartenpflanze als Staude oder Strauch mit großen, oft gefüllten, duftenden Blüten in den Farben →Rot oder →Weiß. In China symbolisiert sie Ehre und Reichtum. Als „→Rose ohne →Dornen" diente sie in der christlichen Ikonographie als Mariensymbol (Blüte um Pfingsten im Marienmonat Mai).

Pfirsichbaum, ein wohl in Zentralchina heimischer Fruchtbaum, der hier bereits im 3. Jt. v. Chr. kultiviert wurde. Im Garten der Feenkönigin Hsi-wang-mu im Kuenlung-Gebirge reifte alle 1000 Jahre ein Pfirsich der Unsterblichkeit. Die Pfirsichblüten symbolisierten Mädchen, deren Pubertät als „Pfirsichblütenirrsinn" galt. Zweige des P.s an der Haustüre sollten am Neujahrsfest Dämonen abwehren, Statuetten der Türschützer wurden aus seinem Holz geschnitzt. In der Antike gelangte der P. über den Orient nach Westen und wurde aufgrund seiner Frucht, des *malum persicum* („pers. Apfel"), hoch geschätzt.

Pflaumenbaum, wohl in Vorderasien durch Kreuzung von Kirschbaum und Schlehdorn entstandener *prunus domestica* (lat. „häusliche Pflaume"). In Fernost symbolisiert er Jungfräulichkeit, da er blüht, bevor er sich mit Blättern bedeckt; die Decke des Brautbetts hieß „Pflaumenblütendecke". Formähnlichkeit der geschlitzten Frucht trug zur Bezeichnung des weiblichen Geschlechtsteils →Vulva als Pflaume bei, die auch als abwertende Bezeichnung der Frau verwendet wird, missverständlich abgemildert zum sprichwörtlichen Anpflaumen oder Pflaumen (eigentlich [an]pflaumen = anzüglich necken zu lat. *pluma* „Feder": die fremden →Federn, mit denen sich jemand schmückt, ausreißen).

Pflug, Gerät zum Lockern der →Erde vor der Aussaat, bildlich als Hakenpflug erstmals um 3000 v. Chr. bezeugt, um die Zeitenwende auf →Rädern fahrbar. In vielen Kulturen symbolisiert das Pflügen die Befruchtung der Erde und analog dazu der Frau; somit symbolisiert der P. den →Phallus. Ein P. ist Attribut des hl. Isidor, eines um 1070 in Madrid geborenen Bauern. Als sein Herr prüfen wollte, inwiefern Isidors Gebete und Wohltätigkeiten seine Arbeit beeinträchtigten, pflügten zwei von einem →Engel geleitete weiße →Stiere den Acker, während der spätere Schutzpatron der Bauern (erst 1628 kanonisiert) daneben betend kniet. Gespanne aus einem →Ochsen und einem →Wolf, einem Wolf und einem →Hirsch, zwei Hirschen oder zwei →Bären ziehen den P. in den Legenden verschiedener Heiliger. Pflugscharen (siehe auch →Schwert) als Attribut der hl. Kunigunde beziehen sich auf das Gottesurteil (Gang über glühende Eisen), mit dem sie dem Gatten Heinrich II. ihre Unschuld bewies. Siehe auch Abb. S. 63.

Quellentexte: „Nehmt Neuland unter den P.! Es ist Zeit, den Herr zu suchen; dann wird er kommen und euch mit Heil überschütten" (Hosea 10,12b).

„Jesu erwiderte ihm: Keiner, der die →Hand an den P. gelegt hat und nochmals zurückblickt, taugt für das Reich Gottes" (Lukas 9,62 über die Nachfolge).

Phallus, das erigierte männliche Geschlechtsglied Penis. Er symbolisiert seit der Steinzeit, wie figürliche Felszeichnungen belegen, Zeugungskraft und Fruchtbarkeit; plast. Nachbildungen dienten als Amulett und Fetisch; bis heute wird im Hinduismus der →Linga(m) des Shiva kult. verehrt. Bei den Griechen war der göttliche Ph. mit den Feiern des Dionysos verbunden, bei den Römern mit den Fruchtbarkeitsfeiern. Erst zur Zeit des Hellenismus ab dem 3. Jh. v. Chr. gelangte Priapos als Gott der Geilheit in die antike Mythologie, nun als Sohn der Aphrodite und des Dionysos. Seine Kultstatuen bestanden meist aus nach unten verjüngten Stelen (Hermen), die lediglich den →Kopf des Gottes (mit →Bart) und den Ph. zeigen. Doch entstanden auch Statuetten des Priapos, der sein Gewand rafft und so den Ph. entblößt. Sein Attribut →Esel bezieht sich auf ein Missgeschick: Als sich Priapos einer schlafenden Nymphe näherte, wurde sie durch den Schrei des Tieres geweckt und floh. Der Ph. kennzeichnet allerdings auch Darstellungen olymp. Götter und Satyrn. Auch der german. Gott Freyr wies einen Ph. auf.

Phönix, ein antikes Fabeltier, dessen Überlieferung im „Philogus" dazu führte, dass es sich zum Christussymbol entwickelte. Ursprünglich wurde der Ph., Herodot zufolge, in der ägypt. „Sonnenstadt" Heliopolis verehrt; alle 500 Jahre kehrte er hierher zurück, um seinen Vater zu bestatten. Daraus lässt sich schließen, dass es sich beim Ph. um den mit goldenem und purpurfarbenem Gefieder vorgestellten, einem →Adler gleichenden ägypt. Sonnenvogel Benu handelt, der die Götter Re und Osiris verkörperte. Darauf bezieht sich die antike Legende von der Selbstverbrennung des Ph., sobald er sein Ende spürt, und von seiner Auferstehung aus der →Asche. Siehe auch Abb. S. 90, 91.

Pilz, vielfach ein Glückssymbol, v. a. der allerdings giftige Fliegenpilz mit →rotem, →weiß gepunktetem Dach; mancherorts wurde aus ihm eine halluzinogene Droge hergestellt. Morcheln wurden aufgrund der Formähnlichkeit mit dem →Phallus und seiner Symbo-

Pflug. Emblem von Juan de Covarrubias (1589) mit dem Motto *Qui seminat metet* („Wer säht, wird ernten") und der Darstellung von Pflugschar und Saat, →Sicheln und →Garbe. Die Bauernregel ist beispielhaft für das Seelenleben: „Wer seine Schuld beweint und auf Gott baut und Freiheit, Wohl, Besitz, Stellung und Zufriedenheit verwirft, dem wird es der Himmel hundertfach vergelten."

Phallus. Die ägyptische Malerei auf →Papyrus zeigt den Himmelsbogen in Gestalt der Himmelsgöttin Nut und den am Boden ausgestreckten Erdgott Geb. Sein aufgerichteter Phallus symbolisiert sowohl die in den Himmel ragenden →Berge als auch den Liebes- und Zeugungsakt, durch den Himmel und Erde entstanden sind. (London, British Museum)

Phönix. Emblem von Joachim Camerarius (1604) mit dem Motto *Vita mihi mors est* („Der Tod bedeutet für mich Leben"). Der Phönix ist „der Vogel, der aus sich selbst geboren wird, aus sich selbst sich wiederherstellt, der entstehend stirbt, der sterbend entsteht."

lik in Zusammenhang gebracht; im →Kreis wachsende P.e symbolisieren als „Hexenring“ den nächtlichen Reigentanz von Elfen und Hexen. In China stand der in getrocknetem Zustand lange haltbare P. für hohe Lebenserwartung. Sprichwörtlich ist das plötzliche und rasche Wachstum, indem etwa „Häuser wie P.e aus dem Boden schießen“.

Pinienzapfen, Bezeichnung der Früchte zapfentragender Nadelbäume (lat. *pinus),* zu denen die Kiefer gehört. Der P. symbolisierte im Altertum männliche Fruchtbarkeit, z. B. im Kult der Isis, und er bekrönte den →Thyrsosstab des Dionysos (röm. Bacchus) und seines Gefolges. Auf antiken Grabmälern symbolisiert der P. Unsterblichkeit. In diesem Zusammenhang steht der in Bronze gegossene P. vom Brunnen im Atrium der konstantin. Basilika Alt-St. Peter (nachgebildet in Aachen); er befindet sich heute unter einer Halbkuppel im *Cortile della Pigna* („Pinienhof“) des Vatikan. Die Verwendung des P.s in der Heraldik lässt sich bis zum Feldzeichen einer röm. Legion zurückverfolgen, die 15 v. Chr. an einem Feldzug nach Rätien teilnahm. Ihr Feldlager *Augusta Vindelicorum* ist der Ausgangspunkt von Augsburg, das einen P. als „Zwirbelnuss“ bzw. „Pyr“ (lat. *pirum* „Birne“) im Stadtwappen führt. Der P. auf dem Giebel des Augsburger Rathauses (1615–20) symbolisierte bürgerlichen Wohlstand.

Pisces, lat für das Tierkreiszeichen →Fische.

Planeten, (griech. *planos* „irrend, umherschweifend“), in unserem Sonnensystem die neun „Wandelsterne“, welche die →Sonne ellipsenförmig umkreisen und von ihr das →Licht empfangen, das sie ausstrahlen. Im Altertum waren die fünf mit bloßem Auge erkennbaren P. Jupiter, Mars, Merkur, Saturn und Venus bekannt, und im geozentr. Bild des Kosmos galten auch die Sonne und der →Mond als P. (→Zahlensymbolik der Sieben). Seit der „kopernikan. Wende“ bildet die Sonne das Zentrum, und die →Erdkugel zählt zu den P. Hinzu kam die Entdeckung von Uranus (1781), Neptun (1846) und Pluto (1930). Die Symbolik der P. unterscheidet sich als Planetenastrologie von der Astrologie der zwölf Sternbilder des →Tierkreises. Grundlegend war die Beziehung der P. als Teile des Makrokosmos zum Mikrokosmos des Lebens der Menschen auf der Erde. So „regierten“ die ursprünglich sieben P. jeweils einen der sieben Tage der Woche. v. a. aber gewannen die P. aufgrund ihrer jeweiligen Stellung zueinander, ihrer „Aspekte“, zur Zeit der Geburt eines Menschen den entscheidenden Einfluss auf das Wesen ihrer „Planetenkinder“; hinzu kamen die „Örter“ der P. im System des Tierkreises. Kennzeichnend für die Einflüsse der P. ist auch die in der Alchemie gültige Zuordnung der sieben „alten“ P. zu den Metallen: Jupiter zu Zinn, Mars zu →Eisen, Merkur zu →Quecksilber, Mond zu →Silber, Saturn zu →Blei, Sonne zu →Gold und Venus zu Kupfer (ergibt mit Zinn die Bronze). Siehe auch Abb. S. 30.

Quellentext: Der Planet Venus „kalt und feucht; milde und gemäßigt; Planet der →Nacht; weiblich; Herr des menschlichen Lebens [...]. Bezieht sich auf Weiber, Schwestern, Weiberliebe, natürliches Zutrauen und Mitgefühl; [...] alle Verzierungen des Lebens.“ (J.W. Pfaff in seiner „Astrologie“, 1816)

Posaune, ursprünglich ein Signalhorn, vergleichbar der bronzezeitlichen Lure und dem (von Luthr als P. bezeichneten) Schofar im Judentum, Symbol des lauten Schalls der göttlichen Stimme. In der christlichen Ikonographie blasen →Engel die P.: in der Offenbarung sieben Engel sieben P.en (Kapitel (8–9), und in der Matthäus-Apokalypse rufen sie zum Jüngsten Gericht (Matthäus 24,31).

Quellentexte: „Am dritten Tag, im Morgengrauen, begann es zu donnern und zu blitzen. Schwere →Wolken lagen über dem →Berg, und gewaltiger Hörnerschall erklang. Das ganze Volk im Lager begann zu zittern“ (Exodus 19,16).

„Wenn du Almosen gibst, lass es also nicht vor dir herposaunen, wie es die Heuchler in den Synagogen und auf den Gassen tun, um von den Leuten gelobt zu werden“ (Matthäus 6,2a).

Prudentia, wie die →Sapientia Symbolfigur der Kardinaltugend Klugheit mit den Attributen →Fackel, →Schlange, Sieb, →Spiegel.

Purpur, aufgrund der Kostbarkeit des aus der Purpurschnecke gewonnenen Farbstoffs ein Symbol von Macht, Würde und schließlich des Luxus (Prachthandschriften mit purpurgetränktem Pergament). Herrscher und Priester trugen in P. gefärbte Kleidungsstücke. Um Jesus als „König der Juden“ zu verspotten, legten ihm die Soldaten „einen purpurroten →Mantel um“ (Johannes 19,3).

Pyramide, als massiver Steinbau mit Gängen und Grabkammern ein monumentales ägypt. Königsgrab, gekennzeichnet durch die Geometrie des Baukörpers und dessen Orientierung an den vier Himmelsrichtungen: Über einem →Quadrat streben die vier →Dreiecke der schrägen Seitenflächen zur Spitze, die zum Himmel weist. Die als Grabbau von den Römern übernommene P. symbolisiert sowohl das alte Ägypten mit dessen Mythen als auch den Zugang zum Totenreich. Siehe auch Abb. S. 157.

Abb. zu dieser Seite siehe Seite 257

VII
WAFFEN • WERKZEUG • GERÄTE

Zu den Gerätschaften mit ganz unterschiedlichem metaphorischem Anwendungsbereich und entsprechendem Symbolgehalt gehört der Schlüssel. Geläufig ist er als Attribut des „Himmelspförtners“ Petrus, dem Jesus verheißen hat: „Ich werde dir die Schlüssel des Himmelreichs geben“ (Matthäus 16,19); zwei Schlüssel gehören zum päpstlichen Wappen. Hier ist es dagegen der Liebesgott Amor, der die Macht besitzt, das Herz der oder des Liebenden zu öffnen oder zu verschließen. Indem der Jüngling den Schaft des riesigen silbernen Amor-Schlüssels umfasst, leistet er dem geflügelten und gekrönten Liebesgott symbolisch den Treueeid als Lehensmann, dessen Herz für die Liebe zur Rose erschlossen ist. Darum geht es im *Roman de la rose.* Die Miniatur befindet sich in der vatikanischen Prachthandschrift Urb. lat. 376, fol. 14 verso, um 1280; vgl. Abb. S. 115.

Natürliche Waffen (oben)
Zu ihnen gehört die Keule, die hier ein weiblicher Onocentaurus schwingt, während das männliche Pendant ihr nachschaut. Veredelt wurde die Keule als Attribut des Herakles. Die Darstellung der zweibeinigen Kentauren befindet sich in der 1460 geschriebenen und um 1600 illuminierten Prachthandschrift des „Tierlebens des Petrus Candidus“. (Biblioteca Apostolica Vaticana, Urb. lat. 276)

Ein göttlicher Waffennarr? (gegenüber)
Allem Anschein nach benutzt der hinduistische Gott Shiva seine zehn Arme, um der Gemahlin Parvati das ihm verfügbare Arsenal an Waffen vorzuführen: Lanzen, Schwerter, Pfeil und Bogen, einen Dreizack, den in der griechischen Mythologie der Meeresgott Poseidon schleudert. Lediglich eine Hand hält als friedliches Gerät eine Glocke. Ein Familienbild des Asketen Shiva zeigt die Abb. S. 153, den vielarmigen Weltentänzer im Feuerkreis die Abb. S. 217.

Die Symbolik der Waffen ist weltweit denkbar vielseitig und überschreitet die ohnehin weit gesteckten Grenzen von Angriff und Verteidigung. Sie reicht vom Attribut zahlreicher Gottheiten und himmlischer Wesen wie jenes Engels, der Adam und Eva aus dem irdischen Paradies vertreibt, über das Schwert als Sinnbild richterlicher Autorität (ihr entspricht heute das Gewaltmonopol des demokratischen Staates) bis hin zur tiefenpsychologischen Deutung von Waffen wie Pfeil, Speer oder Schwert und schließlich des Gewehrs als Phallus-Symbole.

Die Bewaffnung mit Pfeil und Bogen kennzeichnet sowohl die Kentauren, die in dieser Weise als Tierkreiszeichen Schütze in die Ikonographie des Zodiakus aufgenommen wurden, als auch den Liebesgott Amor, aber auch den personifizierten Tod oder die Pest. Durch Pfeilschüsse wird der hl. Sebastian gemartert, bis er, laut *Legenda aurea* des Jacobus de Voragine, „wie ein Igel aussieht“.

Für das gesamte Mittelalter ist die „Zwei-Schwerter-Lehre“ grundlegend. Bereits 494 schrieb Papst Gelasius I. an den oströmischen Kaiser Anastasios I.: „Zweierlei ist es ja, erhabener Kaiser, wodurch diese Welt vornehmlich regiert wird: die geheiligte Autorität der Bischöfe und die königliche Gewalt.“ Beides konnte jeweils ein Schwert symbolisieren. Dabei schien die Mahnung Jesu in Vergessenheit zu geraten, Petrus, der seinen Herrn zu verteidigen versucht, solle sein Schwert in die Scheide stecken, „denn alle, die zum Schwert greifen, werden durch das Schwert umkommen“ (Matthäus 26,52). Dagegen besitzt das Schwert seine Legitimation, indem es die Keuschheit der Frau beschützt: Es liegt zwischen Tristan und Isolde im gemeinsamen Bett. Es symbolisiert aber auch die Schmerzen der Mutter Maria: „Dir selbst aber wird ein Schwert durch die Seele dringen“ (Lukas 2,35).

Ein mythologischer Vorläufer der Feuerwaffen ist der Blitz als Waffe des Zeus/Jupiter. Doch kann die Symbolik dieser tödlichen Waffe, die den gesamten Weltraum in Brand zu stecken droht, bis zur „blitzartigen“ Erleuchtung reichen.

Sigurds Schwert (gegenüber)
Das Detail vom Portal der vollständig aus Holz mit „Stäben" als Pfosten errichteten Stabkirche von Hyllestad im norwegischen Setesdal gehört zur Schilderung des Sieges, den der nordische Sagenheld über Fafnir erringt: Sigurd stößt sein Wunderschwert in den Leib des Lindwurms. Aus Sigurd wurde Siegfried, der Drachentöter und tragische Held des anonymen, um 1200 entstandenen Epos „Nibelungenlied".

Das Lanzenstechen (oben)
Der ritterliche Turnierkampf zu Pferd wurde in der Regel mit Stoßlanzen ausgetragen. Er verfolgte das Ziel, den Gegner aus dem Sattel zu heben. Blieb er kampffähig, so konnte der Kampf zu Fuß mit den Schwertern fortgesetzt werden. Die französische Miniatur bedient sich dieses Motivs in allegorischem Sinn: Der Lichtritter Galahad kämpft mit der dunklen Verkörperung der Versuchungen und Sünden. Ihre doppelte Lanze zielt auf die geflügelte Helmzier des Ritters.

Blitz und Donner
Dies sind die Waffen des Zeus/Jupiter in der antiken Mythologie. Zumindest gebündelte Blitze hält der orientalisch mit Mütze und Hose gekleidete Jupiter Dolichenus in seiner Linken, während die Rechte eine Streitaxt schwingt. Die Figur aus Bronze, aufgelötet auf eine gleichfalls gegossene Votivplatte ist ein Werk der provinzialrömischen Kunst aus dem 2./3. Jh. (München, Museum für Vor- und Frühgeschichte)

Die Feuerkraft (gegenüber)
Der „Kompositkopf" des Manieristen Giuseppe Arcimboldo gehört zu einer Serie der „Vier Elemente" aus dem Jahr 1566 (Öl auf Holz, 66,5 x 51 cm). Dabei wird das Element Feuer nicht allein als Naturgewalt gekennzeichnet, sondern auch und vor allem im Dienst der Zerstörung mittels Explosion und Waffengewalt, die von den Menschen verwendet werden. Zu den mit dem Feuer in Verbindung stehenden Realien gehören Zündschnüre, ein Gewehrhahn und ein Kanonenrohr. (Wien, Kunsthistorischen Museum).

Gott als Baumeister

Der Zirkel diente ab dem Mittelalter als ein Attribut der Architekten, und in diesem Sinne kennzeichnet das Gerät auch Gott (in der Gestalt Christi) als den Schöpfer der Welt, die als geordnetes Bauwerk aus den Elementen der Natur vorgestellt wird. Der Zirkelpunkt befindet sich auf dem unregelmäßigen Rund der Erdscheibe. Sie umrunden auf schwarzem Grund das Feuerrad der Sonne und den gelben Mond. Zwei konzentrische Ringe sind die blaue Luft mit reich bewegtem Wolkenrand und das grüne Wellenband des Wassers – der Zirkel symbolisiert die Einheit der Vielfalt.
Die Bildseite im Format 34,4 x 26 cm befindet sich in einer *Bible moralisée* aus der 1. Hälfte des 13. Jhs., Codex Vindobonensis 2554, fol. 1 verso, und ist im Besitz der Österreichischen Nationalbibliothek in Wien.

Das Messen des Unermesslichen
(gegenüber)
Mit seinem Aquarell knüpfte der zeitkritische Esoteriker William Blake allem Anschein nach an die mittelalterliche Ikonographie an, in welcher der Zirkel ein Attribut des göttlichen Baumeisters der Welt bildete. In Wirklichkeit wandte sich Blake jedoch gegen den Rationalismus eines Isaac Newton, dessen *Mathematical Principles* 1729 mit dem Bild des Maß nehmenden Gottes auf dem Frontispiz erschienen waren. Dagegen repräsentiert Blakes „Alter der Tage" mit dem Namen Urizen, indem er gleichfalls mit dem Zirkel Maß nimmt, den modernen Wahnwitz, „das Unendliche zu fesseln". Blakes Aquarell von 1827 befindet sich in der Withworth Art Gallery der Universität Manchester.
Als Stich diente es Blakes Gedichtband *Europe. A Prophecy* als Frontispiz.

Der Zirkel als Werkzeug des Geometers besitzt die Ambivalenz von Ordnung und Vollkommenheit des Kreises einerseits, einer trügerischen Wertschätzung alles Messbaren und der Rationalität andererseits. Vor diesem Hintergrund hat der Zirkel bei den Freimaurern eine zentrale Bedeutung gewonnen: Er symbolisiert hier neben dem Heiligen Buch und dem Winkelmaß eines der drei „Großen Lichter", wobei Zirkel und rechtwinkliges Winkelmaß die traditionelle Formsymbolik von Kreis und Quadrat, das heißt die Beziehung von Himmlischem und Irdischem aufgreifen. Darüber hinaus symbolisiert im Freimaurertum der vom Zirkel gezeichnete Kreis die allumfassende Menschenliebe, sowohl auf die Bundesbrüder als auch auf die gesamte Menschheit gerichtet.

Ein vergleichbares Spektrum besitzen die Symbole Waage und Leiter. Erstere ist seit den frühen Hochkulturen in Ägypten und Mesopotamien mit einem Seelengericht im Jenseits verbunden, das in christlicher Tradition als Jüngstes Gericht über die Lebenden und Verstorbenen aufgefasst wird. Seine Ikonographie besitzt die Gestalt des Erzengels Michael als Seelenwäger – wer als zu leicht befunden wird, verfällt der Strafe im Höllenfeuer. Dieses jenseitige Geschehen

Waage der Gerechtigkeit
Die Miniatur im „Stuttgarter Psalter“ aus dem 11. Jh. und entstanden in Saint-Germain de Près illustriert den 9. Psalm mit Gott als Retter der Armen und Bedrängten: „Du hast mir Recht verschafft und für mich entschieden, dich auf den Thron gesetzt als Richter“ (Psalm 9,5). Auf die mit der Waage symbolisierte Gerechtigkeit Gottes vertraut auch der Betende im 17. Psalm: „Höre, Herr, die gerechte Sache, achte auf mein Flehen, vernimm mein Gebet von Lippen ohne Falsch!“ (Psalm 17,1).
Die Prachthandschrift mit den 150 Psalmen befindet sich in der Stuttgarter Landesbibliothek (Cod. bibl. 2° 23, fol. 5 verso).

Seelenwaage (gegenüber)
Zu Füßen des Weltenrichters Christus, der im Himmel auf einem Regenbogen thront, hält der ritterlich gerüstete Erzengel Michael eine Waage in seiner Linken. Mit der erhobenen Rechten stößt er auf den Sünder ein, dessen Waagschale aufwärts weist: Dieser ist als zu leicht befunden und wird das Los der Verdammten teilen, das jenes Schwert zur Linken von Christi Haupt symbolisiert. Diese Darstellung des Jüngsten Gerichts mit Michael als Nachfolger des ägyptischen „Wiegemeisters“ Anubis (Abb. S. 85) bildet die Mitteltafel eines Triptychons von Hans Memling (1467–71).
(Danzig, Muzeum Narodowe)

Himmelsleiter (Seite 252)
Die Miniatur im Psalter Ludwigs IX., des Heiligen, (um 1250) bezieht sich auf den Traum Jakobs in Haran, und obwohl die Bibel von einer Treppe spricht, „die auf der Erde stand und bis zum Himmel reichte“ (Genesis 28,12), bedient sich die Ikonographie dieser Szene stets einer Leiter. Auf ihr „stiegen die Engel Gottes auf und nieder“. Die Einzigartigkeit dieser „gebauten, begehbaren“ Verbindung zwischen Himmel und Erde hat der Buchmaler dieses Psalters mit 78 zweiteiligen Bildseiten zu alttestamentlichen Themen dadurch betont, dass ausschließlich hier das gotische, an Ludwigs Pariser Sainte-Chapelle orientierte Rahmenwerk überschnitten wird: Die Himmelstreppe bzw. Himmelsleiter übersteigt die Kirche als Vorbereitung einer himmelwärts gerichteten Lebensführung. Der rechte Teil der Miniatur zeigt Jakob, der seinen spitzen „Judenhut“ nun wieder auf dem Kopf trägt, bei der Salbung des Steins von Bet-El, was Gotteshaus bedeutet. (Paris, Bibliothèque Nationale; Ms. lat. 10525, fol 13 verso)

Fensterleiter (rechts)
Während Hermes, auf seinen Heroldsstab Kerykeion gestützt, mit der Rechten eine Lampe hält, trägt Zeus eine Leiter herbei, um damit Alkmenes Fenster zu erreichen. Darstellung einer Szene der ins Groteske abgewandelten Amphitryon-Sage auf einem griechischen Krater.
Um 350–25 v. Chr.
(Vatikan, Musei Vaticani, Museo Gregoriano Etrusco)

Heimlichkeit
Die Bildseite in der „Manessischen Liederhandschrift", um 1300–40, ist zwar dem Dichter Kristan von Hamle zugeordnet, lässt sich aber noch treffender auf die „Tagelieder" Wolframs von Eschenbach beziehen. Diese handeln von der Trennung von der Geliebten nach der heimlich gemeinsam verbrachten Nacht. Den fluchtartigen Abschied bei Tagesanbruch symbolisiert der „Lastenaufzug".
(Universitätsbibliothek Heidelberg)

besitzt seine Entsprechung im Diesseits, wobei die beiden Schalen der Balkenwaage Schuld und Unschuld vergleichen. In diesem Sinn ist die Waage der Iustitia als Personifikation der Gerechtigkeit mit den weiteren Attributen Augenbinde und Schwert des Gerichts verbunden.

Auch die Leiter oder Treppe hat frühgeschichtliche Wurzeln, etwa bei der pyramidenförmigen Zikkurat, deren Außentreppe zur Kultstätte auf der obersten Plattform führt. Im alttestamentlichen Mythos des Buches Genesis mit der Geschichte des israelitischen Stammvaters Jakob erscheint diese begehbare Verbindung zwischen Irdischem und Himmlischem als Himmelstreppe, dargestellt als Himmelsleiter. Benedikt von Nursia verwendete in seiner Ordensregel dieses Bild als Symbol des „Aufstiegs in Demut und des Abstiegs in Hochmut" (7. Kapitel). Von Benedikt stammt auch die Deutung der Himmelsleiter als ein in zwölf Sprossen gegliedertes Symbol der Tugenden.

Das Gegenstück zur Himmelsleiter verwendet Zeus, der mittels einer gewöhnlichen Leiter das Schlafgemach Alkmenes ersteigen will. Was bayerischer Folklore als „Fensterln" zugeordnet wird, hat offensichtlich antike Ursprünge.

Sense und Stundenglas (gegenüber)
Die Attribute von Personifikationen des Todes als „Sensenmann“ sind hier Chronos zugeordnet, dem geflügelten und bärtigen Gott der Zeit. Gegen seine Herrschaft lehnen sich die allegorischen Gestalten und Gegenstände auf, die unterhalb des Chronos das Bildgeschehen beherrschen. Dazu gehören links die Liebesgöttin Venus mit Amor, rechts Abundantia mit einem Füllhorn, die mit ihrer Rechten in einen Behälter voller Münzen greift. Auf dem bühnenartigen Vordergrund sind orientalische Waffen verstreut, die wohl auf die Türkengefahr hindeuten, und über einem Niedergestürzten erhebt sich in Siegerpose ein Jüngling. In diesem Sinne erhielt das Gemälde des Manieristen Hans von Aachen den Titel „Triumph der Herrschaft über die Zeit“. Um 1590; Öl auf Kupfer, 55,8 x 47,6 cm. (Stuttgart, Staatsgalerie)

Spiegel und Sanduhr (rechts)
Beide Geräte sind Symbole der Vanitas. Im Spiegel, einem Attribut von Allegorien der Eitelkeit, offenbart sich die Vergänglichkeit der Schönheit; die Sanduhr bzw. das Stundenglas ist Sinnbild der unerbittlich verrinnenden Zeit. Ein Beispiel für die Verwendung beider Symbole in der Kunst des 16. Jh. ist das Gemälde „Schönheit und Tod“ von Hans Baldung, gen. Grien (um 1510; Öl auf Holz, 48 x 32,5 cm). Während die junge Frau selbstgefällig ihr Antlitz bespiegelt, erhebt der personifizierte Tod das Zeitmaß über ihr, wobei ein Jüngling versucht, ihm Einhalt zu gebieten; ein kleiner Cupido trauert. Den Symbolen entspricht der Kontrast zwischen der jeweiligen Körperlichkeit, die beim Tod in Verwesung übergeht (vgl. Baldungs Darstellung der Lebensstufen, S. 62). (Wien, Kunsthistorisches Museum)

Die Axt (gegenüber)
Der Themenbereich „Waffen, Werkzeug, Geräte“ endet mit einem Gegenstand, der in seinen unterschiedlichen Ausführungen alle drei Funktionen erfüllt und demzufolge auch in einer Vielzahl von Zitaten und Redewendungen verwendet wird. Die Symbolik reicht von der Selbsthilfe analog zu Wilhelm Tells Erfahrung, dass „die Axt im Haus den Zimmermann erspart“, bis zur metaphorischen Kennzeichnung von Grobheit als Benehmen „wie die Axt im Walde“. Dagegen besaß die Axt auch kultische und in diesem Zusammenhang auch tödliche Bedeutung. Abgebildet ist die Klinge einer goldenen Zeremonialaxt aus der Quimbaya-Kultur Südamerikas. Das stilisiert dargestellte Wesen wird als göttliche Mondkraft gedeutet.
(London, British Museum)

Pinienzapfen. Der vermutlich karolingische Bronzeguss bekrönte den Paradiesbrunnen der 804 geweihten Pfalzkapelle in Aachen, aus der sich das Aachener Münster entwickelt hat. Als Vorbild diente der Pinienbrunnen der konstantinischen Basilika Alt-St. Peter.

Posaune. Emblem von Georgia Montanea (1619) mit dem Motto *Venite* („Kommt!“) und der Darstellung eines Posaunenengels mit den vier →Winden: „Wol dem der dann wird recht bestehen / Wenn Gottes Posaun wird angehen. / Dann wird ein jeder müssen gebn / Rechnung von seinem gantzen Lebn.“

Pyramide. Antonio Canova gestaltete das 1798 bis 1805 ausgeführte Grabmal der Erzherzogin Maria Christina, wobei er das von den Römern übernommene ägyptische Motiv der Pyramide als Totenhaus zitierte. In den Eingang schreitet mit einer →Urne die Allegorie der Tugend, begleitet von Todesgenien mit gesenkter →Fackel. Links folgt eine Allegorie der Wohltätigkeit, die einen blinden Greis am Arm führt; rechts hat sich ein geflügelter Genius bei einem trauernden →Löwen niedergelassen. (Wien, Augustinerkirche)

Q

Quader, von Rechtecken rechtwinklig begrenzter Körper. Ähnlich wie der würfelförmige Kubus symbolisiert der auf einer ebenen Fläche gelagerte Qu. Ruhe, Sicherheit und Stabilität, im Gegensatz zur rollenden →Kugel.

Quadrat, in der Formsymbolik das Sinnbild der Erde im Gegensatz zum Himmel als →Kreis, gemeinsam symbolisieren sie die Welt. Der quadrat. →Nimbus zeigt an, dass der Betreffende noch am Leben ist, somit noch der Erde angehört. In der →Zahlensymbolik ist das Qu. der Vier verbunden: mit den Himmelsrichtungen und den Elementen →Feuer, →Wasser, →Luft und →Erde. Im Islam ist das →Herz des Menschen ein Qu., denn es ist offen für die vier Quellen der Inspiration: durch Gott, →Engel, Menschen, Teufel; dagegen ist das Herz der Propheten ein →Dreieck, denn es ist Anfechtungen des Teufels nicht ausgesetzt. Wie zahlreiche →Tempel so besitzt auch das neue →Jerusalem einen quadrat. Grundriss. Aus Indien stammen vermutlich die „Mag. Qu.e" der bereits antiken Mathematik: Die schachbrettartig gegliederten Felder enthalten Zahlen, deren Längs-, Quer- und Diagonalsumme jeweils ident. ist. Sie wurden den →Planeten als „Planetensiegel" zugeordnet und symbolisieren somit die astrolog. Beziehung zwischen Makrokosmos und Mikrokosmos als Harmonie. Ein Beispiel ist das Jupiter-Qu. auf Albrecht Dürers Kupferstich „Melencolia I" (1415) mit der Summe 34 in jeder der drei Richtungen. Es enthält das Todesdatum der Mutter Barbara (17.5.1514). Die Zahlenquadrate konnten auch als Buchstabenquadrate konstruiert werden, indem jede Zahl durch einen Buchstaben vertreten wurde. Eine antike Sonderform des Buchstabenquadrats aus 25 Qu.en bzw. Buchstaben enthält die senkrecht und waagerecht, rechts- und linksläufig zu lesenden lat. Wörter *sator / arepo / tenet / rotas* („Sämann Arepo hält mit Mühe die →Räder" oder „Der Sämann hält den →Pflug, der Arbeiter Räder", auch weitere Übersetzungen der „Sator-Arepo-Formel" sind möglich). Eine heutige Variante der Mag. Qu.e ist ein Logik-Rätselspiel, das der Amerikaner Howard Garns unter der Bezeichnung „Number Place" 1979 erfand; seit 1986 v. a. in Japan gespielt, gewann es eine weltweite Popularität unter dem Namen „Sudoku". Siehe auch Abb. S. 192.

Quadratur des Kreises, die Verwandlung eines →Kreises mit Hilfe der Geometrie in ein →Quadrat. Sie symbolisiert den Wunsch, Gegensätze wie Himmel und →Erde in ideale Übereinstimmung zu bringen (lat. *coincidentia oppositorum* „das Zusammenfallen der Gegensätze"). In diesem Sinne ist der stufenförmige Aufbau des Heiligtums Borobodur auf Java zu verstehen; er gliedert sich in quadrat. und runde Terrassen. Siehe Abb. S. 158.

Quadriga, das Viergespann. Es symbolisiert die Bewegung der Himmelskörper auf ihrer imaginären Bahn. Dies gilt ikonograph. seit der Antike, insbesondere für die Qu. aus vier geflügelten →Pferden vor dem Sonnenwagen des Helios (röm. Phöbus Apollo), der im Frühchristentum mit dem Motiv der Himmelfahrt Christi gleichgesetzt wurde. Quadrigen gehörten zu den Triumphzügen röm. Imperatoren und dienten Wettkämpfen in der Arena. Der Klassizismus verwendete die Qu. als Bekrönung von →Toren, z. B. Gottfried Schadows Qu. der Victoria (1789) auf dem Brandenburger Tor in Berlin; 1807–15 befand sie sich als napoleon. Raubkunst bzw. Symbol der frz. Besetzung des Königreichs Preußen in Paris; 1815 wurde sie zurückgebracht.

Quecksilber, das einzige bei Zimmertemperatur flüssige Metall; es entwickelt giftige Dämpfe. In der Alchemie wurde Qu., dessen ältester Fund aus einem ägypt. Grab des 15. Jh. v. Chr. stammt, dem →Planeten Merkur zugeordnet, der das Flüchtige symbolisierte.

Quelle, von jeher ein Symbol der lebensspendenden Kräfte, der Reinheit und des Ursprünglichen, verwandt mit den Symbolen →Brunnen und →Wasser. In der Antike personifizierten weibliche Gottheiten und Quellnymphen die kult. verehrten Qu.n. In der christlichen Typologie ist das Quellwunder des Mose am Horeb (Exodus 17,4–6) eine Vorausdeutung auf die Seitenwunde Jesu am →Kreuz (Johannes 19,34). Die Qu. symbolisiert die Taufe und bildet ein Mariensymbol. Siehe auch Abb. S. 54.

Quellentexte: „Denn bei dir ist die Qu. des Lebens, in deinem →Licht schauen wir das Licht" (Psalm 36,15).

„So viele Qu.n von den Bergen rauschen, /
Die brechen zornig aus der Felsenhalle, /
Die andren plaudern in melodschem Falle /
Mit Nymphen, die im Grün vertraulich
lauschen" (Strophe 1 eines Sonetts Joseph von Eichendorffs).

Quitte, eine apfel- oder birnenförmige Frucht des aus Vorderasien stammenden, in den mediterranen Ländern kultivierten →Baums. Sie symbolisierte als Attribut der Aphrodite in der Antike Glück, Liebe und Fruchtbarkeit; in Griechenland brachte die Frau bei der Hochzeit eine Qu. ins Haus der Schwiegereltern. Die „→Äpfel der Hesperiden" im Herakles-Mythos waren vermutlich Qu.n.

Quadrat. Ein Merkmal der buddhistischen, auf Stoff gemalten Meditationsbilder Thanka („Etwas, das man zusammenrollen kann") ist die Verbindung der symbolischen Grundformen →Kreis und Quadrat. Das abgebildete Werk der Textilkunst stammt aus Tibet. (London, Philip Goldman Collection)

Quader. Emblem von Nicolaus Taurellus zur Standhaftigkeit mit dem Motto *Sunt optima fulcra manentque* („Die sind und bleiben die besten Stützen"): „Die →Kugel rollt, wenn ein Kind sie berührt, aber die in Würfelform geschnittenen Felsblöcke spotten selbst starker Männer und beharren an ihrem Platz. Ein rechter Mann, der alles auf feste Verdienste setzt, dessen Zuverlässigkeit sich in Taten bewährt, der verdient, dass ein kluger Staat ihn sich verbinde."

Quelle. Emblem von Johann Manich (1624) zur Trinität mit dem Motto „Alles erscheint aus Einem": Die Quelle symbolisiert Gott Vater, der Wasserfall Gott Sohn, der Bach den Heiligen Geist. Über die Symbolik des →Kindes heißt es: „Der Knab, der mit eim Löffel gut / Allhier bei dem Bach sitzen thut, / Zeigt an, daß unbegreiflich sey, / Daß drey sey eins und eins sey drey."

Quadriga. Vier geflügelte →Pferde ziehen den Wagen des Sonnengottes Helios (röm. Phöbus Apollo) auf seiner Himmelsbahn; Vasenmalerei im rotfigurigen Stil des 5. Jh. v. Chr. (London, British Museum)

R

Rabe, ambivalentes Symbol als „Unglücksrabe“ der sich andererseits durch Klugheit auszeichnet. In diesem Sinne gehören die beiden R.n *Hugin* („Gedanke“) und *Munin* (Gedächtnis) zum german. Gott Odin. Die antike Mythologie enthält den Niedergang des →weißen R.n, der dem Sonnengott Jupiter zugeordnet war und den →Gänsen, →Schwänen und →Tauben glich, zum geschwätzigen →schwarzen →Vogel, der sich vom listigen →Fuchs durch Schmeichelei betrügen lässt: Um seine angebliche Sangeskunst zu bestätigen, öffnet er den Schnabel und verliert den erbeuteten Käse, den sich der Fuchs schnappt. Diese Fabel des Äsop wurde häufig neu mit meist geänderter „Moral“ nachezählt, z. B. von La Fontaine und Lessing. Bei Letzterem trägt der R. „ein Stück vergiftetes Fleisch, das der erzürnte Gärtner für die →Katzen des Nachbarn hingeworfen hatte, in seinen Klauen fort“, was dem listigen Schmeichler schlecht bekommt. Das Verhalten des R.n im bibl. Sintflut-Mythos, der nicht zu Noach zurückkehrt, gab den Kirchenvätern Gründe, diese Vögel (die als „Rabeneltern“ ihre Jungen vernachlässigten) als Symbole des Heidentums zu behandeln, deren Geschrei *cra-cra* „morgen, morgen“ bedeutet, eine Bekehrung also aufschiebt. Wie so oft enthalten auch hier die Legenden eine Umwertung nach dem Vorbild der Ernährung des Elija (1. Buch der Könige 17,6): R.n bringen den Eremiten Antonius und Paulus Nahrung, bewahren Benedikt davor ein vergiftetes Brot zu essen, und verteidigen den Leichnam des hl. Vinzenz gegen Raubtiere. Siehe auch Abb. S. 92.

Quellentexte: „Ihm war die →Zunge Verderb. Durch Schuld der geschwätzigen Zunge / Hat sich das blendende Weiß in dunkle Farbe gewandelt“ (Ovid im Buch II der „Metamorphosen“, Verse 540 und 541).
„Wer sich von eines Heuchlers Lob geschmeichelt fühlt, / Wird in zu später Reue seine Strafe finden“ (Beginn der Fabel „Der Rabe und der Fuchs“ bei Phaedrus).
„Mein Freundchen, denk an mich. Ein jeder Schmeichler mästet sich vom Fett dessen, der willig auf ihn hört. Die Lehr' ist zweifellos wohl – einen Käse wert“ (der Fuchs bei La Fontaine).

Rad, mit dem →Kreis verbundenes Symbol. Als *Dharma-Chakra* („R. der Lehre“) das zentrale Symbol des Buddhismus mit den acht Speichen des Edlen achtfachen Pfads. Drei Drehungen dieses R.s symbolisieren die Entwicklung und Ausbreitung dieser mit der dritten Drehung im Westen angelangten Weltreligion (siehe auch →Lotos und →Pagode). Dagegen symbolisiert das →Glücksrad bzw. Schicksalsrad als Attribut der Tyche (röm. Fortuna) die Beständigkeit des Wechsels. In vielen Kulturen symbolisiert ein R. die →Sonne bis hin zu den Feuerrädern bei Feiern der Sonnenwende. Die mit dem R. verbundene Symbolik der Bewegung und Ortsveränderung (kulturgeschichtlich ist die Erfindung des Wagenrads eine der frühen Errungenschaften) ist in der Himmelsvision des Ezechiel gleichsam potenziert: Die Räder des →Thrones Gottes „konnten nach allen vier Seiten laufen und änderten beim Laufen ihre Richtung nicht“, und „sie liefen, wohin der Geist sie trieb“ (Ezechiel 1,17 und 20). Das sprichwörtliche Gefühl, (wie) gerädert zu sein, bezieht sich auf das Martyrium, auf ein mit →Nägeln bestücktes R. gebunden zu werden. Dies diente auch der Hinrichtung.

Quellentext: „Feuerflammen waren sein Thron, und dessen Räder waren loderndes →Feuer“ (Daniel 7,9).

Ratte, in Fernost und in Europa völlig unterschiedliches Symbol. So ist die R. das Reittier und somit Attribut des hinduist. Gottes Ganesha, und allgemein symbolisieren R.n Glück; in Japan begleiten sie den Gott des Reichtums. Im Westen galten R.n dagegen als Personifikationen von Krankheiten und bösen Geistern. Hier wie dort wurde das Fehlen von Ratten im →Haus unterschiedlich gedeutet: als bestehender Mangel an Nahrung oder bevorstehendes Unglück, vor dessen Eintreten „die R.n das →Schiff verlassen“. R.n sind Attribute der gelähmten hl. Fina von St. Gimignano, der sie ein →Ohr abgebissen haben, sowie der hl. Gertrud von Nivelles, die bei einer Rattenplage angerufen wurde.

Quellentext: „Der Rattenfänger weiß einen gewissen Ton, pfeift er den neunmal, so ziehen ihm alle R.n nach, wohin er sie haben will, in Teich oder Pfütze.“ (Brüder Grimm, „Dt. Sagen“, Nr. 246: Beginn einer Variante von „Der Rattenfänger von Hameln“)

Rauch, einerseits ein Symbol der Verbindung zwischen Erde und Himmel, etwa der aufsteigende R. des Opferfeuers, und eine Umhüllung des Göttlichen. Andererseits ein Symbol der Vergänglichkeit. So heißt es im „Gebet eines Unglücklichen“: „Meine Tage sind wie R. geschwunden, meine Glieder wie von →Feuer verbrannt“ (Psalm 102,4), und die Menschen „vergehen wie R. von starken →Winden“ (der Barockdichter Andreas Gryphius im Sonett „Menschliches Elend“).

Quellentext: „Der ganze Sinai war in R. gehüllt, denn der Herr war im Feuer auf ihn herabgestiegen. Der R. stieg vom Berg auf wie R. aus einem Schmelzofen. Der ganze →Berg bebte gewaltig“ (Exodus 19,18).

Rad. Detail eines Thanka aus Nepal mit dem buddhistischen Lebensrad. Angetrieben wird es durch die drei Grundübel Hass, Gier und Ignoranz, symbolisiert durch →Hahn, →Schwein und →Schlange.

Rad. Miniatur im „Ungarischen Legendarium" (um 1335–40) zur Legende des hl. Georg: Das Rad, mit dem er zu Tode gefoltert werden soll, wird von einem Engel zerbrochen.
(Biblioteca Apostolica Vaticana, Vat. lat. 8541, fol. 55 recto)

Ratte. Die Titelfigur des Romans „Die Rättin" (1986) von Günter Grass, der diese Radierung für den Schutzumschlag geschaffen hat. Das 1. Kapitel handelt u. a. davon, dass „in Noahs →Arche kein Platz für Ratten ist" und „vom Menschen nur Müll bleibt". Der Hintergrund zeigt die Silhouette von Danzig.

Rabe. Miniatur in einer arabischen Handschrift der ursprünglich indischen, dann persischen Fabel „Der →Fuchs und der Rabe". Sie ist in der um 1350 entstandenen Ausgabe der Sammlung enthalten, die im Titel die Namen der Erzähler, Kalia und Dimna, führt; es sind zwei →Schakale. (Paris, Bibliothèque Nationale, Ms. arab. 3465, fol. 56)

Regen, das Symbol der Fruchtbarkeit, vielfach als Spermaflut eines Himmelsgottes betrachtet, der die Mutter Erde befeuchtet. Der Psalmist vergleicht den R. mit den Wohltaten der gerechten Regierung. Hildegard von Bingen unterscheidet zwischen dem geordneten R, der die Erde erblühen lässt, und dem ungeordneten R., der die Keime erstickt. So sollen aufgrund der Einsichten der Mystikerin aus dem 12. Jh. auch die Kräfte der Seele den Leib beleben, statt ihn zu schädigen.

Quellentext: Der gerechte König „strömt wie R. herab auf die Felder, wie Regenschauer, die die →Erde benetzen" (Psalm 72,6).

Regenbogen, in den meisten Kulturen ein Symbol der Versöhnung von Himmel und Erde, z. B. als Aufhebung des Gegensatzes von →Yin und Yang. In diesem Sinne soll der R. in der alttestamentlichen Mythologie Gottes „Bundeszeichen sein zwischen mir und der Erde" (Genesis 9,13). Bei den Griechen verkörperte der R. die menschenfreundliche Iris, oder der in „irisierenden" Farben leuchtende R. bildete die Bahn, auf der die Götterbotin zur Erde glitt. Die Beziehung zum →Wasser veranschaulicht ein Mythos auf Java: Dort ist der R. eine →Schlange mit zwei →Köpfen; der eine saugt Wasser aus dem Nordmeer, der andere speit es ins Südmeer. Die Verbindung mit der →Sonne beherrschte die Verehrung des R.s bei den Inka. In der christlichen Ikonographie thront Christus beim Weltgericht auf einem R. Seine Farb- und →Zahlensymbolik bezieht sich auf die drei Grundfarben →Blau, →Gelb und →Rot (sie stehen Basilius d. Gr. zufolge für die Dreifaltigkeit) oder auf die sieben Spektralfarben als Sinnbild der sieben Gaben des Hl Geistes (Jesaja 11,2–4, auch verkörpert durch sieben →Tauben) und die sieben Sakramente. Den R., der sich in der Offenbarung des Johannes über dem →Thron Gottes wölbt (Kapitel 4,3), übertrug ein Buchmaler des 5. Jh.s auf eine Darstellung der Götterversammlung auf dem →Olymp in einer Prachthandschrift von Vergils „Aeneis". Siehe auch Abb. S. 145–147.

Quellentexte: „Und ich sah: ein anderer gewaltiger →Engel kam aus dem Himmel herab; er war von einer →Wolke umhüllt, und der R. stand über seinem Haupt" (Offenbarung 10,1). „Siehe, nun kommt Jehova nicht mehr im Wetter, / In stillem, sanftem Säuseln kommt Jehova, / Und unter ihm neigt sich der →Bogen des Friedens." (letzte Strophe von Friedrich Gottlieb Klopstocks Ode „Die Frühlingsfeier", 1759)

Reichsapfel, eine →Kugel mit →Kreuz als Symbol der Herrschaft im Zeichen des Christentums. Der R. gehörte zu den Insignien des Hl. Röm. Reiches. Siehe auch Abb. S. 190.

Reiher, aufgrund des langen Schnabels wie der →Ibis ein Symbol des Ergründens verborgener Wahrheit, aber auch der Neugier. Mit seinem grauen Gefieder verkörperte er aus Sicht der Kirchenväter Buße. Bereits Plinius d. Ä. spricht von Tränen, die ein R. vergießt. Dies ließ sich auf Jesus am Ölberg übertragen, und auch als Feind der →Schlange eignete sich der R. als Christussymbol.

Reis, in Asien ein dem →Weizen vergleichbares, mit Mythen, Sagen und dem Alltag verbundenes Symbol für Fruchtbarkeit, Glück, Überfluss und Unsterblichkeit. In China wurde der R. erschaffen, indem die Göttin Guan Yin Blut und Milch aus ihren Brüsten presste, woraus rote und weiße Reiskörner entstanden. Doch auch der →Hund und die →Ratte gelten hier als Bringer des R. In Indien wuchs die erste Reispflanze auf dem Grab eines Mädchens, das Shiva um eine jedermann jederzeit angenehme Speise gebeten hatte. Auf der Symbolik von Glück und Fruchtbarkeit beruht der heute nahezu weltweit verbreitete Hochzeitsbrauch, das Brautpaar mit Reis zu bewerfen. In der orthodoxen Kirche Griechenlands geschieht dies, während das mit einem →Kranz geschmückte Paar den →Altar umschreitet. Zum chines. Totenkult gehört es, Verstorbenen R. in den →Mund zu legen, und bei Familienfesten werden Schälchen mit R. für die Ahnen aufgestellt.

Reiter, Symbol der Beherrschung animal. Kraft und Wildheit; somit Sinnbild von Herrschaft. Sie präsentiert sich seit der Antike als herrschaftliches Reiterbildnis und -standbild. Daneben symbolisiert der R., indem er sich die Schnelligkeit des →Pferdes zu Nutze macht, den Sturm und dessen Unheil. Ein Beispiel sind die vier Apokalyptischen R. im 6. Kapitel der Offenbarung. Vermutlich spiegelt der antike Mythos der →Kentauren die Gefährdung durch Reiterhorden aus dem Osten.

Rettich, im Mittelalter das Symbol für Streit. Ihm wurde wie der →Rübe eine Beziehung zu den bösen Geistern nachgesagt, die eine Art von Exorzismus unschädlich machen sollte.

Rhombus, Raute, Symbol des weiblichen Geschlechtsorgans →Vulva. Als Sexualsymbol stand der Rh. auch zu den unterird., chton. Mächten in Beziehung und symbolisierte die christliche Leibfeindlichkeit im Zusammenhang der Sexualmoral.

Riese, ein myth. Symbol der „Vorzeit", das in Sagen und Märchen fortlebte, ausgestattet mit ungewöhnlicher Kraft bei meist geringem Verstand, sei es der wie alle Kyklopen einäugige Polyphem in Homers „Odyssee" (IX. Gesang), der R. Goliat im 1. Buch Samuel

Regenbogen. Das biblische Historiengemälde „Landschaft mit Noahs Dankopfer“ (1803) von Joseph Anton Koch und Gottlieb Schick überspannt die in Genesis 8,20 erwähnte Szene mit einem Regenbogen. Er ist das Zeichen des Bundes, den Gott nach der Sintflut mit den Menschen und der Erde schließt. Vom →Altar steigt der →Rauch des Brandopfers auf zu Gott: „Der Herr roch den beruhigenden Duft“ (Genesis 8,21). (Frankfurt, Städelsches Kunstinstitut)

Reiter. Der Jüngling Leagros zu Pferd. Innenbild einer Schale des Euphronius und Kachrylion, um 510 v. Chr. (München, Staatliche Antikensammlungen)

Reiter. Miniatur im reich illuminierten „Stuttgarter Psalter“ aus Saint-Germain des Près (1. Hälfte des 11. Jh.) zu Psalm 76. Dieser handelt von den in Schlaf gesunkenen „tapferen Streitern“. Links kennzeichnet der zurückgebogene Kopf den Schlaf des Reiters. (Stuttgart, Württembergische Landesbibliothek, Cod. bibl. 2° 23, fol. 88 verso)

Reichsapfel. Thronbild Ottos III. mit der Insignie Reichsapfel in seiner Linken. Miniatur im Evangeliar Ottos III., um 998–1001. Jeweils zwei geistliche und zwei weltliche Würdenträger stehen dem Kaiser bei. (München, Bayerische Staatsbibliothek, Clm1453, fol. 24 recto)

(Kapitel 17) oder Rübezahl (ursprünglich ein Bergwerksgeist) aus dem Riesengebirge. Hier spiegelt sich der Kampf der Menschen um Selbstbehauptung gegen die Übermacht der Natur. Er findet seinen Ausdruck auch im Kampf der griech. Götter des →Olymp gegen die Titanen (Giganten).

Quellentext: „In jenen Tagen gab es auf der Erde die R.n, und auch später noch, nachdem sich die Göttersöhne mit den Menschentöchtern eingelassen und diese ihnen Kinder geboren hatten. Das sind die Helden der Vorzeit, die berühmten Männer" (Genesis 6,4).

Ring, wie der →Kreis, den er beschreibt, ein Symbol der Vollkommenheit, sowie als Figur ohne Anfang und Ende Symbol der Ewigkeit und des ewigen Kreislaufes. Am →Finger getragene R.e besitzen Zauberkraft, auch als Unheil abwehrendes Apotropaion; sie sind ein Zeichen von Würde, das zum →Kuss gereicht wird, und sie symbolisieren als Ehe- und Freundschaftsring Zusammengehörigkeit und Treue. R.e ergeben eine →Kette.

Quellentext: „Sie hat mir Treu versprochen, / Gab mir ein'n R. dabei, / Sie hat die Treu gebrochen, / Mein Ringlein brach entzwei." (2. Strophe des Gedichts „Das zerbrochene Ringlein" Joseph von Eichendorffs, 1813, nach einem Volkslied in „Des Knaben Wunderhorn", 1805)

Ritter (frz. *Chevalier),* Symbol von Tugenden, die der Begriff der Ritterlichkeit zusammenfasst; ihm entspricht heute der Begriff der Fairness. Grundlage der Tugendlehre des Rittertums im Mittelalter war eine Verbindung antiker und christlicher Ethik mit german. rechtlichen Vorstellungen z. B. der Gefolgschaft. Ideale waren Selbstbeherrschung und Beständigkeit, dazu Mut und Gerechtigkeit im Interesse der Schutzbefohlenen. Wie die röm. *equites* (zu lat. *equus* →„Pferd") entwickelten sich R. zu einem eigenen Stand. Inbegriff des Rittertums wurde der hl. Georg. Siehe auch Abb. S. 181, 215.

Rom, die nach der Überlieferung 753 v. Chr. gegründete Hauptstadt des Röm. Reiches und Zentrum der (kathol.) Christenheit symbolisiert eine trotz aller Wandlungen „ewige" Beständigkeit. Dies schließt die Romkritik (in der Apokalypse an →Babylon) mit ein, zumal „Zustände wie im alten R." sprichwörtlich sind. Wer sich eine berühmte Sehenswürdigkeit entgehen ließ, „ist in R. gewesen und hat den Papst nicht gesehen."

Rose, ein bereits antikes Symbol der himml. und der ird. Liebe: Die →rote R. entstand aus dem →Blut des Adonis, eines Geliebten der Aphrodite (röm. Venus); siehe auch →Eber. Als „Königin der →Blumen" ist die rote R. ein Mariensymbol. Dazu trug die R. als Symbol der Jungfräulichkeit bei. Der im Mittelalter den Jungfrauen vorbehaltene →Kranz aus R.n schmückte in der Antike Dionysos (röm. Bacchus); beim Gelage sollte er (wie →Efeu) vor Trunkenheit schützen, das Gehirn kühl halten und das Ausplaudern von Geheimnissen verhindern. Verschwiegenheit symbolisiert die Rose auch am Beichtstuhl, in dem *sub rosa* und somit unter dem →Siegel des Beichtgeheimnisses gesprochen wird. In der Alchemie symbolisieren eine rote und eine →weiße R. die Urprinzipien Sulphur und Mercurius; eine R. mit sieben →Ringen von Blütenblättern verweist auf die sieben Metalle und die sieben →Planeten. Eine fünfblättrige R. ist die Lutherrose; der Reformator deutete sein Emblem: „Des Christen →Herz auf R.n geht, wenn's mitten unterm →Kreuze steht." Hier kommen zwei Traditionen zusammen: die rote R. als Symbol der Wunden des gekreuzigten Erlösers und die R.n, auf die wir „gebettet sind" (was in der Antike wortwörtlich geschehen konnte), wenn wir glücklich sind. Vor diesem Hintergrund mahnt Johann Martin Usteri in seinem Gedicht „Freut euch des Lebens" (1793): „Pflücket die R. / Eh' sie verblüht!" Wird die R. „zu früh gepflückt", ist die Jungfräulichkeit verloren. Siehe auch Abb. S. 114, 115.

Rost, als rotbraune, bröckelige Schicht, die sich an feuchter →Luft oder im →Wasser auf →Eisen bildet, ein Symbol der Beschädigung, der Unbrauchbarkeit und des Verlustes, auch des Alterns.

Quellentext: „Ihr sollt euch nicht Schätze sammeln auf Erden, wo sie die Motten und der R. fressen und wo die Diebe einbrechen und stehlen" (Bergpredigt, Matthäus 6,19 in der Lutherbibel, 1985).

Rot, ein extrem ambivalentes Farbsymbol: R. sind das →Blut und das →Feuer; sie symbolisieren Leben, Liebe und Blutvergießen, Leidenschaft, Hass, Zorn und Zerstörung. Diese Gegensätze sind sprichwörtlich vielfältig präsent. In der polit. Farbsymbolik ist das R. seit der 2. Hälfte des 19. Jh. mit dem Kommunismus und Sozialismus verbunden; russ. *krasnij* („rot") hat den gleichen Wortstamm wie „gut , schön, herrlich" *(krassiwij).* Die appelative Wirkung von R. gab allerdings den Nazis Anlass, neben dem →Braun das R. ihrer Gegner zu verwenden. Siehe auch Abb. S. 150, 151.

Rübe, wie der →Rettich mit bösen Geistern verbunden. In E.T.A. Hoffmanns Kunstmärchen „Der goldne Topf" (1814) entpuppt sich die „alte Liese" am Ende in ihrer wahren Gestalt als „Runkelrübe".

Rubin, ein kristallisierendes, →rot (lat. *rubens)* gefärbtes Mineral und einer der →Edelsteine. Er symbolisiert den 40. Hochzeitstag.

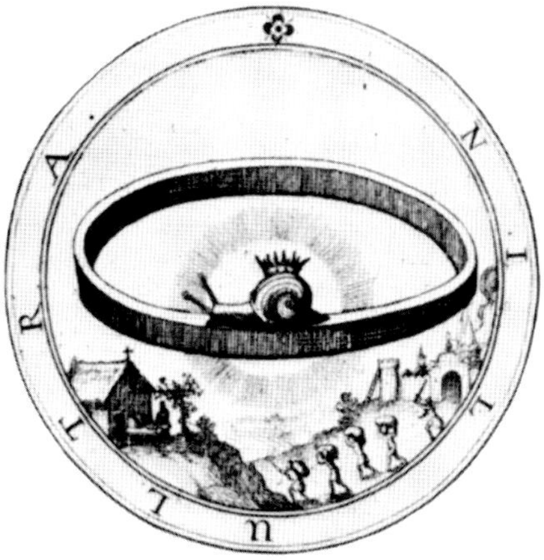

Rose. Emblem von Pieter Corneliszoon Hooft (1611) über die unbegreifliche Wahl der Liebe mit dem Motto „Warum bist du mehr als ich?" Die eine Rose wird von Amor gepflückt, die andere verschmäht: „Ich verkümmere; ein anderer wird die Treue meiner Geliebten empfangen. Zwei Rosen sind gleich schön: die eine pflückt man, die andere bleibt stehn."

Rose. Emblem mit dem Motto *Boni adulterium* („Verfälschung des Guten"). Es zeigt eine Rose mit →Biene und →Spinne: „Die gleiche Blüte füllt die Spinne mit todbringendem Saft und schenkt der Biene flüssigen Honig. Dasselbe Wort bringt Eintracht oder Streit hervor. Die Heilige Schrift wird den Bösen zum Dolch, den Guten zum Schild."

Ring. Emblem von Jacobus Bruck (1518) zur Genügsamkeit mit dem Motto *Nil ultra* („Nichts weiter"): Eine gekrönte →Schnecke kriecht auf einem Ring, was heißt: „Die Schneck auffm Reiffn samt guldener Cron / Zeigt an: Daß er habe zu lohn / Viel Guts, der sich begnügen läst / Mit dem, was jhm verleyht der Höchst. / Dann wer sich mit seinem contentirt: / Billich der Reichst geschätzet wirdt."

Ritter. Albrecht Dürers 1513 datierter Kupferstich „Ritter, Tod und Teufel" (24,6 x 19 cm) umgibt den geharnischten →Reiter, über dem in der Ferne eine →Burg als weiteres Symbol des Rittertums erscheint, mit Gestalten der Anfechtung: Rechts erscheint der Teufel als Missgeburt eines →Einhorns, links erhebt der gleichfalls berittene Begleiter ein →Stundenglas.

S

Sagittarius, lat. für das Tierkreiszeichen →Schütze.

Salamander, als Tier der christlichen Mythologie ein Elementarwesen, das im →Feuer lebt. Die Bezeichnung der S. als *Vulcanales* lokalisiert sie im Ätna. Der S. symbolisiert den Gerechten, der allen Anfechtungen widersteht – wie die drei Jünglinge im Feuerofen im 3. Kapitel des Buches Daniel (→Ofen). Diesen Vergleich zieht der „Physiologus", der auch die Eigenschaft des S.s beschreibt, Feuer zu löschen: „Selbst wenn er in den Heizofen des Bades kommt, verlöscht er ihn." Den Mythos bewahrt die Bezeichnung der in Anzüge aus Asbest gekleideten Sprengmeister, die in Brand geratene Erdgas- und Erdölquellen löschen, als S. Die Zoologie kennt den schwarzen, mit →gelben Flecken gezeichneten Feuersalamander aus der Familie der Schwanzlurche. Er diente Darstellungen des mytholog. S.s als Vorbild.

Salz (lat. *sal),* ein weit verbreitetes Symbol der Lebenskraft, Reinigung und Würze. Indem es beim Verdunsten von salzhaltigem →Wasser entsteht, symbolisiert S. das Aufgehen des Individuellen im Absoluten. In Japan streute man das reinigende S. auf Türschwellen, Brunnenränder und den Fußboden nach Totenzeremonien und nach dem Verlassen eines ungebetenen Gastes; somit diente S. hier und anderenorts auch als Apotropaion. Dagegen bedeutet der Empfang mit den Gaben →Brot und S. Gastfreundschaft. Symbol der Unfruchtbarkeit ist die Salzwüste (Psalm 107,26), und Lots Frau erstarrt, als sie sich bei der Flucht aus Sodom umdreht, zur Salzsäule (Genesis 19,26).

Quellentexte: „Ihr seid das S. der Erde. Wenn das S. seinen Geschmack verliert, womit kann man es wieder salzig machen? Es taugt zu nichts mehr; es wird weggeworfen und von den Leuten zertreten" (Jesus in der Bergpredigt, Matthäus 5,13).

„Eure Worte seien immer freundlich, doch mit S. gewürzt; denn ihr müsst jedem in der rechten Weise antworten können" (Paulus im Brief an die Kolosser [Gemeinde in Kolossä in Phygien] 4,6).

Sämann, Symbolfigur der Aussaat. Er senkt das Samenkorn in die →Erde, die Fruchtbarkeit symbolisiert. Indem das Samenkorn stirbt, um eine Pflanze wachsen zu lassen, ergibt sich das Symbol des zykl. Wechsels von Tod und Leben in der Natur und somit der geistigen Wiedergeburt. Dies kennzeichnet den Verkünder religiöser Botschaften als S. Siehe auch Abb. S. 63.

Quellentext: „Ein S. ging auf das Feld, um zu säen" (Beginn des Gleichnisses vom S., Matthäus 13,3–8).

Samariter, auf der Grundlage eines Gleichnisses Jesu (Lukas 10,25–37) die Symbolfigur selbstloser Hilfe für Verletzte. Die Kirchenväter deuteten den S. als Christussymbol.

Sand, ambivalentes Symbol einerseits der Unendlichkeit und Vielzahl, andererseits des unsicheren Baugrunds, des Flüchtigen und der Täuschung, indem „S. in die Augen gestreut" wird. Zur negativen Symbolik gehören sprichwörtliche Metaphern wie der S., in den etwas gesetzt wird (ursprünglich der beim Turnier aus dem Sattel gestoßene →Ritter) und der „S. im Getriebe". Letzteres erklärte Günter Eich zur Aufgabe des Schriftstellers: „Tut das Unnütze, singt die Lieder, die man aus eurem Mund nicht erwartet! / Seid unbequem, seid S., nicht das →Öl im Getriebe der Welt." (Hörspiel „Träume", Fassung von 1953)

Quellentexte: „Ich will dir Segen schenken in Fülle und deine Nachkommen zahlreich machen wie die →Sterne am Himmel und den S. am Meeresstrand. Deine Nachkommen sollen das →Tor ihrer Feinde einnehmen" (Gott zu Abraham, Genesis 22,17).

„Wer aber meine Worte hört und nicht danach handelt, ist ein unvernünftiger Mann, der sein Haus auf S. baute" (Jesus in der Bergpredigt, Matthäus 7,26).

Sanduhr siehe →Stundenglas

Sapientia, wie die →Prudentia Symbolfigur der Kardinaltugend Klugheit

Sarkophag (griech. *sarkophagos* „Fleischfresser" aus *sarx,* Genitiv *sarkos* „Fleisch" und *phagein* „essen, fressen"), der prunkvolle Sarg als Totenschrein und Symbol der Vergänglichkeit, benannt nach einem von den Griechen verwendeten Kalkstein aus Kleinasien, von dem angenommen wurde, er beschleunige die Verwesung des →Leichnams. Genau das Gegenteil bezweckte die ägypt. Beisetzung von einbalsamierten →Mumien in einem anthropomorphen Behälter mitunter aus Edelmetall; diesen umgab ein bemalter Holzschrein im S. aus Stein. In der mino. und myken. Kunst entstanden S.e als steinerne Kästen, aus Ton gebildete Wannen oder bemalte Truhen mit Deckel oder dachförmigem Aufbau. Die Etrusker bevorzugten S.e aus Terrakotta mit den Liegefiguren der Verstorbenen; Vorrang hatte jedoch die →Urne im Zusammenhang mit der Feuerbestattung, die auch bei den Römern die Regel bildete. Erst in der frühen Kaiserzeit widmete sich die röm. Kunst dem S. aus Marmor oder Porphyr. Reliefs schildern Szenen aus dem öffentlichen und privaten Leben des Verstorbenen, häufig überhöht durch die Einkleidung in mytholog. Szenen. An ihre Stelle trat ab dem 4./5. Jh. die frühchristliche Ikonographie.

Salamander. Illustration in der 1618 erschienen alchemistischen Abhandlung *Atalante fugiens.*

Salz. *Saliera* („Salzfass“) mit den Symbolfiguren Erde (mit →Tempel als Behälter von Pfeffer) und Meer (mit →Dreizack, für das Salz). Sie sitzen sich so gegenüber, „wie man die Arme des Meeres in die Erde hineinlaufen sieht“, erläutert Benvenuto Cellini, der sein Werk der Goldschmiedekunst (Höhe 26 cm, Breite 33,5 cm) 1540–43 in Paris als Tafelgerät für König Franz I. schuf. (Wien, Kunsthistorisches Museum)

Sarkophag. Um 355 entstandener frühchristlicher Prunksarg aus Marmor. Die Reliefs schildern alt- und neutestamentliche Szenen. Ein Rundschild *(clipeus)* zeigt das hier beigesetzte Ehepaar. (Vatikan, Musei Vaticani, Museo Pio Cristiano)

Sämann. Holzschnitt (1490) als Kalenderbild März mit der Bitte an den hl. Gallus: „In gottes namen amen /Säe ich meinen samen / Ich bitt dich herr sant Galle / Das er mir nützlich falle.“

Säule, Symbol des aufrechten Stehens, sei es als senkrechter Träger einer waagerechten Last, sei es als freistehendes Monument. Das Vorbild ist der →Baum, dessen Stamm der Schaft der S. gleicht. In der Regel besitzt sie als →Fuß eine Basis und als →Kopf (lat. *caput)* ein Kapitell. Die Symbolik der Festigkeit, Stärke und Zuverlässigkeit reicht bis zur →Weltachse und zur Stütze des Himmelsgewölbes. Letztere symbolisierte wohl die *Irminsul* der Sachsen, die Karl d.Gr. 772 zerstören ließ. Die eine der beiden S.n, die Salomo im Vorhof des →Tempels errichten ließ, hieß *Jachin* (hebr. „Er lässt fest stehen"), die andere *Boas* („In ihm ist Kraft"). Zur Tradition der Grenzsymbolik gehören die Felsen von Gibraltar als S.n des Herkules, auf die sich die Devise *Plus ultra* (lat. „Noch weiter" bzw. „Darüber hinaus") Karls V. bezieht. Die S. als Monument reicht von den Kultsäulen über die röm. Triumphsäulen bis zu den Pestsäulen, die als Votiv an das Ende der Epidemie erinnern. Die Geißelsäule („darauf ließ Pilatus Jesus geißeln", Johannes 19,1) gehört zu den →Arma Christi.

Quellentexte: Gott „erschüttert die Erde an ihrem Ort, sodass ihre S.n erzittern" (Ijob 9,6). „Die Weisheit hat ihr →Haus gebaut, ihre sieben S.n behauen" (Buch der Sprichwörter [Salomos] 9,1).

Schachspiel, ein wohl in Indien entstandenes Brett mit einem →Quadrat als Spielfeld, das sich in 8 x 8 Quadrate gliedert, auf denen sich 2 x 16 Figuren unterschiedlichen Ranges nach jeweils eigenen Gesetzen bewegen. Benannt ist das Sch. nach arab. *Schah mata* („Der König ist tot") als Ziel des von zwei gegner. Gruppen bzw. Spielern ausgetragenen Kampfes. Das Sch. symbolisiert in den Kulturen die jeweils eigenen Ordnungen, die im Spiel und seinen Regeln herrschen. Sprichwörtlich ist das „Bauernopfer".

Quellentext: „Es ist im Leben wie im Sch.: Wir entwerfen einen Plan, dieser bleibt jedoch bedingt durch das, was im Sch. dem Gegner, im Leben dem Schicksal zu tun beliebt." (Arthur Schopenhauer in seinen „Aphorismen zur Lebenskunst")

Schaf, eines der frühesten Haustiere und in seiner Symbolik vom Jungtier →Lamm und vom männlichen →Widder (Bock) unterschieden, wie die →Ziege vom →Ziegenbock und die →Kuh vom →Stier. Als Herdentier in der Obhut des Schäfers symbolisiert das Sch. Hilflosigkeit und Einfalt, die sich der →Wolf zu Nutze macht, zumal er die Fähigkeit besitzt, sich in einen Schafpelz zu kleiden. Die Ikonographie der Monatsbilder im Kalendarium der Stundenbücher enthält im Juni die Schafschur; das von seiner Wolle entblößte Sch. repräsentiert den Einbruch der Schafkälte Mitte Juni.

Quellentexte: „Die Gemeinde des Herrn soll nicht sein wie Sch.e, die keinen →Hirten haben" (Numeri [4. Buch Mose] 27,17). „Wir hatten uns alle verirrt wie Sch.e, jeder ging für sich seinen Weg" (Jesaja 53,6). „Er wird die Sch.e zu seiner Rechten versammeln, die Böcke aber zur Linken" (Vom Weltgericht, Matthäus 25,33).

Schakal, ein dem →Hund ähnliches, überwiegend nachtaktives Raubtier, das sich auch von Aas ernährt und dem die Schändung von →Leichnamen angelastet wurde. Dies schloss nicht aus, das arab. Tierfabeln den Sch. mit Klugheit ausstatteten (siehe Abb. zu →Rabe). Es überwiegt aber die Verbindung mit dem Totenreich. So besitzt der ägypt. Totengott Anubis den →Kopf eines Sch.s. Siehe auch Abb. S. 85.

Quellentext: „→Jerusalem mache ich zum Trümmerhaufen, zur Behausung für Sch.e" (Klage über Juda, Jeremia 9,10).

Schatten, ein ambivalentes Symbol einerseits der Abwesenheit von →Licht, andererseits des göttlichen Schutzes. Die Symbolik des Sch.s als Seele im Schattenreich reicht bis zu Adalbert von Chamissos Erzählung über Peter Schlemihl, der seinen Sch. verkauft, um reich zu werden und gesellschaftliches Ansehen zu erreichen. Seelenlos sind die schattenlosen Dämonen und Teufel. Aber auch die ird. Welt gleicht in ihrer Scheinhaftigkeit den Sch., etwa im Buddhismus, und in Platos Höhlengleichnis nehmen die gefesselten Menschen nur die Sch. der Wirklichkeit wahr. Dagegen gewährt der Sch. bei Hitze Kühlung und Schutz. Sprichwörtlich sind der Versuch, „über den eigenen Sch. zu springen" (was naturgemäß misslingt, denn der Sch. ist der „Doppelgänger") und der Entzug der günstigen Beleuchtung, indem man etwas oder jemanden „in den Sch. stellt". Bedeutende Ereignisse „werfen ihren Sch. voraus".

Quellentexte: „Wir sind von gestern nur und wissen nichts, wie Sch. sind auf Erden unsre Tage" (Rede des Bildad von Schuach, Ijob 8,9). „Wer im Schutz des Höchsten wohnt und ruht im Sch. des Allmächtigen, der sagt zum Herrn: ‚Du bist für mich Zuflucht und →Burg, mein Gott, dem ich vertraue'" (Psalm 91,1).

Schatz, Symbol des Vergänglichen in Gestalt materieller Kostbarkeiten im Gegensatz zu den unvergänglichen geistigen Reichtümern. Erstere werden in den Sagen von →Drachen und →Zwergen gehütet und bringen Unheil wie der Sch. der Nibelungen. Siehe auch →Rost.

Quellentext: „So geht es jedem, der nur für sich selbst Schätze sammelt, aber vor Gott nicht reich ist" (Ende des Gleichnisses vom reichen Mann, Lukas 12,21).

Säule. Emblem auf die Unterstützung Karls V. (links) durch Minerva und Mars. Die beiden „Säulen des Herkules" (= Gibraltar) illustrieren in der Regel Karls Devise *Plus ultra* („Darüber hinaus"). Sie symbolisieren hier als die Stützen der kaiserlichen Weltherrschaft des spanischen Habsburgers Klugheit und Tapferkeit.

Säule. Der syrische Mönch Simeon mit dem Beinamen *Stylites* („Säulensteher") übte im 5. Jh. auf der Plattform einer Säule Askese. An ihrem Schaft zeigt die griechische Ikone aus dem Jahr 1664 die Mutter Simeons, den zwei Engel verehren. (Privatbesitz)

Schakal. Als Schutzherr der Gräber und Bestattungsbräuche (→Mumie) galt der schakalköpfige Gott Anubis. Statue, um 1000 v. Chr. (Hildesheim, Museum)

Schaf. Das Mosaik im Mittelschiff von Sant' Apollinare Nuovo in Ravenna aus dem 6. Jahrhundert symbolisiert das Jüngste Gericht nach den Worten der Matthäus-Apokalypse: Der Menschensohn „wird die Schafe an seiner Rechten versammeln, die Böcke aber zur Linken" (Matthäus 25,33).

Schatten. Titelbild zu Adelbert von Chamissos Erzählung „Peter Schlemihls wundersame Geschichte" über den verkauften Schatten, 1814.

Schiff, ein bereits frühes Symbol der Lebensfahrt, die über das →Meer führt. Sie mündet, sofern sie nicht Schiffbruch erleidet, im sicheren Hafen, den der →Leuchtturm weithin sichtbar macht. Mit dem Sch. verbunden sind die Symbole →Anker und →Segel. Ein Inbegriff des rettenden Sch.s ist im bibl. Sintflutmythos die →Arche. Sie entwickelte sich im Christentum zum Symbol der Kirche als →Ekklesia, die sicher durch die Anfechtungen der Welt steuert. Diese Symbolik unterstreicht die Gliederung des Kirchengebäudes in Sch.e. Siehe auch Abb. S. 182.

Quellentexte: „"Das Sch. geht still im Triebe, es trägt ein teure Last, das Segel ist die Liebe, der Heilig Geist der Mast." (2. Strophe des Adventslieds „Es kommt ein Sch. geladen"; 1608 nach Johannes Tauler)

„In den Ozean schifft mit tausend Masten der Jüngling; / Still auf gerettetem Boot treibt in den Hafen der Greis" (Friedrich Schiller, „Erwartung und Erfüllung").

Schild, als ein der Abwehr dienender Teil der Bewaffnung Symbol des (Selbst-) Schutzes. Bei den Germanen ist laut Tacitus der Verlust des Sch.es „eine Schmach ohnegleichen, und der so Entehrte darf weder an Opfern teilnehmen noch eine Versammlung besuchen". Tacitus überliefert auch den german. Brauch, die Anführer „auf den Sch. zu heben" und bestätigen zu lassen. Im Mittelalter kennzeichnete ein mit Wappen bemalter Sch. den →Ritter und ließ ursprünglich wertfrei erkennen, „was er im Sch.e führte". Bibelsprachlich hat die Schutzfunktion Vorrang.

Quellentexte: „Jede Rede Gottes ist im →Feuer geläutert, ein Sch. ist er für alle, die bei ihm sich bergen" (Buch der Sprichwörter [Salomos] 30,5).

„Vor allem greift zum Sch. des Glaubens! Mit ihm könnt ihr alle feurigen Geschosse des Bösen auslöschen" (Paulus im Brief an die Epheser 6,16).

Schildkröte, die zweite Inkarnation (Sanskrit *Avatar)* des Vishnu, trägt in der hinduist. Mythologie auch die →Weltachse. Der Rückenpanzer symbolisierte auch das Himmelsgewölbe und der flache Brustpanzer die Erdscheibe. Durch ihre Langlebigkeit stand sie für Unsterblichkeit, aufgrund ihrer vielen Eier für Fruchtbarkeit. Ihr Rückzug in das Gehäuse des Panzers symbolisierte Sittsamkeit, die ihr andererseits als mit der →Erde und ihren dämon. Kräften verbundenes Wesen abgesprochen wurde. Unter diesem Aspekt symbolisierte die Sch. sogar Sinneslust und diente sowohl der Venus als auch dem Bacchus als Attribut. Rehabilitiert wurde die Sch., indem sich ihr Panzer als Resonanzkörper für Saiteninstrumente eignete: Das Sündige erfuhr eine Verwandlung in Geistiges.

Schilfrohr, Binse, Symbol des Wankelmuts, aber auch der Beweglichkeit. In den Berichten über die Verspottung Jesu als „König der Juden" verwenden die röm. Soldaten bei Matthäus (27,29) als →Zepter einen „Stock" (in der Lutherbibel „Rohr"), mitunter als Sch. dargestellt.

Schirm, über Machthabern ausgespanntes Zeichen ihrer Würde, vergleichbar dem →Baldachin. Im Buddhismus werden →Pagode und →Stupa von mehrstöckigen Ehrenschirmen bekrönt. Sie stehen in der Tradition der Symbolik der himml. Hierarchien.

Schlange, in nahezu allen Kulturen vertretenes Symboltier mit einem Höchstmaß der – für die Symbolik insgesamt charakteristischen – Ambivalenz. Die Sch. ist an die →Erde gebunden und gehört dem Totenreich an, symbolisiert aber durch ihre Häutungen die Erneuerung. Im Schoß der Sch. Ananda ruht Vishnu auf dem →Wasser. Sie ist Teil von Ungeheuern wie der →Chimäre und der →Hydra und umwindet den →Kerykeion des Hermes wie auch den →Stab des Äskulap. Vielfach besitzen göttliche oder dämon. Mischwesen Schlangenleiber wie die hinduist. Nagas. Eine ägypt. königliche Insignie ist die →Uräusschlange. Aus Ägypten stammen auch die ersten Zeugnisse der ringförmigen Sch. →Uroboros, und in der german. Mythologie umringt die Midgardschlange die Erdscheibe. Häufig symbolisieren Sch.n Gegensätze wie die männliche und die weibliche Sexualität mit ihren bedrohlichen Aspekten (hier spielt auch der Sündenfall eine Rolle, Darstellungen der Sch. als weibliches Wesen) oder Tag und Nacht. Bei den Mayas wurde zwischen der mit grünen Quetzalfedern bedeckten Nachthimmel- und der Taghimmelschlange unterschieden, und wie der →Regenbogen konnte hier auch die Sch. Himmel und Erde verbinden bzw-. als Brücke dienen. In der bibl. Überlieferung überwiegt die negative Symbolik, sodass sich die Feinde der Sch. als Christussymbole eigneten. Siehe auch Abb. S. 87, 113, 119, 127.

Quellentexte: „Da sprach Gott, der Herr, zur Sch.: Weil du das getan hast, bist du verflucht unter allem Vieh und allen Tieren des Feldes. Auf dem Bauch sollst du kriechen und Staub fressen alle Tage deines Lebens" (Genesis 3,14).

„Seht, ich sende euch wie →Schafe mitten unter die →Wölfe; seid daher klug wie die Sch.n und arglos wie die →Tauben" (Matthäus 10,16).

„Aber mit nicht geringer Bewunderung sah die Gesellschaft, als sie zu dem →Flusse gelangte, einen herrlichen →Bogen über denselben hinübersteigen, wodurch die wohltätige Sch. ihnen einen glänzenden →Weg bereitete" („Das Märchen von der „grünen Sch. und der weißen →Lilie" von Goethe, 1795).

OIKOUMENE

Schiff. Albrecht Dürers Titelbild der Erstausgabe von Sebastian Brants Moralsatire „Das Narrenschiff", Basel 1494.

Schiff. Das Signet der ökumenischen Bewegung verwendet ein Schiff mit dem →Kreuz als Mast in der Tradition der →Arche als Symbol der christlichen Kirche.

Schildkröte. Brunnen in den Bobboli-Gärten von Florenz mit Bacchus, der auf einer Schildkröte reitet.

Schlange. Vermutlich regte Goethe den „Schlangenstein" an, der 1787 (während der Italienreise) im Park an der Ilm in Weimar aufgestellt wurde. Die Inschrift *Genio huius loci* („Dem Geist dieses Ortes") steht in Zusammenhang mit der vielfältigen, aber nie negativen Symbolik der Schlange bei Goethe.

Schlange. Englische Karikatur auf das Eisenbahnfieber der 1840er Jahre: *The great land serpent* („Die große Landschlange") verschlingt den durch Geldsäcke symbolisierten Landbesitz und verwandelt ihn in Dividenden (Inschrift der Rauchfahne).

Schleier, der →Maske verwandtes Symbol der →Verhüllung, zu der die gegensätzliche, in der Symbolik komplementäre Enthüllung gehört. Der ägypt. Ritus einer Entschleierung der Isis als Symbol einer Erscheinung des göttlichen →Lichts haben um 1800 Schiller in seiner Ballade „Das verschleierte Bild zu Sais" über schuldhaft bedingungslose Wahrheitssuche und Novalis im Fragment „Die Lehrlinge zu Sais" aufgegriffen. Hier durchstreift Hyazinth die Welt auf der Suche nach dem Götterbild der Isis, das sich ihm in Gestalt seiner Geliebten Rosenblüte enthüllt. Die Assoziation des Brautschleiers liegt nahe. Daneben bestanden die ursprünglich höf. Sch.; Nonnen nahmen beim Eintritt ins Kloster als „Bräute Christi" den Sch. (ursprünglich lat. *velum).* Bis heute gehört zur weiblichen Bekundung von Trauer der →schwarze Sch. Die oriental. Tradition des Gesichtsschleiers der Frau hat im Islam unterschiedliche Rechtsnormen der Bekleidung von der Burka bis zum Kopftuch zur Folge. Ihre einzige explizite Grundlage im Koran ist Vers 31 der Sure 24: „Und sprich zu den gläubigen Frauen, sie sollen ihre Blicke senken und ihre Scham bewahren, ihren Schmuck [d.h. die Körperteile, an denen sie Schmuck tragen] nicht offen zeigen mit Ausnahme dessen, was sonst sichtbar ist. Sie sollen ihren Sch. auf den Kleiderausschnitt schlagen [...]". In der Ikonographie des Islam gilt die Regel, den Propheten Muhammad stets mit einem Gesichtsschleier darzustellen, Im sprichwörtlichen Gebrauch symbolisiert der Sch. eine unwillkürliche oder absichtliche Verheimlichung im Sinne des Vertuschens. Siehe auch Abb. S. 152.

Quellentexte: „Vergisst wohl eine →Jungfrau ihren Schmuck oder eine Braut ihren Sch.? Mein Volk aber vergisst mich seit endlos langer Zeit" (Jeremia 2,32 in der Lutherbibel 1985).

„Er spricht's und hat den Sch. aufgedeckt. / Nun, fragt ihr, und was zeigte sich ihm hier? / Ich weiß es nicht. Besinnungslos und bleich, / So fanden ihn am andern Tag die Priester / Am Fußgestell der Isis ausgestreckt." (Beginn der 7. und letzten Strophe von Friedrich Schillers Ballade „Das verschleierte Bild zu Sais")

Schlüssel, Symbol des Öffnens und Verschließens und somit der Vollmacht. Sie bezieht sich auf den Zugang zum →Haus und dessen Vorratskammer sowie im übertragenen Sinne auf geheimes Wissen und Rätsel, die „entschlüsselt" werden. Zu den symbol. Rechtsakten gehörte beim Einzug eines Landesherrn oder bei der Kapitulation die Übergabe der Stadtschlüssel. Doch auch das →Herz kann sich der Liebe öffnen oder verschließen, was in der Macht des Amor liegt. Zu seine Attributen gehört außer →Pfeil und Bogen ein Sch. Letzterer kennzeichnet auch den „Himmelspförtner" Petrus und das Wappen seiner Nachfolger, der Päpste, in Gestalt des Doppelschlüssels, um zu „binden" und zu „lösen".

Quellentexte: „Dû bist mîn, ich bin dîn: / des solt dû gewis sîn. / Dû bist beslozzen / in mînem Herzen: / verlorn ist das slüzzelîn: dû muost immer drinne sîn" (Anonymes Liebesgedicht aus dem Mittelalter).

„Ich werde dir [Petrus] die Sch. des Himmelreichs geben; was du auf Erden binden wirst, das wird auch im Himmel gebunden sein, und was du auf Erden lösen wirst, das wird auch im Himmel gelöst sein" (Matthäus 16,19).

Schlüsselblume, eine Frühlingsblume mit meist →gelben Blütendolden an kräftigem Stengel. Diese Verbindung gibt der Sch., auch Himmelsschlüssel genannt, Ähnlichkeit mit einem →Schlüssel. Bei den Germanen der Muttergöttin Frigg(a) geweiht, symbolisierte die Sch. im Mittelalter Maria, deren Sohn den Himmel öffnet.

Schmetterling, bereits in der Antike ein Symbol der Seele, die griech. wie der Sch. *psyche* heißt. Zugrunde liegt die Entwicklung von der Raupe über deren „leibhafte", aber auch „leblose" Verpuppung zum empor flatternden, farbigen Flügelinsekt. Außerordentlich wirkungsvoll war der Mythos von Amor und seiner Geliebten Psyche, die mitunter die →Flügel eines Sch.s trägt. Die vollständig nur durch Apuleius im 2. Jh. n. Chr. überlieferte Sage wurde im Mittelalter christlich adaptiert und handelte nun von der Liebe Gottes zur Seele des Menschen, deren Unsterblichkeit der Sch. auf Grabsteinen symbolisiert. Daneben verkörpert der Sch. aufgrund seiner kurzen Lebensdauer die Vergänglichkeit von Schönheit und Liebesglück; er symbolisiert sogar Eitelkeit.

Schnecke, aufgrund des häufigen Rückzugs in ihr (mit der →Spirale verwandtes) Schneckenhaus, aus dem →Kopf und Fühler wieder auftauchen, ein Symbol ständiger Erneuerung, die auch den →Mond kennzeichnet; somit ist die Sch. ein lunares Symbol. Mit ihrem Gehäuse, das ähnlich wie die Schalen der →Muschel an das weibliche Geschlechtsorgan (als „Loch") erinnert, symbolisiert die Sch. Fruchtbarkeit, Schwangerschaft und Geburt. Sprichwörtlich liegt jener Rückzug ins Schneckenhaus zugrunde, wenn jemand durch herbe Kritik „zur Sch. gemacht" wird. Auf das langsame Kriechen bezieht sich das „Schneckentempo" bei der Erledigung von Aufgaben und im Verkehr. Von den Mühen des parteipolit. Engagements (ab 1961 für die SPD und Willy Brandt) handelt das „Tagebuch einer Sch." (1972) von Günter Grass.

Schleier. Der geflügelte Amor/Eros erscheint einer verschleierten Braut (Psyche ?), um ihr Liebesverlangen zu entzünden. Fragment eines griechischen Terrakottareliefs aus Tarent, 5. Jh. v. Chr. (Oxford, Ashmolean Museum)

Schlüssel. Das päpstliche Wappen in Verbindung mit dem Familienwappen Leos X. (Giovanni de' Medici) und der →Tiara auf der Titelseite einer Bulle, die Martin Luther und seinen Anhängern die Exkommunikation androhte. Luther verbrannte die Bulle öffentlich im Dezember 1520 in Wittenberg.

Schmetterling. Grabstein für Sophie Brentano (1776–1800) mit dem Schmetterling als Symbol der Seele und der Auferstehung. Die Schwester Clemens Brentanos wurde im Park des Anwesens von Christoph Martin Wieland in Oßmanstedt (Thüringen) beigesetzt.

Schnecke. Emblem von Gilles Corrozel (1543) mit dem Motto *Secret est à louer* („Verschwiegenheit ist zu loben“) und dem Bild einer Schnecke vor ihrer Höhle: „Wie die Schnecke sich in ihrem Haus in großer Abgeschiedenheit hält, ebenso eingeschlossen und verborgen lebt auch der Mensch, wenn er verschwiegen ist.“

Schnee, aufgrund der Farbe →Weiß und seiner Kühle ein Symbol der Jungfräulichkeit und ein Mariensymbol. Dies gilt etwa für die Gründungslegende von Santa Maria Maggiore, der ältesten Marienkirche in →Rom („Mariä Schneewunder" mitten im Sommer). Zahlreiche Kirchen und Kapellen v. a. im Gebiet der Alpen verehren die „Maria im Sch." (frz. *Notre Dame aux neiges,* ital. *Madonna della neve).*

Schneeglöckchen, als eine der ersten →Blumen mitten im Winter ein Symbol der Frühlingshoffnung. Hierauf und auf der Farbe →Weiß gründet sich die Deutung als Mariensymbol, hat doch Maria als Gottesmutter die Hoffnung in die Welt gebracht.

Schütze, als Sternbild ein an den Himmel versetzter →Kentaur mit →Pfeil und Bogen. Das im Mittelalter ebenfalls als bewaffneter Kentaur dargestellte Tierkreiszeichen Sch. (lat. *sagittarius)* entspricht dem 3. Herbstmonat.

Schwalbe, als Zugvogel bereits in der Antike ein Symbol des Frühlings und des →Lichts. Allerdings machten schon Aristophanes und Aristoteles die sprichwörtliche Einschränkung: „Eine Sch. macht noch keinen Sommer." Im Spätmittelalter gründete sich die Deutung als Symbol Christi und der Auferstehung auf die Überzeugung, die Sch. gebe ihren Jungen durch Tropfen des Schöll- bzw. Schwalbenkrauts das Augenlicht. So werden beim Jüngsten Gericht den Auferstandenen die →Augen geöffnet. Reinheit symbolisiert die Sch., da sie nicht auf der →Erde brütet.

Schwan, aufgrund des →weißen Gefieders und seiner Gestalt ein Symbol des →Lichts, der Anmut und Reinheit. Die griech. Mythologie verbindet ihn mit Apollon, mitunter auch mit Aphrodite; Zeus nimmt die Gestalt eines Sch.s an, um Leda zu begatten. Ein Sch. zieht den →Kahn, mit dem der Sohn Parzivals und Gralsritter Lohengrin nach Brabant kommt, um der Herzogin Elsa beizustehen (Dichtung in der Nachfolge Wolframs von Eschenbach, um 1285; Oper von Richard Wagner, 1850), persifliert als: „Nicht jeder ist Lohengrin, dem etwas schwant." Im Ausdruck „schwanen" (ahnen) klingt die antike Vorstellung nach, der Singschwan (lat. *Cycnus musicus)* besitze die von Apollon verliehene Gabe der Weissagung, und der bis heute sprichwörtliche „Schwanengesang" (Abschied, Ende) beklage den bevorstehenden Tod. Hierauf gründet sich der Vergleich mit den letzten Worten Jesu am →Kreuz, z. B. bei Konrad von Würzburg in der „Goldenen Schmiede" (um 1276). Siehe auch Abb. S. 182.

Quellentext: „Wan singt der Sch., so stirbt er dran" (Johann Fischart im satir. Tierepos „Flöh Hatz, Weiber Trutz", 1573).

Schwarz, überwiegend das Farbsymbol des Schmerzes, des Todes und der Trauer, aber auch der Würde. In diesem Sinne war die Tracht an den Höfen in Spanien und Burgund sch., ebenso bis heute der Talar protestant. Geistlicher als Symbol der Abkehr von ird. Eitelkeit. In der Götterwelt des Hinduismus ist die furchterregende Göttin Kali sch., und diese Nicht-Farbe kennzeichnet auch den oder die Teufel. Ihm ist die „Sch.e Magie" als Verhöhnung Gottes geweiht. Ein Beispiel für die euphemist. Umkehrung ist die Deutung des sch.en Schornsteinfegers in ein Glückssymbol. In der polit. Symbolik steht Sch., die Farbe der Piraten, für Anarchie sowie als schwarze Fahne bei Demonstrationen für Protest und Trauer. Dessen ungeachtet kennzeichnet im Farbenspektrum der dt. Parteien Sch. die (kathol.) Konservativen (CDU/CSU). Siehe auch Abb. S. 154, 155.

Schwefel, ein je nach Temperatur kristallines, flüssiges oder als Dampf auftretendes und brennbares chem. Element. Der bereits im Altertum bekannte Sch. repräsentiert in der Alchemie als lat. *Sulphur* das Brennende und die Energie in der Natur. Dagegen symbolisieren das Schwefelgelb in Verbindung mit dem beißenden Geruch auch Unheil und ist dem Teufel zugeordnet.

Quellentext: „Als die →Sonne über dem Land aufgegangen und Lot in Zoar angekommen war, ließ der Herr auf Sodom und Gomorra Sch. und →Feuer regnen, vom Herrn, vom Himmel herab" (Genesis 19,23–24).

Schwein, als Hausschwein ein überwiegend negatives Symboltier der Gefräßigkeit und Fruchtbarkeit, das bei Juden und Muslimen als unrein gilt und somit vom Verzehr ausgeschlossen ist. Der Antijudaismus des Mittelalters verband gerade deshalb die →Synagoge mit dem Sch. als Attribut. Es kennzeichnet allerdings auch den hl. Antonius d. Gr. als Patron der Schweinezucht. Zwar wird es mitunter von Darstellungen des hl. Eremiten hergeleitet, der vom Teufel in Gestalt eines Sch.s in Versuchung geführt wird, doch liegt wohl die Heilkraft des Schweinespecks bei der Seuche des „Antoniusfeuers" zugrunde. Ein Schweinskopf, den ihm eine arme Witwe in den Kerker gebracht hat, ist Attribut des hl. Blasius. Ihm verdankte sie, dass ein →Wolf ihr Sch. zurückgebracht hat. Das Sch. als Glückssymbol beruht auf dem Unwissen, dass ursprünglich bei Wettkämpfen ein Sch. der als Spott gedachte Trostpreis für Verlierer war: Sie „hatten Sch." Ein Missgriff heißt, das „falsche Sch. zu schlachten".

Quellentext: „Da verließen die Dämonen den Menschen und fuhren in die Sch.e, und die Herde stürzte sich den Abhang hinab in den See und ertrank" (Lukas 8,33).

Schnee. Rechter Flügel des ehemaligen Maria-Schnee-Altars von Matthias Grünewald, 1519. (Das Mittelbild war die „Stuppacher Madonna", Abb. S. 114.) Eine Legende handelt von einer Schneefläche in Rom mitten im Sommer. Papst Liberias verstand dies als göttliches Zeichen, hier die Kirche Santa Maria Maggiore zu errichten. (Freiburg i. Br., Augustinermuseum)

Schütze. Figurenkapitell mit →Kentaur und →Hirsch um 1120. Es befindet sich in der Turmhalle des Mainzer Doms mit dem Kentaur als Tierkreiszeichen Schütze und als Symbol der Doppelnatur Jesu Christi als Mensch und Gott.

Schwalbe. Detail „Lilie und Schwalbe" einer spätminoischen Wandmalerei auf der Insel Santorin, Griechenland, um 1550 v. Chr. Das Gesamtwerk zeigt eine Frühlingslandschaft. (Athen, Nationalmuseum)

Schwan. Als Zeus Leda, die Frau des Königs Tyndareos, begehrte, nahm er die Gestalt eines Schwans an. Demzufolge legte Leda ein →Ei, oder zwei Eier, aus denen je nach Version des Mythos die Dioskuren („Söhne des Zeus") Kastor und Pollux sowie Helena (→Zankapfel) und Klytaimestra schlüpften. (Venedig, Archäologisches Museum, Dogenpalast)

Schwein. Emblem von Joachim Camerarius (1595) mit einem Schwein inmitten von →Rosen und dem Motto *Non bene conveniunt* („Das passt nicht gut zusammen") „Was bedeutet das: Säue und Rosen? Nie kann ein Geist, der ganz trunken ist von ausschweifender Lust, dem Studium der Tugend gewidmet sein."

Schwert, ab der Bronzezeit hergestellte Waffe. Vorrang hat die vom Sch. symbolisierte Macht einschließlich der am selten erreichten Ideal der Eintracht von *imperium* und *sacerdotium* orientierten Zwei-Sch.er-Lehre des Mittelalters. Die Macht stützt sich auf die Gewalt, die vom Sch. der Gottheiten symbolisiert wird und auch Naturgewalten zueigen ist: Sowohl der →Blitz als auch der →Sturm gleicht dem Sch. und seiner blitzenden Klinge. Die vom →Ritter beim Ritterschlag mit dem Sch. übernommene Verpflichtung des Schützens symbolisiert das Sch. auch, indem es im →Bett zwischen Mann und Frau liegt, um ihrer Keuschheit Schutz zu gewähren, wobei die phall. Symbolik des Sch.s ausgeklammert ist. Ein zweiter Hauptaspekt ist die vom Sch. geleistete Durchtrennung und somit Unterscheidung, etwa zwischen Gut und Böse, Recht und Unrecht. Somit symbolisiert das Sch. Gerechtigkeit (Attribut der →Iustitia) und die Gerichtsbarkeit. Die Ikonographie des Jüngsten Gerichts enthält das Sch. zur Linken des Weltenrichters gegenüber der →Lilie. Das Sch. ist Attribut des im Kampf gegen den →Drachen siegreichen Erzengels Michael, der Freiheitsheldin Judit und einer Reihe von Heiligen, deren Enthauptung das Sch. symbolisiert, allen voran Paulus sowie Katharina von Alexandria. Ein oder sieben Sch.er in der Brust der *Mater dolorosa* symbolisieren die von Simeon prophezeiten Schmerzen Mariä (Lukas 2,35b). Ein Sch. in der Scheide ist Attribut der →Temperantia. Siehe auch Abb. S. 242, 244.

Quellentexte: „Dann schmieden sie Pflugscharen aus ihren Sch.ern und Winzermesser aus ihren Lanzen. Man zieht nicht mehr das Sch., Volk gegen Volk, und übt nicht mehr für den Krieg" (Jesaja 2,4b).

„In seiner Rechten hielt er sieben →Sterne und aus seinem →Mund kam ein scharfes, zweischneidiges Sch. und sein Gesicht leuchtete wie die machtvoll strahlende →Sonne" (Offenbarung 1,16).

„[Königtum und Priestertum] sind zwei Sch.er [...]. Sie sind zwei große →Lichter an der Feste des Himmels, die abwechselnd den Tag und die Nacht erleuchten, nämlich die päpstliche Autorität und die königliche Macht." (Innozenz III. im Register des Jahres 1207)

Scorpius, lat. für das Tierkreiszeichen →Skorpion.

Sechs siehe →Zahlensymbolik

Segel, mit dem →Schiff der Lebensfahrt verbundenes Symbol der empfindsamen Seele und der Gesinnung. Sprichwörtlich sind die „vollen S." ein Merkmal desjenigen, der alles tut, um sein Ziel zu erreichen. Sein Widersacher versucht, ihm „den →Wind aus den S.n zu nehmen". Wer „die S. wendet", hat seine Ansicht geändert. Das Einholen (Streichen) der S. ist heute ein im übertragenen Sinne verwendetes Zeichen der Kapitulation. Siehe Abb. S. 61.

Quellentext: „Wie eins in den Winden / sich wölbt und bewegt, / Wird auch das Empfinden / Des andern erregt." (2. Strophe des Gedichts „Zwei S." von Conrad Ferdinand Meyer, ursprünglich 1875 für die Braut Luise Ziegler)

Sense, Symbol der Ernte, die der Landmann eigenhändig vornimmt, und somit auch der Ernte, die der „Sensenmann" Tod unter den Lebenden hält. Auch Attribut des Chronos, der röm. Personifikation der alles zerstörenden Zeit. Siehe auch Abb. S. 254.

Seraf (Plural Serafim), in der christlichen Lehre von den →Engeln wie die →Kerubim und →Throne ein Mitglied der 1. Hierarchie. Ein S. reinigt mit einer glühenden Kohle die →Lippen des Jesaja. Siehe Abb. S. 20.

Quellentext: „S.im standen über [dem Thron des Herrn]. Jeder hatte sechs →Flügel: Mit zwei Flügeln bedeckten sie ihr Gesicht, mit zwei bedeckten sie ihre →Füße und mit zwei flogen sie" (Jesaja 6,2).

Sichel, das wohl älteste Gerät zur Ernte von Getreide und als Symbol des →Halbmonds kult. verehrt. In der griech. Mythologie entmannt Kronos den Urgott Uranos mit der S. Als röm. Personifikation der Zeit erhält Chronos wie die →Sense auch die S. als Attribut; beides sind Todessymbole. In der Bibel steht die S. im Zusammenhang mit der Ernte als Gericht. Die Legende der hl. Dienstmagd Notburga von Rottenberg (gest. 1311, Kult 1862 päpstlich bestätigt) handelt u. a. von ihrer Angewohnheit, sich auf Festtage vorzubereiten, statt pflichtgemäß zu mähen; die S. (ihr Attribut) hängte sie derweil an einen Sonnenstrahl.

Quellentext: „Schwingt die S., denn die Ernte ist reif. Kommt, tretet die →Kelter, denn sie ist voll, die Tröge fließen über. Denn ihre Bosheit ist groß" (Das Gericht über die Völker, Joël 4,13).

Sieben siehe →Zahlensymbolik

Siegel, seit dem Altertum eine Form der Beglaubigung durch den Abdruck eines Bildes mit Inschrift auf erhärtendem Material, z. B. Wachs; ursprünglich in Mesopotamien als Rollsiegel. Der Stempel, der als Siegelring am →Finger getragen werden konnte, erhielt die Bezeichnung Petschaft. Das S. diente auch dem Verschließen einer Urkunde (heute eines „Tatorts", zu dem nur die Ermittler Zugang haben). Der Aspekt der Geheimhaltung kennzeichnet in der Offenbahrung das →Buch mit sieben S.n, die allein das →Lamm zu öffnen vermag. Dies geschieht in den Kapiteln 6 und 8, mit der Erscheinung der vier Apokalyptischen →Reiter nach Öffnung der vier ersten S. Sie haben „Macht, zu töten durch Schwert, Hunger und Tod" (6,8).

Schwert. Christus mit →Dornenkrone und →Kreuznimbus, Weltkugel und Schwert beim Jüngsten Gericht. Eine Textquelle ist Vers 1,4 der Offenbarung: „Sein Haupt und seine →Haare waren […] leuchtend weiß wie →Schnee". Ausschnitt aus einem Bild des Weltgerichts im Rohan-Stundenbuch, um 1420. (Paris Bibliothèque Nationale, Ms. lat. 9471, fol. 154 recto)

Sense. Chronos, der bärtige und geflügelte Gott der „wie im Flug" verlaufenden Zeit, mit seinen Attributen und Vanitas-Symbolen Sense und →Stundenglas. Ausschnitt aus Abb. S. 254

Siegel. Die Himmelsvision des Apokalyptikers Johannes auf Patmos enthält zwischen zu beiden Seiten gereihten 24 Ältesten den Thron Gottes unter einem →Regenbogen. Auf dem Schoß Gottes erscheint das →Lamm. Es ist „der Spross aus der Wurzel Davids. Es kann das →Buch und seine sieben Siegel öffnen" (Offenbarung 5,5b). Obere Hälfte des Evangelistenbilds des Johannes von den Gebrüdern Limburg (um 1415) im Stundenbuch *Très Riches Heures de Duc de Berry*. Ausschnitt aus Abb. S. 146.

Sichel. Monatsbild August im Kalendarium einer Handschrift des „Martyrologiums des Wandalbert von Prüm", um 875. Das Tierkreiszeichen →Löwe hat einen Eckplatz unter der zu Boden fallenden →Garbe. (Biblioteca Apostolica Vaticana, Reg. lat. 438, fol. 18 verso)

Silber, als →weiß glänzendes Edelmetall ein Symbol der Reinheit, des →Monds und somit auch des weiblichen Prinzips im Unterschied zum männlichen Prinzip →Gold. Dass letzteres höheren Material- und Symbolwert besaß, veranschaulicht die ägypt. Mythologie, in der die Knochen der Gottheiten aus S., das Fleisch aber aus Gold besteht, und die sprichwörtliche Rangfolge „Reden ist S., Schweigen ist Gold". Auch in der antiken Lehre von den Zeitaltern geht das goldene dem silbernen voraus. S. symbolisiert 25 Ehejahre.

Quellentext: „Die Worte des Herrn sind S., geschmolzen im →Ofen, von Schlacken geschieden" (Psalm 12,7).

Skarabäus, der Mistkäfer, der als „heiliger Pillendreher" Dung zu →Kugeln formt, in die er Eier legt. In der ägypt. Mythologie symbolisiert der S., indem er die Kugel rollte, die Bewegung der →Sonne auf ihrer Himmelsbahn. Seine Darstellung vergöttlicht das Tier durch die Flügel des Horus und das Lebenszeichen →Anch. Mit solchen Amuletten wurden die →Mumien zum Schutz beim Totengericht ausgestattet; sie blieben während der Antike begehrt und konnten im Frühchristentum sogar die Auferstehung symbolisieren.

Skelett, Gebeine, Gerippe, das „Gerüst" des Körpers ohne seine Ausstattung mit Muskeln, Sehnen und Organen. Bereits im Altertum diente das S. und ersatzweise der →Totenschädel als Symbol der Vergänglichkeit und schließlich als Personifikation des Todes: S.e vollführen mit Vertretern aller Stände der hierarch. geordneten Gesellschaft des Spätmittelalters einen Totentanz. Auch Darstellungen des Jüngsten Gerichts zeigen die zum Leben erweckten Toten mitunter als S.e. In der Alchemie symbolisiert ein S. das „Begräbnis" der sich wandelnden Urmaterie *(materia prima).*

Quellentext: „Die →Hand des Herrn legte sich auf mich und der Herr brachte mich im Geist hinaus und versetzte mich mitten in die Ebene. Sie war voll von Gebeinen" (Beginn der Vision von der Auferweckung Israels, Ezechiel 37,1).

Skorpion, in Trockengebieten lebendes Spinnentier, ausgestattet mit einem Giftstachel und einem Paar Scheren zum Zerquetschen der Opfer. Er galt überwiegend als Symbol dämon. Mächte und Verkörperung des Teufels. So gibt Jesus den Jüngern Vollmacht, „auf →Schlangen und S.e zu treten und die ganze Macht des Feindes zu überwinden" (Lukas 10,19). Dagegen galt der gefürchtete S. in Ägypten auch als heilig und war Attribut einer Göttin der Fruchtbarkeit und Beschützerin der Verstorbenen. Das Tierkreiszeichen S. (lat. *scorpius)* entspricht dem 2. Herbstmonat.

Smaragd, einer der →Edelsteine mit Beziehung zur Farbe →Grün und somit zum Frühling und zur Fruchtbarkeit. Die Römer ordneten ihn der Venus zu. Im Mittelalter musste der S., da er ursprünglich aus der Hölle stammte, geweiht werden, um als Talisman vor dämon. Kräften zu schützen.

Quellentext: „Und über dem →Thron wölbte sich ein →Regenbogen, der wie ein S. aussah" (Offenbahrung 4,3b).

Sobrietas, wie die →Temperantia Symbolfigur der Kardinaltugend Mäßigkeit und Besonnenheit.

Sonne, das in nahezu sämtlichen Kulturen und bereits in der Frühgeschichte kult. verehrte Tagesgestirn, das sich allmorgendlich erneuert und somit Symbol der Beständigkeit des Lebens. Hier liegen die Gründe für die vielfältigen Formen der mittelbaren oder unmittelbaren Vergöttlichung der S. in Zusammenhang mit der Symbolik des →Goldes, des →Lichts und des →Rads, auch des männlichen Prinzips im Dualismus von →Yin und Yang, bis hin zur barocken Herrscherideologie des frz. „Sonnenkönigs". Seine mytholog. Identifikationsfigur war Phöbus Apollo (griech. Helios) auf der →Quadriga. Zu den Voraussetzungen der S. als Christussymbol gehört der spätröm. Kult des *Sol invictus* (der „Unbesiegbaren S."), dem auch Kaiser Konstantin anhing; er verordnete 321 die Sonntagsruhe am *dies solis* (lat. „Tag der S."). Die Symbolik der S. kommt im →Nimbus zum Ausdruck sowie mit umgekehrtem Vorzeichen in der „→schwarzen S." (vgl. Matthäus 24,29), und auch bei Völkern, die überwiegend unter der Hitze der S. leiden, kann sich die Symbolik in ihr Gegenteil wenden. Siehe auch Abb. S. 29, 63, 148, 188/189.

Quellentexte: „S. und →Mond verfinstern sich, die →Sterne halten ihr →Licht zurück" (Das Gericht über die Völker, Joël 4,15).
„Denn Gott der Herr ist S. und →Schild. Er schenkt Gnade und Herrlichkeit" (Psalm 84,12).
„Und schön ist sie und strahlend in hellem Entbrennen – / Sie trägt ja deine Zeichen, du Höchster und Bester" (Verse 8 und 9 im „Sonnengesang" des Franz von Assisi, um 1220).

Sonnenblume, indem sie ihre Blüten stets der →Sonne zuwendet ein Symbol der Treue und Hinwendung, sei es zum Gönner, sei es zum Ehepartner. In der parteipolit. Symbolik signalisiert die S. ökolog. Bewusstsein.

Sonnenuhr, Symbol der Gliederung der Zeit mit Hilfe des Tagesgestirns →Sonne, das Gott am vierten Tag der Schöpfung erschaffen hat, gemeinsam mit dem →Mond und den →Sternen. Sie sollen „Zeichen sein und zur Bestimmung von Festzeiten" dienen (Genesis 1,14). Dem entspricht die Ordnung des Tagesverlaufs.

Skarabäus. Der „heilige Pillendreher" besitzt hier die →Flügel des Licht- und Himmelsgottes Horus. Den Kopf umgibt in mehrfacher Gestalt das Lebenszeichen→Anch. Das Werk der Goldschmiedekunst entstand um 1345 v. Chr. und stammt aus dem 1922 wiederentdeckten Grab des Tutanchamun. (Kairo, Ägyptisches Museum)

Skelett. In der griechischen Mythologie ist es der Schmiedegott Hephaistos, der als Verkörperung der göttlichen Urkraft das Skelett als Gerüst der Lebewesen auf der Erde herstellte. Andere Überlieferungen sprechen dies Prometheus zu. Medaillon aus dem 3./2. Jh. v. Chr. (London, British Museum)

Skorpion. Im Kalendarium des Bedford-Stundenbuchs (1423) ist der Monat Oktober mit einer zweiteiligen Miniatur ausgestattet, deren Aufteilung den beiden Textkolumnen entspricht. Links illustriert ein →Sämann die Monatsarbeit der Aussaat von Wintergetreide, rechts zeigt sich das Tierkreiszeichen Skorpion. (London, British Library, Ms. Add. 18 850, fol. 10 recto)

Sonne. Echnaton und seine Gemahlin Nofretete verehren mit Opfergaben die als konvexe Scheibe dargestellte Sonne Aton. Ihre Strahlen münden in →Hände. Die Reliefplatte (um 1350 v. Chr.) ist ein Zeugnis der monotheistischen Atonreligion. (Kairo, Ägyptisches Museum)

Sonnenuhr. An der Kathedrale von Chartres symbolisiert die Skulptur eines Engels mit Sonnenuhr aus dem 13. Jh. die Lichtfülle des von Gott erschaffenen Gestirns. Es unterscheidet den Tag von der Nacht und misst den Verlauf seiner Stunden.

Sophia, Symbolfigur der Weisheit und Beschützerin des *philosophos* als „Freund der Weisheit". Im Alten Testament gehört zur Gruppe der sieben Bücher der „Lehrweisheiten und Psalmen" das in der ägypt. Diaspora entstandene „Buch der Weisheit". Im Christentum ist die S. die Mutter der drei „theolog. Tugenden" →Caritas, →Fides und →Spes. Die 532–37 in Konstantinopel erbaute Palastkirche Justinians I. (erneute Weihe nach der Wiederherstellung der eingestürzten →Kuppel 561) war der *Hagia Sophia* (lat. „Heilige Weisheit") geweiht.

Specht, aufgrund des ständigen Klopfens ein Symbol des unablässigen Gebets und als Vertilger von Würmern v. a. als Grünspecht ein Feind des Teufels. Diesen symbolisiert dagegen der Schwarzspecht. Ihm lastet der „Physiologus" an, dass er „an die →Herzen der Menschen anschlägt und forscht, ob sich moral. Ungeziefer findet, und wenn möglich, nistet er sich ein".

Spes, Symbolfigur der theolog. Tugend Hoffnung (1. Brief an die Korinther 13, 13) mit den Attributen →Anker, →Fahne und →Krone.

Sphinx (Plural Sphingen), als Mischwesen aus →Löwe und Mensch in Ägypten ein Symbol des Königs mit dessen Haupt und Insignien. Dieser männliche S. verwandelte sich auf dem Weg durch Mesopotamien zur geflügelten weiblichen S. in Griechenland als Todessymbol, das im Folgenden seinen Schrecken verlor, doch weiterhin das Weibliche verkörperte. Im späten 19. Jh. symbolisiert die S. die verhängnisvolle Erotik der Frau.

Spiegel (lat. *speculum* „Abbild"), ab dem 3. Jt. v. Chr. ein blank poliertes Metall, im Spätmittelalter ein mit →Quecksilber „verspiegeltes" Glas. Ein ambivalentes Symbol im Bedeutungsspektrum von der Spiegelung des Göttlichen in der Seele des Menschen bis zu seiner Vergänglichkeit. Dazwischen liegt die Symbolik der Selbsterkenntnis, der Selbstverliebtheit (→Narzisse), der Eitelkeit; auch gehört der S. zu den Attributen der →Superbia. Den Hochmut der schönen, aber stolzen Stiefmutter unterstützt im Märchen das „Spieglein an der Wand", fährt zum Schrecken der Königin aber fort: „Aber Schneewittchen ist tausendmal schöner als Ihr." Zu den Wahrheiten, die der S. „an den Tag bringt", gehören die Anzeichen des Alterns. Hierin wurzelt die Todessymbolik. „Lehre" bedeutet S. im Titel mehrerer Andachtsbücher und Anweisungen zu standesgemäßer Erziehung und Verhaltensweise. Ein Beispiel ist das ab dem 14. Jh. weit verbreitete lat. *Speculum humanae salvationis* („S. des menschlichen Heils", kurz: „Heilsspiegel") mit typolog. Bildprogramm von der Schöpfung bis zum Jüngsten Gericht, im 15 Jh. auch in mittelhochdt. Übersetzung. Siehe auch Abb. S. 255.

Quellentexte: „Jetzt schauen wir in einen S. und sehen nur rätselhafte Umrisse, dann aber schauen wir von Angesicht zu Angesicht" (Paulus im 1. Brief an die Korinther 13,12a). „Wer das Wort nur hört, aber nicht danach handelt, ist wie ein Mensch, der sein eigenes Gesicht im S. betrachtet. Er betrachtet sich, geht weg, und schon hat er vergessen, wie er aussah" (Brief des Jakobus 1,23–24).

Spindel, Spinnrocken, ein →Stab, durch den mittels des Spinnrads Fasern zu →Fäden verflochten werden. Die S. ist Symbol weiblicher Tätigkeit und insofern mit dem →Mond verbunden. Seinen drei Phasen als →Halbmond, Vollmond und Neumond entsprechen die drei myth. Gestalten, die als Moiren oder Parzen den Schicksalsfaden spinnen und zuletzt abschneiden. Die S. spielt in Märchen auch als phall. Symbol ein Rolle, und mitunter sitzt Maria (wie einst →Eva nach ihrer Vertreibung mit →Adam aus dem ird. Paradies) am Spinnrad, als der Erzengel Gabriel ihr die Schwangerschaft ankündigt.

Quellentext: Die 13. weise Frau rief „mit lauter Stimme: ‚Die Königstochter soll sich in ihrem 15. Jahr an einer S. stechen und tot umfallen" („Dornröschen" in den "Kinder- und Hausmärchen" der Brüder Grimm, 1812–15).

Spinne, ein Symbol, dessen radial geordnetes →Netz einerseits für die Ordnung des Kosmos steht. Da die S. ihren →Faden aus sich selbst hervorbringt wie die →Sonne ihre Strahlen, ist die S. auch ein Sonnensymbol. Beides gilt für Indien. Hier symbolisiert die S., indem sie am eigenen Faden emporläuft, auch die geistige Selbstbefreiung. In Europa überwiegt dagegen die negative Symbolik der heimtückischen Blutsaugerin, die ihre Opfer zuvor „eingarnt". Bewunderung erregt die Konstruktion ihrer für Hängedächer vorbildlichen Netze. Ovid überliefert im VI. Buch seiner „Metamorphosen" den Mythos von Arachne. Die Weberin übertraf in der Kunst, einen Bildteppich zu weben, Athene und wurde zur Strafe in eine S. (griech. *arachne)* verwandelt. Später dienten Darstellungen dieses Racheakts als Warnung an die Untertanen, sich gegen die Herrscher aufzulehnen.

Quellentext: Athene besprengt die Frevlerin Arachne „mit dem Saft hecateischen Krautes im Weggehn / jener den Leib, und sofort, wie das traurige Gift sie berührte, / schwinden die Haare hinweg und die Nase zugleich und die Ohren. / Klein einschrumpfet das Haupt, und klein wird alles am Körper; / schmächtige Finger bekommt an der Stelle der Beine die Seite; / sonst ist alles nur Bauch. Aus dem noch sendet sie immer / Fäden und fügt mit Fleiß als S. die alten Gewebe" (Metamorphosen, VI, 139–145).

Sphinx. Das Innenbild einer um 470 v. Chr. entstandenen Schale zeigt Ödipus vor der geflügelten Sphinx von Theben. Nachdem der Heimkehrer ihr Rätsel gelöst hat, stürzt sich das Untier in die Tiefe. Der Schöpfer dieser Darstellung im rotfigurigen Stil wird als Ödipus-Maler bezeichnet. (Vatikan, Museo gregoriano etrusco der Musei Vaticani)

Spiegel. Emblem von Sebastián de Covarrubis Orozco (1610) mit einem →Skelett, das einen Spiegel hält; Fußspuren führen daran vorbei. Das Motto „Er hat sich selbst angeschaut und ist weitergegangen" wird erläutert: „Man sagt, dass das Denken an den Tod der wahre Spiegel des Lebens sei: Wenn sich der Mensch in ihm erblickt, erkennt er, wie bemessen und abgegrenzt sein Leben ist. Falls er aber den unerbittlichen und schweren Augenblick seines Todes vergisst und die Seele ihm den nicht ins Gedächtnis einprägt, verliert er das sichere Unterpfand seiner Glückseligkeit."

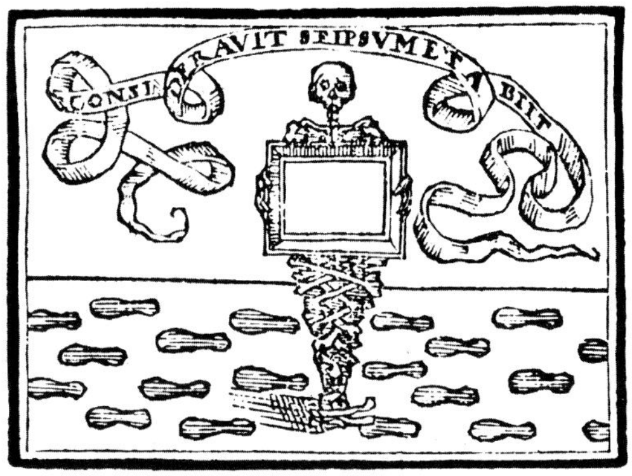

Spindel. Detail aus dem Gemälde „Die niederländischen Sprichwörter" (1559) von Pieter Bruegel d. Ä.: Zwei Klatschbasen gehen ihrer üblen Gewohnheit nach, was bedeutet: „Die eine wickelt auf die Spindel, womit die andere spinnt."
(Berlin, Gemäldegalerie)

Spinne. Die Miniatur in einer Handschrift von Ovids „Metamorphosen" (um 1450) zeigt Athene als alte Frau, die Arachne am Webstuhl besucht. Darüber symbolisiert eine Spinne den Fleiß, aber auch die Verwandlung der Arachne in dieses Tier. (London, British Library, Ms. Royal 17, E. IV, fol. 187 verso)

Spirale, ein bereits vor- und frühgeschichtliches Ornament, dessen ursprüngliche Symbolik mangels schriftlicher Quellen weitgehend spekulativ erschlossen wird. Je nach Betrachtung führt die S. zu einem Zentrum oder geht von ihm aus. Räumlich entsprechen diesen beiden Bewegungen ein Streben zur Höhe oder ein Versinken im „Strudel" der Tiefe. Ob die S. als Steinritzungen an Grabstätten bereits Jenseitsreisen symbolisierte, ist ebenso ungewiss und lässt religionsgeschichtlichen Vermutungen breiten Raum, ebenso die Annahme eines Zusammenhangs mit den Bewegungen der Gestirne oder des →Wassers. Verwandt ist das →Labyrinth. Siehe auch Abb. S. 156.

Stab, überwiegend ein Symbol der Macht, sei es als Zauberstab, Attribut des Herrschers (→Zepter), Feldherren- oder Richterstab; in letzterem Zusammenhang symbolisiert das Stabbrechen den Ausschluss aus der Rechtegemeinschaft bzw. ein unwiderrufliches Urteil. Andererseits reicht die Symbolik des S.s als Stütze etwa als das „dritte Bein" im Alter bis zum Bettelstab als Symbol der Armut und Hilfsbedürftigkeit. Stäbe, um die sich →Schlangen winden, sind das →Kerykeion des Hermes und der Äskulapstab des Gottes der Heilkunst (griech. *Asklepios),* heute noch ein Emblem der Ärzteschaft und mit einer Schale der Apotheker. Moses Sendung wird durch die Zaubermacht beglaubigt, seinen S. in eine Schlange zu verwandeln (Exodus 4,2.17.30). Sie geht auf Aaron über, dessen S. die Stäbe der ägypt. Wahrsager verschlingt (Exodus 7,8–12). Siehe auch →Aronstab, →Krummstab und →Thyrsos.

Quellentexte: „Der Herr sprach zu Mose: Was schreist du zu mir? Sag den Israeliten, sie sollen aufbrechen. Und du heb deinen S. hoch, streck deine →Hand über das →Meer und spalte es, damit die Israeliten auf trockenem Boden in das Meer hineinziehen können" (Exodus 14,15–16).

„Muss ich auch wandern in finsterer Schlucht, ich fürchte kein Unheil, denn du bist bei mir, dein Stock und dein S. geben mir Zuversicht" (Psalm 23,4).

Steinbock, mit seinen sichelförmigen Hörnern ein Symbol des →Monds. Das Tierkreiszeichen S. (lat. *capricornus)* entspricht dem 1. Wintermonat.

Stelzen, Symbol der Selbsterhöhung. In China wurden S. bei rituellen Tänzen verwendet, um den →Kranich, ein Symbol der Unsterblichkeit, nachzuahmen.

Stern, ein Symbol des →Lichts, das die geistige Finsternis, und als Sternenhimmel mit seinen →Sternbildern ein Symbol der Mannigfaltigkeit und Vielzahl, z. B. der Nachkommenschaft des Abraham (Genesis 22,17). In den frühen Hochkulturen Mesopotamiens und Ägyptens bestand eine enge Beziehung zwischen den S.en und den Astrologen, deren Aufgabe es war, die „Götterschrift" am Sternenhimmel zu entziffern, die sich an die Herrscher richtete. In diesem Sinne könnte auch den drei „Weisen aus dem Morgenland" ein S. die Geburt des neuen „Königs der Juden" angekündigt haben. Wahrscheinlicher ist, dass das 2. Kapitel des Matthäusevangeliums sich gerade gegen die Astrologiegläubigkeit richtet und den „S. von Betlehem" als Wunder Gottes versteht. Bis heute dauern jedoch die Versuche einer astronom. Verifizierung an. Ein religiöses Symbol ist der S. auf der Stirn des hl. Dominikus und der S. auf der Brust des hl. Thomas von Aquin. Zu den polit. Symbolen gehören die zwölf S.e auf der Fahne der EU. Sie stehen für die frühere, inzwischen erweiterte Anzahl der Mitgliedstaaten. Siehe auch →Hexagramm und →Pentagramm.

Quellentexte: „Dann erschien ein großes Zeichen am Himmel: eine Frau, mit der →Sonne bekleidet; der →Mond war unter ihren Füßen und ein →Kranz von zwölf S.en auf ihrem Haupt" (Offenbarung 12,1).

„Auch erschien der Frau, die ihn aus der Taufe hob, dass er einen lichten S. an der Stirn hätte, der erleuchtete die ganze Welt" (Legende des hl. Dominikus in der *Legenda aurea* des Jakobus de Voragine, um 1270).

Sternbild, auffällige Konfiguration heller →Sterne, die in früher Zeit zu Figuren verbunden wurden. In der Astronomie (Sternenkunde) sind sie seit 1928 festgelegt. 30 S.er befinden sich auf der nördlichen Himmelshalbkugel und erhielten ab dem 4. Jh. ihre meist der antiken Mythologie entlehnten griech. bzw. lat. Namen. Zwölf von ihnen ergeben den →Tierkreis. Elf weitere S.er befinden sich beiderseits des Himmelsäquators, 47 auf der südlichen Himmelshalbkugel.

Stieglitz siehe →Distelfink

Stier, das bereits frühgeschichtliche Symbol animal. Kraft, Kampfeslust und Wildheit. Die Formen, sie zu besiegen, reichen von den Künsten der →Akrobaten auf Kreta bis zum Stierkampf. Ein Beispiel für die Symbolik der Fruchtbarkeit ist die Verehrung des ägypt. Fruchtbarkeitsgottes Aspis in Gestalt eines S.s, zwischen dessen →Hörnern die Scheibe der →Sonne die Aktivität des Tieres symbolisiert. Als S. entführte Zeus die phöniz. Prinzessin Europa nach Kreta; ein →weißer Stier ist ein Attribut des Shiva. Das Lukasevangelium beginnt mit dem Opferdienst des Zacharias; daher ordnete Hieronymus das Opfertier S. dem Lukas als dessen Evangelistensymbol zu. Das Tierkreiszeichen S. (lat. *taurus)* entspricht dem 2. Frühlingsmonat.

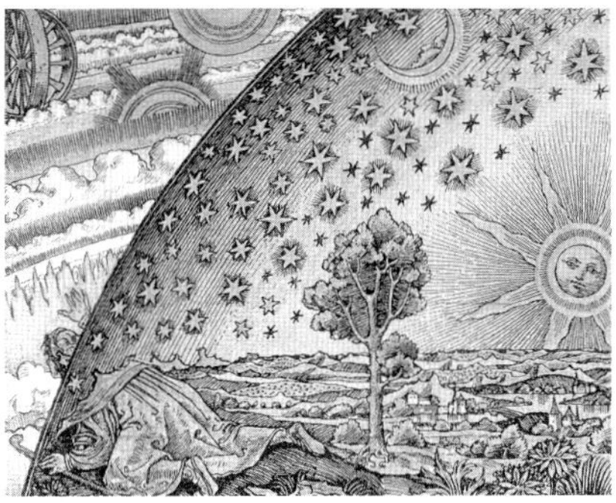

Sterne. Der kolorierte Holzschnitt (1888) illustriert die Unterscheidung zwischen dem metaphysischen und dem physischen Himmel. An ihm leuchten die Gestirne →Sonne, →Mond und die Sterne.

Spirale. Teil einer Grabanlage mit eingekerbten Spiralen, um 2500 v. Chr.; Newgrange im Tal der Boyne in der irischen Grafschaft Meath.

Steinbock. Geflügelter Steinbock aus Silber mit vergoldeten Flügeln, Höhe 27 cm; um 400–350 v. Chr. Das Werk der persischen Hofkunst diente als Henkel eines Gefäßes, an dessen oberen Rand die eingekerbten Vorderhufe Halt fanden. Die Hinterhufe stützen sich auf eine fratzenhafte →Maske. (Paris, Musé du Louvre; das spiegelbildliche Gegenstück befindet sich in Berlin, Antikensammlung)

Stier. Intarsie auf dem Klangkörper einer Laute in einem der Königsgräber in Ur, um 2500 v. Chr.: ein Held aus dem Umkreis des sumerischen Gilgamesch mit zwei menschengesichtigen Stieren.
(Paris, Musée du Louvre)

Stier. Der im Hellenismus mit Helios, schließlich mit dem *Sol invictus* identifizierte Mithras tötet den Urstier als Erlösungstat und Mittelpunkt eines Mysterienkultes, der Männern vorbehalten ist. Das reliefierte Kultbild aus dem 1. Jh. n. Chr. stammt aus einem Mithräum.
(Rom, Museo Nazionale Romano)

Storch, in vielerlei Hinsicht ein Glückssymbol. Im Vordergrund steht die Vorstellung, als „Klapperstorch" bringe er die →Kinder. Zugrunde liegen seine Eigenschaften als Vernichter von →Schlangen und Seelenvogel, die Verbindung mit dem →Wasser des Urmeers, aus dem alles Leben hervorgegangen ist, und mit dem Frühling in seiner Eigenschaft als Zugvogel. Auch die Bezeichnung als Adebar leitet sich etymolog. von Begriffen her, die mit „bringen", „Atem" und „Besitz" zusammenhängen. Daneben symbolisiert der S., vor allem in China, langes Leben. Seine gravität. Haltung, zumal bei angezogenem zweiten Bein, erweckt den Eindruck von Kontemplation – doch wer steifbeinig und ungelenk geht, bewegt sich „wie ein S. im Salat".

Quellentext: „Selbst der S. am Himmel kennt seine Zeiten; Turteltaube, →Schwalbe und Drossel halten die Frist ihrer Rückkehr ein; mein Volk aber kennt nicht die Rechtsordnung des Herrn" (Jeremia 8,7).

Strauß, Vogelstrauß, ein zwiespältig beurteilter Laufvogel. Einerseits war er der ägypt. Göttin Maat zugeordnet, deren Attribut →Feder vom S. stammt. Auch die Fabel, der S. brüte seine →Eier nicht aus, sondern blicke sie unverwandt an, bis die Jungen schlüpfen, sprach aus Sicht des „Physiologus" zu seinen Gunsten, denn ebenso solle der Christ seine „Augen unablässig auf Gott richten". In disem Sinne sollte ein Straußenei gleichsam als Symbol Gottes in den Kirchen aufgehängt werden. (Vgl. dagegen die Abb. zu →Ei). Andererseits wurde überliefert, der S. überlasse das Brüten der →Sonne und erweise sich als grausam gegenüber seinem Nachwuchs. Auch stecke er, um nicht gesehen zu werden, den Kopf in den →Sand und sei somit blind wie die →Synagoge. Als Vogel, der heftig mit den →Flügeln schlägt, aber unfähig ist zu fliegen, symbolisierte der S. die Heuchelei. Dagegen galt der S. auch als Eisenfresser, der das unreine Metall geläutert wieder von sich gab. Der noch im Mittelalter geläufige „Straußenmagen" bedeutete, viel Unannehmlichkeiten ertragen, nämlich „verdauen" zu können. Sprichwörtliche Aktualität besitzt die Metapher vom Kopf-in-den-Sand-Stecken. Dies wird in der „Vogelstrauß-Politik" praktiziert.

Quellentext: „Selbst →Schakale reichen die →Brust, säugen ihre Jungen. Die Töchter meines Volkes sind grausam wie S.e in der →Wüste" (Klagelieder [des Jeremia] 4,3).

Stundenglas, Sanduhr, Symbol der verrinnenden Zeit und somit der Vergänglichkeit, ein Attribut des Chronos und des durch ein →Skelett personifizierten Todes sowie der →Temperantia. Indem das S. umgedreht wird, nachdem der →Sand aus der oberen in die untere Hälfte gerieselt ist, symbolisiert das S. auch den Neubeginn.

Stupa, im Buddhismus ein Sakralbau als massive Halbkugel mit Reliquienkammer, entstanden aus dem Hügelgrab der Fürsten. Nach buddhist. Überlieferung gab der histor. Buddha Siddharta Gautama selbst die Anweisung, auf diese Weise seines Eingangs in das Nirvana als letztes Ziel des →Wegs zur Erleuchtung zu gedenken. Die Formsymbolik reicht vom →Quadrat des Fundaments (Erde) über die Halbkugel (→Wasser) zu einem Mast mit →Schirm (→Wind), →Ringen (Stufen des Erwachens) und einer →Kugel als Zeichen der Vollkommenheit. Eine Umzäunung kennzeichnet den S. als Mittelpunkt eines hl. Bezirks. Bei der Ausbreitung des Buddhismus entstand aus dem S. die →Pagode.

Sturm, im Unterschied zum →Wind als Unwetter ein Symbol göttlichen Handelns. In der german. Mythologie ist Wotans (Odins) wilde Jagd ein S., und die Windsbraut ein Wirbelwind. Den Sturmgöttern werden nebst Zerstörung auch Wohltaten zugeschrieben. So zerschmettern die Begleiter Indras mit ihren blitzenden →Äxten die Wolkenburgen, aus denen nun der →Regen niederströmt.

Quellentext: „In Wirbel und S. nimmt er [der Herr] seinen Weg, die →Wolken sind der Staub seiner →Füße" (Buch des Propheten Nahum 1,3).

Superbia, Symbolfigur der Hauptsünde Hochmut mit den Attributen →Pfau und →Spiegel.

Swastika, Hakenkreuz, ein →Kreuz mit vier gleich langen Armen, deren Enden meist um 90 Grad oder spitz abgewinkelt sind. Es entsteht der Eindruck einer Drehbewegung, die das Sonnenrad symbolisiert. Seit dem Altertum wurde die S. in Asien und Europa als Amulett (z. B. →Siegel auf Buddhas →Herz"), Ornament, Glückszeichen und Talisman verwendet. Die lat. Bezeichnung *crux gammata* bezieht sich auf die Formähnlichkeit der „Haken" mit dem griech. Großbuchstaben Gamma (umgedrehtes L). Um 1910 begann die publizist. Identifizierung der „german." S. mit dem Antisemitismus; 1920 übernahm die NSDAP die von Hitler entworfene Hakenkreuz-Fahne per Parteitagsbeschluss. Das Hakenkreuz wurde zum allgegenwärtigen Emblem der Nazidiktatur und behielt nach 1945 weltweit seine Funktion in der antisemit. Agitation.

Synagoge, im Mittelalter im Zeichen des Antijudaismus die Symbolfigur des Judentums mit →Augenbinde, →Gesetzestafeln, geknicktem →Stab und zu Boden fallender →Krone.

Szepter siehe →Zepter

Storch. Illustration zur Erzählung „Die Geschichte von Kalif Storch" von Wilhelm Hauff in dessen „Sämtlichen Werken", die 1868 erschienenen sind. Der Grafiker Karl Offterdinger mag den Satz im Blick gehabt haben: „Eure Hoheit sehen als Storch beinahe noch hübscher aus, denn als Kalif."

Strauß. Karikatur auf die (durch die Schere symbolisierte) Zensur Mitte des 19. Jh. in der Schweiz; im Hintergrund links taucht das Züricher Münster auf.

Stundenglas. Das Detail aus Albrecht Dürers Kupferstich „Melencolia I" (1514) verbindet das Vanitas-Symbol Stundenglas mit einer →Glocke, die hier als Totenglocke zu verstehen ist. Denn das „Magische →Quadrat" enthält das Todesdatum von Dürers Mutter: den 17.5.1514.

Swastika. Teilansicht eines Gefäßes im Sommerpalast in Peking, erbaut im 18. Jh. Im mittleren Streifen alternieren die Ornamente Blüte und Swastika, das im Altertum auch in Europa verwendet wurde.

T

Tanz siehe Farbteil 7: Musik, Tanz, Theater

Tattoo, engl. für die Figuren und Muster auf der menschlichen Haut, die als Taurierung (Tätowierung) durch Einstiche mit Farbstoffen angebracht werden. Das T. ist ursprünglich ein mag. Symbol, etwa in Zusammenhang mit Riten der Initiation, entstanden in Polynesien, und kennzeichnete als Schmuck auch die Stammeszugehörigkeit. Im Zeitalter der Entdeckungsreisen wurden T.s auch in Europa heimisch.

Taube, aus dem Altertum überliefertes Attribut der oriental. Fruchtbarkeitsgöttin Ischtar; daran anknüpfend ein Attribut der Aphrodite (röm. Venus) und bis heute, v. a. als Taubenpaar, ein Liebessymbol. Das Friedenssymbol T. mit →Olivenzweig wurzelt im bibl. Sintflut-Mythos (Rückkehr der von Noach ausgesandten T. in die →Arche). Ein dritter Bereich ist im Christentum die Symbolik des Hl. Geistes. Ikonograph. gehört die T. hier zu Darstellungen der Verkündigung an Maria, der Taufe Jesu und des ersten Pfingstfestes sowie der →Wurzel Jesse mit T.n als Gaben des Hl. Geistes. Zur Legende des hl. Gregor d. Gr. gehört die inspirierende T. auf seiner Schulter. Als Symbol der Seele sitzt die T. am Rand eines Gefäßes mit Lebenswasser; als Symbol der Klugheit und Sanftmut gehört sie zu den Attributen der →Temperantia. Siehe auch Abb. S. 53, 60, 92, 93.

Quellentext: „Und Johannes [der Täufer] bezeugte: Ich sah, dass der Geist vom Himmel herabkam wie eine T. und auf ihm blieb" (Johannes 1,32).

Taufe, in mehreren Religionen eine rituelle Waschung als Symbol der spirituellen Reinigung. Eine verbreitete Form war und ist das →Bad in heiligen Flüssen wie dem Euphrat, Ganges und Jordan oder im frühen Christentum bei der Erwachsenentaufe das Bad in den Becken der als Baptisterien errichteten Taufkirchen. Von anderen Religionen unterscheidet sich das Christentum durch die T. als Aufnahme in die jeweils durch ihre Konfession gekennzeichnete Kirche als Institution, wobei die Kindertaufe heute die Regel ist. Im frühen Christentum waren die Anwärter auf die T. die noch zu unterrichtenden Katechumenen. Siehe auch Abb. S. 53

Taurus, lat. für das Tierkreiszeichen →Stier

Tempel, das Bauwerk die Kultstätte und Wohnstätte der durch →Götterstatuen repräsentierten Gottheiten und meist Bestandteil eines heiligen Bezirks. T. symbolisieren eine bestimmte Religion, z. B. der 70 n. Chr. von den Römern zerstörte T. in →Jerusalem das Judentum. Obwohl sich der christliche Kirchenbau nicht aus dem antiken T., sondern aus der Gerichts- und Markthalle Basilika entwickelt hat, wurde auch für Kirchen die lat. Bezeichnung *templum* beibehalten.

Quellentext: Das „Heiligtum" der Galerieräume weckte ein Gefühl, „das umso mehr der Empfindung ähnelte, womit man ein Gotteshaus betritt, als der Schmuck so manches T.s, der Gegenstand so mancher Anbetung hier abermals, nur zu heiligen Kunstzwecken aufgestellt, erschien" (Goethe in „Dichtung und Wahrheit" über seinen Besuch der Dresdner Galerie 1768).

Temperantia, wie die →Sobrietas Symbolfigur der Kardinaltugend Mäßigkeit und Besonnenheit mit den Attributen →Elefant, →Kamel, →Schwert in der Scheide, →Stundenglas, →Taube, →Totenkopf und →Zirkel.

Tetramporph (griech. „Viergestalt"), die mit vier Gesichtern ausgestatteten vier geflügelten Gestalten am →Thron Gottes in der Himmelsvision des Ezechiel. Die Offenbarung zergliedert in ihrer Himmelsvision den T. in vier einzelne geflügelte „Lebewesen". Aus ihnen leitete u. a. der hl. Hieronymus die vier Evangelistensymbole ab.

Quellentexte: „Und ihre Gesichter sahen so aus: Ein Menschengesicht (blickte bei allen vier nach vorn), ein Löwengesicht bei allen vier nach rechts, ein Stiergesicht bei allen vier nach links und ein Adlergesicht bei allen vier (nach hinten)" (Ezechiel 1,10).

„Das erste Lebewesen glich einem Löwen, das zweite einem Stier, das dritte sah aus wie ein Mensch, das vierte glich einem fliegenden Adler" (Offenbarung 4,7).

Theater siehe Farbteil 7: Musik, Tanz, Theater

Thron, das sowohl profane als auch sakrale Symbol der Herrschaft. Zur Ausstattung des meist erhöhten Th.s gehört vielfach ein →Baldachin; edle Materialien steigern seine Symbolik. So kennt der Buddhismus den Th. aus →Diamanten. Die Christen übernahmen von den Römern die für hochrangige Personen reservierte Kathedra (griech, „Armsessel") als Th. des Bischofs in der Kathedrale (Bischofskirche) und Symbol des kirchlichen Lehramts. In der Engelslehre gliedert sich die 1. Hierarchie in →Kerubim, →Serafim und Th.e. Siehe auch →Etimasia sowie Abb. S. 30, 82, 146, 147, 152.

Quellentext: „So spricht der Herr: Der Himmel ist mein Th. Und die Erde der Schemel für meine →Füße" (Jesaja 66,1a).

Thyrsos(stab), als Attribut des Dionysos (röm. Bacchus) ein Symbol der Fruchtbarkeit. Der →Stab ist mit →Efeu und dem Laub des →Weinstocks umwunden und wird von einem →Pinienzapfen bekrönt.

Taube. Vignette mit den schnäbelnden Liebesvögeln und einem von Liebesweh in tiefe Traurigkeit versetzten Jüngling. Auf diese einfache Formel wurde im 19. Jh. die Liebeslyrik des „entlaufenen Romantikers“ Heinrich Heine gebracht.

Tempel. Emblem von Bartolomaeus Anulus (1552) mit dem Bild des Apollotempels von Delphi (siehe auch →Dreisitz der Pythia) zwischen einem Rind und einem Menschen. Dazu das Motto „Wer sich nicht selbst erkennt, ist ein Tier, kein Mensch“ und die Erläuterung: „Jenes vom Himmel kommende ‚Erkenne dich selbst‘ steht am Apollotempel in Delphi. Es steht allen Orakeln des Gottes Phoebus voran; denn was ist besser, was weiser? Wenn du dich nicht erkennst, wirst du zum Tier werden, und als Kuh wirst du deiner Herde folgen.“

Taube. Das Symbol des Heiligen Geistes, der über die Jungfrau Maria kommen wird; so die Verheißung des Engels Gabriel in Nazaret: „und die Kraft des Höchsten wird dich überschatten“ (Lukas 1,35a). Die Miniatur eröffnet in einem dreibändigen Stundenbuch aus Gent (um 1510–20) den achtteiligen Bilderzyklus zum Marienoffizium. (Biblioteca Apostolica Vaticana, Vat. lat. 3770)

Tetramorph. Die Miniatur in einer spanischen Handschrift der *Moralia in Iob* Gregors d. Gr. (um 945) zeigt den Thron Gottes mit zwei →Serafim. Den Thron tragen vier geflügelte Gestalten auf →Rädern mit den →Köpfen eines Menschen, eines →Löwen, eines →Stiers und eines →Adlers. Gemeinsam ergeben sie eines der vier viergestaltigen „Lebewesen“. von denen im Buch Ezechiel und in der Offenbarung die Rede ist. (Madrid, Biblioteca Nacional, Cod. 80, fol. 2 recto)

Thron. Im Merkurhimmel, dem zweiten Himmel nach dem Mondhimmel, begegnen Dante und Beatrice Kaiser Justinian, dessen Rede über das Römische Reich sowie das christliche Kaisertum den gesamten VI. Gesang des *Paradiso* einnimmt. Die Miniatur des thronenden, bekränzten Justinian befindet sich in einer Handschrift der *Divina Commedia* aus dem späten 14. Jh. (Venedig, Biblioteca Marciana)

Tiara, erstmals 1342 belegte →Krone des Papstes in Form eines durch drei Reifen in der Art von →Diademen gegliederten Kegels. Sie besaß keine liturg. Funktion, sondern symbolisierte die weltliche Macht des Papsttums und wurde 1964 von Paul IV. abgelegt. Siehe Abb. zu →Schlüssel.

Tierkreis, Zodiakus, aus zwölf →Sternbildern der nördlichen Himmelshalbkugel gebildete Zone entlang der Ekliptik (die scheinbare Himmelsbahn der →Sonne). In dieser Zone bewegen sich der →Mond und die →Planeten, sodass sie die in der Astrologie gedeuteten Konstellationen ergeben, ausgehend von der babylon. Tierkreisastrologie. Die drei Wintermonate (22. Dezember bis 20. März) vertreten die Tierkreiszeichen →Steinbock, →Wassermann, →Fische, die drei Frühlingsmonate (21. März bis 21. Juni) →Widder, →Stier, →Zwillinge, die drei Sommermonate (22. Juni bis 23. September) →Krebs, →Löwe, →Jungfrau, die drei Herbstmonate (24. September bis 21. Dezember) →Waage, →Skorpion, →Schütze. Diese Tierkreiszeichen gehören zu den Monatsbildern in den Kalendarien der Stundenbücher, beginnend mit dem Steinbock oder dem Wassermann. Siehe auch Abb. S. 28–31.

Tiger, ein Symbol sowohl der Kraft als auch der Gewalt. Zum ersteren Symbolbereich gehört die Feindschaft mit dem →Drachen, und als →weißer T. symbolisiert er königliche Tugenden. Im Buddhismus steht er aufgrund der Fähigkeit, seinen →Weg durch den Dschungel zu finden, für die geistige Anstrengung sowie das innere →Licht, denn er orientiert sich im Dunkeln und bei Neumond. Andererseits symbolisiert der T. die dunklen, gewaltsamen Triebe. Vorgetäuschte Kraft symbolisiert der „Papiertiger".

Tisch, mit der Symbolik des →Mahls verbundener Mittelpunkt einer Gemeinschaft. Der lat. Begriff *mensa* bezeichnet die Tischplatte des christlichen →Altars.

Quellentext: „Ihr könnt nicht den →Kelch des Herrn trinken und den Kelch der Dämonen. Ihr könnt nicht Gäste sein am T. des Herrn und am T. der Dämonen" (Paulus im 1. Brief an die Korinther 10,21).

Tor, der meist prachtvolle, von Torwächter-Figuren in Menschen- oder Tiergestalt flankierte Zugang zu einem profanen oder sakralen Bauwerk oder als Durchgang durch eine →Mauer. Aus diesen Funktionen ergibt sich die Symbolik eines Übergangs von einem (Lebens-) Bereich in einen anderen bis hin zum Übertritt vom Diesseits ins Jenseits. Formsymbol. ist das T. häufig als →Bogen gestaltet; somit symbolisiert auch der →Regenbogen ein T. des Übergangs. Als *porta coeli* („Tor des Himmels") symbolisiert das T. Maria als Mutter des Erlösers, mit der somit der →Weg zum Himmel beginnt.

Quellentext: „Ihr T.e, hebt euch nach oben, hebt euch, ihr uralten Pforten, denn es kommt der König der Herrlichkeit" (Psalm 24,7; dazu das Adventslied „Macht hoch die Tür, die T. macht weit" von Georg Weissel, um 1625).

Totenkopf, als Teil des →Skeletts wie dieses ein Symbol der Vergänglichkeit. Die Subscriptio eines Emblems mit dem Bild eines T.s lautet: „Dies sind die Überreste des →Tempels, in dem das lebendige Bild Gottes gewesen sein soll. Dies ist auch die Ruine eines →Hauses, in dem die Vernunft einst residierte. Nun ist es das schreckliche Bild des Todes. Ein luftiger →Kopf ohne Hirn." Zu den Heiligen mit T. als Attribut gehören der hl. Hieronymus in der Einöde und die büßende Maria Magdalena. Eine literar. T.-Szene enthält Shakespeares „Hamlet": Der dän. Prinz hält auf dem Friedhof den T. des einstigen Hofnarrs Yorick in Händen (1. Szene des V. Akts). Einen T. zeigt die →Fahne der Piraten.

Tulpe, ein Liliengewächs mit meist trichterförmiger Blüte mit sechs Blütenblättern. Sie wurde zunächst in der Türkei als Gartenpflanze kultiviert und war Wappenblume der Osmanen. Mitte des 16. Jahrhunderts in Europa bekannt, wurde die T. hauptsächlich in den Niederlanden gezüchtet und Motiv der Blumenmalerei. Durch die Verbindung mit Insekten wurde die stolze, aber rasch verblühende T. ein Symbol der Vergänglichkeit. Bis heute symbolisiert sie auf Brautkleidern Fruchtbarkeit.

Turm, als schlankes, himmelwärts gerichtetes Bauwerk ein Symbol des Strebens nach Höherem, vergleichbar der →Leiter (Treppe). Die Fragwürdigkeit dieses Strebens als Grenzüberschreitung betont bereits der bibl. Mythos von der Gründung →Babylons und des hier begonnenen Turmbaus. In der Symbolik des T.s besitzen jedoch die Wachsamkeit und die Sammlung einer Glaubensgemeinschaft Vorrang, etwa als Kirchturm, Minarett, als Stockwerkturm →Pagode oder turmartiger →Tempel. Das seit den 1920er Jahren zu immer größerer Höhe ansteigende Turmhaus bzw. Hochhaus näherte sich in jüngster Zeit wieder der Symbolik sträflicher →Superbia. Mittelalterlicher Symbolbildung entspricht der „T. Davids" (Hohelied 4,4) als Mariensymbol: Auch sie war gegen alle Anfechtungen gewappnet. Ein Gefängnisturm als Attribut der hl. Barbara symbolisiert ihre Gefangenschaft.

Quellentexte: „Dann sagten sie: Auf, bauen wir uns eine Stadt und einen T. mit einer Spitze bis zum Himmel und machen wir uns damit einen Namen, dann werden wir uns nicht über die ganze Erde verstreuen" (Genesis 11,4)

Tierkreis. Titelholzschnitt einer 1636 in London erschienenen englischen Übersetzung der „Historia von D. Johann Fausten / Dem weitbeschreyten Zauberer und Schwartzkünstler" (Frankfurt, 1587). Hier befindet sich Faust im Schutz des magischen Tierkreises aus den Symbolen der zwölf Sternbilder. An dessen Stelle tritt in Goethes „Faust" ein →Pentagramm.

Tiger. Eine Gruppe von Tieren einschließlich eines Tigers, die den Tod des Buddha betrauern. Detail einer japanischen Bildrolle. (Köln, Museum für Ostasiatische Kunst)

Tor. Die Teilansicht eines Runensteins zeigt den →Regenbogen als Tor, durch das die Helden in Walhalla einziehen. (Stockholm, Historisches Museum)

Totenkopf. Mosaik aus Pompeji, um 50 n. Chr. Das zentrale Motiv eines Totenkopfs umgeben weitere Symbole der Vergänglichkeit (Vanitas): Ein →Schmetterling ist zwischen das Kinn des Schädels und ein →Rad gezwängt; als „Dach" dient ein →Winkelmaß mit Lot. (Neapel, Museo Nazionale Archeologico)

Tulpe. Die „Tulpenkanzel" (links) des Doms im sächsischen Freiberg, benannt nach dem tulpenförmigen Kanzelkorb, symbolisiert die Institution Kirche als →Blume im →Garten Gottes. Dieses Werk der spätgotischen Bildhauerkunst wurde 1508–10 von Hans Witten geschaffen.

Turm. Als Gefängnis dient ein Turm mehrmals in der Legende der hl. Barbara, und somit gehört er zu ihren Attributen. Der Vater schloss das Mädchen, um es zu bewahren, in einen Turm ein, und in einem Turm erlitt die Christin, die den Turm einer Kirche errichtet hat, Teile ihres Martyriums. Miniatur in den Suffragien (Gebete zu den Heiligen) eines Stundenbuchs aus Rouen, um 1430/40. (Vatikan, Biblioteca Apostolica Vaticana, Vat. lat. 14 395)

U

Uhr, ein Gerät zur Messung der Zeit, beginnend um 4000 v. Chr. mit der →Sonnenuhr; erst im 14. Jahrhundert ist die Sanduhr bzw. das →Stundenglas bezeugt. Hier, aber auch mit fortschreitender Technologie in der Konstruktion von U.en kam das unablässige Verrinnen der Zeit bzw. das fortlaufende „Räderwerk“ der Zeit zum Bewusstsein. Insofern ist die U. ein Symbol der Vergänglichkeit, welche die 1842 (nach zwei Vorgängerinnen) in Bewegungsgesetze Astronom. U. im südlichen Querhaus des Straßburger Münsters als eine „vielstimmige Sinfonie“ in Szene setzt. Die unabänderliche Wiederholung von Zyklen huldigt der Kraft, die eine umfassende Mechanik des Kosmos in Gang gesetzt hat. Was dieses Wunderwerk einer U., die ab 1839 Jean-Baptiste Schwilgué und seine Werkstatt geschaffen haben, nicht verzeichnet ist das jeweilige Zeitmaß für das Leben jedes Einzelnen. Der Tod bedeutet, dass jeweils „die Stunde geschlagen hat“. Sprichwörtlich ist v. a. der Glockenschlag (der Kirchturmuhr) zur 12. Stunde als Endpunkt einer Zeiteinheit mit voller Umdrehung des Zeigers auf dem →Kreis des Zifferblattes bedeutsam: „Kurz vor Zwölf“ ist höchste Eile geboten, und „wenn's Dreizehn schlägt“, ist Ungeheuerliches vorgefallen.

Quellentext: „Mach deine Rechnung mit dem Himmel, Vogt! Fort musst du, deine U. ist abgelaufen.“ (IV. Akt, 3. Szene in Friedrich Schillers „Wilhelm Tell“, 1804)

Uhu, Buhu, Schuhu, größter unter den weltweit verbreiteten Eulenvögeln, die meist in der Dämmerung oder nachts jagen. Benannt ist der U. lautmalend nach seinem Ruf, der ihn bereits in der Antike im Unterschied zur →Eule als Unglücksboten kennzeichnete. Er wurde gemieden, denn er galt als →Vogel der Unterwelt sowie als Trauervogel, der sich mit Vorliebe in der Nähe von Grabstätten aufhielt. Bis heute gilt es als schlimmes Vorzeichen, wenn sich der U. auf dem →Haus niederlässt, und Kranke halten seinen nächtlichen Schrei für eine Ankündigung des Todes. Ein zweiter Symbolbereich identifiziert den U. mit der als Anmaßung verurteilten oder angefeindeten exponierten Stellung. Wer sie innehat, ist „der U. auf der Krähenhütte“. Letztere bezieht sich auf eine Gewohnheit beim Vogelfang, indem ein U. dazu dient, die ihm feindlichen Vögel anzulocken, beispielsweise die →Krähe. Wenn einem Unternehmer diese Art des „Vogelfangs“ misslingt, mag er seinen als Lockvogel verwendeten „Schuhu braten“, spottete Goethe. Im Lied von der Vogelhochzeit („Ein Vogel wollte Hochzeit machen“, Fest am 25. Januar) bringt der U. „der Braut die Hochzeitsschuh“ und macht am Ende „die Fensterläden zu“.

Quellentext: „Fort mit euch, U.s! nichts als Totenlieder?“ (William Shakespeare, „Richard der Dritte“, 1591/92, der Titelheld im V. Akt zum 3. Boten)

Ulme, Rüster, hoher Laubbaum mit hartem, zähem Holz und meist doppelt gesägten Blättern in Bergregionen sowie in Wäldern und Flussauen. Die U. erreicht ein hohes Alter und gehörte im antiken Griechenland zu den Symbolen des Todes.

Uräusschlange (griech. *ouraios* zu *oura* „Schwanz“), die bis zu 2 m lange afrikan. →Schlange Kobra ohne Brillenzeichnung in der Nackenregion. In Ägypten war die U. ein Symbol der →Sonne und des Königtums. Bildnisse der Pharaonen besitzen als Insignie über der Stirn das aufgerichtete Vorderteil (Protome) mit geblähtem Hals der U.

Uringlas, als Symbol der medizin. Diagnose speziell des Harnstoffs bei Erkrankungen der →Niere ein Attribut der als Ärzte tätigen Heiligen Cosmas und Damian (Zwillinge, 3. Jh.; siehe Abb. zu →Verhüllung) sowie des hl. Pantaleon (als Attribut auch ein ärztlicher Besteckkasten).

Urne (lat. *urna* „Krug, Topf, Gefäß“), als eine Form des Grabes ein Symbol des Todes und der Vergänglichkeit, wobei die U. mitunter einen Ehrenplatz im Wohnbereich einnimmt, statt beigesetzt zu werden. Ursprünglich enthielten die seit der Jungsteinzeit bezeugten U.n aus Lehm, Ton, Stein oder Metall Grabbeigaben, dann bei der Feuerbestattung die →Asche des eingeäscherten →Leichnams. Letzteres kennzeichnet die Urnenfelderkulturen der Bronzezeit im Gebiet von der Schweiz bis Ungarn. Sonderformen der prähistor. U. sind die mit modellierten Gesichtszügen versehene Gesichtsurne und die Hausurne in Form eines →Hauses.

Uroboros, als →Schlange, die sich „in den Schwanz beißt“, ein dem →Kreis verwandtes Symbol der Ewigkeit und Unendlichkeit, auch der ewigen Wiederkehr sowie des Abstiegs des Geistes in die phys. Welt und seiner Rückkehr. Indem die zum →Ring geschlossene Schlange den ägypt. Sonnengott umgibt, ist sie ein Zeichen für den Kreislauf der Zeit. In diesem Sinne rahmt der U. im 17. Jh. die Allegorie der Zeit in Gestalt des Chronos. Darstellungen des U. im Mittelalter versehen die Schlange mit kleinen →Füßen oder ersetzen sie durch einen geflügelten →Drachen mit zwei Köpfen. In der Alchemie symbolisiert der U. die Verwandlung der Materie. Siehe auch Abb. S. 86.

Uhr. Emblem von Guillaume de La Perrière (1539) mit dem Bild einer geflügelten Standuhr, deren Gewichte ein Mann festhält: „Hüte dich, dass dir die Zeit nicht entfliehe, denn sie ist geflügelt und eilt rasch dahin. Ein kluger Mensch ergreift sie schnell und lässt sie nicht töricht entgleiten. Man soll sie redlich nutzen. Ist sie nämlich entflohen, kann man sie nicht mehr erreichen. Denk auch daran, dass du sie nicht üppig verschwenden sollst. Verlierst du sie, so kannst du dieses kostbare Gut nie wiedergewinnen."

Uhu. Grandville (Jean Ignace Isidore Gérard): Ein philosophischer Uhu und Schriftsteller in den *Scènes e la vie privatée et publique des animaux,* 1840–42.

Ulme. Emblem von Andrea Alciatus (1531 mit dem Bild einer Weinrebe, die sich um eine verdorrte Ulme rankt, und dem Motto *Amicitia etiam post mortem durans* („Freundschaft, die den Tod überdauert"): „Dies Exempel und Vorbild lehrt, wie wichtig die Wahl rechter Freunde ist, die auch im Unglück beständig sind."

Urne. Emblem von Sebastián de Covarrubias Orozco (1610) mit dem Motto *Quod non bene compleat urnam* („Was nicht einmal richtig eine Urne ausfüllt"): „Staub und Asche, was blähst du dich auf, gebrechliches Gefäß aus gemeinem Ton, Undankbarer und Treuloser, der du dich so oft wider den wendest, der dich schuf! Sterblicher Mensch, woher die Eitelkeit? Welcher todbringende Trank oder welcher Zauber raubte dir den Verstand, der du, genau betrachtet, kaum eine Handvoll Erde bist."

Uringlas. Das Detail eines vierteiligen Frontispiz eines medizinischen Handbuchs aus dem 12. Jh. zeigt ein Arzt mit einem für die Diagnostik wichtigen Urinale. Autor dieses *Viaticus Constantini* ist der getaufte Araber Constantinus Africanus; um 1060/70 begann er seine Lehrtätigkeit in Salerno.
(Vatikan, Biblioteca Apostolica Vaticana, Pal. lat. 1158, fol. 1 verso)

V

Veilchen (lat. *viola),* niedriges Frühlingsgewächs mit ei- oder herzförmigen Blättern und →violetten, intensiv duftenden Blüten. Die Römer begingen den *dies violaris* („Veilchentag") als Totengedenktag, an dem Gräber mit V. bepflanzt wurden. →Kränze aus V., die beim Gastmahl getragen wurden, sollten bei starkem Alkoholgenuss den Kopf kühlen und Kopfschmerzen vorbeugen (vgl. →Efeu). Ab dem Mittelalter symbolisierte das V. als Frühlingsbote die erwachende Liebe, doch behielt die Bescheidenheit des Blümchens zunächst Vorrang: Es stand für Demut (lat. *humilitas)* und Tugendhaftigkeit; somit gehörte das V. zu den Mariensymbolen *(Madonna de humilitate;* Lukas 1,48: „Denn auf die Niedrigkeit seiner Magd hat er geschaut"). Aus der Boxersprache stammt seit etwa 1900 die euphemist. Bezeichnung des „blauen →Auges" nach kräftigem Schlag als V.

Verhüllung, eine Vielzahl von Möglichkeiten, etwas Sichtbares teilweise oder gänzlich zu verbergen oder aber in veränderter Form zu präsentieren. Dazu dienen z. B. der →Schleier und der →Vorhang. Wie dieser können →Wolken symbol. das Göttliche, Heilige als das Numinose, verhüllen. Die Ikonographie verhüllter Hände, etwa des Simeon bei der Darbringung Jesu im →Tempel, oder der →Engel, die bei der →Taufe im Jordan die von Jesus abgelegte Kleidung bereithalten, entspricht dem Zeremoniell am Hof von Konstantinopel und symbolisiert Ehrfurcht. Die Verwandlung durch Verhüllung kennzeichnet in jüngster Zeit die Aktionen des Künstlerpaars Christo und Jeanne-Claude. So wurde 1994 in Berlin das Projekt „Wrapped Reichstag / Verhüllter Reichstag" verwirklicht. Laut Christo offenbarte die überdimensionale temporäre Skulptur mit einer Hülle aus reflektierendem Kunststoff die „einzigartige Qualität des Vergänglichen". Siehe auch Abb. S. 53.

Quellentext: „Da verhüllte Mose sein Gesicht; denn er fürchtete sich, Gott anzuschauen" (Exodus 3,6).

Violett, als Farbe zwischen →Blau und →Rot ein Symbol des Gleichgewichts und der Vermittlung zwischen Himmel und Erde, Geist und Körper. In der christlichen Kunst symbolisiert V. häufig die Passion Jesu Christi aufgrund der Verbindung Gottes mit den Menschen im Leiden und Sterben seines Sohnes. In der kathol. Liturgie ist V. die Farbe der Buße und somit der Advents- und der Passionszeit. V. ist auch das →Kreuz auf der ev. Kirchenfahne.

Virgo, lat. für das Tierkreiszeichen →Jungfrau.

Vogel, religionsgeschichtlich ein sehr frühes Symbol der Seele, die den Körper des Verstorbenen verlässt. Dieses Motiv des sich Emporschwingens durch die →Flügel und die Verbindung mit der →Luft kennzeichnen ganz allgemein die vorwiegend positive Symbolik des V.s mit dem →Adler als „König der Lüfte" an der Spitze, dessen →Augen auf die →Sonne gerichtet sind. Zu den Fabeltieren gehören der →Phönix und im Hinduismus der Garuda (Abb. S. 81). Ein Gegensatzpaar sind der →Rabe und die →Taube. Die Vielzahl des Symboltiers ist mit seiner häufigen Ambivalenz verbunden. Sie kennzeichnet die Symbolik von →Gans, →Hahn und →Pfau. Unglücks- und Todesbote ist der →Uhu, und Heuchelei gehört zu den Eigenschaften des Laufvogels →Strauß. Siehe auch →Ente, →Eule, →Falke, →Henne, →Ibis, →Krähe, →Kranich, →Lerche, →Nachtigall, →Schwalbe, →Storch. Ähnlich vielfältig sind die im Volksglauben wurzelnden Redewendungen mit V.: Wer „einen V. hat", ist geistig gestört, da ein V. in seinem Gehirn nistet; wer auf geheimnisvolle Weise Kunde von etwas erhalten hat, dem hat „ein Vögelchen davon gesungen". Bereits antike Quellen charakterisieren einen Menschen als „seltsamen V." (lat. *rara avis),* und wer sexuell aktiv ist, der vögelt.

Quellentext: „Nicht einmal in Gedanken schimpft auf den König, nicht einmal im Schlafzimmer schimpft auf einen Reichen; denn die Vögel des Himmels können dein Wort verbreiten, alles, was Flügel hat, könnte die Nachricht weitermelden" (Buch Kohelet 10,20).

Vorhang, eine Form der →Verhüllung, die in der bibl. Überlieferung zwei symbol. Bedeutungen besitzt: Zum einen ist das Firmament als Himmelskuppel ein V., der den transzendenten Himmel von der Erde trennt. Zum anderen verhüllt ein V. den →Thron Gottes – wie im Offenbarungszelt (Exodus 26,31–33) und im Tempel von →Jerusalem ein V. das Heiligste vom Allerheiligsten trennt. Im Mittelalter verdeckte in der Kirche während der Fastenzeit vor Ostern ein V. als Fastentuch („Hungertuch") den →Altar. Zum „geflügelten Wort" wurden die Verse im Epilog von Berthold Brechts Parabelstück „Der gute Mensch von Sezuan" (1943): „Der V. zu und alle Fragen offen."

Quellentext: Jesus „hat uns den neuen und lebendigen →Weg erschlossen durch den V. hindurch" (Brief an die Hebräer 10,20).

Vulva (zu lat. *volvere* „sich wölben"), das äußere Geschlechtsteil der Frau (auch Scham oder „Venushügel") und Symbol der weiblichen Sexualität.

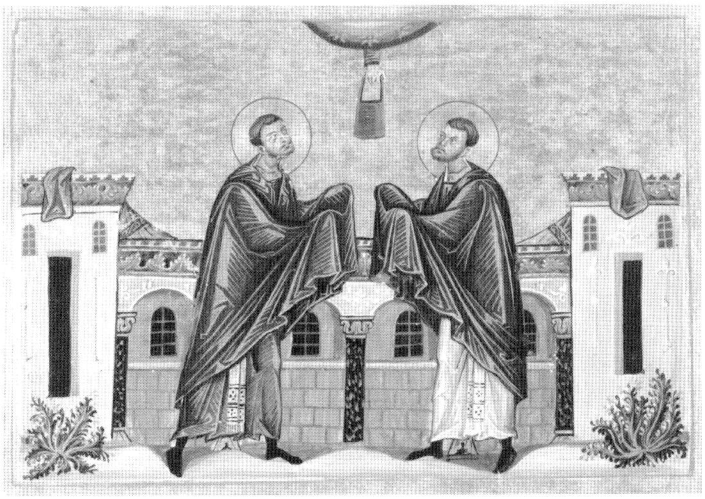

Verhüllung. Die beiden als Ärzte tätigen Brüder Cosmas und Damian, die unter Diokletian den Tod als Märtyrer erlitten haben, empfangen aus der →Hand Gottes den Heiligen Geist in Form einer Arzttasche. Gemäß einer im byzantinischen Hofzeremoniell wurzelnden Symbolik der Ehrerbietung zeigt die Miniatur aus dem 10./11. Jh. die Hände der Heiligen verhüllt. (Vatikan, Biblioteca Apostolica Vaticana)

Vogel. Die ägyptische Ikonographie gab der unsterblichen Seele die Gestalt eines Vogels mit Menschenkopf. Dieses Beispiel stammt aus dem Totenbuch des Neferrenpet, um 1200 v. Chr. (Brüssel, Musées Royaux)

Vogel. Der zwischen 1460 und 1467 nachweisbare westfälische „Banderollenmeister" gab seinem Kupferstich zum 5. Tag der Schöpfung den Charakter einer ornithologischen Lehrtafel. Ganz oben flattert eine →Fledermaus. (München, Staatliche Graphische Sammlung)

Vorhang. Das Grabmal des 1313 bei Siena gestorbenen Kaisers Heinrich VII. im Dom von Pisa erhielt um 1475 ein Gemälde von Domenico Ghirlandaio: Zwei Engel öffnen einen Vorhang, hinter dem ein weiterer Vorhang sichtbar wird.

W

Waage, das Symbol des Richtens, der Gerechtigkeit und somit ein Attribut der →Iustitia. Im Altertum steht die W. im Mittelpunkt des ägypt. Mythos vom Totengericht mit Anubis als „Wiegemeister". Auch Zeus verfügt über eine Schicksalswaage. In der Ikonographie des Jüngsten Gerichts ist sie ein Attribut des Erzengels Michael. Die Symbolik des Gleichgewichts prägt die Redewendung, jemandem „die W. halten", also ebenbürtig sein; wer „sein ganzes Gewicht in die Waagschale wirft", setzt sein Ansehen und seine Autorität ein, um in einer bestimmten Angelegenheit die Entscheidung in seinem Sinne herbeizuführen. Aufgrund des besonnenen Abwägens symbolisiert die W. auch die Klugheit. Das Tierkreiszeichen W. (lat. *libra)* entspricht dem 1. Herbstmonat. Siehe auch Abb. S. 84/85, 250, 251.

Quellentext: Zeus „legt' in die Schalen hinein zwei finstere Todeslose, / Dieses dem Peleionen [Achilleus], das dem reisigen Hektor, / Fasste die Mitt', und wog: da lastete Hektors Schicksal / Schwer zum Aïdes [Hades] hin; es verließ ihn Phöbus Apollon, / Doch zu Achilleus kann die Herrscherin Pallas Athene [...]." (Homer, „Ilias", XXII. Gesang, Verse 210–214)

Waffe siehe Farbteil 8: Waffen, Werkzeug, Geräte

Wal, als riesiger, im „Physiologus" mit einer →Insel verglichener →Fisch, auch ein Symbol der Dunkelheit, die in seinem Inneren herrscht. So schreit der vom Fisch verschlungene, vor Jahwe geflohene Prophet Jona „aus der Tiefe der Unterwelt" zu Gott und wird nach „drei Tagen und drei Nächten im Bauch des Fisches" wieder an Land gespien. In der christlichen Typologie ist dies eine Präfiguration von Christi Tod und Auferstehung. Siehe auch Abb. S. 94.

Wasser, das blaue →Gold und eines der vier Elemente, das in den meisten Schöpfungsmythen als „Urflut" (Genesis 1,1) oder →Meer den noch ungeformten Ausgangspunkt aller Gestaltung bildet. Als *materia prima* ist W. auch der weibliche Urquell allen Lebens auf der Erde, das die →Sonne und der →Regen erhalten (siehe auch →Quelle und →Fluss). Doch kennzeichnen die Mythen von der Sintflut die Ambivalenz der Symbolik des W.s, das einerseits zerstört, andererseits körperlich reinigt und zugleich spirituelle Reinigung und Wiedergeburt symbolisiert (→Bad, →Brunnen, →Taufe). Dieser Symbolbereich gipfelt im „W. des ewigen Lebens". Dagegen ist durchtrieben, wer „mit allen Wassern gewaschen ist". Siehe auch Abb. S. 50 – 55.

Quellentexte: „Alles ist aus dem W. entsprungen! / Alles wird durch das W. erhalten!" (Thales in der klass. Walpurgisnacht in Goethes „Faust II", erschienen postum 1832)
„Nichts in der Welt ist weicher und schwächer als W., und es gibt nichts, das wie W. Starres und Hartes bezwingt, unabänderlich strömt es nach seiner Art" (Lao-tse, *Daode j ing,* 78. Wort zum richtigen Verhalten der Menschen, nach 300 v. Chr., Erstausgabe 1016)

Wassermann, eine bereits mesopotam. Symbolfigur, etwa als Darstellung des Wassergeistes Enki. Sein Attribut ist eine Amphore, aus der →Wasser strömt. Das Tierkreiszeichen W. (lat. *aquarius)* entspricht dem 2. Wintermonat. 1968 aktualisierte das Rock-Musical „Hair" (Protest der nonkonformist., u. a. durch →Blumen und langes →Haar gekennzeichneten Hippies gegen den Krieg) mit dem Song „Aquarius" den Mythos einer Zeitenwende indem das Zeitalter des W.s dasjenige der →Fische ablösen soll.

Weg, ein Symbol des menschlichen Lebens und all seiner Mühen während einer lebenslangen Wanderschaft. Man „geht seinen W., hält sich alle W.e offen, steht sich selbst im W., Steine werden einem in den W. gelegt oder aus dem W. geräumt, W.e trennen sich". Letzteres betrifft sowohl bisherige Weggefährten als auch jeden Einzelnen, der am Scheideweg steht. Dieser ist der als Y symbolisierte Ort mit transzendenter Bedeutung, an dem in vielen Kulturen der Schutz höherer Mächte angerufen wird, etwa durch →Altäre, Mahnmale, geweihte Steine; im Christentum wurden →Kreuze und Kapellen errichtet. Eine mytholog. Einkleidung verwenden die Erzählungen des Prodikos von „Herkules am Scheideweg" über die Entscheidung zwischen Tugend und Genuss. Viele Religionen verfügen über einen „heiligen Weg" (lat. *via sacra),* z. B. in einem Tempelbezirk; hierauf gründet sich der Prozessionsweg, schließlich der W. der Wallfahrt. Im Mittelalter entwickelte sich in Europa ein dichtes Netz von Pilgerwegen. Das nach →Jerusalem und →Rom dritte Hauptziel war ab dem 10. Jh. das Grab des Apostels Jakobus d.Ä. in Santiago de Compostela, zu dem der Jakobsweg führt. Er ist heute Symbol eines W.es der inneren Einkehr und Gottsuche. Auch hier gilt: „Der W. ist das Ziel."

Quellentexte: „Der W. des Unehrlichen ist gewunden, aber das Tun des Lauteren ist gerade" (Buch der Sprichwörter [Salomos] 21,8).
„Geht durch das enge →Tor! Denn das Tor ist weit, das ins Verderben führt, und der W. dahin ist breit und viele gehen auf ihm. Aber das Tor, das zum Leben führt, ist eng und der W. dahin ist schmal und nur wenige finden ihn" (Von den zwei W.en, Matthäus 7,13–14).

Weihnachtsbaum siehe →Christbaum

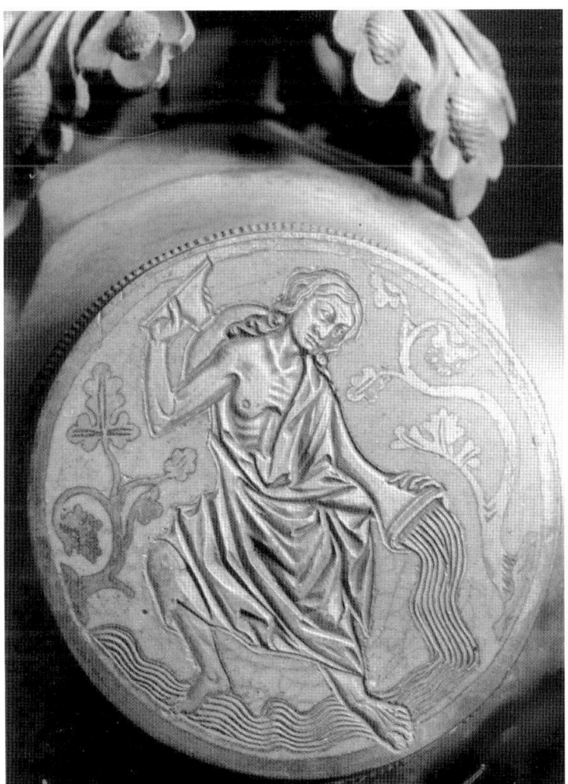

Waage. Während sich die Seelenwaage des Erzengels Michael rechts zugunsten des Verstorbenen senkt, kann der Teufel mit dem (bereits teuflischen) Insassen der linken Waagschale rechnen, denn dieser wird als zu leicht befunden. Das katalanische Tafelbild aus dem 13. Jh. stammt vom →Altar einer Kirche. (Vic, Bischöfliches Museum)

Wal. Emblem von Joachim Camerarius (1604) mit dem Motto *Nocet assentatio magnis* („Schmeichelei schadet den Großen"). Hier geht es nicht um den sprichwörtlichen großen →Fisch, der die kleinen Fische frisst, sondern gemeint ist: „Der verächtliche Schmeichler schleicht sich ein, indem er verführerisch Freundschaft heuchelt; Lässt man ihn gewähren, wird er großen Schaden anrichten."

Wasser. Emblem von Sebastiàn de Covarrubias Orozco (1610) zur Entscheidungsfreiheit mit dem Motto *Ad quod volueris* („Zu welchem willst du"): Gott stellte den Menschen „vor Wasser und →Feuer, damit er die Hand dahin ausstreckt, wohin er wolle. Er kann dabei Gut oder Böse, Leben oder Tod wählen. Er muss sich nach eigenem Ermessen hinwenden, fehle oder treffe er."

Wassermann. Detail des 1294 vollendeten Schreins der hl. Elisabeth von Thüringen mit dem Tierkreiszeichen Wassermann, der zugleich das Wasser des Lebens spendet. Siehe auf →Pelikan. (Marburg, Elisabeth-Kirche)

Weihrauch, das beim Trocknen zu Körnern erstarrte Harz des Weihrauchbaumes oder -strauchs in Ostafrika, auf der Arab. Halbinsel und in Indien. Beim Verbrennen entwickelt W. einen aromat. Duft, der gemeinsam mit dem Rauch die aufsteigenden Gebete symbolisiert. Dies galt bereits im Altertum, und seit dem 3. Jt. v. Chr. gelangte W. auf der „Weihrauchstraße" von Oman zur Küste des Mittelmeers; bis zum 15. Jh. gehörte die Herkunft des W.s zu den streng gehüteten Geheimnissen Arabiens. Im Christentum wurde W. ab dem 4. Jh. bei Bestattungen verwendet, dann bei der Messe. Heute wird W. in der kathol. und orthodoxen Liturgie verwendet. Oriental. Brauch entspricht es, dass zu den drei Gaben (daher traditionell der drei Weisen aus dem Morgenland) neben →Gold und dem Räuchermittel →Myrrhe auch W. gehört (Matthäus 2,11).

Quellentext: „Und ein anderer →Engel kam und trat mit einer goldenen Räucherpfanne an den →Altar; ihm wurde viel W. gegeben, den er auf dem goldenen Altar vor dem →Thron verbrennen sollte, um so die Gebete aller Heiligen vor Gott zu bringen" (Offenbarung 8,3).

Wein, im Altertum zunächst im „fruchtbaren Halbmond" (Mesopotamien bis Ägypten) gekeltertes Getränk, das aufgrund seiner Farbe →Rot an der Symbolik des →Blutes Anteil besaß und als Lebenselixier kult. Bedeutung gewann. Ein Beispiel ist der Mysterienkult des Gottes Dionysos (röm. Bacchus). Die Bibel verwendet auf vielfältige Weise das Symbol W., der einerseits für die Fülle der Gaben Gottes steht, andererseits für seinen Zorn. →Brot und W. empfängt Abr(ah)am von Melchisedek (Genesis 14,18) als alttestamentliche Präfiguration der sakramentalen Gaben der Eucharistie.

Weinberg, im Alten Testament ein Sinnbild des von Gott aus der ägypt. Knechtschaft befreiten Volkes Israel, und mehrere Gleichnisse Jesu handeln von der Arbeit im W. In dieser Tradition steht der W. als Symbol der Kirche.

Quellentext: „Ja, der W. des Herrn der Heere ist das →Haus Israel" (Das Lied vom W., Jesaja 5,7).

Weinstock, ein Christussymbol. Zugrunde liegen die Worte Jesu in der „Bildrede vom Fruchtbringen", Johannes 15,1–5.

Weintraube, als Zeugnis der von Mose nach Kanaan geschickten Kundschafter, die aus dem später so genannten „Traubental" an einer Stange eine riesige W. mitbringen (Numeri 13,24), ein Symbol des verheißenen Landes, in dem →Milch und →Honig fließen. Täuschend echt gemalte W.n, die →Vögel anlocken, symbolisieren in den Sagen des Zeuxis die „Augentäuschung" (frz. *Trompe-l oeil)* als eine Eigenschaft oder Gefahr der Kunst. In der Fabel verzichtet der →Fuchs auf die zu hoch hängenden W., weil sie „zu sauer" sind. Siehe auch →Igel.

Weiß, als Farbe des →Lichts Symbol der Reinheit, Unschuld und Vollkommenheit. Somit steht W. in Zusammenhang mit himml. Erscheinungen und kennzeichnet →Engel und die Seligen im Paradies. W. ist das Taufkleid, das Brautkleid, aber auch das Grabtuch, wie ja in Fernost das W. die Farbe auch der Trauer ist. Im Altertum zeichnete das W. den Rang bestimmter Opfertiere aus. Siehe auch Abb. S. 153.

Quellentext: „Und er wurde vor ihren Augen verwandelt; sein Gesicht leuchtete wie die →Sonne und seine Kleider wurden w. wie das Licht" (Verklärung Jesu, Matthäus 17,2).

Weizen, als Synonym für das Getreide insgesamt verbunden mit der Symbolik der →Ähre, des →Brots und der →Garbe. Bereits bei den Ägyptern symbolisierte das in die →Erde gesenkte Weizenkorn den Tod und die Wiedergeburt.

Quellentext: „Amen, amen, ich sage euch: Wenn das Weizenkorn nicht in die Erde fällt und stirbt, bleibt es allein; wenn es aber stirbt, bringt es reichliche Frucht" (Johannes 12,24).

Weltachse, in mehreren Kulturen ein Symbol der Verbindung von Himmel, Erde und Unterwelt. Die bildhaften Vorstellungen reichen vom →Baum und Berg bis zur →Säule und zum →Stab. Mitunter wird auch das →Kreuz Jesu als W. gedeutet.

Widder, das männliche →Schaf, Symbol der Kraft. Zum ägypt. Pantheon gehört der mit dem →Kopf des W.s ausgestattete Chnum, Schöpfer der Welt und der Menschen; unter ägypt. Einfluss entwickelte sich die Verehrung des Jupiter Ammon mit den →Hörnern des W.s. Aus ihnen besteht das kult. Schofar der Israeliten (siehe auch →Posaune). Ein W. ist Attribut des Hermes in seiner Eigenschaft als Schutzgott der Hirten. Das Tierkreiszeichen W. (lat. *aries)* entspricht dem 1. Frühlingsmonat. Diesem →Sternbild liegt der Mythos vom →Goldenen Vließ zugrunde.

Quellentext: „Als Abraham aufschaute, sah er: Ein W. hatte sich hinter ihm mit seinen Hörnern im Gestrüpp verfangen. Abraham ging hin, nahm den W. und brachte ihn statt seines Sohnes [Isaak] als Brandopfer dar" (Genesis 22,13).

Wilder Mann, der männliche Teil der Wilden Leute als Waldmenschen, die in vielen Kulturen die Lebensweise in myth. Vorzeit symbolisieren. Als Mischwesen aus Mensch und Tier tragen sie langes Haar und sind häufig von Flechten und Moos bedeckt. Ihrer Darstellung waren keine Grenzen gesetzt. Verwandt sind in der griech. Mythologie die Satyrn im Gefolge des Dionysos und der skandinav. Troll.

Widder. Kultstatue des widderköpfigen Gottes Chnum. In Elephantine, Ägypten, wurde er als Schöpfer der Welt verehrt. (London, British Museum)

Weihrauch. „Aus der Hand des Engels stieg der Weihrauch mit den Gebeten der Heiligen zu Gott empor" (Offenbarung 8,4). Detail aus der zweiten von vier mehrteiligen Bildseiten zur Offenbarung in einer Handschrift aus dem Deutschordensland, 2. Drittel des 14. Jh. (Stuttgart, Württembergische Landesbibliothek, HB XIII, 11, fol. 134 verso)

Weinstock. Rumänische Hinterglasmalerei aus dem 18. Jh. zu Jesu „Bildrede vom Fruchtbringen": „Ich bin der Weinstock, ihr seid die Reben" (Johannes 15,5a).

Weintraube. Die Meerfahrt des Dionysos, der den Menschen den Weinbau bringt. Ein →Weinstock mit gewaltigen Weintrauben überragt den Mast des →Schiffes, das →Delphine umschwärmen. Innenbild einer Trinkschale im schwarzfigurigen Stil des Töpfers und Malers Exekias aus Athen, um 535 v. Chr., Durchmesser 50,5 cm. (München, Staatliche Antikensammlungen)

Wilder Mann. Detail der Bemalung einer Holzdecke aus der 1. Hälfte des 18. Jh. (Oberbozen in Südtirol, Mariä Himmelfahrt am Ritten)

Wind, vorwiegend ein Symbol der Flüchtigkeit, Nichtigkeit und Unbeständigkeit. Er kann sich zum →Sturm steigern und auf diese Weise göttliche Mächte und menschliche Leidenschaften symbolisieren. Die griech. Mythologie kennt Windgötter, etwa Zephyros als Personifikation des sanften Westwindes, und dessen Bruder Boreas (röm. Aquilo), ein in Thrakien beheimateter Gott des Nordwindes. Der antike Herr der W.e, die er in einer Höhle auf der →Insel Aiolia verwahrt und nach Belieben freilässt, ist König Aiolos (röm. Aeolus). Nach ihm sind die durch W. hervorgerufenen äol. Klänge der Äolsharfe (Windharfe) benannt. Siehe auch Abb. S. 61.

Quellentext: „Windhauch, Windhauch, sagte Kohelet, Windhauch, Windhauch, das ist alles Windhauch. Welchen Vorteil hat der Mensch von all seinem Besitz, für den er sich anstrengt unter der Sonne?" (Buch Kohelet 1,2–3).

Windmühle, Symbol des Wahns, exemplar. geschildert im 8. Kapitel des Romans „Don Quijote" (1605–15) von Miguel Cervantes Saavedra. Es handelt vom „glücklichen Erfolg, den der mannhafte Don Quijote bei dem schrecklichen und nie erhörten Kampf mit den W.n davontrug", die er als →Riesen wahrnahm.

Winkelmaß, als Gerät, um Figuren mit rechtem Winkel wie das →Quadrat zu zeichnen, ein Symbol der Aufrichtigkeit und Gesetzlichkeit. Eine besondere Rolle spielt das W. bei den Freimaurern, bei denen es für die Einhaltung der gesellschaftlichen Regeln und die Ordnung steht. Sein Pendant ist der →Zirkel.

Wolf, ein ambivalentes Symboltier. Den positiven Aspekt verkörpert in der Sage von der Gründung →Roms die Wölfin, welche die Zwillinge Romulus und Remus säugt. Ein himml. W. galt in der Mongolei als Ahnherr des Dschingis-Khan und in China als Wächter des Himmelspalastes. Doch überwiegt die Symbolik teufl. Bosheit, Gewalt und Hinterlist, zumal beim blutrünstigen Werwolf, in den sich ein Mann (althochdt. *wer)* verwandeln kann. Bereits Herodot berichtet, dass sich die Angehörigen des skyth. Stamms der Neuroi alljährlich vorübergehend in Wölfe verwandelten. In der altnord. Mythologie kündigt das Geheul des gewaltigen Fenriswolfs den Weltuntergang an, und er verschlingt die Sonne. Bibl. ist die Opferrolle des →Lamms, aber auch die Befriedung des Raubtieres, die auch in mehreren Heiligenlegenden vorkommt; bibl. ist auch der „W. im Schafspelz".

Quellentexte: „Dann wohnt der W. beim Lamm, der →Panther beim Böcklein" (Ankündigung des messian. Reichs, Jesaja 11,6).

„Hütet euch vor den falschen Propheten; sie kommen zu euch wie (harmlose) →Schafe, in Wirklichkeit sind sie aber reißende Wölfe" (Matthäus 7,15).

Wolke, in ihrer Vielgestalt ein Symbol der Wandelbarkeit und des Geheimnisvollen. W.n umhüllen →Berge und begleiten die Erscheinung von Gottheiten; als Spender des →Regens symbolisieren sie Fruchtbarkeit. Indem sich W.n im Himmel auflösen, sind sie in China ein Symbol für das Aufgehen der ird. Persönlichkeit im Unendlichen, nach der der Weise strebt.

Quellentexte: „Während Aaron zur ganzen Gemeinde der Israeliten sprach, wandten sie sich zur →Wüste hin. Da erschien plötzlich in der W. die Herrlichkeit des Herrn" (Exodus 16,10).

Wunde, im Christentum Symbol des Opfertods Jesu am →Kreuz in Gestalt der fünf W.n; aus der Seitenwunde fließt das →Blut Christi in den →Kelch der Eucharistie. Nach der Legende (jedoch nicht in der *Legenda aurea)* erhält der hl. Franz von Assisi 1224 vom Gekreuzigten in Gestalt eines →Seraf die Stigmata der fünf Wundmale.

Würfel, allgemein ein Symbol des Zufalls, aber auch der Entscheidung. Letzteres fußt auf einem Ausspruch Julius Cäsars, der 49 v. Chr. mit seinen Truppen den Rubikon überquerte und erklärte *Alea iacta sunt* („Die W. sind gefallen"); er zitierte damit ein Wort des griech. Dramatikers Menander. Als Teil der →Arma Christi beziehen sich die W. auf die Verlosung von Jesu nahtlosem Untergewand unter röm. Soldaten (Johannes 19,24; Zitat aus Psalm 22, Vers 19).

Wurzel Jesse, Symbol der neutestamentlichen Erfüllung der messian. Verheißung im Alten Testament. Zugrunde liegen Jesaja 11,1 und Matthäus 1,1–17. Dargestellt ist der Stammbaum Jesu, der aus dem schlafenden Isai (früher Jesse genannt) emporwächst. Dieser →Baum gipfelt in Maria mit dem Jesuskind; darüber symbolisieren →Tauben die Gaben des Hl. Geistes.

Wüste, Symbol der Unfruchtbarkeit, der Verirrung und Verlassenheit. Sie ist der Ort der Gottferne wie auch der Ort, an dem Gott sich offenbart, etwa während der Wanderung der Israeliten durch die W. zu dem verheißenen Land jenseits des Jordan. In der W. verkündet Johannes das Kommen des Messias, und in der W. wird Jesus vom Teufel in Versuchung geführt. Daran knüpfen mehrere Heiligenlegenden an, insbesondere die Versuchung des hl. Eremiten Antonius d. Gr. durch Dämonen. Auch Büßerinnen wie die Heiligen Maria Aegyptica und Maria Magdalena finden Zuflucht in der W.

Quellentext: „Eine Stimme ruft in der W.: Bereitet dem Herr den →Weg! Ebnet ihm die Straßen!" (Markus 1,3; Zitat Jesaja 40,3).

Wind. „Der Ostsüdostwind“, Detail aus Albrecht Dürers Holzschnitt der Weltkarte des Stabius, um 1515.

Windmühle. Emblem von Guillaume de La Perrière (1553) zum Verhältnis zwischen Mittel und Zweck: „Man sah nie eine Windmühle mahlen, wenn sie mit einem Blasebalg angetrieben wurde. Diese Auskunft macht deutlich und klar, dass jedes Ding das ihm Angemessene verlangt. Alles tut die Natur wohlüberlegt als Herrin und meisterhafte Künstlerin. Der verständige und gebildete Mensch wird nie Unmögliches unternehmen.“

Winkelmaß. Emblem von Petrus Costalius (1555) zur Rechtsprechung mit dem Motto *In normam lesbiam bonus iudex* („Guter Richter“). Das Bild zeigt einen Handwerker, der ein Winkelmaß anlegt: „Sieh, wie an allen Seiten eines Werkes stets der rechte Winkel angelegt wird. Oft ist der Sinn eines geschriebenen Gesetzes tief im Inneren verborgen und liegt ganz in der Hand des Richters. Dieser muss ihn in in den verschiedenen Fällen unterschiedlich auslegen und nicht immer ein und derselben Grundregel folgen.“

Würfel. Emblem von Daniel Heinsius (1615) mit einem Würfelspiel zwischen Amor und dem für die Hochzeit zuständigen Hymen und dem Motto *Exitus in dubio est* („Der Ausgang ist zweifelhaft“). Wer von ihnen gewinnt, bleibt offen, denn „kippt der Würfel, schlägt die Sache noch fehl“.

Wolf. Karikatur von Honoré Daumier 1867 in der Reihe seiner *Actualités* zum preußischen Hegemonialstreben im 1866 aufgelösten Deutschen Bund: Ein Wolf mit Pickelhelm bewacht eine Herde →Schafe, die laut Beschriftung Länder wie Baden, Hessen und Hannover verkörpern.

Y

Y, Symbol des →Gabelkreuzes und der Gabelung eines →Wegs am Scheideweg.

Yantra, im Hinduismus und Tantrismus ein zur Meditation dienendes Diagramm. Es repräsentiert bestimmte Gottheiten oder göttliche Kräfte und bildet im Unterschied zum →Mandala eine Konfiguration ausschließlich geometr. Grundformen. Der umschließende →Kreis des Weltalls wird auch als →Mauer bezeichnet. Verbreitet ist das Sri-Yantra mit dem →Dreieck als Symbol des Shakti, der weiblichen Form des Göttlichen. Die gemalten Y.s werden auch als Amulette verwendet, etwa als Metallplättchen mit eingeritztem Diagramm. Y. bezeichnet auch einen der drei Pfade der Spiritualität im Hinduismus, nämlich die losgelöste, zweckfreie Handlung. Ein zweiter Pfad ist das Mantra (eigentlich ein Laut als Aspekt des Göttlichen) als Weg der Erkenntnis. Den dritten Pfad bildet die im Tantrismus vorherrschende erot. Hingabe. Abb. S. 159.

Yggdrasil, in der german. Mythologie der →Baum Weltesche mit zentraler Stellung im Weltbild und den Eigenschaften einer →Weltachse: Die Äste breiten sich am Himmel und auf der ganzen Erde aus; die →Blätter wachsen stets nach, da die →Ziege Heidrun daran frisst; erst bei der Götterdämmerung am Ende der Welt werden sie welk. An den Wurzeln entspringen die beiden „Quellen der Weisheit und des Schicksals" mit den drei Normen Urd, Werdani und Skuld. Der Baum verbindet das von der Midgardschlange umgebene Reich Midgard, in dem die Menschen leben, mit Asgard, dem Land der Götter, und der Unterwelt Hel. Im Wipfel sitzt ein →Adler und beobachtet die Welt. Zwischen seinen Augen hockt ein Habicht als Wettermacher. Siehe Abb. S. 87.

Quellentexte: „Eine Esche weiß ich, / sie heißt Y., / die hohe, benetzt / mit hellem Nass; / von dort kommt der Tau, / der in Täler fällt; / immergrün steht sie / am Urdbrunnen" („Snorri-Edda, Der Seherin Weissagung", um 1220, Strophe 19).

„Die Esche Y. / muss Unbill leiden / mehr als man meint, / der Hirsch äst den Wipfel, / die Wurzeln nagt Nidhögg" („Snorri-Edda, Grimnirlied", um 1220, Strophe 33).

Yin und Yang, im chines. Welt- und Menschenbild das Symbol der Polarität als S-förmige Teilung des →Kreises; formal entspricht das Symbol dem got. Ornament Fischblase bzw. Schneuß. Der Dualismus verbindet das weibliche Prinzip Yin und das männliche Prinzip Yang zum Idealfall der Einheit. Yin symbolisiert die Erde, die Passivität, Feuchtigkeit, die Schatten, Kälte und den Norden. Yang symbolisiert den Himmel, die Aktivität, Trockenheit, Helligkeit, Wärme und den Süden. Zwar ist die Yin-Seite die dunklere Hälfte des Symbols, die Yang-Seite die hellere Hälfte. Beide enthalten aber einen jeweils gegenteilig gefärbten Kreis als Zeichen für das angestrebte komplementäre Verhältnis der Gegensätze. Als Philosophie wurde Y. u. Y. im 12. Jahrhundert von Chu-Hsi ausgearbeitet. Darüber hinaus sind Dualsysteme in nahezu sämtlichen Religionen und Weltanschauungen von zentraler Bedeutung und besitzen das Streben nach der höheren Einheit im Sinne der „Aufhebung" von These und Antithese in einer Synthese, die nichts mit einer Vermischung zu tun hat. Elemente einer bipolaren Struktur sind Leben und Tod, Tag und Nacht, das Oben und das Unten, links und rechts. Religionsgeschichtlich ist das frühe Christentum durch die Auseinandersetzung mit streng dualist. Strömungen geprägt, die dem Bösen dieselbe Macht zuerkannten wie dem Guten, Gott wie dem Teufel; dies galt für die Gnosis und den Manichäismus. Siehe auch Abb. S. 159.

Ymir, Aurgelmir, in der german. Mythologie ein →Riese der Urzeit. Von ihm stammen jene Riesen ab, die den Frost symbolisieren.

Yoni, im Hinduismus das weibliche Pendant zum männlichen →Linga(m). Diesem und der Y. gebührt im Shivakult hohe Verehrung, und beide Symbole bilden in der Regel ein gemeinsames Kultmal: Den Säulenstumpf des Shiva (→Phallus) umschließen Wülste als →Ringe auf dem →Quadrat der Basis. Beide formsymbol. charakterisierten Grundelemente vereinigen sich im Akt der Weltschöpfung und der Erhebung des Geistigen aus dem Materiellen.

Ysop (griech. *hyssopos* zu hebrä. *ezob),* eine strauchartige Gewürz- und Heilpflanze mit meist dunkelblauen Blüten, heimisch in mediterranen Gegenden. In der Antike wurde Y. dem medizin. verwendeten →Wein beigemischt. Wedel aus Y. dienten den Israeliten zum Besprengen mit dem →Blut von Opfertieren und im christlichen Ritus zum Besprengen mit geweihtem →Wasser. Da Y. auf steinigem Boden wächst, symbolisiert er Demut und war somit auch ein Mariensymbol.

Quellentexte: „Entsündige mich mit Y., dann werde ich rein; wasche mich, dann werde ich →weißer als →Schnee" (Bitte um Vergebung, Psalm 51,9).

„Ein Gefäß mit Essig stand da. Sie steckten einen Schwamm mit Essig auf einen Ysopzweig und hielten ihn an seinen [Jesu] Mund" (Johannes 19,29).

Yin und Yang. Darstellung des Urriesen Pan-ku mit dem Symbol von Yin und Yang aus dem 19. Jh. Pan-ku ging im chinesischen Mythos aus dem →Chaos hervor und teilte die Elemente in das weibliche Prinzip Erde und das männliche Prinzip Himmel. (London, British Museum)

Yoni. Das Monument in Rajashtan (Indien) verbindet das hier säulenartig stilisierte männliche Geschlechtsorgan →Lingam (des Shiva) mit dem scheibenförmigen, vom Lingam durchdrungenen weiblichen Geschlechtsorgan Yoni.

Z

Zahlensymbolik, allgemein die Auffassung von Quantitäten als Qualitäten. Bereits in den frühen Hochkulturen des Altertums entwickelte sich unter dem Eindruck der Periodizität von Erscheinungen am Himmel und auf der Erde der Sinn für arithmet. darstellbare Ordnungen. Dass Zahlen das Wesen aller Dinge enthalten und die Harmonien auf Zahlenverhältnissen beruhen, gehört zu den Lehren der Pythagoräer, ursprünglich die Mitglieder einer religiösen Gemeinschaft in Kroton (Unteritalien). Um 500 v. Chr. hatte der Mathematiker und Philosoph Pythagoras von Samos diese auch mit polit. Grundsätzen befasste Gemeinschaft gegründet. Hier wie in den folgenden Jahrhunderten entstanden Geheimlehren einer Zahlenmystik. Dazu gehört, im Unterschied zur Geometrie der auf Zahlenverhältnissen beruhenden Konstruktion von Flächen und Körpern, die Gematrie: Indem Buchstaben und Zahlen korrelieren, bestehen Beziehungen zwischen Begriffen und Namen mit gleichem Zahlenwert ihrer Buchstaben (z. B. in der Kabala). Im 9. Jh. n. Chr. stellte Hrabanus Maurus im Hinblick auf die Ausbildung der Geistlichen fest: „Die Heilige Schrift enthält unter den vielen und verschiedenen Zahlen andeutungsweise viele Geheimnisse, die jenen verborgen bleiben müssen, die nicht die Bedeutung der Zahlen kennen. Deshalb ist es notwendig, dass alle eifrig Arithmetik studieren, die ein höheres Verständnis der Heiligen Schrift zu erlangen wünschen."

– **Null** (lat. *nullus* „keiner"), Bezeichnung für die arab. Ziffer 0. Sie symbolisiert Ungültigkeit (etwas ist „N. und nichtig") und Unfähigkeit (jemand „ist eine N."), aber auch als Beginn der Zahlenreihe den Anfang.

– **Eins,** mit dem →Kreis und der →Kugel um einen einzigen Mittelpunkt verwandtes Symbol der ungeteilten Einheit vor aller Entstehung der Einzelheiten und der Individualisierung; Symbol der Einzigartigkeit Gottes im Monotheismus. In der Emblematik hat die E. als röm. Ziffer I auf einer Karte in der Hand Amors die Bedeutung „Vollkommene Liebe gibt es nur für eine(n)".

Quellentexte: „Du sollst neben mir keine anderen Götter haben" (1. Gebot, Exodus 20,2). „Im Namen Gottes, des Erbarmers, des Barmherzigen" (Sure 1,1). Mit diesem ersten Vers der Sure „Die Eröffnung" (arab. *al-Fātiha)* beginnt jede der 114 Suren des Koran.

– **Zwei,** Symbol der Teilung und der Dualsysteme (siehe →Yin und Yang), die sich auf die Vielzahl der Polaritäten stützen, die Mensch und Natur beherrschen. Auch Symbol einerseits des Gleichgewichts etwa der beiden Schalen der →Waage, andererseits der Auseinandersetzung (Zweikampf) und der Zwietracht. Jede Medaille hat „zwei Seiten", bestehend aus Vorteilen und Nachteilen, Licht- und Schattenseiten. In der antiken Mythologie wird das Dualsystem, das als Ambivalenz ein wesentliches Merkmal der Symbole bildet (gut/böse, positiv/negativ) durch →Zwillinge verkörpert. Sprichwörtlich wurden die Dioskuren („Gottessöhne") Kastor und Pollux als Symbole enger Freundschaft. Bibl. Beispiele gegensätzlicher Geschwister sind Jakobs Frauen Lea und Rahel, die Personifikationen der *Vita activa* und der *Vita passiva,* sowie die Schwestern Maria und Marta aus Betanien.

– **Drei,** als →Dreieck dargestellte Summe der →Eins und der →Zwei. Sie ergibt symmetr. Einheit und symbolisiert den (phys.) Himmel. In mehreren Religionen bilden drei Gottheiten die höchste göttliche Einheit: bei den Ägyptern Horus, Isis und Osiris, im Hinduismus Brahma, Shiva und Vishnu, im Christentum Gottvater, Christus und der Heilige Geist. In der christlichen Tugendlehre bilden →Caritas, →Fides und →Spes die Gruppe der drei „theolog. Tugenden". In den Märchen spielen häufig drei Geschwister eine Rolle; drei Prüfungen müssen bestanden und drei Rätsel gelöst werden.

– **Vier,** als →Quadrat dargestelltes Symbol der Erde mit ihren vier Himmelsrichtungen und Jahreszeiten. Im ird. Paradies nehmen vier →Flüsse ihren Anfang und bewässern die vier Weltgegenden. Körpersäfte bestimmen die vier Temperamente der Choleriker, Sanguiniker, Phlegmatiker und Melancholiker; →Erde, →Feuer, Luft und →Wasser sind die vier Elemente. Den vier „großen Propheten" entsprechen die vier Evangelisten mit den Symbolen →Adler, →Engel, →Löwe und →Stier. Zugrunde liegen vier viergestaltige Wesen (→Tetramorph). Zur christlichen Tugendlehre gehören die antiken vier Kardinaltugenden →Fortitudo, →Iustitia, →Sapientia, →Temperantia.

– **Fünf,** dargestellt als Fünfpass und als →Pentagramm. Symbol des Mikrokosmos Mensch mit seinen fünf Extremitäten →Kopf, →Arme mit den →Händen mit je fünf →Fingern und den Beinen und →Füßen mit je fünf Zehen. Hinzu kommen mittels der →Augen, →Ohren, →Nase, →Mund und den Händen die Wahrnehmungen der fünf Sinne Sehen, Hören, Riechen, Schmecken, Fühlen (Tasten). Die erste der Fünf Säulen des Islam ist das tägliche Gebet; die Gruppe der fünf großen Propheten bilden im Islam Abraham, Noach, Mose, Jesus und Muhammad.

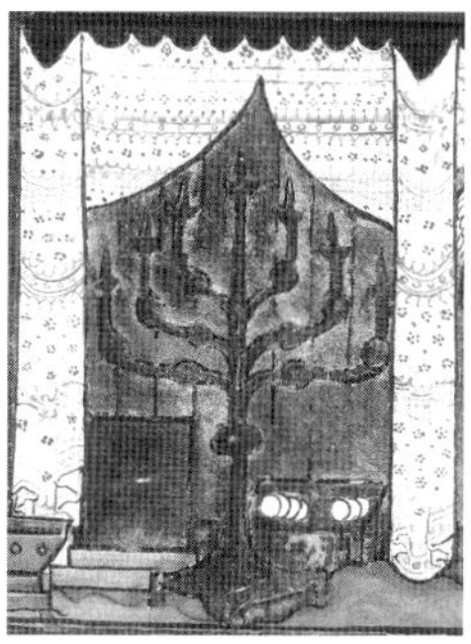

Zahlensymbolik: Zwei. Ein Beispiel für die Duplizität der menschlichen Gliedmaßen sind die Fußspuren. Hier sind es die kultisch verehrten Abdrücke der →Füße Buddhas mit jeweils dem →Rad der Lehre auf den Sohlen. Das Relief aus dem 1. Jh. v. Chr. stammt aus dem großen Stupa in Amaravati im indischen Bundesstaat Andhara Pradesh. (London, British Museum)

Zahlensymbolik: Drei. Das Kuppelfresko aus dem 16. Jh. in der Vorhalle zur Kirche des Athosklosters Dochiario, Griechenland, zeigt die drei Personen der Dreifaltigkeit; zu ihnen gehört die →Taube des Heiligen Geistes über der vom →Kreuz bekrönten →Kugel der Welt.

Zahlensymbolik: Vier. Die Welt- und Kirchenallegorie im karolingischen Evangeliar aus Saint-Médard im Soissons (um 800) reiht im Mittelteil die vier Evangelistensymbole →Adler, →Stier, →Löwe und Mensch (→Engel). Somit symbolisieren die vier →Säulen die Vier Evangelien. (Paris, Bibliothèque Nationale, Ms. lat. 8850, fol. 1 verso)

Zahlensymbolik: Fünf. Ein Fünfpass (Pass = Zirkelschlag) füllt den Spitzbogen eines gotischen Fensters im Kreuzgang von Stift Heiligenkreuz im südlichen Wienerwald.

Zahlensymbolik: Sieben. „Der geheimnisvolle Sinn der sieben →Sterne, die du auf meiner rechten Hand gesehen hast, und der sieben goldenen Leuchter ist: Die sieben Sterne sind die sieben Engel der sieben Gemeinden und die sieben Leuchter sind die sieben Gemeinden" (Offenbarung 1,20). Detail aus der ersten von vier mehrteiligen Bildseiten zur Offenbarung in einer Handschrift aus dem Deutschordensland, 2. Drittel des 14. Jh. (Stuttgart, Württembergische Landesbibliothek, HB XIII, 11, fol. 102 verso)

Zahlensymbolik: Sieben. Der Ausschnitt aus einer Bildseite des Psalters Ludwigs des Heiligen, um 1250, zeigt das Offenbarungszelt mit dem Kultleuchter →Menora. Seine sieben Arme symbolisieren die sieben Tage der Schöpfung. (Paris, Bibliothèque Nationale Ms. lat. 10525, fol. 36 recto)

– **Sechs,** dargestellt als →Hexagramm. Die Summe der ersten drei Zahlen (1+2+3) symbolisiert göttliche Allmacht, und der Pentateuch (5 Bücher Mose) beginnt mit dem Sechstagewerk der Schöpfung mit der Erschaffung der Landtiere und der Menschen am 6. Tag: „Als Mann und Frau schuf er sie. Gott segnete sie, und Gott sprach zu ihnen: Seid fruchtbar und vermehrt euch, bevölkert die Erde, unterwerft sie euch" (Genesis 1,27–28).

– **Sieben,** Symbol der Himmel und Erde (→Kreis und →Quadrat) umfassenden Einheit. Die Symbolik der Siebenzahl reicht in der Bibel, im Judentum und im Christentum, vom siebten Tag der Schöpfung (Ruhetag Gottes, Sabbat) und der siebenarmigen →Menora(h) über die sieben Gaben des Hl. Geistes, Bitten des Vaterunsers, Tugenden (→Drei und →Vier) und Hauptsünden bis zur Siebenzahl in der Offenbarung (→Leuchter, →Siegel, →Sterne). Der Sabbatruhe am siebten Tag entspricht alle sieben Jahre das Sabbatjahr (Levitikus 25) als Brachjahr (Äcker und →Weinberge blieben „brach"), in dem Schulden erlassen und Sklaven freigelassen wurden; heute nehmen Lehrende ein vorlesungsfreies Sabbatjahr in Anspruch. Die kathol. Kirche kennt sieben Sakramente. Im Altertum waren sieben →Planeten bekannt; die Spätantike bewunderte sieben Weltwunder der Kunst und gliederte die höhere Bildung in Sieben Freie Künste *(septem artes liberales),* unterteilt in das Quadrivium („Vierweg") Arithmetik, Geometrie, Astronomie, Musik und das Trivium („Dreiweg") Grammatik, Rhetorik, Dialektik. Der Begriff „siebter Himmel" stammt aus dem Islam.

– **Acht,** dargestellt als Oktogon, z. B. als achtseitiges Baptisterium mit oktogonalem Taufbecken, denn die →Taufe Jesu ist der achte Tag der Schöpfung. Als ihr Vollender gilt Christus, dessen Auferstehung ebenfalls durch die A. symbolisiert wird. Als erste Kubikzahl (2 x 2 x 2 = 8) ist die A. Symbol der Vollkommenheit, die nach der Lehre der Pythagoräer in der 3. Potenz erreicht wird. Große Bedeutung besitzt die A. im Hinduismus (acht →Arme des Vishnu, acht Blütenblätter des →Lotos) und im Buddhismus. Hier symbolisieren die acht Speichen im →Rad der Lehre den achtfachen Pfad.

– **Neun,** Symbol der himml. Herrlichkeit mit 3 x 3 Hierarchien der Engelchöre. In der Antike bilden neun Musen das Gefolge Apollons; ihre Zuordnung zu den einzelnen Künsten erfolgte in hellenist. Zeit: Erato (Liebesdichtung), Euterpe (Lyrik), Kalliope (Epik), Klio (Geschichtsschreibung), Melpomele (Tragödie), Polyhynia (Hymne), Terpsichore (Chorlied), Thalia (Komödie) und Urania (Himmelskunde). In China bedeutet die N. Glück (z.B. die neun →Drachen der Kaiser).

– **Zehn,** Grundlage des Dezimalsystems und als Summe der ersten vier Zahlen (1 + 2 + 3+ 4) Symbol der Ganzheit. Die beiden →Gesetzestafeln verzeichnen die Zehn Gebote des Dekalogs. Die →Harfe Davids ist mit zehn Saiten bespannt, welche die zehn Himmelssphären symbolisieren.

– **Elf,** als Zahl, welche die →Zehn des Dekalogs überschreitet, ohne die →Zwölf zu erreichen, ein Symbol der Sünde.

– **Zwölf,** eine heilige Zahl (3 x 4) von ähnlicher Bedeutung wie die →Sieben (3 + 4): Zwölf Stämme Israel (Nachkommen Jakobs) und Jünger Jesu und Apostel sowie Tore des himml. →Jerusalem auf Erden; zwölf Gottheiten thronen auf dem Olymp. Der →Tierkreis gliedert sich in zwölf →Sternbilder.

– **Dreizehn,** eine ambivalente Symbolzahl. Sie bildet die Summe der →Zehn des Dekalogs und der →Drei der Trinität sowie die Zahl Jesu beim Abendmahl mit den zwölf Jüngern, von denen aber einer der Verräter ist. Hieraus leitet sich die Unglückszahl her, welche die →Zwölf überschreitet.

– **Vierzehn,** die Verdoppelung der hl. →Sieben, Zahl des Guten und der Barmherzigkeit. 14 Nothelfer sind die Heiligen Achatius, Ägidius (Saint Gilles), Barbara, Blasius, Christophorus, Cyriakus, Dionysius (Saint Denis), Erasmus, Eustachius, Georg, Katharina von Alexandria, Margaretha von Antiochia, Pantaleon und der Knabe Vitus.

– **Einundzwanzig,** Das Produkt der hl. Zahlen →Drei und →Sieben. Das Buch der Weisheit nennt 21 Eigenschaften zum Lob der Weisheit: „In ihr ist ein Geist (1) gedankenvoll, (2) heilig, (3) einzigartig, (4) mannigfaltig, (5) zart, (6) beweglich, (7) durchdringend, (8) unbefleckt, (9) klar, (10) unverletzlich, (11) das Gute liebend, (12) scharf, (13) nicht zu hemmen, (14) wohltätig, (15) menschenfreundlich, (16) fest, (17) sicher, (18) ohne Sorge, (19) alles vermögend, (20) alles überwachend, (21) alle Geister durchdringend, die denkenden, reinen und zartesten" (Weisheit 7, 22–23).

– **Vierundzwanzig,** Produkt von →Vier und →Sechs bzw. →Drei und →Acht, Anzahl der Stunden eines Tages und der Tage eines Mondzyklus.

– **Dreiunddreißig,** Anzahl der Lebensjahre Davids und Jesu (Kreuzigung im 33. Lebensjahr).

– **Vierzig,** Symbol der Erprobung. So viele Jahre wanderten die aus Ägypten befreiten Israeliten durch die →Wüste; so viele Tage dauerte die Sintflut, hielt Mose sich auf dem Berg Sinai auf, fastete Jesus nach seiner Taufe im Jordan.

Zahlensymbolik: Zehn. Mose empfängt auf dem Berg Sinai die Zahn Gebote. Ausschnitt aus einer mit Inschriften versehenen Bildseite im Machsor (hebräische Sammlung von Gebeten) des Schreibers Re'uben, um 1290. (Dresden, Sächsische Landesbibliothek–Staats- und Universitätsbibliothek, Mscr. Dresd. A 46a, fol. 202 verso)

Zahlensymbolik: Zwölf. Ausschnitt aus Giottos „Jüngstem Gericht" (1303–06) mit den zwölf Aposteln als Beisitzer zu beiden Seiten des Weltenrichters in einer →Mandorla. (Padua, Eingangswand der Arenakapelle)

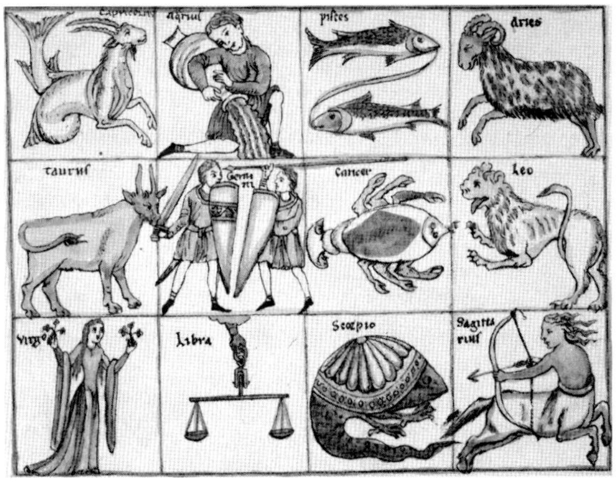

Zahlensymbolik: Zwölf. Die gewöhnlich kreisförmig angeordneten Sternbilder des →Tierkreises sind hier in drei Streifen gereiht: →Steinbock, →Wassermann, →Fische, →Widder, →Stier, →Zwillinge, →Krebs, →Löwe, →Jungfrau, →Waage, →Skorpion, →Schütze. Kopie des 1870 in Straßburg verbrannten Originals des *Hortus deliciarum* („Garten der Wonne"), um 1180, Hauptwerk der Herad von Landsperg, von 1167 bis zum Tod 1195 Äbtissin des Klosters Odilienberg im Elsass.

Zahn, Symbol der Vitalität, Kraft und Schönheit sowie der Aggression und Gefahr. Ein griech. Mythos lässt die krieger. Spartaner aus ausgesäten Drachenzähnen erwachsen. Das bibl. Gesetz „Auge für Auge, Z. für Z." (Exodus 21,24), bedeutet, eine Tat ebenbürtig zu bestrafen und nicht härter, wurde jedoch zum Symbol einer Rachejustiz umgedeutet. Vergänglichkeit symbolisiert der „Z. der Zeit". Attribut der hl. Apollonia, der Schutzheiligen der Zahnärzte und -patienten, ist die →Zange mit einem Z., da ihr Martyrium u. a. im Herausreißen ihrer Zähne bestand.

Zange, Symbol der Metallbearbeitung, der Zahnärzte, seltener der Hebammen. In der Antike wurde sie als Attribut des griech. Feuer- und Schmiedegottes Hephaistos auf Vasenmalereien dargestellt. In der christlichen Ikonographie symbolisiert sie das Marterwerkzeug der hl. Agatha, der die Brüste mit einer Z. zerrissen wurden, und der hl. Apollonia, deren Attribut eine Z. mit einem →Zahn ist.

Zankapfel, Erisapfel, nach der griech. Personifikation der Zwietracht benannter goldener →Apfel. Ihn erhielt Paris als Schiedsrichter im Rangstreit von Aphrodite, Athene und Hera. Sprichwörtlich kann selbst eine Bemerkung als Z. dienen, indem sie eine Auseinandersetzung hervorruft.

Zeder, vielseitig nutzbare Nadelbaumart von hoher Schönheit und Haltbarkeit, von alters her heimisch im Libanon, dessen Nationalsymbol sie ist; aber auch in der Südtürkei. In der Bibel ist die Z. ein Symbol der Jugend, Schönheit, Größe, Kraft und Macht. Wie alle immergrünen Nadelhölzer symbolisierte sie auch Unsterblichkeit; ihr Holz hielt man für unverfaulbar und verwendete es beim Bau des salomon. Tempels. Doch war die kostspielige Zeder auch ein Symbol der Hoffart. Im Christentum sah man im Zedernholz eine Parallele zum Fleisch Christi, das „keine Verwesung erlitt" (Kyrill von Alexandria, um 400).

Quellentexte: „Der Gerechte gedeiht wie eine →Palme, er wächst wie die Z.n im Libanon" (Psalm 92,13).

Zehn siehe →Zahlensymbolik

Zelt, im Judentum das Offenbarungszelt bzw. die Stiftshütte, Heiligtum und Symbol der Israeliten nach ihrem Auszug aus Ägypten und der Erneuerung ihres Bundes mit Gott. In ihm wurde die Bundeslade aufbewahrt, und Mose empfing hier Anweisungen Gottes. Das Z. ist auch Symbol der Kirche.

Zepter, Szepter (griech, *skeptron* „→Stab"), Hoheitszeichen und Symbol weltlicher Macht. Antike Vorstufen sind Zweige, Hirtenstäbe, Würdestäbe oder Ritualkeulen. Z. haben unterschiedliche Bekrönungen, bei Herrschern meist eine →Kugel, in der Heraldik u. a. auch einen Zapfen, →Adler, ein →Kreuz, eine →Krone oder →Lilie.

Ziege, Geiß (griech. *chímaira),* als Jungtier bei Völkern des Altertums Symbol der Unschuld und Wehrlosigkeit wie das →Lamm, und Opfertier verschiedener Gottheiten. Zudem symbolisiert die Z. die genügsame Ernährerin und ist Teil von Fruchtbarkeitskulten. Die Nymphe Amaltheia in Gestalt einer Z. nährte den jungen Zeus, und eine Z. säugte den Gott der Heilkunst Asklepios (Äskulap). Die Z. ist Teil des Mischwesens →Chimäre. Aigis, der Blitz, Donner und Schauer schleudernde →Schild der Göttin Athene, bestand aus einem Ziegenfell. Das Ziegenhorn ist als →Füllhorn ein Fruchtbarkeitssymbol. Das bibl. Offenbarungszelt (→Zelt) ist mit einem Ziegenfell bedeckt. Im german. Weltmythos steht die Himmelsziege Heidrun auf dem Dach von Walhall und nährt die gefallenen Kämpfer mit Met aus ihrem Euter; ihr Futter sind die Blätter der Weltesche →Yggdrasil. Seit dem Mittelalter ist die Z. ein Symbol der Armut: Sie ist die Milch- und Fleischspenderin armer Leute und frisst zugleich alles Grün weg. „Zicken machen" bedeutet, meckernd Schwierigkeiten bereiten; Mädchen und Frauen, die sich so verhalten, sind Zicken.

Ziegenbock, Symbol der Lüsternheit, Vitalität und des Bösen. Der griech. Weingott Dionysos verwandelte sich bei der Flucht der olymp. Götter vor Typhon in einen Z. Die Personifikation der →Luxuria reitet auf einem Z. Der Satyr, aber auch der Hirten- und Vegetationsgott Pan sind Mischwesen aus Mensch und einem Z. von starker Brünstigkeit, das „pan. Schrecken" auslöst; im Christentum beeinflusste es die Vorstellung des Teufels als bocksbeinige, gehörnte Gestalt. Im nord. Mythos ziehen die Böcke Tanngnjostr und Tanngrisnir den Wagen des Gottes Thor. Der Z. ist im Christentum Sinnbild der Sünder, der Unkeuschheit und des Teufels und wird zum Hass-Symbol auf das Judentum. Der bibl. Sündenbock symbolisiert die Befreiung der Israeliten von Sünden mit Hilfe eines Z.s (Levitikus 16,8–22) am Tag der Sündenvergebung (hebr. *Jom Kippur).* Heute bedeutet, jemanden „zum Sündenbock zu machen", ihm ungerechterweise Fehler anzulasten.

Quellentext: „Aaron soll seine beiden Hände auf den →Kopf des lebenden Bockes legen und über ihm alle Sünden der Israeliten und alle ihre Fehler bekennen. Nachdem er sie so auf den Kopf des Bockes geladen hat, soll er ihn durch einen bereitstehenden Mann in die Wüste treiben lassen, und der Bock soll alle ihre Sünden mit sich in die Einöde tragen" (Levitikus 16,21–22).

Zahn. Mit Türkis belegte hölzerne →Maske des insbesondere im toltekischen Tula als Kulturbringer verehrten Helden und Gottes Quetzalcoatl; Mexiko, 14./15. Jh. Die Zähne sind hier Ausdruck von Kraft und Vitalität. (London, British Museum)

Zankapfel. Das Tafelbild aus dem 15. Jh zeigt die rivalisierenden Göttinnen Hera, Athene und Aphrodite. Der trojanische Prinz Paris schlichtet vorerst ihren Zank, indem er der Liebesgöttin den →Apfel als Auszeichnung ihrer Schönheit übergibt. (New York, Metropolitan Museum of Art)

Ziege. Zum Umkreis von Walhalla gehört eine Ziege; sie frisst Blätter der Weltesche Yggrasil. Detail aus der Abb. S. 87.

Zelt. Abrahams zur Brautschau ausgesandter Knecht brachte Rebekka zu Isaak, und dieser „führte Rebekka in das Zelt seiner [verstorbenen] Mutter Sara. Er nahm sie zu sich und sie wurde seine Frau“ (Genesis 24,67). Illuminierte Textseite der Zweiten Nürnberger Haggada. (Jerusalem, The Schocken Institute for Jewis Research, Ms. 24087, fol. 32 recto)

Zikade, Singzikade, Symbol der menschlichen Seele sowie der Unsterblichkeit, der Wiedergeburt, eines langen Lebens, aber auch der Sangeskunst und Eloquenz, mitunter der Erotik. In Athen wurde die Z. später ein Symbol der Autonomie der Stadt, da man glaubte, die Urahnen der Athener seien wie die Z.n aus dem Boden „geschlüpft". Es gibt neben einer Vielzahl von Schmuckstücken in Zikadenform auch Münzen mit einer Zikadendarstellung, z. B. neben der →Eule der Göttin Athene, umrandet von einem heiligen→Olivenzweig. Bekannt war bereits, dass nur die männliche Z. eine Stimme hat; so meinte der Komödiendichter Xenarchos (4. Jh. v. Chr.): „Glücklich leben die Z.n, denn sie haben stumme Weiber."

Quellentext: „[...] Du den Sterblichen Verehrte, / Süßen Frühlings süßer Bote!. / Ja, dich lieben alle Musen, / Phobus selber muss dich lieben, / Gaben dir die Silberstimme, / Dich ergreifet nie das Alter, / Weise, Zarte, Dichterfreundin, / Ohne Fleisch und Blut Geborne, / Leidenlose Erdentochter, / Fast den Göttern zu vergleichen" („An die Zikade", Nachdichtung Goethes des gleichnamigen Gedichtes des griech. Lyrikers Anakreon, um 580/550 bis 495 v. Chr.).

Zirkel, Instrument zum Zeichnen eines exakten →Kreises, das im Mittelalter zum Symbol der Geometrie, der kosmischen Ordnung und Planungsarbeit insbesondere in der Architektur sowie Erd-, Land- und Stadtvermessung wurde. Buchmalereien zeigen den Schöpfer als Geometer, der den Erdkreis vermisst. Der Z. ist mit dem →Winkelmaß, und dem heiligen Buch noch heute ein Symbol der Freimaurer, das den Baubruderschaften der Dombauhütten entlehnt wurde.

Zodiakus (griech. *zodikos kyklos* „Kreis von Lebewesen"), siehe →Tierkreis.

Zunge, Symbol der Sprache im Guten wie im Bösen, aber auch der Provokation und Verspottung. Zahlreiche Redensarten geben die ambivalente Symbolik der Z. wieder: Das „Herz auf der Zunge tragen" bedeutet, frei und offen zu sprechen. Wer „die Z. im Zaum hält", spricht selbstbeherrscht oder schweigt, und „wer sich eher die Z. abbeißt", wird nichts äußern, wer „sich die Z. verbrennt", schadet sich selbst durch unüberlegtes Reden. „Liegt jemandem etwas auf der Z.", so fällt ihm etwas im Moment partout nicht ein. Mit„spitzer Z." reden, bedeutet bissig zu sein, die „böse Z." trachtet danach zu schaden, die „gespaltene Zunge" lügt oder stimmt Widersprüchlichem zu. „Hängt jemandem die Z. zum Hals heraus", so ist er abgehetzt, physisch erschöpft. Einzig die Redewendung „sich etwas auf der Z. zergehen lassen" bezieht sich auf die Z. als Geschmacksorgan und meint, etwas genussvoll essen, oder Gehörtes zu genießen. Die herausgestreckte Z. ist ein Symbol demonstrativer Provokation oder Verachtung. Abgeschnitten oder mit der →Zange herausgerissen, ist sie Symbol des Martyriums mehrerer Heiliger, so des hl. Johannes Nepomuk, Schutzpatron des Beichtgeheimnisses. Bedrohung und Gefahr symbolisiert die →rote Z. im offenen Maul des →Wolfs oder →Drachens, ebenso das Züngeln der →Schlange wie das der →Flamme.

Zwerg, der Gegensatz zum →Riesen und wie dieser ein ambivalentes Symbol einer Urzeit. Der Z., von guter wie böser Art sowie mal schwach und mal stark, ist der →Erde verbunden, hütet im Verborgenen →Schätze und gehört dem Totenreich an. Die Erdverbundenheit der Z.e symbolisiert aber auch Naturkräfte des Wachstums. In dieser Symbolik wurzelt letztlich der Gartenzwerg. Im nord. Weltmythos stützen die Z.e Norðri, Suðri, Austri und Vestri die vier Eckpunkte des Himmels.

Zwillinge, als →Sternbild die beiden gleich hellen Sterne Castor und Pollux, also die an den Himmel versetzten Zwillingssöhne des Zeus in seiner Gestalt als →Schwan und der Leda. Das Tierkreiszeichen Z. (lat. *gemini)* vertritt den 3. Frühlingsmonat.

Zwölf siehe →Zahlensymbolik

Zypresse, ein vielen Völkern des Altertums heiliger immergrüner Nadelbaum, der durch lange Lebensdauer und widerstandsfähiges Holz sowie wegen seines hohen, säulen- und flammenartigen Wuchses ein Symbol des Lebens und der Unsterblichkeit, des Todes wie des →Lichtes war. Die Z. verkörperte die heilige Feuerflamme im Zoroastrismus und war ihm ein Baum des Paradieses, den Zarathustra (Zoroaster) auf die Erde holte. Als Symbol ewigen Feuers stand sie auch an den →Tempeln Baals. Griechen, Etrusker und Römer pflanzten die Z. als Symbol des Lebens und des Todes an Heiligtümern und Grabstätten. Sie ist ein Baum des Totenreiches (griech. *Hades);* Lethe, der Fluss des Vergessens im Hades, entspringt an den Wurzeln einer →weißen Z. Der Jüngling Kyparissias soll einem Mythos zufolge einen heiligen Hirsch der Artemis (röm. Diana) getötet haben; zur Strafe verwandelte ihn die Jagdgöttin in den Baum, der nach ihm benannt ist. Die Z. ist Attribut vieler griech. Gottheiten. Römer pflanzten eine Z. bei der Geburt eines Kindes in der Hoffnung, sein Leben möge so lange anhalten wie das der Z. Da man annahm, die Z. trage keine Früchte, symbolisierte sie allerdings auch den fruchtlosen Schwätzer. Mit dem Christentum wurde die Z. ausschließlich zum Symbol des Todes.

Ziegenbock. Die Symbolfigur der →Luxuria, reitend auf einem Ziegenbock. Konsole am Südportal der Kathedrale Saint-Étienne von Auxerre (Burgund, 2. Hälfte des 14. Jh.).

Zirkel. Emblem von Gilles Corrozet (1543) mit dem Bild eines zerbrochenen Zirkels und eines nicht geschlossenen →Kreises sowie dem Motto „Etwas über seine Kräfte planen". Selbstüberschätzung bedeutet: „Wer seinen Geist überanstrengt und mehr begreifen will, als er kann, ist wie der, der über sein Vermögen und seine Kraft etwas unternehmen möchte."

Zunge. Das Relief aus Terrakotta aus der Zeit um 575 v. Chr. stammt von einem Tempel in Syrakus. Es zeigt die Gorgone Medusa. Die herabhängende Zunge ist ein ikonographisches Merkmal der Gorgonen. (Syrakus, Museo Archeologico Regionale)

Zypresse. Die emporflammende Zypresse hat mehrfach Vincent van Gogh während seiner Schaffenszeit in Südfrankreich beschäftigt. Das Gemälde „Sternennacht (mit Zypresse)" entstand im Juni 1889 in der Heilanstalt im ehemaligen Kloster Saint-Paul-de-Mausole in Saint-Rémy. (New York, The Museum of Modern Art)

Verzeichnis der Bedeutungen

Dieses Verzeichnis gliedert sich in mehrere Kategorien: Den Sachbegriffen folgen die Attribute/Symbole von ihrerseits in Gruppen eingeteilten Figuren der Bibel und Heiligenlegenden, der außerchristlichen Religionen und Mythen, bis hin zu den gesondert aufgelisteten Allegorien, Christus-, Evangelisten- und Mariensymbolen.

Die Verweise führen zu den Artikeln A bis Z und den zugehörigen Abbildungen mit meist ausführlichen, die Artikel mitunter ergänzenden Bilderläuterungen.

Am Ende der Artikel wird auf Abbildungen in einem oder mehreren der acht thematischen Farbteile verwiesen.

Während die Artikel von A bis Z die verschiedenen, oft gegensätzlichen Bedeutungen eines Symbols („Zeichen") im jeweiligen Zusammenhang behandeln, geht es nun um die gemeinsame Bedeutung (das „Bezeichnete") von oft ganz unterschiedlichen Symbolen.

Sachbegriffe

Aberglaube: →Götterbild
Abendmahl/Eucharistie: →Ähre, →Brot, →Kelch, →Korb, →Mahl, →Wein
Abgrund: →Brunnen
Abstieg: →Leiter
Abt: →Krummstab
Abwehr des Bösen: →Hammer, →Labyrinth
Abwehrzauber: →Eisen
Adel: →Blau
Allmacht: →Arm
Allwissenheit, göttliche: →Auge, →Buch
Alter: →Ulme, →Stab
Altern, das: →Bär, →Rost
Amtsgewalt: →Fasces
Anarchie: →Schwarz
Anfang: →Kind
Animalität: →Kentaur
Anmaßung: →Krähe
Anmut: →Schwan
Anpassung: →Chamäleon
Antijudaismus: →Synagoge
Antisemitismus: →Swastika (Hakenkreuz), →Judenstern
Anziehungskraft: →Magnetstein
Aphrodisiakum: →Orchideen, →Mandragora, →Muschel
Apothekerzeichen: →Einhorn
Apotropaion: →Pentagramm, →Pferd, →Ring
Arbeiterbewegung: →Nelke
Armut: →Braun, →Esel, →Krippe, →Nacktheit, →Stab, →Ziege
Askese: →Asche
Astrologie: →Tierkreis
Astronomie: →Astrolabium
Athen, Stadt: →Zikade
Auferstehung: →Biene, →Ei, →Eisvogel, →Palme, →Panther, →Pfau, →Schwalbe
Auferstehungshoffnung: →Narzisse
Aufforderung zum Geschlechtsverkehr: →Feige
Aufopferung: →Pelikan
Aufrichtigkeit: →Winkelmaß
Aufstieg: →Leiter
Auktion: →Hammer
Ausblick: →Fenster
Ausdauer: →Karpfen
Aussaat: →Sämann
Ausgeglichenheit: →Hörner
Außenseiter: →Narr
Auszeichnung: →Krone
Autonomie: →Burg
Autor: →Buch

Bäckerhandwerk: →Brezel
Bedrohung: →Zunge
Befangenheit: →Blindheit
Befestigung: →Nagel
Befreiung: →Insel
Befruchtung: →Pflug
Begegnung von Gott und Mensch: →Berg
Begegnung von Himmel und Erde: →Berg
Beharrlichkeit: →Eiche, →Henne
Beherrschung animal. Wildheit: →Reiter
Belastung: →Blei
Bequemlichkeit: →Bett
Bereitschaft: →Gürtel
Berufung: →Öl
Bescheidenheit: →Bambus, →Veilchen
Beschimpfung: →Feige
Besonnenheit: →Elefant, →Kamel, →Schwert in der Scheide, →Sobrietas, →Stundenglas, →Taube, →Temperantia, →Totenkopf, →Zirkel
Beständigkeit: →Anker, →Bambus, →Diamant, →Erdbeere, →Gold, →Ritter
Beständigkeit (des Lebens): →Sonne
Beständigkeit (des Wechsels): →Rad
Bestrafung: →Nacktheit, →Ofen
Beten: →Brezel, →Hand, →Orant
Betrug: →Brille
Beweglichkeit: →Schilfrohr
Bewegung: →Kugel
Bischof: →Krummstab, →Mitra
Blut: →Rot
Bösartigkeit: →Krebs
Böse, das: →Ziegenbock
Böser Geist: →Besen
Bosheit: →Buckel, →Wolf
Brüste: →Apfel
Buddhismus: →Lotos, →Pagode, →Rad (der Lehre), →Stupa
Buße: →Aloë, →Geißel, →Reiher, →Violett

Christentum: →Ekklesia, →Kelch, →Kreuz, →Krone
Cholerik(er): →Gelb
Chronos: →Stundenglas

Dämonie: →Esel
Demut: →Braun, →Erdbeere, →Esel, →Fuß, →Kamel, →Lamm, →Ysop, →Veilchen
Dichterkrönung: →Lorbeer
Dichtkunst: →Parnass, →Pegasus
Dichtung und Gesang: →Harfe, →Lyra
Diebstahl: →Elster
Dienstbarkeit: →Ochse
Donner: →Drache (chinesischer)
Doppelgänger: →Schatten
Doppelnatur Jesu Christi: →Greif, →Kentaur
Drohung: →Fasces
Dualismus: →Yin und Yang
Duft: →Rauch (des Brandopfers)
Dummheit: →Esel, →Gans

Eheglück: →Eisvogel, →Ente, →Kleeblatt (fünfblättriges)
Eheliche Treue: →Gans, →Kiefer (paarweise)
Ehelicher Verkehr: →Bett
Ehre: →Kranz, →Pfingstrose
Ehrerbietung: →Baldachin
Ehrfurcht: →Verhüllung
Eigensinn: →Kamel
Einblick: →Fenster
Einfalt: →Schaf
Einheit, nationale (Kanada): →Ahorn
Einkehr, innere: →Weg
Einsamkeit: →Nebel
Einzigartigkeit: →Kreis
Einzug Jesu in Jerusalem: →Palmesel
Eitelkeit: →Schmetterling
Eloquenz: →Zikade
Elysium: →Insel
Embryo: →Perle
Empfindung: →Brust
Energie: →Öl, →Schwefel
Entbindung: →Ofen
Enthaltsamkeit: →Gürtel
Entrückung: →Insel
Entscheidung: →Weg,→Würfel
Ergründen verborgener Wahrheit: →Reiher
Erhebung zum Transzendenten: →Berg
Erde: →Braun, →Quadrat
Erdscheibe: →Schildkröte
Erdverbundenheit: →Fuß
Erinnerung: →Knoten
Erkenntnis: →Auge, →Blitz, →Gold, →Honig
Erleuchtung: →Auge
Erleuchtung, innere: →Blindheit, →Licht
Erneuerung: →Bad, →Brunnen, →Hase, →Igel, →Schlange, →Schnecke
Erniedrigung: →Affe
Erotik: →Akelei, Brüste (→Brust), →Zikade
Erotik (der Frau): →Sphinx
Erquickung: →Garten
Erstarrung: →Eis
Erzbischof: →Krummstab
Eucharistie: siehe Abendmahl
Ewiges Leben: →Lotos, →Palme
Ewigkeit: →Efeu, →Uroboros

Faschismus: →Fasces
Faulheit: →Bett
Feigheit: →Hyäne
Fesslung: →Kette
Festigkeit: →Säule
Feuer: →Rot
Firmament: →Kuppel
Fischer: →Netz
Fleiß: →Ameise, →Biene, →Spinne
Flüchtigkeit: →Wind
Freiheit: →Falke
Fresslust: →Igel
Freude: →Kranz
Freundlichkeit: →Bauch
Freundschaft: →Becher
Frieden: →Goldenes Zeitalter, →Hase, →Olivenzweig, →Palm(zweig), →Regenbogen, →Taube
Fruchtbarkeit: →Ähre, →Bauch, →Drache (chinesischer), →Ei , →Erde, →Ernte, →Fluss, →Frosch, →Gans, →Granatapfel, →Hase, →Kürbis, →Mandragora, →Mandel, →Nelke, →Nuss, →Orchideen, →Phallus, →Pinienzapfen, →Quitte, →Regen, →Reis, →Schildkröte, →Schnecke, →Schwein, →Smaragd, →Stier, →Tulpe, →Ziege
Fruchtbarkeitskult: Brüste (→Brust), →Ziege
Frühling: →Drache (blaugrüner, chinesischer), →Kranich, →Schwalbe, →Smaragd
Frühlingshoffnung: →Schneeglöckchen
Fülle: →Garbe, →Krug, →Meer, →Reis
Fürbitte: Brüste (→Brust)
Fürsorge: →Hirte

Gastfreundschaft: →Mahl
Gebärmutter: →Kröte, →Kürbis
Gebet: →Orant, →Specht, →Weihrauch
Geborgenheit: →Abrahams Schoß, →Bauch (Mutterleib), →Dach, →Garten
Geburt: →Bett, →Höhle, →Jaspis, →Schnecke
Gedächtnis: →Ohren
Geduld: →Mandel
Gefahr: →Drache, →Löwe, →Meer, →Zahn
Gefangennahme: →Netz
Gefangenschaft: →Mauer
Gefräßigkeit: →Bauch, →Dachs, →Schwein
Gefühl: →Brust
Geheimhaltung: →Siegel
Geheimnisvolles: →Wolke
Gehorsam: →Hund, →Kamel
Geistige, das: →Jade, →Licht, →Luft, →Mandel
Geiz: →Avaritia, →Dachs, →Geldbeutel
Gelehrsamkeit: →Buch
Geliebter: →Falke
Gemeinschaft: →Haus, →Tisch
Genügsamkeit: →Kamel
Genuss: →Mund
Geometrie: →Zirkel
Geplauder: →Elster
Gerechtigkeit: →Augenbinde, →Iustitia, →Schwert, →Waage
Gericht: →Axt, →Becher (des Zorns), →Linde
Geschmacksinn: →Mund
Geschwätzigkeit: →Elster, →Gans, →Rabe
Gesetzlichkeit: →Winkelmaß
Gesichtssinn: →Luchs
Gesinnung: →Segel
Gestaltwandel: →Mond
Gewalt: →Wolf, →Tiger
Gewaltsamkeit: →Daumen, →Faust
Glauben: →Fides, →Kelch, →Kreuz
Gleichgewicht: →Violett, →Waage
Glück: →Bauch, →Chrysantheme, →Drache (chinesischer), →Fledermaus, →Goldenes Zeitalter, →Hufeisen, →Karpfen, →Kleeblatt (vierblättriges), →Pilz, →Quitte, →Ratte, →Reis, →Rose, →Schornsteinfeger, →Schwein, →Storch, →Swastika
Glückwunsch: →Daumen, →Mistel
Göttliche, das: →Kreis, →Kristall, →Licht
Göttlichkeit: →Nimbus
Gottsuche: →Weg
Grab: →Muschel, →Sarkophag, →Urne, →Veilchen, →Zypresse
Größe: →Kamel, →Zeder
Güte: →Jade

Habgier: →Falke, →Gold, →Heuschrecke
Harmonie von Leib und Seele: →Pentagramm
Hass: →Flamme, →Herz, →Rot
Heiliger Geist: →Orgel, →Taube
Heiligkeit: →Nimbus
Heilkraft: →Einhorn
Heidentum: →Rabe
Heldentum: →Eiche
Heranwachsen, geistiges und religiöses: →Milch
Herrschaft: →Baum, →Diadem, →Krone, →Kugel, →Lilie, →Löwe, →Reichsapfel, →Reiter, →Thron
Herrscherwürde: →Fächer
Heuchelei: →Fuchs, →Strauß, →Wolf

Hilfe, selbstlose: →Samariter
Hilflosigkeit: →Schaf
Himmel: →Blau, →Bogen, →Kreis
Himmelsgewölbe: →Kuppel, →Schildkröte
Hingabe: →Kuss
Hinterlist: →Pferdefuß, →Wolf
Hinwendung: →Sonnenblume
Hirtenamt, priesterliches: →Krummstab
Hochmut: →Pferd
Hochzeitstag: →Diamant, →Eisen, →Gold, →Rubin, →Silber
Hoffnung: →Anker, →Grün, →Morgenröte, →Spes
Hoheit: →Adler, →Zepter
Höhe, höchste: →Olymp
Höherentwicklung: →Kegel
Homosexualität: →Hyäne
Horn: →Einhorn
Huldigung: →Myrrhe
Hülle: →Haus

Industriearbeiter: →Hammer
Initiation: →Tattoo
Inkarnation: →Mandel
Inspiration: →Blitz, →Pegasus
Intelligenz: →Elefant
Islam: →Grün, →Halbmond
Isolierung: →Glas
Israel (Staat): →Menora(h)

Jagd: →Horn
Jagdzauber: →Maske
Jenseitshoffnung: →Muschel
Jesuiten: →IHS
Judentum: →Hexagramm (Davidstern), →Menora(h)
Jugend: →Zeder
Jungfräulichkeit: →Krug, →Lilie, →Rose, →Muschel, →Pflaumenbaum, →Schnee

Kaiserhaus, japanisches: →Chrysantheme
Kaiserreich: →Doppeladler
Kalender: →Mond, →Sonne
Kampfbereitschaft: →Faust, →Hahn
Kampfeslust: →Eber, →Hahn, →Stier
Kardinal: →Krummstab
Kasteiung: →Dornen
Keuschheit: →Einhorn, →Elefant, →Elfenbein, →Gürtel
Kindheit: →Garten
Kirche: →Arche, →Bienenkorb, →Burg, →Granatapfel, →Schiff, →Weinberg, →Zelt
Kirchenmusik: →Orgel
Klarheit: →Jade, →Kristall
Klugheit: →Hyäne, →Igel, →Prudentia, →Sapientia, →Schlange, →Taube, →Waage
Kommunismus: →Rot
Königtum (ägyptisches): →Sphinx, →Uräusschlange
Körperhülle: →Haare
Körperlichkeit: →Fuß
Kraft: →Eiche, →Elefant, →Greif, →Löwe, →Stier, →Tiger, →Widder, →Zahn, →Zeder
Krankheit: →Bett
Kreis: →Zirkel
Kreislauf der Zeit: →Uroboros
Kunstfertigkeit: →Biene

Last: →Joch
Läuterung: →Feuer, →Ofen
Leben: →Anch, →Blut, →Frosch, →Licht, →Rot, →Zypresse
Leben, langes: →Chrysantheme, →Distel, →Jade, →Kiefer, →Kranich, →Storch, →Zikade
Lebensatem: →Nase
Lebenselixier: →Wein
Lebensfahrt: →Schiff
Lebensfeindlichkeit: →Felsen, →Wüste
Lebensfreude: →Kranich
Lebenskeim: →Ei
Lebenskraft: →Honig, →Kiefer, →Linde, →Ölbaum, →Niere, →Salz
Lehramt: →Thron
Lehre: →Buch, →Spiegel
Leiblichkeit des Göttlichen: →Flügel
Leichtigkeit: →Feder
Leid(en): →Distel, →Dornen, →Kelch, →Pfahl (im Fleisch)
Lenkung: →Hirte
Libanon: →Zeder
Licht: →Edelsteine, →Eidechse, →Fackel, →Weiß, →Zypresse
Liebe: →Flamme, →Fuß, →Granatapfel, →Herz, →Kiefer (paarweise), →Kranich, →Linde, →Magnetstein, →Nelke, →Orchideen, →Quitte, →Rose, →Rot, →Schlüssel, →Veilchen
Liebesglück: →Pfeil
Liebesschmerz: →Herz (durchbohrtes), →Pfeil
List: →Affe
Lobpreis: →Harfe
Lüge: →Mund
Lüsternheit: →Affe, →Katze, →Ziegenbock
Luxus: →Purpur

Macht: →Bart, →Donner, →Hammer, →Hand, →Horn, →Purpur, →Schwert, →Stab, →Zepter
Magie: →Blut
Männliches Prinzip: →Gold
Männlichkeit: →Bart, →Eiche
Martyrium: →Rad
Mäßigkeit: siehe Besonnenheit
Meditation: →Gebetsschnur, →Mandala, →Pfeil und Bogen
Mensch: →Adam, →Baum
Menschwerdung: →Frosch
Mondfinsternis: →Kröte
Morgen: →Kind
Mut: →Elefant, →Karpfen, →Nelke
Mutterleib: →Korb
Mütterlichkeit: Brüste (→Brust), →Erde, →Henne, →Hirschkuh, →Kuh, →Milch
Mutterliebe: →Pelikan

Nachahmung: →Affe
Nächstenliebe: →Caritas, →Fackel, →Kind
Nahrung: →Brot
Namensmystik: →Christogramm
Nationalsozialismus: →Braun
Neid: →Drache, →Gelb, →Haar (zerzaust), →Invidia
Neubeginn: →Fackel, →Morgenröte, →Stundenglas
Neugier: →Reiher
Nichtigkeit: →Asche, →Luft, →Wind
Nutzlosigkeit: →Distel

Omen, gutes: →Maus (weiße)
Opfer: →Altar, →Fächer, →Feuer, →Horn, →Lamm
Orakel: →Blei, →Donner
Ordnungsliebe: →Biene
Organisation einer Gemeinschaft: →Biene
Osmanen: →Tulpe
Osten: →Drache (blaugrüner, chinesischer)
Ostern: →Ei, →Lamm, →Leuchter, →Narzisse

Papst: →Krummstab, →Schlüssel, →Tiara
Paradies, himmlisches: →Abrahams Schoß
Paradies, irdisches: →Garten

Tugend: →Amboss
Tugenden, königliche: →Tiger (weißer)

Übereinstimmung: →Ofen, →Quadratur des Kreises
Überheblichkeit: →Kamel
Überwindung der Erdenschwere: →Flügel
Unbefleckte Empfängnis: →Kristall, →Kuss, →Ohren
Unbeständigkeit: →Wind
Unbestechlichkeit: →Hermelin
Unbestimmtes: →Nebel
Unbrauchbarkeit: →Rost
Undankbarkeit: →Efeu
Unendlichkeit: →Uroboros
Unermesslichkeit: →Meer
Unerschrockenheit: →Nelke
Unfruchtbarkeit: →Wüste
Unglück: →Ratte
Unglücksbote: →Uhu
Unheil: →Maus
Unreinheit: →Schwein
Unschuld: →Hermelin, →Kind, →Lamm, →Lilie, →Nacktheit, →Weiß
Unsterblichkeit: →Apfel, →Buchsbaum, →Efeu, →Fledermaus, →Jade, →Kranich, →Leuchtkäfer, →Mumie, →Pinienzapfen, →Reis, →Schildkröte, →Zeder, →Zikade, →Zypresse
Unterägypten: →Biene, →Papyrus
Unterbewusste, das: →Nacht
Untergang: →Blei
Unterscheidung des Guten vom Unnützen: →Biene
Unterwerfung: →Fuß
Unterwürfigkeit: →Hund
Unwandelbarkeit: →Jade
Unzuverlässigkeit: →Chamäleon
Urgewalt: →Drache
Urquell, weiblicher: →Wasser
Ursprünglichkeit: →Nacktheit, →Quelle
Urstoff der Welt: →Nebel
Urzeit: →Riese, →Zwerg
Utopie: →Insel

Vampirismus: →Fledermaus
Vaterliebe: →Pelikan
Verbergen: →Mantel
Verbindung: →Brücke, →Faden, →Kette, →Knoten
Verbindung von Himmel und Erde (und Unterwelt): →Obelisk, →Regenbogen, →Schlange, →Weltachse
Verbundenheit: →Becher, →Mahl
Verdammnis: →Eis, →Feuer, →Kerberos
Verehrung: →Kuss
Vereinigung: →Kuss
Vergänglichkeit: →Asche, →Blume, →Erde, →Kerze, →Kürbis, →Leichnam, →Maske, →Rauch, →Sarkophag, →Schatz, →Schmetterling, →Skelett, →Spiegel, →Stundenglas, →Totenkopf, →Tulpe, →Uhr, →Urne, →Zahn (der Zeit)
Verheimlichung: →Schleier
Verhüllung: →Schleier
Verirrung: →Labyrinth, →Wüste
Verkünder religiöser Botschaften: →Sämann
Verlassenheit: →Wüste
Verleugnung: →Hahn
Verlust: →Rost
Vermittler zwischen Himmel und Erde: →Engel
Vernichtung: →Blitz, →Heuschrecke, →Jagd
Verpflichtung: →Knoten
Verschwiegenheit:→Rose, →Schnecke
Versöhnung: →Olivenzweig
Verspottung: →Dornenkrone, →Feige, →Nase, →Zunge
Verrat: →Kuss
Verstand: →Licht
Versuchung: →Wüste
Verwirrung: →Chaos
Vitalität: →Zahn, →Ziegenbock
Vitalität, männliche: →Blitz
Volkstum: →Eiche
Völlerei: →Fuchs, →Gula, →Mund, →Schwein
Vollkommenheit: →Kreis, →Kugel, →Nacktheit, →Perle, →Ring, →Weiß
Vollmacht: →Schlüssel
Voraussicht: →Kastanie
Vorsicht: →Ente
Vorurteil: →Brille

Wachsamkeit: →Gans, →Greif, →Hase, →Kranich, →Mandel, →Turm
Wachstum: →Zwerg
Wächter: →Hahn, →Kerub
Wahn: →Windmühle
Wahrheit: →Feder, →Mund, →Spiegel
Wahrnehmung, geschärft oder verfälscht: →Brille
Wandelbarkeit: →Wolke
Wanderschaft, lebenslange: →Weg
Wankelmut: →Schilfrohr
Wechsel von Glück und Unglück: →Glücksrad
Weg der Seelen: →Milchstraße
Wehrhaftigkeit: →Burg, →Mauer, →Turm
Wehrlosigkeit: →Gazelle, →Nacktheit
Weibliches Prinzip: →Mond, →Silber
Weisheit: →Auge, →Eule, →Ibis
Weltflucht: →Insel
Welttheater: →Maske
Weltverbesserer: →Netz
Wesentliche, das: →Mandel
Westen: →Drache (weißer, chinesischer)
Widerstandskraft: →Ölbaum
Widerruf: →Nase
Widerstand gegen Anfechtungen: →Salamander
Wiedergeburt: →Bad, →Eidechse, →Panther, →Mandel, →Weizen(korn), →Wasser, →Zikade
Wiederkehr, ewige: →Uroboros
Wiederkehr Christi: →Etimasie
Wildheit: →Eber, →Einhorn, →Löwe, →Stier
Wissen: →Hyäne
Wohlklang: →Jade
Wohlstand: →Pinienzapfen
Wohlverhalten: →Flöte
Wollust: →Basilisk,→Haare, →Luxuria, →Panther, →Schwein, →Spiegel, →Ziegenbock
Wunde: →Rose
Wunscherfüllung: →Mandragora
Würde: →Purpur, →Ring, →Schirm, →Schwarz
Würze: →Salz

Zauberkraft: →Blei, →Buckel, →Mandragora, →Stab
Zerbrechlichkeit: →Glas
Zerstörung: →Axt, →Blitz, →Feuer, →Wasser
Zeugung: →Panther
Zeugungskraft: →Phallus
Ziel: →Leuchtturm, →Weg
Zorn: →Bär, →Igel, →Ira, →Rot
Züchtigung: →Geißel
Zufall: →Würfel
Zuflucht: →Burg
Zügellosigkeit: →Akrobat
Zuverlässigkeit: →Diamant, →Felsen, →Säule
Zusammengehörigkeit: →Ring
Zusammenhang: →Faden

Zuversicht: →Stab
Zuwendung: →Maiglöckchen
Zwietracht: →Dornen, →Eichhörnchen

Attribute/Symbole von biblischen Gestalten und Heiligen

Aaron: →Aaronstab, →Mitra
Abschalom: →Eiche, →Haare
Adam: →Apfel, →Feigenbaum (-blatt), →Nacktheit
Agatha, hl.: Brüste (→Brust), →Zange
Agnes, hl.: →Flamme, →Haare
Ahriman: →Fliege
Albert von Siena, hl.: →Hase
Albertus Magnus, hl.: Schreibfeder (→Feder)
Amabilis, hl.: →Haus (brennendes)
Ambrosius, hl.: →Bienenkorb
Andreas, hl.: →Andreaskreuz
Antonius d. Gr., hl.: →Antoniuskreuz, →Rabe, →Schwein, →Wüste
Antonius von Padua, hl.: →Esel, →Fisch, →Herz (flammendes)
Apollonia, hl.: →Zahn, →Zange
Augustinus, hl.: →Dreigesicht, →Herz (flammendes), →Pfeil

Barbara, hl.: →Turm
Beelzebub: →Fliege
Bernardo Tolomei, hl.: →Olivenzweig
Benedikt von Nursia, hl.: →Buch, Schreibfeder (→Feder), →Dornbusch, →Kelch (mit Giftschlange), →Rabe
Bernhard von Clairvaux, hl.: →Bienenkorb, →Hund
Bernhardin von Siena: →IHS
Bernward von Hildesheim, hl.: →Amboss, →Hammer (des Goldschmieds)
Bileam: →Esel
Birgitta von Schweden, hl.: Schreibfeder (→Feder), →Leiter
Blasius, hl.: →Schwein
Bonifatius, hl.: →Axt
Brigida von Kildare, hl.: →Kuh
Bruno, hl.: →Olivenzweig

Cäcilie, hl.: →Orgel
Christus: siehe Christussymbole
Corona, hl.: →Palme
Cosmas und Damian, hl.: →Dose, →Uringlas

David: →Harfe, →Mandorla
Dionysius, hl.: →Kopf (unter dem Arm)
Dominikus, hl.: →Buch, →Fackel, →Hund, →Kruzifix, →Lilie
Dorothea, hl.: →Korb (mit Blumen)
Dreifaltigkeit: →Dreieck, →Dreigesicht, →Dreigestalt, →Erdbeere, →Etimasie, →Kleeblatt, →Kreise (drei, sich durchdringend), →Kreuznimbus

Eligius, hl.: →Amboss, →Hammer (des Goldschmieds), →Hufeisen
Elija: →Mantel, →Rabe
Elisabeth von Thüringen, hl.: →Korb (mit Rosen)
Eustachius, hl.: →Hirsch, →Jagd
Eva: →Apfel, →Feigenbaum (-blatt), →Nacktheit, →Schlange

Fina von St. Gimignano, hl.: →Ratte
Florian, hl.: →Haus (brennendes)
Franz von Assisi, hl.: →Buch, →Mantel, →Wunden
Franz Xaver, hl.: →Herz (flammendes)

Gabriel, Erzengel: →Lilie
Genesius, hl.: →Maske
Georg, hl.: →Drache, →Fahne, →Ritter
Gereon von Köln, hl.: →Fahne
Gertrud von Nivelles, hl.: →Maus, →Ratte
Gott: →Kreuznimbus, →Mandorla
Gregor d. Gr., hl.: Schreibfeder (→Feder), →Taube
Gunthildis, hl.: →Kuh

Heinrich Seuse (Suso), hl.: →Hund, →IHS
Helena, hl.: →IHS
Hieronymus, hl.: →Hut, →Löwe, →Totenkopf
Hildegard von Bingen, hl.: Schreibfeder (→Feder)
Hubertus, hl.: →Hirsch, →Jagd

Ignatius von Loyola, hl.: →Buch, →IHS,
Isidor, hl.: →Pflug

Jahwe: →Blitz, →Feuer
Jakobus d.Ä., hl.: →Muschel
Jeanne d'Arc, hl.: →Fahne
Jesaja: →Mühle (mystische)
Jesus: siehe Christussymbole
Johannes, Apostel: →Kelch (mit Giftschlange), siehe auch Evangelistensymbole
Johannes Chrysostomos, hl.: →Bienenkorb
Johannes der Täufer, hl.: →Lamm, →Wüste
Jona: →Fisch, →Kürbis
Josef, hl.: →Axt, →Lilie
Josef von Arimathäa: →Dornenkrone
Judas: →Geldbeutel, →Kuss

Karl Borromäus: →Kruzifix
Katharina von Alexandria, hl.: →Rad
Katharina von Siena: →Lilie
Kümmernis, hl.: →Bart
Kunigunde, hl.: →Pflug(schar)

Leonhard, hl.: →Hufeisen
Lucia, hl.: →Auge
Ludwig IX., hl.: →Dornenkrone

Margareta von Cortona, hl.: →Hund
Maria: siehe Mariensymbole
Maria Aegyptica, hl.: →Brot, →Haare, →Wüste
Maria Kleophas, hl.: →Dose
Maria Magdalena, hl.: →Dose, →Haare, →Totenkopf, →Wüste
Maria Salome, hl.: →Dose
Martin von Tours, hl.: →Gans, →Hase, →Mantel
Märtyrer: →Kranz, →Palm(zweig),
Mauritius, hl.: →Fahne
Michael, Erzegel: →Drache, →Fahne, →Schwert, →Waage
Mose: →Bart, →Dornbusch, →Eherne Schlange, →Gesetzestafeln, →Hörner, →Korb, →Mühle (mystische)

Nepomuk, Johannes, hl.: →Anker, →Kruzifix, →Zunge
Nikolaus, hl.: →Anker
Nimrod: →Jagd
Noach: →Arche, →Regenbogen, →Taube
Notburga von Rottenberg, hl.: →Sichel

Pantaleon, hl.: →Uringlas
Petronilla, hl.: →Besen
Patrick, hl.: →Kreuz
Paulus, hl.: →Mühle, →Schwert
Paulus der Eremit, hl.: →Rabe
Pelagia, hl.: →Maske
Petrus, hl.: →Felsen, →Hahn, →Kreuz (umgekehrtes Passionskreuz), →Schlüssel
Pharisäer: →Blindheit
Pirmin, hl.: →Frosch
Philippus, hl.: →Gabelkreuz

Satan: →Blitz, →Drache
Schächer: →Gabelkreuz
Simeon: →Mitra
Simson: →Haare, →Löwe
Teresa von Avila, hl.: →Pfeil
Teufel: →Drache, →Eichhörnchen, →Fuchs, →Hörner, →Nase, →Pferdefuß, →Luchs, →Schwarz, →Schwefel, →Skorpion, →Ziegenbock
Thomas, hl.: →Gürtel
Thomas von Aquin, hl.: Schreibfeder (→Feder)
Tubal-Kajin: →Amboss

Vinzenz, hl.: →Rabe

Wendelin, hl.: →Kuh
Wolfgang, hl.: →Axt

Zefanja: →Laterne

Attribute/Symbole von Gottheiten, Heroen, Personen der Geschichte und Literatur (Märchen, Sagen)

Adonis: →Eber, →Rose
Agni (hinduistisch): →Feuer
Ahura Mazda (persisch): →Flügel
Alexander d. Gr.: →Greif, →Knoten (gordischer)
Amatheia (griechisch): →Ziege
Amor (römisch): →Pfeil und Bogen, →Schlüssel
Amphitrite (griechisch, römisch): →Delphin
Amun-Re (ägyptisch): →Kahn
Anubis (ägyptisch): →Schakal
Aphrodite (griechisch): →Delphin, →Gans, →Granatapfel, →Muschel, →Quitte, →Schwan, →Taube
Apollo(n) (griechisch, römisch): →Eidechse, →Greif, →Lorbeer, →Lyra, →Parnass, →Schwan
Arachne (griechisch): →Spinne
Ares (griechisch): →Eisen, →Hahn
Arethusa (griechisch): →Delphin
Argonauten (griechisch): →Goldenes Vlies
Argus Panoptes (griechisch): →Auge
Ariadne (griechisch) →Faden
Artemis (griechisch): →Greif, →Hirsch, →Hirschkuh, →Jagd, →Pfeil und Bogen
Artio (keltisch): →Bär
Asklepios (griechisch): →Stab
Aspis (ägyptisch): →Stier
Athene (griechisch): →Eule, →Ölbaum, Zikade
Aton (ägyptisch): →Anch
Augustus: →Delphin
Aurora (römisch): →Morgenröte
Avalokiteshvara (buddhistisch): →Kopf

Bacchus (römisch): →Esel, →Feigenbaum, →Panther, →Schildkröte, →Thyrsos(stab), →Weintraube
Badb (keltisch): →Krähe
Barberini, Familie: →Biene
Bastet (ägyptisch): →Katze
Bellerophon (griechisch): →Chimäre, →Pegasus
Bismarck, Otto von: →Amboss
Bonaparte, Familie: →Biene
Buddha: →Bauch, →Feigenbaum, →Ohren

Ceres (römisch): →Ähre, →Ameise, →Granatapfel
Cernunnos (keltisch): →Hirsch
Charon (griechisch): →Kahn
Chnum (ägyptisch): →Widder
Chronos (griechisch): →Flügel, →Sense, →Stundenglas
Cupido (römisch): →Pfeil und Bogen

Danaiden (griechisch): →Fass
Demeter (griechisch): →Ähre, →Granatapfel
Diana (römisch): →Hirsch, →Jagd, →Pfeil und Bogen
Diogenes: →Laterne
Dionysos (griechisch): →Esel, →Feigenbaum, →Panther, →Thyrsos(stab), →Weintraube, →Ziegenbock
Dschingis-Kahn: →Wolf

Eos (griechisch): →Morgenröte
Eris (griechisch): →Zankapfel
Erynnien: →Haare

Fortuna (römisch): →Augenbinde, →Füllhorn, →Glücksrad, →Kugel
Frau Holle: →Feder
Freya (germanisch): →Linde
Freyr (germanisch): →Phallus
Frigg(a) (germanisch): →Akelei, →Knabenkraut (→Orchideen), →Schlüsselblume
Furien (römisch): →Haare
Gaia (griechisch): →Erde
Ganesha (hinduistisch): →Elefant, →Ratte
Geb (ägyptisch): →Krokodil, →Phallus
Guan Yin (chinesisch): →Reis

Hades (griechisch): →Buchsbaum
Haribare (hinduistisch): →Gesichter
Hathor (ägyptisch): →Hörner, →Kuh
Heidrun (germanisch): →Ziege
Helios (griechisch): →Quadriga
Hephaistos (griechisch): →Amboss, →Axt, →Hammer, →Zange
Hera (griechisch): →Gans, →Granatapfel, →Hirschkuh, →Pfau
Herakles (griechisch): →Drache, →Hydra, →Kerberos, →Löwe
Hermes (griechisch): →Flügel, →Hirte, →Kerykeion, →Widder
Hexe: →Besen, →Buckel, →Höhle, →Katze (schwarze), →Kröte, →Nase
Horus (ägyptisch): →Falke
Huchueteotl (aztekisch): →Feuer
Hygieia (römisch): →Pentagramm

Iason (griechisch): →Goldenes Vlies
Indra (hinduistisch): →Blitz, →Pfau
Iris (griechisch): →Regenbogen
Ischtar (orientalisch): →Taube

Janus (römisch): →Doppelgesicht
Juno (römisch): →Gans, →Granatapfel, →Hirschkuh, →Pfau
Jupiter (römisch): →Adler, →Blitz, →Eiche, →Fliege, →Hammer, →Rabe (weißer), →Widder

Kali (hinduistisch): →Schwarz
Kama (hinduistisch): →Elefant
Karl I./V.: →Goldenes Vlies
Kentaur (griechisch): →Pfeil und Bogen
Kopernikus: →Maiglöckchen
Krishna (hinduistisch): →Blau
Kuan-yin (chinesisch): →Bambus
Kybele (orientalisch): →Buchsbaum
Kyparissias: (griechisch): →Zypresse

Lakshmi (hinduistisch): →Lotos
Lao-tse: →Ochse
Leda (griechisch): →Ei, →Schwan
Lohengrin: →Schwan
Loki (germanisch): →Eichhörnchen, →Falke, →Fuchs
Luna (römisch): →Mond

Maat (ägyptisch): →Feder, →Strauß
Mars (römisch): →Eisen, →Hahn
Medea (römisch): →Goldenes Vlies
Meidea (griechisch): →Goldenes Vlies
Midas (phrygisch): →Gold
Minerva (römisch): →Eule
Mithras (römisch): →Stier
Moiren (griechisch): →Faden, →Spindel

Narkissos (griechisch): →Narzisse
Neptunus (römisch): →Delphin, →Dreizack
Nornen (germanisch): →Faden

Odin (germanisch): →Falke
Orpheus (griechisch): →Lyra
Osiris (ägyptisch): →Jagd

Pan (griechisch): →Flöte, →Ziegenbock
Pandora (griechisch): →Dose (Büchse)
Parzen (römisch): →Faden
Pele (auf Hawaii): →Feuer
Persephone (griechisch): →Ähre
Perseus (griechisch): →Drache
Phlegias (griechisch): →Kahn
Phöbus Apollo (römisch): →Hahn, →Quadriga
Polyphem (griechisch): →Auge
Prometheus (griechisch): →Feuer
Proserpina (römisch): →Ähre
Poseidon (griechisch): →Delphin, →Dreizack
Pythia (griechisch): →Dreifuß, →Lorbeer

Quetzalcóatl (mexikanisch): →Feder, →Schlange

Satyr (griechisch): →Ziegenbock
Selene (griechisch): →Mond
Semiramis: →Babylon
Shiva (hinduistisch): →Dreizack, →Linga(m), →Stier
Siegfried (Sigurd): →Drache (Lindwurm)
Sisyphos (griechisch): →Felsen
Sobek (ägyptisch): →Krokodil

Tara (buddhistisch): →Ohren
Tellus (römisch): →Erde
Thot (ägyptisch): →Ibis
Triptolemos (griechisch): →Ähre
Tyche (griechisch): →Glücksrad, →Kugel

Venus (römisch): →Delphin, →Gans, →Granatapfel, →Muschel, →Quitte, →Schildkröte, →Taube
Victoria (römisch): →Lorbeer, →Quadriga
Vishnu (hinduistisch): →Blau, →Fisch, →Lotos
Vulcanus (römisch): →Axt, →Amboss, →Hammer

Wieland der Schmied: →Amboss
Wodan (keltisch): →Jagd

Zeus (griechisch): →Adler, →Blitz, →Eiche, →Feuer, →Hammer, →Schwan
Zeus Myiodes: →Fliege

Allegorien / Symbolfiguren

Avarita (Geiz): →Dachs, →Geldbeutel

Britannia (Seemacht Großbritannien): →Dreizack

Caritas (Nächstenliebe): →Fackel, →Kind

Ekklesia (Christentum): →Kelch, →Kreuz, →Krone

Fides (Glaube): →Kelch, →Kreuz
Fortitudo (Tapferkeit): →Fahne, →Löwe, →Schild, →Schwert
Fürst der Welt: →Apfel

Gallischer Hahn (Frankreich): →Hahn
Gula (Völlerei): →Fuchs, →Schwein

Invidia (Neid): →Drache, →Haar (zerzaust), →Hund (mit einem Knochen im Maul), →Skorpion
Ira (Zorn): →Bär, →Igel
Iustitia (Gerechtigkeit): →Augenbinde, →Schwert, →Waage

Luxuria (Wollust): →Haare, →Schwein, →Spiegel, →Ziegenbock

Prudentia (Klugheit): →Fackel, →Schlange, →Spiegel

Sapientia: (Klugheit): →Fackel, →Schlange, →Spiegel
Spes (Hoffnung): →Anker
Synagoge (Judentum): →Augenbinde, →Krone (zu Boden fallend), →Stab (zerbrochen)

Temperantia (Mäßigkeit): →Elefant, →Kamel, →Schwert in der Scheide, →Stundenglas, →Taube, →Totenkopf, →Zirkel

Christussymbole

→A und O, →Altar, →Apfel, →Arma Christi
→Brot (des Lebens), →Buch (des Lebens)
→Christbaum (als Baum des Lebens)
→Delphin, →Distelfink, →Dornenkrone
→Eckstein, →Eherne Schlange, →Einhorn, →Erdbeere
→Fahne
→Hermelin, →Hirte
→Kelter, mystische, →Kreuz, →Kreuznimbus
→Lamm, →Löwe
→Mandel, →Mandorla, →Mühle, mystische
→Pelikan
→Samariter, →Schwalbe, →Sonne
→Weinstock

Evangelistensymbole

Jeweils →Buch, Schreibfeder (→Feder)
Johannes: →Adler
Lukas: →Stier (mit Flügeln)
Markus: →Löwe (mit Flügeln)
Matthäus: →Engel (Mensch mit Flügeln)

Mariensymbole

→Ährenkleid, →Akelei, →Aloe, →Aronstab
→Biene, →Bienenkorb, →Brunnen (versiegelter Brunnen)
→Dornbusch
→Einhorn, →Erdbeere
→Garten (verschlossener)
→Hortus conclusus
→Jungfräulichkeit
Knabenkraut (→Orchideen), →Kristall
→Leiter, →Lilie
→Maiglöckchen, →Mandorla, →Mantel, →Milch, →Morgenröte, →Muschel
→Narzisse, →Pfingstrose
→Quelle
→Rose
→Schlüsselblume, →Schnee, →Schneeglöckchen
→Tor, →Turm
→Veilchen
→Ysop

Literaturhinweise

Primärquellen

Häufig zitiert werden:

Die Bibel. Einheitsübersetzung der Heiligen Schrift; Psalmen und Neues Testament ökumenischer Text, Stuttgart 1980 (Dieser Ausgabe folgt die Schreibweise der biblischen Eigen- und Ortsnamen.)

Die Bibel nach der Übersetzung Martin Luthers, Stuttgart 1985

Emblemata, Handbuch zur Sinnbildkunst des 16. und 17. Jahrhunderts, hrsg. von Arthur Henkel und Albrecht Schöne, Stuttgart, 1967

Einhorn und Nachtigall: die 200 schönsten Miniaturen aus dem Tierbuch des Petrus Candidus [Übers. der Texte von Petrus Candidus von Andreas Müller und Christian B. Müller], Stuttgart-Zürich, 1993

Der Koran. Übersetzung von Adel Theodor Khoury unter Mitwirkung von Muhammad Salim Abdullah, Gütersloh, 2. Aufl. 1992

Ovid [Ovidius Naso, Publius], *Metamorphosen* [Aus dem Lat. nach der Übers. von Reinhart Suchier. Mit Anm. von Ernst Günther Schmidt], Leipzig, 3. Aufl. 1990

Physiologus: frühchristliche Tiersymbolik, aus dem Griechischen übersetzt und hrsg. von Ursula Treu, Berlin, 3. Aufl. 1987

U. a. werden auch zitiert:

Dante Aligheri, Hildegard von Bingen, Jacobus de Voragine, Joseph von Eichendorf, Johann Wolfgang von Goethe, Heinrich von Kleist, Friedrich Schiller

Lexika

Aghion, Irène, Barbillon, Claire u. Lissarrague; François, *Reclams Lexikon der antiken Götter und Helden in der Kunst,* Stuttgart 2000 *(Héros et dieux de l'antiquité. Guide iconographique,* Paris 1994)

Becker, Udo, *Lexikon der Symbole,* Freiburg i.Br., 6. Aufl. 1998

Becker, Udo, *Herders Lexikon der Astrologie: Astrologie, Astronomie, Kosmologie,* Freiburg i.Br. 2007

Biedermann, Hans, *Handlexikon der magischen Künste von der Spätantike bis ins 19. Jahrhundert,* Graz 1976

Biedermann, Hans, *Knaurs Lexikon der Symbole,* München, 3. Aufl. 1998 (Lizenz Augsburg 2000)

Braunfels, Wolfgang (Hrsg.), *Lexikon der christlichen Ikonographie,* Bde. 5–8, *Ikonographie der Heiligen,* Rom-Freiburg i.Br.-Basel-Wien, 1973–76

Eberhard, Wolfram, *Lexikon chinesischer Symbole: die Bildsprache der Chinesen,* Kreuzlingen 2004

Harmening, Dieter, *Wörterbuch des Aberglaubens,* Stuttgart 2005

Heinz-Mohr, Gerd, *Lexikon der Symbole. Bilder und Zeichen der christlichen Kunst,* Düsseldorf-Köln-Wien, 1967–77

Keller, Hiltgart L., *Lexikon der Heiligen und biblischen Gestalten. Legende und Darstellung,* Ditzigen, 10. Aufl. 2005

Küpper, Heinz, *Illustriertes Lexikon der deutschen Umgangssprache,* 8 Bde., Stuttgart 1982–84

Lurker, Manfred (Hrsg.), *Wörterbuch der Symbolik,* Stuttgart, 5. Aufl. 1991

Meyer, Heinz u. Suntrup, Rudolf, *Lexikon der mittelalterlichen Zahlenbedeutungen,* München 1987

Oswald, Gert, *Lexikon der Heraldik,* Regenstauf, 2. Aufl. 2006

Rabbow, Arnold, *Lexikon politischer Symbole,* München, 1970

Röhrich, Lutz, *Lexikon der sprichwörtlichen Redensarten,* Freiburg i.Br., 3. Aufl. 1979

Shaw, Ian u. Nicholson, Paul, *Reclams Lexikon des alten Ägypten,* Ditzingen 2007

Monographien

Beer, Rüdiger Robert, *Einhorn. Fabelwelt und Wirklichkeit,* München, 3. Aufl. 1977

Betz, Otto, *Das Geheimnis der Zahlen,* Stuttgart 1989

Bruce-Mitford, Miranda, *Zeichen & Symbole. Die verborgene Botschaft der Bilder,* Stuttgart-Zürich 1997 *(The Illustrated Book of Signs & Symbols,* London 1996)

Eco, Umberto, *Zeichen. Einführung in einen Begriff und seine Geschichte,* Frankfurt a.M., 10. Aufl. 1995

Eliade, Mircea, *Ewige Bilder und Sinnbilder. Über die magisch-religiösen Symbole,* Frankfurt a.M. 1998

Endres, Frans Carl u. Schimmel, Annemarie, *Das Mysterium der Zahl. Zahlensymbolik im Kulturvergleich,* München 1994

Fontana, David, *Die verborgene Sprache der Symbole. Ein illustrierter Führer durch die Welt der Symbole,* Gütersloh-München 1994 *(The Secret Language of Symbols,* London 1993)

Frobenius, Leo, *Schwarze Sonne Afrika: Mythen, Märchen und Magie,* hrsg. v Ulf Diederichs, Düsseldorf-Köln 1980

Gollwitzer, Gerda, *Bäume. Bilder und Texte aus drei Jahrtausenden,* Köln, 3. Aufl. 1990

Golowin, Sergius, *Edelsteine, Kristallpforten zur Seele,* Freiburg i.Br. 1986

Golowin, Sergius, mit Beiträgen von Mircea Eliade u. Joseph Cambell, *Die großen Mythen der Menschheit,* Freiburg i.Br. 1998

Hamdorf, Friedrich Wilhelm, *Dionysos – Bacchus. Kult und Verwandlungen des Weingottes,* München 1986

Heinz-Mohr, Gerd u. Sommer, Volker, *Die Rose. Entfaltung eines Symbols,* Köln 1988

Jung, C.G., *Der Mensch und seine Symbole,* hrsg. von Marie-Louise v. Franz u. John Freeman, Olten-Freiburg i.Br., 10. Aufl. 1986

Keel, Othmar, *Die Welt der altorientalischen Bildsymbolik und das Alte Testament,* Göttingen, 5. Auflage 1996

König, Marie E.P., *Am Anfang der Kultur: die Zeichensprache des frühen Menschen,* Berlin, 4. Aufl. 1996

Ladner, Gerhart B., *Handbuch der frühchristlichen Symbolik: Gott, Kosmos, Mensch,* Stuttgart-Zürich 1992

Lindner, Erich J., *Die königliche Kunst im Bild. Beiträge zur Ikonographie der Freimaurer,* Graz 1976

List, Claudia, *Tiere. Gestalt und Bedeutung in der Kunst,* Stuttgart-Zürich 1993

Lurker, Manfred, *Der Kreis als Symbol im Denken, Glauben und künstlerischen Gestalten der Menschheit,* Stuttgart 1981

Lurker, Manfred (Hrsg.), *Beiträge zu Symbol, Symbolbegriff und Symbolforschung,* Baden-Baden 1982

Maur, Karin von (Hrsg.), *Magie der Zahl in der Kunst des 20. Jahrhunderts.* Ausstell.-Kat. der Staatsgalerie Stuttgart, 1997

Mazal, Otto, *Der Baum. Ein Symbol des Lebens in der Buchmalerei,* Graz 1988

Rätsch, Christian, *Pflanzen der Liebe. Aphrodisiaka in Mythos, Geschichte und Gegenwart,* Aarau, 5. Aufl. 2001

Vries, Simon Ph. De, *Jüdische Riten und Symbole,* Wiesbaden, 2005

Bildnachweis

Archiv für Kunst und Geschichte, Berlin: 9 o, 11 ol, ml, 13 o, ml, 15 u, 19, 26, 30, 35 lu, 37 rm, 39 o, um, ur, 43 u, 45 u, 54, 55, 57 l, 58, 59, 60, 63 o, 65 ul, 73 o, 75 m, 77 or, ur, 79 mr, 92, 94 o, 97 o, 99 mr, um, ur, 101 o, 103 ml, 107 ol, 111 u, 124 o, 129 u, 131 ol, 133 u, 137 o, ml, u, 139 ul, 141 or, mr, 143 ml, 148 l, 149, 150 l, 154, 155, 161 ol, 163 o, 165 m, mr, 171 ul, 175 o, r, 181, 184, 186, 190 o, 195 or, ur, 197 u, 203 ml, 205 ul, 207 or, 210, 214, 215, 219, 221, 225 ol, ul, 231 om, 235 m, r, 247, 248, 249, 253 l, 255, 257 lo, r, 261 u, 265 r, 267 o, u, 273 lu, 275 ml, 277 or, 279 or, 281 or, ul, 285 ol, u, 289 ul, m, 301 r, 303 ol, 305 mr, 309 ol, r

Artothek, Weilheim: 128

Bayerisches Nationalmuseum, München: 73 mr

Bayerische Staatsbibliothek, München: 61

Bernisches Historisches Museum, Bern: 35 m

Biblioteca Apostolica Vaticana, Rom: 18, 24 l, 31, 53 o, 115 u, 178, 229 rm, 241, 243

Bibliothèque nationale de France, Paris: 216, 222

Bibliothèque Sainte-Geneviève, Paris, F.: O. Dupif : 122 r

Bildarchiv Preussischer Kulturbesitz, Berlin: 33 u, 94 u, 97 ul, 116, 118, 150 r, 153, 187, 209

British Museum, London: 231 u

Corpus Vitrearum Deutschland, Freiburg i. Br., Foto: R. Wohlrabe: 197 or

Deutsches Theatermuseum, München: 223

EMB-Archiv, Adligenswil: 2/3, 9 ul, m, 11 or, mr, u, 13 m, 15 or, 17, 22/23, 25 l, 28, 29, 33 ol, mr, 35 ur, 37 o, 41 l, 43 ml, 45 o, 49, 50, 51, 56, 57 r, 67 m, u, 69 o, l, u, 71 m, 73 u, 75 o, r, 77 ul, 79 u, 81, 82, 84 u, 85, 86, 88, 89, 90, 97 ur, 99 ul, 101 u, 103 ol, 105 r, 109 or, 111 or, 113, 117, 120, 122 l, 123, 127 r, 135 o, mr, u, 137 mr, 139 o, r, 143 ol, 145, 146, 148 r, 152, 156, 157 o, 159, 161 or, u, 163 ur, 165 o, l, 167 l, 171 ol, om, 173 m, ul, ur, 179, 180, 188, 189, 190 ul, 192, 193 o, 195 l, 199, 201 m, or, 203 ol, or, u, 205 ol, m, 207 ol, u, 211, 212, 213, 217, 220, 225 or, 227, 229 u, 233 ol, 237 or, u, 239 m, 242, 244, 245, 250, 251, 252, 256, 259 l, 261 ol, 263 o, u, 269 om, or, ml, 273 ol, 275 m, 277 ol, ur, 279 ol, m, u, 283, 287 mr, 289 o, 293 o. mr, 295 ol, 297 om, r, ul, 301 l, 303 om, or, u, 305 o, l, 307 ol, om, u, 309 u

Forschungsbibliothek, Gotha: 52

Gerster Georg, Zumikon: 158

Hausner Anne, Wien: 64

Hirmer Verlag, München: 47 mr

Kunsthaus Zürich: 177

Kunsthistorisches Museum, Wien: 171 mr

Kunstmuseum Basel: 160

Martin von Wagner-Museum der Universität Würzburg, Foto: Karl Öhrlein: 163 lu

Musei Vaticani, Rom: 32, 253 r

Museumslandschaft Hessen, Kassel: 62

Nifosì Luigi, Sizilien: 121, 224

Österreichische Nationalbibliothek, Wien: 15 ol, 24 r, 126

Rubin Museum of Art, New York: 147

Scala Photo, Florenz: 69 mr, 119, 187

Schlechte Thomas, Dresden: 163 mr

Schmidt Ernst: 13 r, 271 or

Staatsbibliothek, Bamberg: 20

Staatsgalerie, Stuttgart: 254

Stiftung Sammlung E.G. Bührle, Zürich: 63 u

Tate Gallery, London: 218

The Master and Fellows of Corpus Christi College, Cambridge: 9 ur

Tiroler Volkskunstmuseum, Innsbruck: 225 om

Universitätsbibliothek, Heidelberg: 91, 115 o

University Library, Gent: 114 l

University of Iceland: 87, 307 r

Wetzel Christoph, Göppingen: 4/5, 13 u, 15 ur, 21, 25 r, 27, 33 or, ml, 35 o, mr, 37 um, 39 ul, 41 r, 43 o, 45 m, 47 l, ur, 53 u, 65 o, 67 o, 71 o, 75 l, 77 ol, mr, 79 or, ml, 83, 84 o, 93, 95, 96, 99 ml, 101 rm, 103 r, u, 105 l, 107 or, ul, 109 l, rm, 111 ol, 114 r, 124 u, 127 l, 129 ol, ml, 131 om, or, u, 133 ol, om, mr, 135 ml, 141 ml, u, 143 lu, 151, 157 u, 161 ml, 163 ml, 167 mr, ur, 169, 173 or, mr, 175 u, 182, 190 ur, 193 u, 195 m, 197 ol, mr, 201 ol, om, u, 205 or, 207 m, 229 o, 231 r, 233 or, m, 235 o, l, 237 ol, 246, 261 r, 263m, 267 m, 269 mr, 271 ol, om, u, 273 or, 275 o, 277 u, 281 ol, 285 or, 287 l, u, 289 ur, 291 or, u, 293 ul, 295 u, 297 ol, mr, 299 o, 303 m

Emblemata, Handbuch zur Sinnbildkunst des 16. und 17. Jahrhunderts, Hrsg Arthur Henkel und Albrecht Schöne. Stuttgart, Metzler 1967:
37 ur, 43 mr, 47 or, 65 ur, 71 u, 73 ml, 79 ol, 99 o, 107 rm, 129 or, mr, 133 or, 141 ol, 143 r, 161 mr, 167 or, 171 or, 173 ol, om, 175 ul, 225 ur, 231 ol, 233 u, 239 o, u, 257 ml, 259 r, 265 l, 269 ol, 273 mr, 275 mr, 281 r, 287 or, 291 ol, m, 295 r, 299 l, 309 om